Pushkin After 1831

•

Edited by Igor Nemirovsky

Academic Studies Press

Boston

2025

Пушкин после 1831 года

•

Редактор-составитель И. В. Немировский

Библиороссика

Санкт-Петербург

2025

УДК 83.3(2=411.2)
ББК 821.161.1
П88

Серийное оформление и оформление обложки Ивана Граве

Рецензенты: М. Вайскопф, Сидни Демент

П88 Пушкин после 1831 года / под ред. И. Немировского. — СПб.: Academic Studies Press / Библиороссика, 2025. — 438 с. — (Серия «Современная западная русистика» = «Contemporary Western Rusistika»).

ISBN 979-8-887199-41-2 (Academic Studies Press)
ISBN 978-5-907918-29-0 (Библиороссика)

Сборник «Пушкин после 1831 года» посвящен одному из самых сложных периодов жизни поэта, когда видимый конфликт с читающей публикой, с одной стороны, и невидимый, но острый конфликт с властью — с другой, привели поэта к преждевременной и трагической смерти. Тем не менее, эти годы вместили в себя создание вершинных произведений Пушкина, таких как «Медный всадник», «Каменноостровский цикл», «Пиковая дама». Состав сборника отличается разнообразием тем и подходов. Наряду со статьями, в центре которых находятся вопросы биографики, значительную часть книги составляют работы, посвященные вопросам комментирования пушкинских текстов, а также компаративистские исследования.

Сборник был составлен по следам одноименной конференции, прошедшей в ноябре 2023 года.

УДК 83.3(2=411.2)
ББК 821.161.1

ISBN 979-8-887199-41-2
ISBN 978-5-907918-29-0

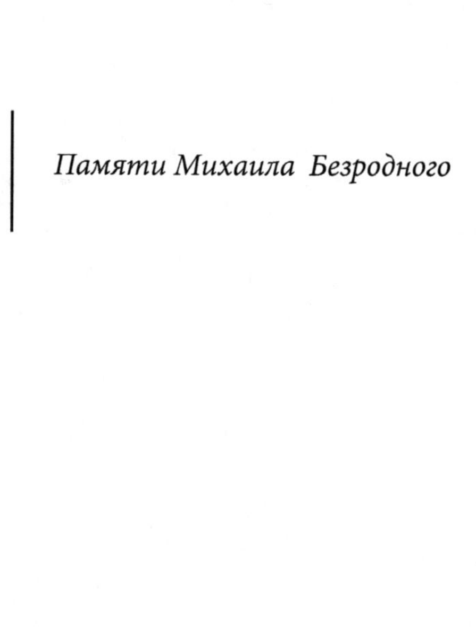

Памяти Михаила Безродного

Предисловие: Пушкин после 1831 года

И. В. Немировский

1831 год стал своего рода границей, разделившей жизнь Пушкина на две половины. В том году отношения поэта с читающей публикой окончательно приобрели характер конфликта, который разрешила только смерть поэта[1]. Читатели, прежде всего из либерального лагеря и те, кто позже стали называться славянофилами, обвиняли Пушкина в сервилизме [Мазур 1999; Немировский 2018]. Этому обвинению способствовали публикация стихотворения «Стансы» (1826) и распространение в списках с личного разрешения императора Николая стихотворения «Друзьям» («Нет, я не льстец, когда царю / Хвалу свободную слагаю») (1827), о котором говорили, что Пушкин написал его в кабинете императора [Немировский 2018: 178–179]. Обвинения в сервилизме многократно усилились после публикации стихотворения «Вельможе» (1830). Ложная интерпретация в критике этого послания в контексте полемики о «литературной аристократии» привела к появлению ряда оскорбительных антипушкинских памфлетов [Вацуро 2000: 179–216].

При этом отношения Пушкина с властью именно в 1831 году приобрели видимость благополучия: он стал придворным историографом — должность, которую до него занимал Карамзин, —

---

[1] «Только гибель Пушкина смогла разрушить стену отчуждения, вставшую в последние годы между ним и русским обществом, и заставила задуматься о причинах этого отчуждения и испытать вину за смерть своего поэта — чувство, навсегда вошедшее неотъемлемой составляющей в русское культурное сознание» [Ларионова 2008: 26].

и у поэта возникла иллюзия того, что он может стать для императора Николая тем, кем был Карамзин для императора Александра. Этой надежде способствовало то, что в конце 1830 года император наконец разрешил публикацию «Бориса Годунова». Формальным поводом к разрешению публикации послужило ходатайство дочери Карамзина, Е. Н. Мещерской. Именно она настояла на том, чтобы «комедия» была посвящена «Драгоценной для россиян памяти Николая Михайловича Карамзина» [Пушкин 2008: б. п., 144]. Но, конечно, не это стало решающим обстоятельством в пользу того, чтобы «комедия» о смуте была разрешена. Историческим фоном публикации «Бориса Годунова» послужили восстание в Польше и холерные бунты в самой России. Неактуальная в 1825 году (год завершения «Бориса») антипольская тема и связанная с ней тема народного бунта стали злободневными. В это время у власти возникла необходимость в замене действующей имперской и относительно космополитической идеологии собственно русской и общенациональной. Эту задачу ставил перед собой Карамзин, но в предыдущее царствование она не была решена. Император Александр предпочитал следовать тренду значительно более открытого государства[2]. При внешнем выражении уважения к Карамзину император не следовал советам историка. В наибольшей степени расхождения между ними проявились в польском вопросе: Карамзин был против восстановления Польши и дарования ей конституции. Он выразил свою позицию в «Записке о древней и новой России» (1811) и в «Мнении русского гражданина» (1819). Оба документа имели конфиденциальный характер, но могли через Блудова, Дашкова или Уварова стать известны Пушкину. С Уваровым в годы, предшествующие созданию «Медного всадника», Пушкина связывали вполне приязненные отношения. Создатель формулы национального государства «Православие, самодержавие, народность» видел в Пушкине своего союзника и поддерживал его притязания занять в общественном сознании место, прежде занимавшееся Карамзиным. К этому стремились и близкие друзья Пушкина —

[2] См. [Живов 2008].

Жуковский и Смирнова-Россет. Летом 1831 года они организовали «случайную» встречу поэта с императором. Это произошло в Царском Селе, куда молодожены Пушкины переехали из Москвы, спасаясь от холеры. В царскосельском парке состоялся разговор Пушкина с Николаем, в ходе которого, по словам Россет,

> Государь сказал Пушкину: «Мне бы хотелось, чтобы король Нидерландский отдал мне домик Петра Великого в Саардаме». — Пушкин ответил: «Государь, в таком случае я попрошу Ваше Величество назначить меня в дворники». Государь рассмеялся и сказал: «Я согласен, а покамест назначаю тебя его историком и даю позволение работать в тайных архивах» [Смирнова-Россет 1989: 566][3].

Эта якобы случайная встреча определила судьбу Пушкина до конца его жизни. Он стал историографом, допущенным к тайным архивам империи, и тем самым унаследовал не только должность, которую до него занимал Карамзин, но и, как казалось Пушкину, общественный статус Карамзина. Важной составляющей этого статуса была возможность непосредственно обращаться к императору, минуя цензуру.

С середины 1820-х годов Карамзин оказывал на Пушкина сильнейшее влияние [Вацуро, Гиллельсон 1986: 85–96], а в 1831 году, в связи с польскими событиями, взгляды Карамзина приобрели для него особую актуальность, поскольку историческая правота Карамзина, в 1819 году предсказывавшего возможность новых волнений в Польше, представлялась теперь Пушкину почти пророческой.

Именно в контексте значительного интереса Пушкина к Карамзину стоит воспринимать написанные вскоре после его назначения историографом стихотворения «Клеветникам России» и «Бородинская годовщина» (оба 1831). Отношение друзей Пушкина к этим антипольским сочинениям было отрицательным. Так, Вяземский посчитал кощунственным сравнение битвы за

---

[3] См. также письма Пушкина к П. В. Нащокину и П. А. Плетневу от 21 и 22 июля 1831 года [Пушкин 1937–1959, 14: 196–197].

взятие Варшавы с Бородинским сражением[4]. Не сочувствовал антипольским настроениям Пушкина и А. И. Тургенев. Отрицательно отнеслись к публикации стихотворений люди, в будущем составившие славянофильский круг[5]. Особо стоит сказать об отношении к этим стихам Чаадаева. Сразу после прочтения антипольских стихотворений он писал Пушкину: «Я только что прочел ваши два стихотворения. Друг мой, никогда еще вы не доставляли мне столько удовольствия. Вот вы, наконец, и национальный поэт» [Пушкин 1937–1959, 14: 228, 439]. Отношения Пушкина с Чаадаевым в 1831 году составляют особый сюжет. На протяжении почти всего года Пушкин возит с собой тетрадь с записанными туда шестым и седьмым философическими письмами Чаадаева. Одна из тем седьмого письма — это осмысление отъединенности России от Европы. Чаадаев оценивает эту отъединенность не просто как проблему, а почти как трагедию[6],

---

[4] «Пушкин в стихах своих: *Клеветникам России* кажет им шиш из кармана. Он знает, что они не прочтут стихов его, следовательно, и отвечать не будут на *вопросы*, на которые отвечать было бы очень легко даже самому Пушкину. За что *возрождающейся Европе* любить нас? Вносим ли мы хоть грош в казну общего просвещения? <...> В "*Бородинской годовщине*" опять те же мысли, или же безмыслие. Никогда народные витии не говорили и не думали, что 4 мил[лиона] могут пересилить 40 мил[лионов], а видели, что эта борьба обнаружила немощи *больного, измученного колосса.* <...> И что опять за святотатство сочетать *Бородино с Варшавою*? Россия вопиет против этого беззакония» (Вяземский П. А. Записная книжка. Запись от 22 сентября 1831 года) [Вяземский 1992: 154–155].

[5] См. [Фризман 1992].

[6] «Эта связь [с Европой. — *И. Н.*], надо признаться, очень слабая, не соединяющая нас с Европой так крепко, как это воображают, и не заставляющая нас ощущать всей своей сущностью великое движение, которое там совершается, все же ставит нашу будущую судьбу в зависимость от судьбы европейского общества. Поэтому, чем более мы будем стараться с нею отождествиться, тем лучше нам будет. До сих пор мы жили обособленно; то, чему мы научились от других, осталось вне нас как простое украшение, не проникая в глубину наших душ; в наши дни силы *высшего* общества так возросли, его действие на остальную часть человеческого рода так расширилось, что вскоре мы будем увлечены всемирным вихрем, и телом и духом, это несомненно: нам никак не удастся долго еще пробыть в нашем одиночестве» [Чаадаев 1991: 433–434].

поэтому можно заключить, что, называя Пушкина «национальным поэтом», Чаадаев не делал Пушкину большого комплимента, а указывал на окончательное включение Пушкина в идеологическую парадигму воображаемого Уваровым национального государства. О том, что это могло означать, написал В. М. Живов, отметивший, что в эпоху торжества уваровской триады

> ...нацию воображают для того, чтобы по-новому легитимировать власть. В этом плане национальная легитимация — это результат кризиса просвещенческих идей. Власть легитимируется не просвещением и общим благом (просвещенностью монарха, стремящегося к общему благу), а национальной волей [Живов 2008: 114].

Объясняя оценку Чаадаевым антипольских стихотворений Пушкина, следует отметить, что к польскому восстанию Чаадаев относился отрицательно, считая, что религиозная и культурная автономия Польши возможна только в пределах Российской империи, которую Чаадаев считал воплощением союза славянских государств. Небольшая заметка Чаадаева «Несколько слов о польском вопросе» была написана в конце 1831 года и стала результатом знакомства автора с антипольскими стихотворениями Пушкина и Жуковского [Чаадаев 1991: 512–515].

Представляется, что на антипольскую позицию Чаадаева, так же как и на позицию по этому вопросу Пушкина, повлиял Карамзин. Чаадаев был хорошо знаком с Карамзиным и в доме последнего в Царском Селе познакомился с Пушкиным [Зобин 2018].

Антипольские стихотворения Пушкина вызвали восхищение Уварова. Они были написаны еще до того, как будущий министр просвещения обнародовал свою триаду, но в 1831 году Уваров уже уверенно шел к ее утверждению и видел в Пушкине своего союзника. Конечно, на такое отношение к Пушкину повлияло одобрение, с которым воспринял его антипольские стихи император. В стихотворении «Клеветникам России» Уваров с полным на то основанием усмотрел ответ Пушкина депутатам французского парламента, составлявшим поддерживающее Польшу парламентское меньшинство[7]. Будущий министр выразил Пушкину свое восхищение, перевел пушкинское стихотворение на французский язык и читал свой перевод в салонах, не всегда встречая одобрение[8].

Остается открытым вопрос, утратил ли Пушкин вследствие публикации стихотворений «Бородинская годовщина» и «Клеветникам России» в глазах читающей публики статус национального поэта или, как написал ему об этом Чаадаев, обрел его, но очевидно, что эти стихотворения увеличили разрыв между Пушкиным и либерально ориентированной русской публикой [Фруменков 1958; Федосов 1957]. При этом отношение к Пушкину как «первому поэту нации» сохранилось. Именно так называет его А. И. Тургенев в письме брату, Н. И. Тургеневу, рассказывая о своем споре с Чаадаевым касательно антипольских стихотворений Пушкина. А. И. Тургенев называет Пушкина «первым поэтом нации», рассказывая о слухах, что Пушкину поручили писать историю Петра, и «это не одно сходство будет у него с Вольтером. Участь Петра Великого иметь историками — первых поэтов нации в их время»[9]. Итак, Пушкин «первый поэт нации», как Вольтер. Амбивалентный характер такого сравнения был очевиден современникам. Вольтер был известен своим сервилизмом не в меньшей степени, чем вольномыслием. Нельзя исключить и того, что, сравнивая Пушкина с Вольтером, Александр Тургенев подразумевал историю взаимоотношений Вольтера

---

7 См. [Фризман 1992].

8 См. письмо А. Я. Булгакова к брату, К. Я. Булгакову, 29 сентября 1831 года [Булгаков 1902: 93].

9 «На прошедшей неделе мы обедали а Англ[ийском] Клобе <...> а после мы и заспорили и крепко о достоинстве стихов Пушкина и других, здесь во всю неделю читались всеми, — “На взятие Варшавы” и “Послание клеветникам России”... Ал[ександр] Пушкин точно сделан биографом Петра I и с хорошим окладом, но ни он, ни Жук[овский] мне об этом не пишут, а слышу здесь от других. Ему открыты архивы о Петре, и это не одно сходство будет у него с Вольтером. Участь Петра Великого иметь историками — первых поэтов нации в их время». Цит. по: [Истрин 1913: 20–22].

с прусским королем Фридрихом Великим, дружба с которым закончилась ссорой, разрывом и предсмертным примирением[10]. В сравнении Пушкина с Вольтером безусловно, на мой взгляд, содержался элемент предвидения, поскольку отношения Пушкина с императором Николаем очень во многом повторяли историю взаимоотношений Вольтера с королем Фридрихом.

Плоды своего сближения с властью Пушкин еще пожнет, но в 1831 году ему удается сохранить статус «первого поэта» еще и потому, что современники воспринимают его антипольские стихотворения в контексте принятой им на себя задачи написать критическую историю Петра. Потребность в такой истории остро ощущалась в русском обществе, в особенности в кругах, которые позже стали называться славянофильскими. Отсюда амбивалентность отношения к Пушкину в этих кругах, где, с одной стороны, антипольские стихотворения воспринимались как очередное проявление сервилизма поэта, а с другой стороны, возникла надежда на то, что Пушкин напишет критическую историю Петра. Сам Пушкин никакого противоречия в том, что он выступает как автор антипольских стихотворений и при этом берется за написание критической истории Петра, скорее всего, не видел, а предполагал, что следование в тренде правительственной идеологии позволит ему изменить сам этот тренд в одном из его ключевых элементов — в отношении к Петру. В этом Пушкин видел свою задачу как историографа и преемника Карамзина, поскольку именно Карамзин полагал, что личность и идейное наследие Петра стали причиной, по которой русские утратили свою национальную идентичность. Пушкин надеялся, что ему позволят написать историю Петра в критическом ключе, в том числе потому, что ему открыли доступ к самым секретным архивам, включая дела о царевиче Алексее и бумаги бывшей Тайной канцелярии. Император распорядился, чтобы исторические документы выдавались Пушкину «по назначению», то есть под контролем Д. Н. Блудова, ведавшего секретными архивными делами. Последний назначил Пушкину встречу (18 февраля

---

[10] См. [Сайтанов 1986].

1832 года) для обсуждения порядка использования секретных документов. Весьма знаменательно, что на этой встрече кроме В. А. Поленова, управляющего главным архивом министерства, присутствовал К. С. Сербинович, историк и цензор, в недалеком прошлом — секретарь Н. М. Карамзина.

Масштабность поставленной им перед самим собой задачи — написать критическую историю Петра, с одной стороны, и по необходимости изучить громадный объем недоступных ранее архивных материалов, с другой, — побудила Пушкина приступить к ее решению сначала средствами поэтического творчества, а уже потом в рамках исторической науки (такой подход к осмыслению сложных исторических явлений был вообще характерен для Пушкина). Так появляется «петербургская повесть» «Медный всадник» (1833). Здесь во «Вступлении» Петр изображен как великий, не называемый по имени создатель мира из небытия, тогда как Петр основной части — «горделивый истукан», «медный идол», «тот, чьей волей роковой / Под морем город основался», то есть объект ложного поклонения. Соответственно, стихия «Вступления» — это «побежденная стихия», а в основном тексте — «Божья». Апологетический пафос «Вступления» дезавуируется в основной части тем, что Петр, основавший город «назло надменному соседу», оказывается не демиургом, а «медным идолом»[11].

В. Э. Вацуро заметил, что слова, вложенные Пушкиным в уста Александра I: «с божией стихией Царям не совладать», — повторяют слова императора Н. М. Карамзину из письма от 10 ноября 1824 года и являются косвенной цитатой из карамзинской «Записки о древней и новой России»: «Мой долг быть на месте: всякое удаление причту себе в вину. <...> Воля божия: нам остается преклонить главу пред нею» [Вацуро 1969: 166]. Карамзин осуждает Петра как вождя нации, презревшего ее идентичность и, следовательно, ответственного за ее цивилизационный раскол. Квинтэссенцией ошибок Петра Карамзин считает основание Петербурга:

---

[11] См. [Немировский 2014].

> Утаим ли от себя еще одну блестящую ошибку Петра Великого? Разумею основание новой столицы на северном крае государства, среди зыбей болотных, в местах, осужденных природою на бесплодие и недостаток. <...> Сколько людей погибло, сколько миллионов и трудов употреблено для приведения в действо сего намерения? Можно сказать, что Петербург основан на слезах и трупах [Карамзин 1991: 37].

В настоящее время можно считать доказанным, что непосредственным импульсом к написанию «Медного всадника» стало знакомство Пушкина с отрывками из поэмы Адама Мицкевича «Дзяды»[12]. Именно для Мицкевича было характерно осмысление петербургского наводнения в библейском ключе, как Потопа, а Петра — как тирана, построившего «себе столицу, но не город людям» [Мицкевич 1968: 409]. Внимательное чтение обоих произведений указывает на то, что Пушкин взял у Мицкевича очень многое, и это многое, в отличие от прямой отсылки к Мицкевичу в примечаниях, не имело характера полемики. Впрочем, возможно, что манифестация полемики с Мицкевичем была нужна Пушкину потому, что именно в его, Пушкина, уста Мицкевич вложил гневную филиппику, обличавшую Петра, причем «вольности певец, / Будивший Север пламенным глаголом», у него утверждал, «что с Запада весна придет к России» [Мицкевич 1968: 414, 416].

Ни в одном другом произведении профетическая позиция Пушкина не проявилась с такой полнотой, как в «Медном всаднике», поскольку никогда ранее поэт не ставил перед собой задачу такого масштабного воздействия на императора. Речь шла ни много ни мало об изменении официального взгляда на Петра. Уверенность поэта в том, что монарх положительно воспримет «Медного всадника», основывалась, как нам представляется, на его вере, что переоценка личности Петра стала важной задачей новой государственной идеологии, ориентированной на создание национального государства и воплощенной в уваровской формуле. Возможно, что это убеждение имело основание. В годы,

---

[12] См. [Измайлов 1978: 182; Ивинский 2003: 261 и след.].

предшествующие написанию «Медного всадника», Уваров старался привлечь Пушкина к тому, что сейчас называется «государственным строительством» [Вацуро, Гиллельсон 1986: 135–139]. И конечно, Пушкину, который понимал, что первым читателем и цензором поэмы будет император, казалось, что новое отношение к Петру должно понравиться Николаю, казалось, что между ним и императором существовали доверительные отношения.

Пушкин ошибся, как всегда переоценив степень доверительности своих отношений с Николаем. Император поэму не пропустил, причем его неблагосклонное внимание привлекло именно то, что выражало переоценку Петра в контексте библейской образности. Царственному цензору не понравилось, что его «пращура» Пушкин называл «медным идолом», «горделивым истуканом» и «кумиром». Разумеется, неприятие вызвала у него и сцена бунта Евгения. Можно сказать, что император оказался проницательным читателем пушкинской поэмы и увидел в ней то, чего не разглядели многие современники [Зенгер 1934]. Распознал он и стремление Пушкина занять по отношению к нему профетическую, в данном случае учительскую, позицию. Это вызвало его раздражение и привело к тому, что император разрушил хрупкий союз, сложившийся к тому времени между ним и поэтом. В конце 1833 года, сразу после прочтения «Медного всадника», император назначил Пушкина камер-юнкером. Смысл этого поступка состоял в том, чтобы сделать взаимоотношения с Пушкиным сугубо формальными и пресечь дальнейшие претензии поэта на профетизм. Характерно, что вскоре после этого Пушкин получил «право», которого до тех пор тщетно добивался, а именно — право обращаться со своими произведениями в обычную цензуру. Император сложил с себя полномочия цензора немедленно по прочтении «Медного всадника»: 10 декабря 1833 года рукопись поэмы с высочайшими замечаниями возвращается Бенкендорфу, а 11 декабря шеф жандармов, передавая рукопись Пушкину, сообщает поэту, что ему теперь можно публиковать свои сочинения после рассмотрения их общей цензурой [Пушкин 1937–1959, 15: 214].

Реакция Пушкина на «милость» царя хорошо известна: он был предельно оскорблен[13]. Чувство горечи было вызвано не стремлением Пушкина к более высоким чинам, а пониманием того, что, сделав его камер-юнкером, царь отказывал ему в праве на диалог. Пророк, то есть учитель и советчик, не может быть камер-юнкером. Кроме того, потерпела крах другая надежда Пушкина: играть при Николае ту роль, которую при Александре играл Карамзин. Камер-юнкерство делало параллель «Карамзин — Пушкин» невозможной, поскольку все помнили, как высоко император Александр оценил творческие заслуги Карамзина, присвоив ему чин действительного статского советника и наградив орденом Святой Анны I степени. Это стало центральным сюжетом официальной биографии Карамзина. Уже после смерти поэта, отвечая на просьбу Жуковского написать манифест на смерть Пушкина, подобный тому, что император написал на смерть Карамзина, император посчитал саму идею уподобления Пушкина Карамзину кощунственной[14].

Власть инстинктивно не доверяла Пушкину, и поэт постоянно находился под тайным надзором, который стал для него явным в 1834 году, когда поэт узнал о перлюстрации своих писем

---

[13] «Брат мой... впервые услыхал о своем камер-юнкерстве на бале у графа Алексея Федоровича Орлова. Это взбесило его до такой степени, что друзья его должны были отвести его в кабинет графа и там всячески успокаивать. Не нахожу удобным повторить здесь всего того, что говорил, с пеной у рта, разгневанный поэт...» — записал Я. П. Полонский рассказ Л. С. Пушкина [Пушкин Л. 1998: 54].

[14] «Жук[овский], говоря с государем, сказал ему à peu près [почти дословно (*фр.*)]: “так как В[аше] В[еличество] для написания указов о Карамзине избрали тогда меня орудием, то позвольте мне и теперь того же надеяться”. Гос[ударь] отвечал: “Я во всем с тобою согласен, кроме сравнения твоего с Кар[амзиным]. Для Пушкина я все готов сделать, но я не могу сравнить его в уважении с Кар[амзиным], тот умирал как Ангел”. Он дал почувствовать Жук[овскому], — что и смерть, и жизнь П[ушкина] не могут быть для России тем, чем был для нее Кар[амзин]». А. И. Тургенев — Н. И. Тургеневу, 31 января 1837 года [Фомин 1908: 61]. Ср.: «Какой чудак Жуковский! Пристает ко мне, чтобы я семье Пушкина назначил такую же пенсию, как семье Карамзина. Он не хочет сообразить, что Карамзин человек почти святой, а какова была жизнь Пушкина?» [Вяземский 1888: 294 прим.].

жене [Пушкин 1937–1939, 12: 328–329]. Попытка порвать отношения с властью и уйти в отставку не удалась. Пушкин опутал себя финансовыми обязательствами, которые сделали разрыв с властью невозможным. Между тем Уварову, после того как император фактически запретил публикацию «Медного всадника», передалось подозрительное отношение к пушкинским сочинениям, и в качестве главы цензурного ведомства он способствовал запрещению некоторых произведений Пушкина и затруднению реализации его издательских проектов[15]. Поведение Уварова заставило Пушкина написать и обнародовать эпиграмму «На выздоровление Лукулла» (1835), которую тот вполне обоснованно принял на свой счет. В конфликте, который за этим последовал, император принял сторону своего министра. Этот конфликт предельно обнажил параллель «Пушкин — Вольтер», бросившуюся в глаза современникам еще в 1831 году. В конце жизни, в 1836 году, в статье «Вольтер», предназначаемой для третьего номера журнала «Современник», Пушкин сам осмысляет себя и свою жизнь в реалиях жизни Вольтера. Статья имела характер рецензии на публикацию переписки Вольтера с президентом де Броссом. При этом совершенно немотивированно, то есть безо всякой связи с публикацией этой переписки, Пушкин включает в свою псевдорецензию рассказ о том, как Вольтер поссорился с королем Фридрихом и как поводом к этой ссоре послужил конфликт Вольтера с президентом Берлинской академии Момертюи, в котором король принял сторону своего президента. Приведенные Пушкиным подробности ссоры Фридриха с Вольтером получили ярко выраженный автобиографический характер и содержали печальное заключение:

> Зачем ему было променивать свою независимость на своенравные милости государя, ему чужого, не имевшего никакого права его к тому принудить?.. <...> Что из этого заключить? что гений имеет свои слабости, которые утешают посредственность, но печалят благородные сердца, напоминая им о несо-

---

[15] Тираж «Истории Пугачевского бунта» остался почти целиком нераспроданным, а журнал «Современник» невостребованным.

> вершенстве человечества; что настоящее место писателя есть его ученый кабинет и что, наконец, независимость и самоуважение одни могут нас возвысить над мелочами жизни и над бурями судьбы [Пушкин 1937–1959, 12: 80–81].

Творческие неудачи имели своим фоном драматические обстоятельства в личной жизни поэта, приведшие в конце концов к дуэли и смерти. Современники, знакомые с Пушкиным, были склонны считать его смерть своего рода самоубийством, вызванным тяжелыми жизненными обстоятельствами последних лет[16]. И конечно, Пушкин не мог не осознавать, что путь сближения с властью, закончившийся для него столь печально, начался в 1831 году.

* * *

Этот сборник был составлен по следам конференции «Пушкин после 1831 года», прошедшей в ноябре 2023 года виртуально. Отрадно сознавать, что, несмотря на трудные времена, Пушкин объединил нас всех, живущих по разные стороны Атлантического океана. Надеюсь, так будет и дальше. В преддверие еще более сложных времен пишу об этом с надеждой.

Источники

Булгаков 1902 — [Булгаков А. Я.]. Из писем А. Я. Булгакова к его брату. 1831 год // Русский архив. 1902. Кн. 1. С. 42–157.

Вяземский 1888 — [Вяземский П. А.] Письма князя П. А. Вяземского, из Петербурга в чужие края, к А. О. Смирновой // Русский архив. 1888. Кн. 2. С. 292–304.

Вяземский 1992 — Вяземский П. А. Записные книжки. М.: Русская книга, 1992.

---

16 «Хомяков справедливо полагает, что Пушкин был утомлен жизнью и что он воспользовался первым поводом для того, чтобы от нее отделаться, так как анонимный пасквиль не составляет оскорбления, делающего поединок неизбежным. Охлаждение русского общества к поэту, материальные стеснения, столкновения с министром и, наконец, огорчения, вызванные кокетством его жены, привели его к горестной катастрофе» (В. А. Муханов. Из дневника, 2 февраля 1837 года). Цит. по: [Саводник 1927: 56–57].

Карамзин 1991 — Карамзин Н. М. Записка о древней и новой России в ее политическом и гражданском отношениях. М.: Наука, 1991.

Мицкевич 1968 — Мицкевич А. Стихотворения. Поэмы / Пер. с польск. М.: Художественная литература, 1968.

Пушкин 1937–1959 — Пушкин А. С. Полное собрание сочинений: В 16 т. М.; Л.: Изд-во АН СССР, 1941.

Пушкин 2008 — Пушкин А. С. Сочинения: Комментированное издание / Под общ. ред. Д. М. Бетеа. Вып. 2: Борис Годунов. М.: Новое издательство, 2008.

Пушкин Л. 1998 — [Пушкин Л. С.]. Рассказы Л. С. Пушкина в записи Я. Полонского // Пушкин в воспоминаниях современников: В 2 т. 3-е изд., доп. СПб.: Академический проект, 1998. Т. 1. С. 54–55.

Смирнова-Россет 1989 — Смирнова-Россет А. О. Дневник. Воспоминания. М.: Наука, 1989.

Фомин 1908 — Новые материалы для биографии Пушкина (Из Тургеневского архива) / Сост. А. Фомин // Пушкин и его современники: Материалы и исследования. Вып. 6. СПб.: Тип. Императорской Академии наук, 1908. С. 46–97.

Чаадаев 1991 — Чаадаев П. Я. Полное собрание сочинений и избранные письма: В 2 т. Т. 1. М.: Наука, 1991.

Библиография

Вацуро 1969 — Вацуро В. Э. Пушкин и проблемы бытописания в начале 1830-х годов // Пушкин: Исследования и материалы / АН СССР. Ин-т рус. лит. (Пушкинский дом). Т. 6. Л.: Наука, 1969. С. 150–170.

Вацуро 2000 — Вацуро В. Э. Пушкинская пора. СПб.: Академический проект, 2000.

Вацуро, Гиллельсон 1986 — Вацуро В. Э., Гилельсон М. И. Сквозь «Умственные плотины»: Очерки о книгах и прессе пушкинской поры. 2-е изд. М.: Книга, 1986.

Живов 2008 — Живов В. М. Чувствительный национализм: Карамзин, Ростопчин, национальный суверенитет и поиски национальной идентичности // Новое литературное обозрение. 2008. № 91. С. 114–140.

Зенгер 1934 — Зенгер Т. Г. Николай I — редактор Пушкина // Литературное наследство. 1934. Вып. 16/18. С. 514–536.

Зобин 2018 — Зобин Г. С. «...Спор славян между собою»: Польские события 1831 г. глазами участников войны с Наполеоном // Отечественная война 1812 года. Источники. Памятники. Проблемы: материалы XXI Международной научной конференции. Бородино, 2018. С. 248–255.

Измайлов 1978 — Измайлов Н. В. «Медный всадник» А. С. Пушкина: История замысла и создания, публикации и изучения // Пушкин А. С. Медный всадник / Изд. подгот. Н. В. Измайлов. (Лит. памятники). Л.: Наука. Ленингр. отд-ние, 1978. С. 147–265.

Ивинский 2003 — Ивинский Д. П. Пушкин и Мицкевич: История литературных отношений. М.: Языки славянской культуры, 2003.

Истрин 1913 — Истрин В. М. Из документов архива братьев Тургеневых // Журнал Министерства народного просвещения. 1913. Т. 44. С. 1–26.

Ларионова 2008 — Ларионова Е. О. Последние годы // Пушкин в прижизненной критике. 1934–1937 / Под общ. ред. Е. О. Ларионовой СПб.: Государственный Пушкинский театральный центр, 2008. С. 7–26.

Мазур 1999 — Мазур Н. Н. Пушкин и «московские юноши»: вокруг проблемы гения // Пушкинская конференция в Стэнфорде 1999: Материалы и исследования. М.: ОГИ, 2001. С. 54–105.

Немировский 2014 — Немировский И. В. Зачем был написан «Медный всадник» // Новое литературное обозрение. 2014. № 2 (126). С. 210–236.

Немировский 2018 — Немировский И. В. Опрометчивый оптимизм: Историко-биографический фон стихотворения «Стансы» // Немировский И. В. Пушкин — либертен и пророк: Опыт реконструкции публичной биографии. М.: НЛО, 2018. С. 165–196.

Саводник 1927 — Саводник В. Московские отголоски дуэли и смерти Пушкина // Московский Пушкинист. 1927. Вып. I. С. 47–67.

Сайтанов 1986 — Сайтанов В. А. Прощание с царем // Временник Пушкинской комиссии. 1986. Вып. 20. С. 36–47.

Федосов 1957 — Федосов И. А. Революционные кружки в России конца 20-х — начала 30-х годов XIX в. // Исторические записки. 1957. № 59. С. 211–254.

Фризман 1992 — Фризман Л. Г. Пушкин и польское восстание 1830–1831 годов: Несколько вступительных слов // Вопросы литературы. 1992. Вып. 3. С. 209–237.

Фруменков 1958 — Фруменков Г. Г. К вопросу об отношении передовых представителей русского общества к восстанию в Польше 1830–1831 гг. // Сборник трудов Архангельского государственного педагогического института им. М. В. Ломоносова. Вып. 2. Архангельск, 1958. С. 50–65.

О новонайденном «неизвестном автографе А. С. Пушкина»

Е. О. Ларионова

В настоящей статье речь пойдет об одном из новейших приобретений пушкинского автографического фонда — автографе Пушкина, о находке которого сообщила Н. А. Хохлова 30 ноября 2020 года на Международных чтениях памяти В. Э. Вацуро. Эта находка, вызвавшая ожидаемое возбуждение у слушателей в момент ее обнародования, тем не менее не стала событием в пушкиноведении, что и понятно, поскольку представленная рукопись не содержит ни одного собственно пушкинского слова. Новонайденный автограф представляет собой редакторскую правку Пушкина на рукописи «Хроники русского» А. И. Тургенева, впоследствии напечатанной в пятом (посмертном) томе журнала «Современник» в 1837 году, и приписываемые Пушкину пометы носят чисто «технический» характер. Тем не менее перед нами один из самых последних пушкинских автографов и «единственный сохранившийся образец работы Пушкина — редактора “Современника”» [Хохлова 2022: 5]. Сейчас, после выхода статьи Н. А. Хохловой, посвященной сделанному ей открытию, и присоединения тургеневской рукописи к пушкинскому фонду[1], думается, можно высказать некоторые сомнения и соображения по данному поводу.

В современной филологии принадлежность почерка тому или иному лицу устанавливается до сих пор визуально. В этом отношении принадлежность помет на рукописи «Хроники русского»

---

[1] РО ИРЛИ. Ф. 244. Оп. 1. № 1777.

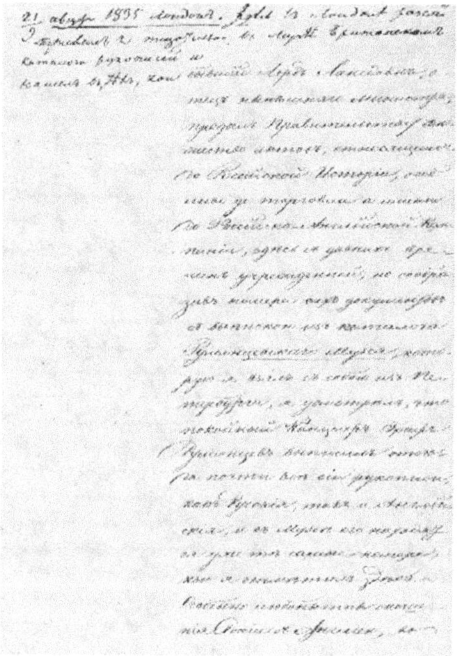

Ил. 1. Страница рукописи с предполагаемой правкой Пушкина.

Пушкину подтверждена авторитетным мнением хранителя пушкинских рукописей Т. И. Краснобородько, безоговорочно присоединившейся к атрибуции Н. А. Хохловой. Все же ошибка здесь возможна, поскольку почерки Пушкина и А. И. Тургенева похожи и неоднократно путались (ил. 1 и 2). Так, С. М. Аснаш и А. Н. Яхонтов в «Описании Пушкинского музея Императорского Александровского лицея», составленном в 1899 году, поместили три записки якобы Пушкина, которые пожертвовал в музей Федор Афанасьевич Бычков, сын известного библиографа Афанасия Федоровича. Записки и по содержанию не могли принадлежать Пушкину, и даже имели подпись Тургенева, что, однако, не смутило публикаторов[2]. 1983 году И. Я. Лосиевский атрибу-

2 См. [Аснаш, Яхонтов 1899: 4, 447–449]; воспроизведение см.: Там же, между с. 448 и 449. В комментарии И. А. Шляпкина, правда, выражено сомнение в принадлежности записок Пушкину и приведено мнение Л. Н. Майкова, что их автором является А. И. Тургенев.

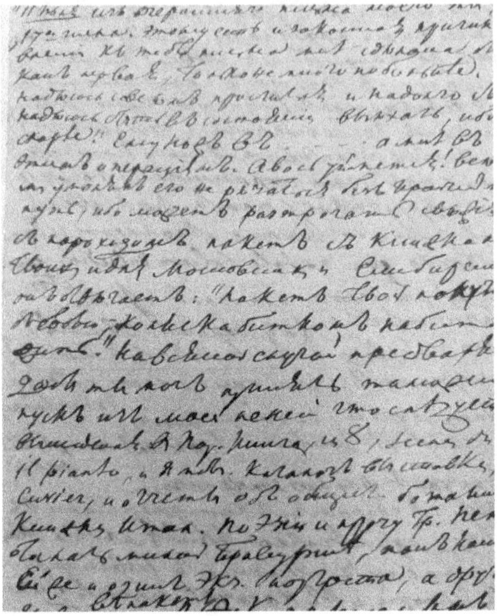

Ил. 2. Почерк Тургенева 1835 г.

тировал Пушкину письмо Тургенева к Гнедичу. «Основываясь на анализе почерка, — писал Лосиевский, — письмо к Гнедичу следует отнести ко второй половине 1820-х — началу 1830-х гг. <...> Поставленная под письмом подпись вполне сопоставима с аналогичным росчерком в рукописи “19 октября” и подписью под автопортретом 1829 г.» [Лосиевский 1983]. Однако письмо к Гнедичу, как доказал С. А. Кибальник, принадлежит Тургеневу (что опять-таки косвенно подтверждается его содержанием)[3]. Наконец, при подготовке нового академического собрания сочинений Пушкина из числа пушкинских автографов была выведена авторизованная, как утверждал П. И. Бартенев, а вслед за ним Л. Н. Майков и М. А. Цявловский[4], копия послания Пушкина «Тургеневу» («Тургенев, верный покровитель...»). Все пометы на ней (вставка или исправление пропущенных и искаженных слов,

---

3 См. [Кибальник 1984; Кибальник 1986].

4 См.: Русский архив. 1895. Т. 3, № 12. С. 498–499; [Пушкин 1899: 399; Пушкин 1900: 411; Пушкин 1937–1959, 2, II: 1026].

не разобранных писцом в оригинале, дата: «8 ноября 1817 г.» и слово «сверчок» в подписи: «Пушкин-сверчок»), несомненно, принадлежат Тургеневу[5]. Замечу также, что рукопись «Хроники русского», о которой идет речь, не привлекла внимания ни Л. Б. Модзалевского, в 1930-е годы выявлявшего в тургеневском фонде пушкинские автографы, ни М. П. Султан-Шах, просматривавшей фонд в 1950-е годы, чья подпись тоже есть на листах использования. Возражений требует и проявившаяся здесь наша практика атрибуций, когда не принимаются во внимание ни обстоятельства, при которых данная рукопись могла бы возникнуть, ни «психологическая достоверность» этих обстоятельств. Именно на этом аспекте проблемы мне и хотелось бы сосредоточиться.

Прежде всего встает вопрос, какое место в общем строе тургеневской «Хроники русского» занимают публикации в пятом томе «Современника». То, что теперь называется нами «Хроникой русского», складывалось на протяжении почти двадцати лет, с 1827 по 1845 год, из текстов, не вполне однородных по характеру и появившихся в печати при разных обстоятельствах. В 1827 году П. А. Вяземский поместил в журнале «Московский телеграф», с которым тесно сотрудничал, выдержки из письма А. И. Тургенева к нему и С. П. Жихареву из Дрездена [Э. А. 1827а; Э. А. 1827б][6]. Тургенев в этих первых публикациях участия не принимал и лишь остерегал друга. «Сказывают или, лучше сказать, писали в Дрезден, — писал он Вяземскому в мае, — что ты много пустого, незначущего напечатал из писем моих и поставил: Э. А. Из Петербурга писали, что это значит “Эолова Арфа”. Печатай только то, что достойно печати, а не всякий вздор» [Вяземский 1899: 153]. В остережении Тургенева не звучало никакого особенного беспокойства. Журнальная корреспонденция, которой придавался вид частного письма, была распространена

---

5 См. [Пушкин 2004: 466–467].

6 Оба материала названы одинаково: «Письмо из Дрездена. (Извлечение)» и подписаны: «Э. А.» — намек, для знающих, на арзамасское прозвище Тургенева Эолова Арфа.

в русской издательской практике. Вяземский повел себя в соответствии с действующей практикой: он перекомпоновал письмо, некоторые части опустил, сделал редакторскую правку, в ряде случаев, несомненно, приспосабливаясь к цензурным требованиям[7]. В примечании к первой публикации он замечал, что «письмо писано не автором и не для печати», и, извиняясь за «приятельскую нескромность», выражал надежду на «снисхождение дружбы и благодарность читателей» [Э. А. 1827а: 90]. Вяземский на протяжении 1827 года продолжал помещать в «Телеграфе» статьи, составленные из писем Тургенева, и использовать в журнале присылаемые Тургеневым книжные материалы[8].

С июня 1831 по июль 1832 года Тургенев пробыл в России. К этому времени относится появление его журнальной статьи в «Европейце» И. В. Киреевского — «Письма из Парижа», датированного 2 января 1832 года. Вероятно, основой на этот раз Тургеневу послужило письмо брата Николая, из которого он, по обыкновению, взял только два абзаца, показавшиеся ему содержательными и интересными для публикации. Следующий приезд в Россию, с мая 1834 по январь 1835 года, обозначил некоторый перелом в истории тургеневских журнальных текстов. Есть все основания считать, что «Письмо из Флоренции в Симбирск», напечатанное в первой и второй книжках журнала «Московский наблюдатель», было подготовлено самим Тургеневым. Это «Письмо» — уже не переработанные краткие отрывки эпистолярия, но пространный связный рассказ о путешествии по Швейцарии и Италии, также достаточно традиционный в жанровом отноше-

---

[7] См. оригинал письма: РО ИРЛИ. Ф. 309. № 307. Л. 61–64 об. (шифр старый).

[8] См.: Письма из Дрездена // Московский телеграф. 1827. Ч. 13, № 4. Отд. I. С. 341–350 (подпись: Э. А.); Письмо из Дрездена // Там же. Ч. 14, № 6. Отд. I. С. 150–155 (подпись: Э. А.); Иностранная переписка. (Извлечение) // Там же. Ч. 15, № 9. Отд. I. С. 67–73 (подпись: N. N.; сюда, кроме писем самого А. И. Тургенева, включен отрывок из письма Н. И. Тургенева). Оригиналы писем см.: РО ИРЛИ. Ф. 309. № 307. Л. 65–68 об., 71–71 об.; [Вяземский 1899: 146–160]. Тот же характер носил небольшой отрывок из письма к Вяземскому от апреля 1830 года из Парижа (см. [Вяземский 1899: 184–186]), напечатанный в «Смеси» «Литературной газеты» (1830. Т. 1, № 29. С. 235–236).

нии. Из этого рассказа максимально убраны все признаки частного письма — все, что перебивало бы связный путевой сюжет, как-то намекало на личные отношения с адресатом, вообще все, не имеющее прямого отношения к самому путешествию. Две другие публикации, появившиеся позже в «Московском наблюдателе» под заглавием «Отрывки из заграничной переписки», по сути были такими же нарезками из тургеневских писем, какие раньше печатал Вяземский.

О журнальном предприятии Пушкина Тургенев узнал в первые дни марта 1836 года в Париже. 22 февраля / 5 марта он писал в Петербург:

> Последнее письмо мое с Д'Андре было от 29 февр<аля>. Ему отдали его, когда уже он садился в коляску; другое было писано с ним же накануне. Если бы я знал тогда, что Пушкин сделался журналистом, то уладил бы письмо так, чтобы он мог выбрать из него несколько животрепещущих крох с богатой трапезы европейской. Годятся ли ему эти крохи, т. е. мои письма? Мы бы могли и отсюда перекликиваться и потом из Германии, на которую взгляну пристально, хотя и мимоездом, и — из Москвы, где надеюсь найти прежние письма и привести и собрать свежие впечатления. Передавать ли их журналисту Пушкину? Ожидаю от него скорого и откровенного ответа и, в случае согласия, — условия о том, что ему нужно и на каком основании и чего он преимущественно желает [Еголин и др. 1952: 119].

Тургенев, таким образом, не сомневался, что его письма могут пригодиться для своего рода журнальной нарезки — уже испробованного типа публикаций. «...Советую отметить то, что относится до других, а если дать для чтения и выборки Пушкину, то те места, из коих выбрать не следует, лучше зачеркнуть карандашом», — наставлял он Вяземского 2/14 апреля [Еголин и др. 1952: 119].

Одной из тургеневских корреспонденций, привезенных в Петербург секретарем французского посольства бароном Ж.-М.-А. д'Андре, было февральское письмо-дневник, которое Тургенев в ожидании курьера писал более двух недель, с 27 января / 8 февраля по 14/26 февраля 1836 года.

> Твое бриареевское письмо, le boeuf gras de notre correspondance, la rose à cent feuilles des jardins de votre muse épistolaire, les cent voix de la renommée parisienne[9], получено исправно, прочтено с благодарностью и с жадным вниманием, отдано переписывать для «Современника» и скоро будет напечатано во всезрение вселенны, —

извещал Тургенева Вяземский 7 марта [Вяземский 1899: 305–306]. Письмо было опубликовано без ведома Тургенева в первом томе «Современника». Сокращения текста были минимальны: опущено начало письма, где Тургенев перечисляет, какие книги и для кого именно он посылает в Россию, сделаны незначительные по объему исключения в тех местах, где характер сообщения или интонация Тургенева принимают сугубо личный оттенок. Стилистическая правка также не делалась, — за единичными исключениями, и то, как правило, связанными с выправлением неточного порядка слов — следствия стремительного тургеневского письма[10].

Решение, которое приняли Пушкин с Вяземским, не имело прецедентов. Публикация частной переписки неоднозначно воспринимается и в современном медийном пространстве, где подчас дело не обходится без скандалов и разного рода недоумений. Тут же, едва ли не впервые в русской литературе, публиковался документ текущего частного эпистолярия, и самим фактом публикации демонстрировалось новое отношение к эпистолярному тексту, основанное на признании его не только информативной, но и художественной ценности, когда одним из основных эстетических параметров становится яркое и непосредственное отражение личности и душевного мира пишущего. В тексте остались все приметы частного письма: узнаваемость отдельных

---

9 «Откормленный бык нашей корреспонденции, столистная роза из садов вашей эпистолярной музы, сотня голосов парижской славы» (*фр.*).

10 Значительным было цензурное вмешательство (см. о нем [Тургенев 1964: 515–516], коммент. М. И. Гиллельсона), однако оно заключалось в механическом удалении из текста упоминаний о самых злободневных парижских новостях и не коснулось общей структуры письма.

лиц, хотя и обозначенных лишь начальными буквами, ряд второстепенных деталей, случайные разговоры.

Прежде всего, был глубоко возмущен сам Тургенев. 20 мая / 1 июня он в гневе писал друзьям:

> Сию минуту прочел я «Современник»: я еще весь в жару и в бешенстве. Никогда я не ожидал от вас такой легкости, едва ли не преступной, и неосмотрительности — разве я позволял вам печатать все ничтожности и личности? Разве вы не могли обдумать, что для меня от этого в Париже выйти может? Разве могу я явиться пестрым шутом даже и в ваш свет? Разве имена и комеражи позволяются? Теперь я объясняю многое: вероятно, сюда писали уже о напечатанных комеражах, о том, что и мне перечитывать стыдно и тошно. Вы виной, что мне сюда долго нельзя будет возвратиться. — Не воображаю себе как это исправить можно! Я точно выразить не в силах моего негодования <...>. — Если возможно, оправдайте меня, скажите правду, что этого письма я никогда не позволял вам печатать; а писал *про* себя и через вас отсылал в свой архив, на *хранение*; что касается до других писем, то ни под каким предлогом не позволяю вам печатать их, ни в виде выписок, ни вполне, — и требую, чтобы вы их отправили, запечатав, в Москву к сестрице. Одно можете сказать в следующей книжке, что вы сделали непростительный поступок, что я принял это с справедливым негодованием и запретил вам печатать и то, что и не так ничтожно, и где дело идет не о глупых комеражах... То, что я мог говорить Вяземскому, не сказал бы я публике, не сказал бы я даже знакомым своим, ибо я почитал Вяземского другом своим, коему честь моя дорога, а в каком виде явлюсь я теперь и здесь и везде? [Еголин и др. 1952: 128–129].

Смелый ход Пушкина-редактора не встретил понимания и у рецензентов. В. Г. Белинский назвал «Хронику русского» «родом записки, писанной к приятелю на разных лоскутках, без всякой связи и занимательности, дурным языком»[11]. Ф. В. Булгарин демонстративно недоумевал: «Спрашиваем: не мистификация ли

[11] См. [Ларионова 2008: 146] (рецензия на первый том «Современника» в «Молве»).

это? Неужели ныне так говорят по-русски? <...> в существе это не что иное, как несвязная болтовня, усыпляющая читателей»[12]. Пушкин с Вяземским должны были отступить. Печатание следующего тургеневского парижского письма было остановлено, вместо него появилось требуемое Тургеневым редакционное объяснение[13].

В июле 1836 года Тургенев снова приехал в Россию. Август и сентябрь он провел в Симбирске, осень — в Москве, с 20 ноября жил в Петербурге и тесно общался с Пушкиным. Конфликт по поводу публикации в первом томе «Современника» к этому времени был улажен. 14 июля 1836 года Тургенев в письме из Москвы благодарил Вяземского за появившееся во втором томе объяснение — за «незаслуженную похвалу и за скорое исполнение моей просьбы» — и, смягчившись, разрешал Пушкину продолжать публикацию своих писем, впрочем, с оговоркой: «...пусть печатает, что ему угодно, но предварительно пусть доставит и письма, и выборку из них для печати на мое рассмотрение» [Вяземский 1899: 323–324][14]. Речь, заметим, шла все же о «выборке» из писем, а не о том, чтобы помещать их целиком, но продолжение «Хрони-

---

[12] См. [Ларионова 2008: 157] (рецензия из «Северной пчелы»).

[13] Вяземский писал, что отрывки из тургеневских писем не были предназначены к печати и появились только от «нескромности» издателей. «Глубокомыслие, остроумие, верность и тонкая наблюдательность, оригинальность и индивидуальность слога, полного жизни и движения, которые везде пробиваются сквозь небрежность и беглость выражения, служат лучшим доказательством того, чего можно было бы ожидать от пера, писавшего таким образом *про себя*, когда следовало бы ему писать *про других*» [От редакции 1836: 311]. Вопрос, какой материал, как сообщал впоследствии Тургеневу Вяземский, уже набранный, был вырезан из второго тома, остается неясным. По вероятному предположению К. М. Азадовского, им могло быть парижское письмо от 22–26 февраля / 5–9 марта 1836 года, адресованное П. А. Вяземскому и В. А. Жуковскому (см. [Азадовский 1999]).

[14] Тургенев отвечал в этом письме на письмо Вяземского к нему в Москву от 7 июля, где Вяземский спрашивал: «Кто читает русские журналы в Париже и кто говорит и помышляет о них? Кого испугаешь в Париже публичностью, сплетнями там, где на все есть тысяча глаз, тысяча ушей и тысяча трещоток? Все сказанное тобою было двадцать раз сказано во всех парижских журналах, и est-ce clair? и все прочее. Вольно же тебе, живучи в Париже, не читать журналов и говорить на ухо соседу то, что накануне прокричали на площади при барабанном бое» [Вяземский 1899: 321].

ки русского» появилось с последующей более жесткой редактурой в четвертом томе. Тем не менее воспоминание Пушкина о своем неосторожном поступке и об обидчивости старшего друга должно было заставить его по возможности более деликатно обходиться с будущими тургеневскими публикациями в «Современнике».

Обратимся теперь непосредственно к интересующей нас рукописи. Она представляет собой писарскую копию писем-отчетов Тургенева князю А. Н. Голицыну от апреля 1835 — июля 1836 года о своей работе в Секретном Ватиканском и парижских архивах. На рукописи два слоя помет — тонким пером и более бледными чернилами, принадлежащие Тургеневу, и пометы более толстым пером, темными чернилами с более определенным, «жирным» штрихом, которые в настоящее время приписываются Пушкину. Правка второго слоя полностью дублирует правку первого. Н. А. Хохловой принадлежит несомненная заслуга установить историю этой рукописи и что именно она легла в основу публикации тургеневской «Хроники русского» в посмертном томе «Современника». Что же касается якобы пушкинских помет, то я хочу выразить свое несогласие. На мой взгляд, оба слоя правки принадлежат руке А. И. Тургенева.

Во время своих встреч в ноябре 1835 — январе 1836 года Пушкин и Тургенев, разумеется, беседовали о русской истории и о работе Тургенева в иностранных архивах. Тургенев знакомил Пушкина с переписанными им документами. Надо иметь в виду и то, что Тургенев готовился к докладу на высочайшее имя о своей работе, от которого во многом зависела его дальнейшая судьба: будет ли ему разрешен следующий выезд за границу и дальнейшее продолжение своей деятельности. Письма-отчеты князю Голицыну, наверное, были нужны Тургеневу для подготовки к докладу, но кроме того он предложил их Пушкину для публикации в «Современнике». Копий этих писем, как мне представляется, у Тургенева не было, они остались в Париже[15];

[15] Нет никаких оснований, как утверждает Н. А. Хохлова, считать, что в тургеневской дневниковой записи от 9 января речь идет о письмах к Голицыну: «Дал Пушкину мои письма, переписку Бонштеттена с m-me Stahl, его мелкие сочи-

Тургенев запросил Почтовый департамент, откуда оригиналы были выданы 11 января, и передал для копирования Пушкину[16], поскольку своего кописта в Петербурге не имел.

16 января 1837 года Пушкин вернул Тургеневу, по-видимому, оригиналы и готовую копию при следующем письме:

> Вот Вам Ваши письма. Должно будет вымарать казенные официальные фразы, и также некоторые искренние, душевные слова, ибо не мечите etc. Что вы вставите, то постарайтесь написать почетче. Думаю дать этому всему вот какое заглавие: труды, изыскания, *такого-то* или *А. И. Т.* в Римских и Парижских архивах. Статья глубоко занимательная [Пушкин 1937–1959, 16: 218].

Как видим, Пушкин согласился с публикацией, оставив поправки целиком на волю Тургенева. Повествование действительно было занимательным; кроме того, сама форма писем-отчетов делала легким для Тургенева исключить неудобные в печати места: личные обращения к Голицыну в начале писем или, например, весь сюжет с выдворением Тургенева официальным циркуляром из Парижа в июле 1835 года и его хлопотами перед Голицыным с просьбой о возвращении. Эта форма не имела ничего общего с безуспешно опробованной Пушкиным публикацией писем как единого эпистолярного документа: отчеты Голицыну были как бы монотематичны, не включали никаких «комеражей» и сиюминутных новостей парижской жизни. В целом порезанные и почищенные письма к Голицыну вполне соответствовали тому типу выдержек, которые всегда имел в виду печатать Тургенев. Н. А. Хохлова пишет:

> Концептуальная задача Пушкина-редактора состояла в том, чтобы из официальных писем сделать статью, сюжетом которой являлся бы архивный поиск. Из текстов писем

нения; выписки из моего журнала о Шотландии и Веймаре» [Тургенев 1974: 174], но что будто бы копии, которые передал Тургенев Пушкину, были плохого качества и Пушкина как редактора не устроили (см. [Хохлова 2022: 18–19]).

[16] См. [Хохлова 2022: 19].

> было по возможности изъято все, что обнаруживало их принадлежность к эпистолярному жанру (прежде всего, обращения и концовки, содержащие стандартные этикетные формулы), а также то, что выдавало их служебный характер, например указание даты в конце письма [Хохлова 2022: 24].

Но «концептуальная задача» была решена уже в первом слое правки самим Тургеневым. Пушкин не указывал Тургеневу, какие места ему надо исключить; он, если допустить, что второй слой правки действительно принадлежит Пушкину, не изменил ни на букву тургеневского текста. Теперь перейдем к вопросу, мог ли второй слой правки принадлежать Пушкину.

Н. А. Хохлова, опираясь на дневниковые записи Тургенева января 1837 года, выстроила концепцию, на первый взгляд достаточно стройную, но основанную на произвольных допущениях и противоречиях. Прежде всего, вызывает недоумение утверждение Н. А. Хохловой, что Тургеневу «вопреки пожеланию Пушкина» не удалось сделать свои поправки «почетче» [Хохлова 2022: 21]. Затем, по версии Н. А. Хохловой, письма с предварительной правкой были переданы Пушкину 21 января. Это заключение делается на основе дневниковой записи Тургенева: «Зашел к Пушкину: о Шатобриане и о Гёте и о моем письме из Симбирска...» [Тургенев 1974: 175]. В этой записи нет, однако, ни слова о письмах к Голицыну. Более того, до 23 января Тургенев занимался «Отрывком из записной книжки путешественника» с описанием посещения дома Гёте и письмом Вальтера Скотта к Гёте, списанным в Веймаре, и готовил этот материал не для «Современника», а для затеянного Вяземским альманаха «Старина и новизна». Он и отдал свою рукопись тогда же Вяземскому, предварительно познакомив с ней Пушкина и Плетнева [Тургенев 1974: 175]. Пушкин якобы отредактировал письма к Голицыну 25–26 января. Вывод делается на основании слов Тургенева в письме к своей двоюродной сестре А. И. Нефедьевой, написанном 28 января, уже после пушкинской дуэли: «3-го и 4-го дня <...> я провел с ним большую часть утра; мы читали бумаги, кои готовил он для 5-ой книжки своего журнала» [Фомин 1908: 48;

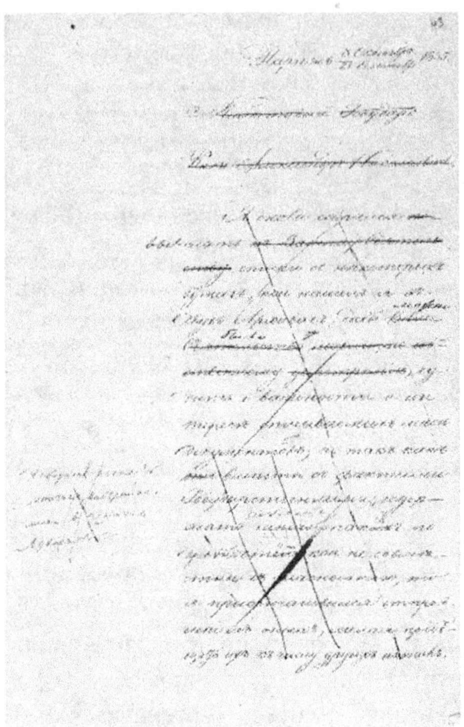

Ил. 3

Хохлова 2022: 24]. Опять же, запись недостаточна, чтобы делать далекоидущие выводы, потому что в ней нет ничего о работе именно с тургеневскими материалами (не сказано ведь «мои бумаги»).

Н. А. Хохлова, таким образом, утверждает, что Пушкин с Тургеневым 25 или 26 января сидели у Пушкина и Пушкин правил его рукопись. Это представляется совершенно невероятным. Прежде всего, невозможно ответить на вопрос, почему Тургенев не справился с просьбой Пушкина и не сделал сам «почетче» свою правку. Затем, утверждению, что правка жирными чернилами принадлежит Пушкину, противоречит сам ее характер: зачеркивания крест-накрест на протяжении целого листа (см. ил. 3) даже поверх аккуратных тургеневских вычерков выглядят непушкинскими. Мы знаем, что чем более уверен редактор в своей автор-

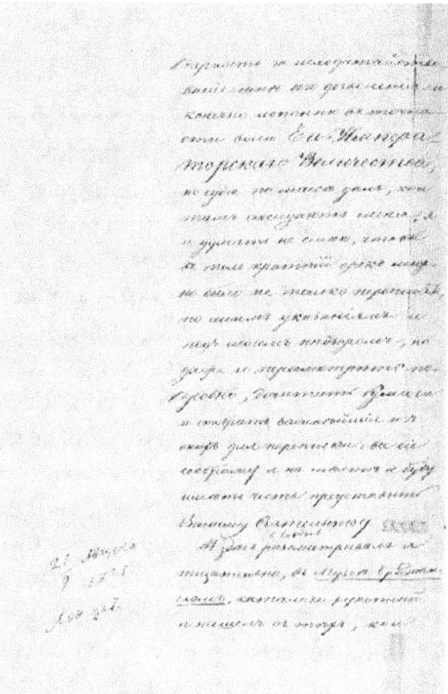

Ил. 4. Обрезанный лист рукописи

ской самостоятельности, тем более бережно он относится к чужой рукописи. Трудно представить, что Пушкин мог бы так обращаться с тургеневской рукописью (особенно если вспомнить, что Тургенев предлагал места своих писем, не годящиеся в печать, вычеркивать карандашом). Кроме того, Н. А. Хохлова при описании рукописи не оговорила важную деталь — ее обрезанные листы. Дело в том, что в ряде случаев вычеркивался целый лист текста, он был аккуратно обрезан и поправки более темными чернилами дублировали на новом листе оставшуюся на обрезанном часть текста. Они делались именно тогда, когда обрезался лист, то есть, судя по всему, перед тем как передать рукопись для копирования для «Современника». Обрезанные листы остались у Тургенева и потом были подклеены к рукописи ради сохранения ее целостности (ил. 4). Согласившись с тем, что окончательная правка принадлежит Пушкину, мы должны были бы предположить, что и листы тургеневской рукописи обрезал тоже он.

По мнению Н. А. Хохловой, Тургенев забрал рукопись к себе, чтобы ознакомиться с поправками Пушкина. Однако эти поправки целиком дублировали нижний слой, сделанный самим Тургеневым, и если письма правились в присутствии Тургенева, то в этом не было никакой необходимости. В своем утверждении Н. А. Хохлова основывается на записи в дневнике Тургенева от 26 января: «Я сидел до 4-го часа, перечитывая мои письма; успел только прочесть Пушкину выписки из парижских бумаг» [Тургенев 1974: 175]. Опять же, Тургенев не говорит, какие письма. В этот приезд в Россию он собрал свои старые корреспонденции и просматривал, что из них могло бы пригодиться к публикации. Упоминания о письмах постоянно встречаются в его переписке. 21 июля 1836 года Тургенев, еще по горячим следам конфликта вокруг первого тома «Современника», пишет Вяземскому: «Высылать ли опять письма? Обещаетесь ли быть осторожнее? Сам я никогда здесь не примусь за них. Просят в "Наблюдателя", но я дал на пересмотр поэту Языкову, и если он одобрит, то, может быть, отошлю к вам» [Вяземский 1899: 326]. «Когда посланные к Пушкину из Симбирска печатные и рукописные письма не будут нужны, возвратите и не затеряйте их», — добавляет Тургенев в письме к нему же от 1 ноября 1836 года из Москвы [Вяземский 1899: 346]. Спустя год после смерти Пушкина, 4/16 февраля 1838 года, Тургенев выговаривал Вяземскому:

> Спасибо за письма и за книги, но досадно, что ты, продержав у себя мои некогда интересные письма, ни слова прежде не сказал мне, <что> они не годятся для «Современника». Пушкин не так думал, и одна тетрадь была им самим приготовлена к изданию. Какое же право имели издатели отбросить ее?[17]

Вообще довольно странно, что каждый раз, встречая у Пушкина или Тургенева слово «письма», Н. А. Хохлова с уверенностью относит его именно к письмам-отчетам князю Голицыну.

---

[17] Цит. по: [Еголин и др. 1952: 119–120].

Ил. 5

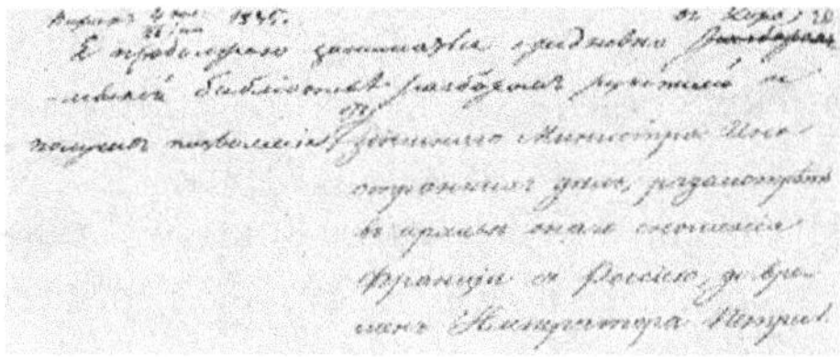

С 16 января, когда Тургенев получил от Пушкина переписанные копии писем к Голицыну, до пушкинской дуэли оставалось десять дней. Спешить с подготовкой к печати этих тургеневских материалов не было оснований, поскольку сама возможность их публикации оставалась не вполне ясной. Думается, появление в печати рассказа о работе Тургенева в европейских архивах во многом зависело от успеха его доклада императору. Стал бы Тургенев до доклада черкать и обрезать рукопись писем к Голицыну, стал бы он печатать их в случае неудачи, стал бы Пушкин помещать в журнале материал, противоречащий монаршему мнению, пропустила бы его цензура? И наконец, неужели Тургенев не оставил бы на одной из последних рукописей, бывших в руках Пушкина, никакой сертификационной пометы?

На мой взгляд, все пометы на рукописи принадлежат Тургеневу и сделаны, скорее всего, после одобрения его деятельности императором. Доклад по поводу архивных разысканий Тургенева состоялся 14 февраля 1837 года, уже после возвращения Тургенева с похорон Пушкина из Святых Гор. После него Тургенев обратился к рукописи своих писем: сначала наметил тонким, как бы неуверенным пером вычеркивания и переносы текста, потом, обрезая ненужные листы, продублировал свою правку, приготовив тем самым рукопись к отдаче переписчику. Единственное, что мешает мне категорически настаивать на этом мнении, — написание буквы «ж», для Тургенева действительно нехарактерное (ил. 5). Возможно, оно связано именно со стремлением Тургенева писать «почетче». Не исключаю, что в необозримом тургеневском архиве могут найтись примеры и такого написания. В любом случае высказанное публично сомнение в принадлежности Пушкину помет на «Хронике русского», напечатанной в посмертном «Современнике», переводит этот вопрос в разряд дискуссионных. Ответ, по-видимому, даст будущее.

В заключение следует подвести некоторый итог общения Пушкина с Тургеневым вокруг «Современника». Две появившиеся в посмертном томе статьи Тургенева — рассказ о его архивных изысканиях под заглавием «Хроника русского», подчеркивающим преемственность с пушкинскими публикациями, и «Отрывок из записной книжки путешественника» с описанием посещения дома Гёте и публикацией письма к Гёте Вальтера Скотта, переданный в журнал Вяземским, после того как разрушился замысел его альманаха «Старина и новизна», — были последними «составленными» и подготовленными самим Тургеневым. С 1838 года в «Современнике» его иностранные письма начинают печататься почти целиком, конечно, с купюрами по цензурным или личным соображениям, но без всякой литературной обработки и неизменно сохраняя в заглавиях слово «Хроника». Это, впрочем, не значит, что Тургенев полностью принял пушкинскую позицию, но он, несомненно, сделал ей шаг навстречу. Он просто разделил свою частную переписку с перепиской, посылаемой для публикации в журнале. Последняя получала в глазах Тургенева статус некоей публичности, он писал уже с расчетом на широкое обнародование, хотя порой и жаловался:

> ...нет никакой расстановки в письмах и в былях и в небылицах, мною сообщаемых: меня бросает парижская суматоха из салона в камеру, из академии в театр, от Шатобриана к Ансело, и все это, без малейшей расстановки, остается в утомительном рассказе. Религия перемешана с литературой, политика выпущена совершенно, хотя в комеражах или в отчетах моих только факты или взгляды на общее движение умов в Европе, и особливо в подвижной и животрепещущей Франции. Я пишу свободно, не стесняемый никакими уважениями, даже не перечитываю быстро написанного, все в надежде, что друг-корреспондент не выдаст меня, в кабинетном шлафроке, в публику, что он успеет оболванить меня и не выпустит меня в свет неряхой...[18]

---

[18] Письмо к П. А. Плетневу от 1 мая 1839 года. Цит. по: [Гиллельсон 1964: 491].

При этом даже в последние годы, когда литературная деятельность А. И. Тургенева несколько профессионализировалась, он оставался верен выбранному изначально эпистолярному роду. Публикация в первом томе «Современника» стала решающей вехой на пути становления структуры его последующих журнальных корреспонденций, тогда как напечатанные в посмертном томе статьи явились лишь своего рода отступлением от намеченной Пушкиным линии.

Источники

Аснаш, Яхонтов 1899 — Описание музея Императорского Александровского лицея / Сост. С. М. Аснаш, А. Н. Яхонтов; под ред. И. А. Шляпкина. СПб., 1899.

Вяземский 1899 — Вяземский П. А. Остафьевский архив князей Вяземских. Т. 3: Переписка П. А. Вяземского с А. И. Тургеневым. 1824–1836. СПб.: Тип. М. М. Стасюлевича, 1899.

Ларионова 2008 — Пушкин в прижизненной критике. 1834–1837 / Под ред. Е. О. Ларионовой. СПб.: Гос. Пушкинский Театральный Центр, 2008.

Еголин и др. 1952 — Литературное наследство. Т. 58: Пушкин. Лермонтов. Гоголь / Под ред. А. М. Еголина и др. М.: Изд-во АН СССР, 1952.

От редакции 1836 — От редакции // Современник. 1836. Т. 2. С. 311–312.

Пушкин 1899 — Пушкин А. С. Сочинения / Приготовил и примеч. снабдил Л. Майков. Т. 1. СПб.: Изд. Имп. Академии наук, 1899.

Пушкин 1900 — Пушкин А. С. Сочинения. 2-е изд. Т. 1. СПб.: Изд. Имп. Академии наук, 1900.

Пушкин 1937–1959 — Пушкин А. С. Полн. собр. соч.: В 16 т. М.; Л.: Изд-во АН СССР, 1937–1959.

Пушкин 2004 — Пушкин А. С. Полн. собр. соч.: В 20 т. Т. 2, кн. 1. СПб.: Наука, 2004.

Тургенев 1964 — Тургенев А. И. Хроника русского. Дневники (1825–1826 гг.). М.; Л.: Наука, 1964.

Тургенев 1974 — Тургенев А. И. Из «Дневника» // Пушкин в воспоминаниях современников / Сост. В. Э. Вацуро и др. Т. 2. М.: Художественная литература, 1974. С. 167–180.

Фомин 1908 — Фомин А. А. Новые материалы для биографии Пушкина (Из Тургеневского архива). Письма А. И. Тургенева и других к разным лицам / Сост. А. А. Фомин. СПб.: Тип. Имп. Акад. наук, 1908.

Э. А. 1827а — Письмо из Дрездена. (Извлечение) // Московский телеграф. 1827. Ч. 13, № 1. Отд. I. С. 90–98.

Э. А. 1827б — Письмо из Дрездена. (Извлечение) // Московский телеграф. 1827. Ч. 13, № 2. Отд. I. С. 162–165.

Библиография

Азадовский 1999 — Азадовский К. М. Старые европейские комеражи. (Несостоявшаяся «Хроника» А. И. Тургенева) // Звезда. 1999. № 6. С. 91–125.

Гиллельсон 1964 — Гиллельсон М. И. А. И. Тургенев и его литературное наследство // Тургенев А. И. Хроника русского. Дневники (1825–1826 гг.). М.; Л.: Наука, 1964. С. 441–504.

Кибальник 1984 — Кибальник С. А. Загадочное письмо // Вечерний Ленинград. 1984. № 68, 20 марта.

Кибальник 1986 — Кибальник С. А. Две записки А. И. Тургенева к Н. И. Гнедичу // Временник Пушкинской комиссии: Сб. науч. тр. Л., 1986. Вып. 20. С. 191–194.

Лосиевский 1983 — Лосиевский И. Неизвестное письмо Пушкина // Литературная Россия. 1983. № 42. 14 окт.

Хохлова 2022 — Хохлова Н. А. Неизвестный автограф А. С. Пушкина — пометы на рукописи «Хроники русского» А. И. Тургенева // Русская литература. 2022. № 2. С. 5–27.

"Onegin zhil anakhoretom…": Alexander Pushkin's Engagement with Stoicism in Eugene Onegin[1]

Melkon Charchoglyan

Pushkin's engagement with Stoicism was a lifelong, evolving process rather than a static grounding. The poet's private library attests to a resurgent interest in Stoicism, specifically, and classics, generally, in the latter years of his life: almost half of the Graeco-Roman works date from 1829 and later.[2] Among these are French translations of the complete works of Seneca and Cicero, Lucan's *Pharsalia* and a second copy of Persius's *Satires*.[3] The purchases not only suggest a desire to critically revisit the authors whom Pushkin had studied (or neglected) as a schoolboy but, as Andrew Kahn observes, "to reinforce the teachings of Stoic philosophy that [he] had begun absorbing through French

---

1 The author is grateful to Professor Svetlana Evdokimova of Brown University for her indispensable help and guidance in presenting and publishing this paper, and to Professor Andrew Kahn of St. Edmund Hall, Oxford, for his time, thoughts, and advice.

2 Boris Modzalevsky, *Biblioteka A. S. Pushkina: Bibliograficheskoe Opisanie* (St. Petersburg: Tipografia Imperatorskoi Akademii Nauk, 1910), accessed September 19, 2023, https://imwerden.de/pdf/modzalevsky_biblioteka_pushkina_opisanie_1910__ocr.pdf.

3 Modzalevsky, *Biblioteka A. S. Pushkina*, 161–64. Also of note in Pushkin's library are *Histoire de Cicéron* (1784–1785)—a French translation of Conyers Middleton's *The Life of Cicero* (1741)—and a collection of the works of Sallust (1829–1833), who, though an eclectic, was sympathetic to Stoic ethics (Modzalevsky, *Biblioteka A. S. Pushkina*, 249, 165). For Cicero's relationship to Stoicism, see note 15.

literature"—that is, through Rousseau, Diderot and, most importantly, Montaigne.[4]

No thinker did more to reignite Pushkin's interest in the doctrine of "the Porch" than Michel de Montaigne.[5] If the young Pushkin might have viewed Stoicism as an austere philosophy worthy of aloof, Horatian scrutiny, by the late 1820s, under the influence of the *Essays*, he was pondering its teachings with far greater earnestness.[6] Although Montaigne is an eclectic, and as likely to quote Horace and Lucretius as Cicero and Persius, he is nonetheless pronouncedly Stoic in his meditations on death, fear, solitude, and how we perceive good and evil.[7] Like the Stoics, he argues that to "practise death is to practise

---

4 Andrew Kahn, *Pushkin's Lyric Intelligence* (New York: Oxford University Press, 2008), 327. For a detailed examination of Pushkin's classical education, see D. P. Iakubovich, "Antichnost' v tvorchestve Pushkina," *Pushkin: Vremennik Pushkinskoi Komisii* 6 (1941): 92–159.

5 Pushkin purchased the *Essays* in 1828 and read them in their entirety (Modzalevsky, *Biblioteka A. S. Pushkina*, 292). He would return to Montaigne for years to come. In September 1835 the poet wrote from Mikhailovskoye to his wife, Natalia, in St. Petersburg: "send me, if you can, the *Essays* of M. Montaigne—four blue books, on my long shelves. Do find them" (Alexander Pushkin, *Sobranie sochinenii v desiati tomakh* [Moscow: Gosudarstvennoe Izdatel'stvo Khudozhestvennoi Literatury, 1962], 10: 255). Translations from Russian to English, unless otherwise stated, are the author's own.

6 The Roman satirist, though more favorably disposed towards Epicureanism, was, nonetheless, like the eclectic Pushkin, "not bound over to swear as any master dictates" (*Epistles* 1.1.14) and quite happy to mock his own school as well as any other. Stoicism received its due share of derision and respect: Horace could ridicule its paradoxicality in one breath (e.g., *Satires* 2.3) and admire Stoic equanimity in the next (e.g., *Odes* 2.2). Typically, attacks were aimed at incompetent, extreme or opportunistic applications of Stoicism rather than the value of the philosophy itself (see Francis Muecke, "The *Satires*," in *The Cambridge Companion to Horace*, ed. Stephen Harrison [Cambridge: Cambridge University Press, 2007], 119–20).

7 See Michael Moriarty, "Stoic themes in early modern French thought," in *The Routledge Handbook of the Stoic Tradition*, ed. John Sellars (New York: Routledge, 2016), 204–17; and Delia Ungureanu, "The Value of Solitude," *Journal of World Literature* 7, no. 1 (2022): 112–16. Montaigne makes no secret of his debt to the Stoics, and Seneca especially, whom he ranks, alongside Plutarch, as his chief instructor: "my book [...] is built entirely out of their spoils" (Michel de Montaigne, "In defence of Seneca and Plutarch," in *The Essays of Michel de Montaigne*, trans. and ed. M. A. Screech [London: Allen Lane, 1991], 817).

freedom" and encourages the reader to "evoke [death] in our imagination under all its aspects".[8] These ideas made an immediate impression on Pushkin.[9] "Brozhu li ia vdol' ulits shumnykh..." (1829), qua reflection on mortality and fate, not only evinces Montaigne's direct influence but, as Natalia Mazur demonstrates, is also consistent with the Stoic teachings of Seneca, Marcus Aurelius, and Epictetus.[10]

---

8 Michel de Montaigne, "To philosophize is to learn how to die," 96. The title of the essay comes from Cicero's *Tusculan Disputations* 1.30.74.

9 See V. I. Butakova, "Pushkin i Monten"," *Pushkin: Vremennik Pushkinskoi Komisii* 3 (1937): 203–14.

10 Natalia Mazur, ""Brozhu li ia vdol' ulits shumnykh..." i stoicheskaya filosofia smerti," in *Stikhi, Iazyk, Poezia. Pamiati Mikhaila Leonovicha Gasparova* (Moscow: Rossiiskii Gosudarstvennyi Gumanitarnyi Universitet, 2006), 343–72.
Pushkin did not own a copy of the *The Mediations*—in any case, one does not figure in Modzalevsky's inventory of the poet's library. This was not for want of access: a Russian translation by Sergei Volchkov (1738–1739) and two French language editions, by Anne and André Dacier (1691) and Jean-Pierre de Joly (1770), were available at the time; Pushkin's close friend and fellow poet Vasily Zhukovsky owned a later edition of the Daciers' translation, with Marcus's reflections regrouped by subject (Natalia Mazur, "O myshinnoi begotne, Marke Avrelii i ob uslovno funktsional'nykh kontekstakh," in *Istoriko-filologicheskii sbornik "Shipovnik" k 60-letiiu Romana Davidovicha Timenchika* [Moscow: Vodolei Publishers, 2005], 258n; note that Mazur misattributes the 1742 translation to de Joly, who merely acted as editor). Pushkin may well have come into contact with *The Meditations* at the Lyceum—a brief description of Marcus Aurelius' life and work, along with a nod to the Daciers' translation, is cited in *Ruchnaia Kniga Drevnei Klassicheskoi Slovestnosti* (1816) by Nikolai Koshansky, Pushkin's Latin master (Mazur, "O myshinnoi begotne", 252–53). The poem "19 Oktiabria" (1825) certainly gives that impression. The last two lines of stanza seven appear to parallel and intentionally subvert a renowned passage from book six of *The Meditations* (Alexander Gavrilov, *Mark Avrelii Antonin: Razmyshlenia*, 2nd ed. [St. Petersburg: Nauka, 1993], 138). Nonetheless, Pushkin was well acquainted with Marcus Aurelius in a historical capacity—after all, the emperor is inexorably at the heart of "Mednyi Vsadnik" (1833) and the polemic with Adam Mickiewicz. What is more, Pushkin evidently held Marcus in high esteem, even reproaching Pyotr Chaadaev for branding the emperor a specimen of "fluffy and haughty virtue" (Pyotr Chaadaev, *Polnoe sobranie sochinenii i izbrannye pis'ma*, vol.1 [Moscow: Nauka, 1991], 396; for Pushkin's response, see Pushkin, *Sobranie sochinenii v desiati tomakh*, vol. 10, 49).
Pushkin's opinion of Marcus Aurelius was likely shaped by his reading of Edward Gibbon's *The History of the Decline and Fall of the Roman Empire* (1776–1789). The poet owned a French translation of Gibbon's monumental work, published in

Mazur, whose writings are the most extensive examination of Stoicism in Pushkin's poetry, identifies Stoic elements in two other poems: "Stikhi, sochinennye nochiu vo vremia bessonitsy" (1830) and "Pora, moi drug, pora! pokoia serdtse prosit..." (1834).[11] Yet scant attention is paid to *Eugene Onegin.* If individual poems exhibit disparate elements of Stoic philosophy, it is the novel that harnesses these into a coherent Stoic attitude that evolves in tandem with Pushkin's own developing interest in the school. It is my argument that Onegin is ironically depicted as a failed Stoic of a specifically early Christian variety — an "anchorite" [anakhoretom] (4:88); that Tatiana, in chapter eight, becomes a model of Stoic virtue; and that the narrator is Stoic in his navigation of death and in particular the death-conclusion of the novel.[12]

The first anchorites were the Desert Fathers. Starting from the third century, these proto-monks set out into the Egyptian wilderness to lead solitary or semi-solitary lives of silence, abstinence, and prayer. They are the subject of one of Pushkin's last poems, "Otsy pustynniki i zheny neporochny" (1836), but the desert as a metonym for solitary introspection had figured in his work since youth, both earnestly and ironically.[13] In "Prorok" (1826), the desert is a biblical arena of spiritual

---

Paris in 1828; volume one, which deals with the reign of the Antonine dynasty, is cut open in its entirety (Modzalevsky, *Biblioteka A. S. Pushkina*, 239). It bears noting, too, that Gibbon references *The Meditations* a number of times, and a footnote on page 220 directs the reader to the Daciers' translation (Edward Gibbon, *Histoire de la Décadence et de la chute de L'Empire Romain*, trans. and ed. François Guizot, vol.1 [Paris: Chez Ledentu, 1828], 220, accessed May 1, 2024, ark:/12148/bpt6k364600).

11 See Mazur's two articles from 2005.

12 All original quotations from *Eugene Onegin*, Pushkin's letters, and poetry—with the exception of "K Litsiniiu. (S latinskogo)" (1815)—are from *Sobranie sochinenii v desiati tomakh* (Moscow: Gosudarstvennoe Izdatel'stvo Khudozhestvennoi Literatury, 1959–1962). Citations will appear in brackets, giving the volume and page number. Translations from Russian to English, unless otherwise stated, are the author's own.

13 In an early letter to Pyotr Viazemsky, the young Pushkin labels himself (again tongue in cheek) an "unhappy desert-dweller of Tsarskoe Selo" and mocks "the philosophers and poets who pretend to know the countryside and be in love with quietude and silence" (9:8).

tribulation, violence, and ultimately rebirth. In "Iz pis'ma k Wul'fu" (1824), the anchorite, tongue in cheek, appears as a rustic merry-maker, who's brought to "silence" by a lavish feast rather than devout faith: "We'll have ourselves a feast beyond compare! / O what a joy, the life of an anchorite!" [Zapiruem uzh, molchi! / Chudo—zhizn' anakhoreta!] (2:27).

The desert is likewise a recurrent and ambiguous topos in *Eugene Onegin*, and usually appears in conjunction with references to "wisdom" or "philosophy." The countryside is a "philosophical desert" [filosoficheskoi pustyne] (4:113) and its residents are "desert-dwellers" [pustynnikov] (4:44). Onegin is a "desert sage" [mudrets pustynnyi] (4:37), the narrator talks of strolling "along a deserted lake" [nad ozerom pustynnym] (4:33) and Tatiana refers to her former life "in the desert" [v pustyne] (4:175). Which opens two possibilities: of a philosophical void or a philosophical retreat *into* the void; of authentic and inauthentic desert-dwelling, depending, as I shall argue, on one's mode of engagement with solitude.

The "sermon" [propoved'] or "lesson" [urok] (4:174) that Onegin delivers to Tatiana immediately evokes Christian instruction: "Learn to master yourself [...] thus sermonized Evgenii" [Uchites' vlastvovat' soboiu [...] tak propovedoval Evgenii] (4:80). He could be parroting Tikhon Zadonsky, Thomas à Kempis or, indeed, the Desert Fathers themselves, whose teachings garnered widespread interest in Russia following the publication of Paisius Velichkovsky's 1793 Church Slavonic translation of the *Philokalia* (1782).[14] But this language of Christian instruction is itself rooted in the Stoic code of self-reflection and self-restraint, which was typically framed in the vocabulary of rule, obedience and mastery later re-employed by Christian writers and here regurgitated by Onegin. Take, for instance, the following directive from Cicero: "The whole point then is to be master [*imperes*] of yourself" (*Tusculan Disputations* 2.22.53).[15]

---

[14] G. E. H. Palmer, Philip Sherrard, and Kallistos Ware, eds. and trans., *The Philokalia: the complete text*, vol.1 (London: Faber and Faber, 1979), 12.

[15] As Margaret Graver notes, although Cicero is not himself a Stoic, and has his quibbles with the school, "it is the Stoic position which he recommends to his readers [...] as the best-reasoned view" in the *Tusculan Disputations*, particularly

Stoicism's emphasis on austerity, equanimity, self-striving and contemplative withdrawal broadly informed the Desert Fathers and the nascent monastic tradition (not to speak of Christianity at large, which is beyond the scope of this paper).[16] At the heart of their hesychastic teachings—which passed into the Orthodox tradition centered around Mount Athos, and as far as Armenia—is an expanded, Christianized notion of Stoic *apatheia* ("dispassion"): a means of achieving purity of heart and mind in order to be closer to God.[17] This is articulated most notably by Evagrius Ponticus. Richard Sorabji has demonstrated that Evagrius's doctrine of eight bad thoughts (which later became the seven deadly sins) returns, via Origen, to the Stoic idea of "first movements"—the physical and mental rumblings that precede emotion but are not themselves emotions.[18] Evagrius, in preaching self-control, argues that the pious monk can learn to evaluate and quash a bad thought before it becomes emotion and sin, thus, according to Sorabji, working

---

in books three and four, which deal with emotions and self-control (Margaret Graver, *Cicero on the Emotions: "Tusculan Disputations" 3 and 4* [Chicago: The University of Chicago Press, 2002], xii).

16 It bears noting that St. Anthony the Anchorite's "On the Character of Men and on the Virtuous Life," included by Nicodemus the Hagiorite in the ur-text of the *Philokalia*, is so overtly Stoic, borrowing so closely from Marcus Aurelius, Seneca and Epictetus, that modern English editors have cast doubt on its provenance (Palmer, Sherrard, and Ware, *The Philokalia*, 327–28). Gerard Boter concludes that it is "a slightly christianized version of a Stoic treatise probably composed ca. A.D. 200" (Gerard Boter, "Epictetus," in *Catalogus Translationum Et Commentariorum: Mediaeval and Renaissance Latin Translations and Commentaries*, ed. Virginia Brown [Washington, DC: The Catholic University of America Press, 2011], 7). The identity of the author is less important than the implications. It shows, first, the alacrity with which Stoic ethics were appropriated by early Christian writers-compilers and, second, how readily these writings were received by monastic communities through the centuries—not least by those of Mount Athos, where the codices that became the *Philokalia* were stored (Palmer, Sherrard, and Ware, *The Philokalia*, 11–12).

17 Christopher C. H. Cook, "Healing, Psychotherapy, and the *Philokalia*," in *The "Philokalia": a Classical Text of Orthodox Spirituality*, ed. Brock Bingaman and Bradley Nassif (New York: Oxford University Press, 2012), 232.

18 Richard Sorabji, *Emotion and Peace of Mind: From Stoic Agitation to Christian Temptation* (New York: Oxford University Press, 2000), 357–71.

"toward the Stoic ideal of *apatheia.*"[19] Following the Stoics, Evagrius believes that for temptation to become sin requires our "assent" (for which he uses the Stoic term *synkatathesis*), and "that it is not up to us (*eph' hēmin*) whether these thoughts disturb the soul, but it is up to us whether they linger [...] and whether they stir up emotions."[20]

Evagrius's influence on both Orthodox and (via John Cassian) Western monasticism cannot be overemphasized: according to Gregory Collins, "Evagrius's systematic exposition of the dynamics between God and the soul in monastic life and prayer marked forever the entire heritage of Christian monasticism."[21] Proto-monasticism is no mere repackaging of Stoicism, of course, and recent scholarship has demonstrated the acutely Platonic and Aristotelian strands of Evagrius's doctrine.[22] Nonetheless, Stoicism furnished Christian ascetics with a practical framework for parsing and controlling emotions, impulses, and intrusive thoughts in order to achieve a hesychastic state.

The school's enduring impact on monasticism is further evinced by the Christian adaptations of Epictetus's *Enchiridion*. As early as five hundred CE, this "handbook" of Stoic ethics was being revised into an instructional manual for monks.[23] The *Paraphrasis Christiana*, the most heavy-handed of the three known adaptations, systematically Christianizes the text's pagan qualities, so that, for instance, the "philosopher" becomes the "anchorite."[24] Manuscriptal evidence reveals the *Paraph-*

---

19 Sorabji, *Emotion and Peace of Mind*, 358.

20 Sorabji, *Emotion and Peace of Mind*, 359–60. It bears remarking that *eph' hemin*, as a technical term for things in our power, is a cornerstone of Stoic (specifically Epictetan) vocabulary.

21 Gregory Collins, "The Evagrian Heritage in Late Byzantine Monasticism," in *Evagrius and His Legacy*, ed. Joel Kalvesmaki and Robin Darling Young (Notre Dame: University of Notre Dame Press, 2016), 318–19.

22 For the interplay of Stoic, Platonic and Aristotelian thought in Evagrius's treatises, see Kathleen Gibbons, "Passions, Pleasures and Perceptions: Rethinking Evagrius Ponticus on Mental Representation," *Zeitschrift Fur Antikes Christentum* 19, no. 2 (2015): 297–330.

23 Gerard Boter, "Epictetus," 6–7.

24 Gerard Boter, *The Encheiridion of Epictetus and its Three Christian Adaptations* (Leiden: Brill, 1999), 206–7.

rasis's lasting popularity: there are twenty-four extant *MSS* dotted across the Mediterranean and Northern Europe—including in the monastic libraries of Mount Athos and Saint Catherine's—with the most recent produced as late as the seventeenth century.[25]

Pushkin was undoubtedly aware of the kindred nature of Stoic withdrawal and Christian anchoritism. The desert, in his conception, accommodates both Stoic and Christian alike, as evidenced by "K Litsiniiu. (S latinskogo)" (1815). In this early poem, a Stoic named Dametes chooses to live in the desert rather than stay in a Rome enslaved by both despotism and vice: "I'm searching for the desert. / I do not wish to live amidst depravity any longer; / [...] I hate mankind" [Pustyni ia ishchiu. / Sredi razvrata zhit' uzh bole ne khochu; / [...] ia liudstva nenavizhu].[26] This is not the customary Stoic profile of an intrepid Cato in the allegorical desert of Lucan's *Pharsalia* or Addison's eponymous tragedy but a distinctly hermetic figure: he wears a "ripped cloak" and carries a "poor man's walking stick" [V izorvannom plashche i s nishchenskoi kliukoiu].[27] Dametes' exclamation prompts the narrator to wonder, "is it not better for us also / To bid adieu to dreams, Fortuna, cares, / And heed the hoary Stoic's call?" [ne luchshe li i nam, / Otdav poklon mechte, Fortune, suetam, / Sedogo stoika primerom nauchit'sia?], before opting for a vaguely Epicurean life of poetry and dolce far niente in the countryside.[28] When the poem was subsequently reworked and the Stoic became a cynic, the desert disappeared too.

Onegin's sermon, then, casts him as a haughty Stoic preacher, comparable to the hapless sermonizers of Horatian satire: what W. S. Anderson called the *doctor ineptus*. Like Damasippus and Davus

---

25 Boter, *The Encheiridion*, 199–206.

26 Alexander Pushkin, "K Litsiniiu. (S latinskogo)," *Rosiiskii Muzeum* 2, no. 5 (1815): 130, accessed November 5, 2023, http://lib.pushkinskijdom.ru/Default.aspx?tabid=8790.

27 Pushkin, "K Litsiniiu (S latinskogo)," 130. For Addison's Cato as an aesthetic model of Stoic virility and resistance, see Yuri Lotman, "Poetika bytovogo povedenia v russkoi kul'ture XVIII v.," in *Istoria i Tipologia Russkoi Kul'tury* (St. Petersburg: Iskusstvo–SPB, 2002), 250–54.

28 Pushkin, "K Litsiniiu. (S latinskogo)," 130.

of the *Satires*, Onegin "fails to grasp the implications of his own precepts and thus ends as a figure of fun."[29] The narrator, like his Horatian counterpart, doesn't expose the act outright but rather winks at the reader by ironically playing up to the persona: "A rather fanciful dinner [...] / Solitude, silence: / Voilà Onegin's holy life" [Obed dovol'no prikhotlivyi [...] Uedinen'e, tishina: / Vot zhizn' Onegina sviataia] (4:88–89). Onegin, in short, treats rustic seclusion as a series of gestures, which he carries out with gravity but little understanding, to incongruous results. In "Derevnia" (1819), Pushkin sings of Mikhailovskoe—his "deserted corner" [pustynnyi ugolok]—as a place of "hard work and inspiration" [trudov i vdokhnoven'ia] (1:78). Onegin, conversely, remains idle, for he pursues solitude as an end rather than a means. Lacking the necessary self-awareness, and blind to the complex reality of life in the country, he reduces this "pustynia" to an airbrushed landscape, a place of quiet that, as a negation of urban life, might banish his "Soul's endless grumbling" [Roptan'e vechnoe dushi] (4:77).[30] But, as Seneca warns, "Sometimes quiet means disquiet" (*Epistles* 56.8). The language of external barrenness is juxtaposed with Onegin's "barren soul" [dushevnoi **pust**otoi] (4:27). He has erroneously sought the desert *without* instead of addressing the desert *within*.

Our hero therefore fails to meet the basic requirement of the Stoic sage: that of self-reflection. Marcus Aurelius repeatedly exhorts himself to *epinoein* ("think on," e.g., *Meditations* 10.27) and Seneca's letters to Lucilius are saturated with the imperative *cogita* (e.g., *Epistles* 32), because it is only through active contemplation that one can achieve the self-awareness that will translate into self-control. Following Lensky's murder, Onegin's knee-jerk reaction to internal disquiet is

---

[29] William Scovil Anderson, "The Roman Socrates: Horace and his Satires," in *Critical Essays on Roman Literature: Satire*, ed. J. P. Sullivan (New York: Routledge, 1963), 34.

[30] The reality of country living is captured by the comic tension of the double epigraph to chapter two: the Horatian "O rus!... ", uttered by the urban gentleman as he dreams of the countryside, and the lamenting "O Rus'!", uttered by the same gentleman as he sets foot in the Russian village and witnesses its problematic reality (4:36).

once again a change of location, a reshuffling of external circumstances, with no purpose other than to avoid introspection and shirk the demons that had driven him to the country in the first place:

> Им овладело беспокойство,
> [...]
> Оставил он свое селенье,
> Лесов и нив уединенье,
> Где окровавленная тень
> Ему являлась каждый день,
> И начал странствия без цели
> (4:160)
>
> A restless spirit took him over,
> [...]
> And so he came to the conclusion
> To leave the fields' and woods' seclusion,
> Where every day a bloodstained shade
> Appeared to him and would not fade,
> And sallied forth without direction[31]

His behavior evinces Montaigne's observation (echoing Seneca) that "It would be madness to entrust yourself to yourself if you did not know how to govern yourself. There are ways of failing in solitude as in society."[32]

The relationship between one's locale and one's spiritual state is expounded on by Marcus Aurelius. The emperor criticizes those who, like Onegin, understand Stoic withdrawal as a purely physical act: "They seek retirements in the country, on the sea-coasts, or mountains: you too used to be fond of such things. But this is all from ignorance" (*Meditations* 4.3). Such performative anchoritism was likewise ridiculed by Diderot, one of the Enlightenment's most fervent exponents of Stoicism, whom Pushkin had read thoroughly:

---

31 Alexander Pushkin, *Eugene Onegin*, trans. Stanley Mitchell (London: Penguin Books, 2008), 176.

32 Montaigne, "On solitude," 277. On the debt to Seneca, see Screech's footnote to the same passage.

> it would be a strange sight to see an entire province, dismayed at the dangers of society, dispersed in forests, the inhabitants living like wild beasts to sanctify themselves, and a thousand pillars rising above the ruins of all social affections; a new race of Stylites stripping themselves from religious motives of all natural feelings, ceasing to be men and becoming statues in order to be true Christians.[33]

What Onegin and his fellow Stylites don't comprehend is that the true refuge, as Marcus intones, is oneself: "A man may any hour he pleases retire into himself; and nowhere will he find a place of more quiet and leisure than in his own soul" (*Meditations* 4.3). This is a central motif of "Brozhu li ia vdol' ulits shumnykh...": the poet retreats into the sanctuary of his own thoughts and finds consolation by meditating on fate and the cycle of life and death. Reading the opening stanza of the poem against Tatiana's reaction to the Moscow ball produces revealing similarities—and suggests that Pushkin was already under the influence of Montaigne by the time he completed chapter seven of *Eugene Onegin* in November 1828:[34]

> **Шум**, хохот, беготня, поклоны,
> Галоп, мазурка, вальс... Меж тем,
> **Между двух теток у колонны**,
> Не замечаема никем,
> Татьяна **смотрит и не видит**,
> Волненье света ненавидит;
> Ей душно здесь... она **мечтой**
> Стремится к жизни полевой
> [...]

---

33 Denis Diderot, *Diderot's Early Philosophical Works*, trans. Margaret Jourdain (London: The Open Court Publishing Company, 1916), 29. Pushkin most certainly knew the cited passage from *Philosophical Thoughts*. In his 1821 edition of Diderot's works, pages 199–200 of volume one, where the passage appears, is cut open (Denis Diderot, *Oeuvres de Denis Diderot: Philosophie*, ed. Jacques André Naigeon vol.1 [Paris: Chez J. L. J. Brière, 1821],199–200, accessed January 24 2025, https://books.google.co.ma/books?id=1KIGAAAAQAAJ; Modzalevsky, *Biblioteka A. S. Pushkina*, 225).

34 For the completion date of each of *Eugene Onegin*'s chapters, see Yuri Lotman, commentary to *Sobranie sochinenii v piati tomakh*, by Alexander Pushkin, vol.3 (St. Petersburg: Bibliopolis, 1994), 220.

Так мысль ее далече **бродит**:
Забыт и свет и **шумный** бал
(4:153)

Брожу ли я вдоль улиц **шумных**,
Вхожу ль во многолюдный храм,
Сижу ль **меж юношей безумных**,
Я предаюсь моим **мечтам**.
(2:264)

Noise, laughter, galop, waltz, mazurka,
Bows, bustle... meanwhile from the dance
Tatiana hides—the capers irk her—
Beside a column, 'twixt two aunts,
She looks but does not see, detesting
The worldly tumult and the jesting,
She, stifling here, in fancy strains
To reach again her fields and lanes
[...]

But while her mind is in the distance,
Forgetting *monde* and noisy ball[35]

Whether I'm wandering the noisy streets,
Entering a busy church,
Or sitting between reckless youths,
I turn myself over to my dreams.

The poem mirrors the passage, down to the "reckless youths" [mezh iunoshei bezumnykh], who, more playfully, appear as cunning aunts. Tatiana's withdrawal in a foreign location casts her as Onegin's diametric opposite. Onegin voluntarily changes location yet fails to introspect, whereas Tatiana achieves introspection in response to an involuntary change of location. As a more mature, steadfast character, she is able, like Pushkin and akin to the sage, to retreat within herself, into what Montaigne calls the spiritual "room [...] at the back of the shop" (1:39) and Pierre Hadot describes as the Stoic's "inner citadel, invincible and

35 Pushkin, *Eugene Onegin*, 168.

impenetrable."[36] Her momentary self-abstraction—"looks but does not see" [smotrit i ne vidit]—soon becomes a practice, allowing her to direct her mind's eye and, in turn, block out Onegin. Stanza 31 of chapter eight makes three references to her not seeing him—"she does not notice" [ne zamechaet], "won't notice" [ne zametit], "cannot see" [ei [...] ne vidno] (4:168)—as does stanza 33: "She does not see him" [Ego ne vidiat] (4:170).

This act of seeing yet not perceiving dovetails with the broader Stoic belief that "Men are disturbed not by things, but by the views which they take of things" (Epictetus, *Enchiridion* 5)—an idea that Montaigne endorses: "So let us no longer seek excuses from the external qualities of anything: the responsibility lies within ourselves. Our good or our bad depends on us alone."[37] The crux of the Stoic argument is that Nature is inherently rational and therefore neutral or indifferent. The highest ideal, then, is to live according to Nature and likewise regard all things, good or bad, indifferently: "Whoever, then, is not indifferently dispos'd to pain and pleasure, life and death, glory and ignominy, all which the nature of the whole regards as indifferent, it is plain he is guilty of impiety" (*Meditations* 9.1). Montaigne offers a more pliant view: "We should have wives, children, property and, above all, good health... if we can: but we should not become so attached to them that our happiness depends on them [...]. We must not let [good things] become our principal base, for they are no such thing: neither reason nor Nature will have them so."[38]

The closing image of "Brozhu li ia vdol' ulits shumnykh..." is that of the harmony of life and death under the auspices of "indifferent nature" [ravnodushnaia priroda] (2:265). Andrew Kahn concludes that "the philosophical connotation of "indifference" as a term of Stoic theory of fate or simply practical concession is unmistakable [here]."[39] In the

---

36 Montaigne, "On solitude," 270; Pierre Hadot, *The Inner Citadel: The "Meditations" of Marcus Aurelius*, trans. Michael Chase (Cambridge, MA: Harvard University Press, 1998), 120.

37 Montaigne, "On Democritus and Heraclitus," 338.

38 Montaigne, "On solitude," 270–2.

39 Andrew Kahn et al., *A History of Russian Literature* (New York: Oxford University Press, 2018), 409.

novel, this quality is attributed to Tatiana. The narrator describes her as "indifferent" [ravnodushna] (4:163) and an "indifferent princess [...] unassailable goddess" [ravnodushnoiu kniaginei [...] nepristupnoiu boginei] (4:166), elevating her to an imperturbable force akin to Nature itself. The equanimity translates into outward poise. Her behavior is marked by an equilibrium between extremes, such as "Neither icy, nor talkative" [Ne kholodna, ne govorliva] (4:161). In this respect, she is the embodiment of *sophrosyne* ("temperance" or "moderation"), which the early Stoics considered one of the four chief virtues.

Stoic indifference is thus not only Tatiana's key to societal success but a means of spiritual tranquility. Scorn for the urban and urbane yet refusal to return to the countryside emphasizes her internal resolve and indifference to external circumstances, not least geographic location. In a sense, Tatiana carries the Countryside, with a capital C, within her. More importantly, she refers to it as her "desert" [pustyne] (4:175)—a metaphor, until now, used only by the narrator. The synthesis of their voices communicates that Tatiana, too, recognizes the countryside as a place of solitary introspection and transformation rather than a purely physical space.

It is not, however, that Tatiana is without feeling—a usual charge against the Stoics—or that she is simply bored with the world, like Onegin. On the contrary, she is like Seneca's ideal wise man, who "feels his troubles, but overcomes them" (*Epistles* 9.3). By depicting her both as self-possessed and capable of profound emotion (i.e., in her final encounter with Onegin), the novel purposefully distinguishes between Tatiana's Stoic indifference and Onegin's insensitivity. His Byronic yawning, "which sleep can not abate," points to a detachment from the world rather than a rational receptiveness to it.[40]

The protagonists are repeatedly contrasted in this manner, revealing them as Stoic antipodes. For instance, Onegin, speaks of "freedom and peace" [vol'nost' i pokoi] (4:169) but understands these notions in the purely nominal sense of quietness and freedom from responsibility. The same Stoic language only acquires its full meaning when refracted through Tatiana, who is truly, as the narrator calls her, "at peace and

---

40 Byron, *Don Juan*, canto 13, stanza 101.

free" [pokoina i vol'na] (4:164)—that is, self-possessed and self-sufficient.[41] Similarly, stanza 36 of chapter eight, when Onegin's mind begins to wander as he reads, recalls Tatiana's reaction to the ball:

> И что ж? Глаза его читали,
> Но мысли были далеко;
> Мечты, желания, печали
> Теснились в душу глубоко.
> Он меж печатными строками
> Читал духовными глазами
> Другие строки. [...]
> (4:171)

> But even while his eyes were reading,
> His thoughts were far away, as old
> Desires, dreams, sorrows kept invading
> And crowing deep inside his soul.
> Between the lines before him, printed,
> His inward eye saw others hinted.[42]

Here, too, the character sees without perceiving—but this time *involuntary* (since he has evidently sat down with the desire to read). Onegin cannot control his mind. The result is not a retreat into a place of spiritual asylum but a chaotic whirl of memory and imagination. Moreover, the narrator is able to relay with exactitude what is happening in Onegin's mind (i.e., "There is no doubt" [Somnen'ia net]; 4:167), as the hero cannot hide, let alone control, his thoughts and feelings. Whereas Tatiana's internality has become walled off, inaccessible even to the omniscient

---

41 For "vol'nost'" (*libertas*) and "pokoi" (*quies*) as Stoic qualities and their function in 18th- and early-nineteenth-century Russian literature, including Pushkin, see Andrew Kahn, ""Blazhenstvo ne v luchakh Porfira": histoire et fonction de la tranquillité (spokojstvie) dans la pensée et la poésie russes du XVIIIe siècle, de Kantemir au sentimentalisme," trans. Jean Breuillard, *Revue des études slaves* 74, no. 4 (2002): 669–88; for their function in Pushkin's "Pora, moi drug, pora! pokoia serdtse prosit...", see Mazur ""Pora, moi drug, pora! pokoia serdtse prosit...": istochniki i konteksty, " *Pushkin i ego sovremenniki. Sbornik nauchnykh trudov* 4, no. 43 (2005): 370–79.

42 Pushkin, *Eugene Onegin*, 189.

narrator, who can but ask "What does she dream of now?" [O chem teper' ee mechtan'e?] and wait for the heroine to reveal her own thoughts: "At last she quietly speaks" [I tikho nakonets ona] (4:174).

So, we may add the Stoic to the list of Onegin's masks. And when put to the test, this adopted persona, like the rest, leads to incongruity. Just as one cannot be a dandy and enjoy dancing the mazurka, nor can one preach self-control and write a "passionate missive" [strastnoe poslan'e] (4:168).[43] His letter to Tatiana is a choice example of a faithful exterior with a hollow inside:

Мне дорог день, мне дорог час:
А я в напрасной скуке трачу
Судьбой отсчитанные дни.
[...]
Я знаю: век уж мой измерен
(4:169)

Each day is dear, each hour too:
Yet I in futile dullness squander
The days my fate has counted off.
[...]
I know: my end may well be dawning[44]

Onegin reproduces fundamental Senecan maxims to "hold every hour in your grasp" because man is "dying daily" (*Epistles* 1.2). His words are comparable to Pushkin's own daily search for "The anniversary of [my] impending death" [Griadushei smerti godovshinu] and resignation to fate in "Brozhu li ia vdol' ulits shumnykh..." (2:264). Such Stoic maxims would later crystalize in "Pora, moi drug, pora! pokoia serdtse prosit... ", which coolly admits the brevity of life: "The days fly past, and each hour takes away / A little part of life" [Letiat za dniami dni, i kazhdyi chias unosit / Chastichku bytiia] (2:387).[45]

43 See Lotman, commentary, 268 for an explanation of the dandyist aversion to dancing.

44 Pushkin, *Eugene Onegin*, 186–87.

45 Mazur proposes Seneca's *Epistles*—"every day a little of our life is taken from us" (24.19–20)—as a source for "Letiat za dniami dni, i kazhdyi chias unosit / Chastichku bytiia" ("Pora, moi drug, pora!," 374). However, I would argue that Mont-

But the authenticity of Onegin's purportedly Stoic self-awareness is undermined by the admission that suffering has become its own pleasurable objective: "To be seized in torment before you, / Grow pale and perish... that is bliss!" [Pred vami v mukakh zamirat', / Blednet' i gasnut'... vot blazhenstvo!] (4.169). In other words, our hero has sunk to the nadir of Stoic failure, where passion (in the truest sense of the word) begins to cannibalize itself, as he attempts to sublimate Tatiana into a rarefied, high-Romantic object of courtly love. Once again Onegin's behavior proves to be mediated by multiple aesthetic models—and incompatible ones at that, for chivalric passion cannot coexist with Stoic equanimity.

The inconsistent and derivative nature of Onegin's letter obviously casts doubt on the sincerity of his love. Tatiana shrewdly sees through the act. Her response, that he's become "the slave of petty feeling" [chuvstva melkogo rabom] (4:175), is quintessentially Stoic: Seneca characterized the unwise man as a "slave to his body" (*Epistles* 92.33); Marcus Aurelius warned against allowing the "noble part [of the soul] to be enslaved" (*Meditations* 2.2); Persius dedicates a whole satire to mocking the former slave who remains a vassal to his passions (*Satires* 5); and Epictetus, of course, was a former slave who often framed his philosophy in the discourse of freedom and servitude (e.g., *Golden Sayings* 142). Tatiana essentially turns Onegin's "lesson" against him, unmasking the Stoic preacher as a hypocrite, a Horatian *doctor ineptus*—or, in the narrator's words, a "clueless pupil" [bestolkovyi uchenik] (4:172).

Onegin is not only a slave to passion but to ideas. His mimetic reproduction of aesthetic models and senseless parroting of philosophical maxims is itself a form of servitude, since it leaves no room for independent thought and action. Yuri Lotman calls him the first of Pushkin's "living people transformed into automata."[46] He is specifically referring to the duel, when Onegin allows convention to

aigne's quotation of Seneca's *Hercules Furens* (3.874) in Pushkin's beloved *Essays* 1:20 is more plausible: *Prima, quae vitam dedit, hora, carpsit*, "Our first hour gave us life and began to devour it" (Montaigne, "To philosophize," 103).

46 Yuri Lotman, *Besedy o russkoi kul'ture* (St. Petersburg: Iskusstvo–SPB, 1994), 175.

prevail over reason and agency, but the assessment gets to the heart of the character. Tatiana's monologue does not so much turn him into a statue as *reveal* him as a statue—a series of poses, be it of the Stoic or the Byronic hero, into which he eventually freezes. Our protagonist begins the novel in motion ("flying" [letia]; 4:10) and concludes it in stasis ("standing" [stoit]; 4:176). And we may here recall Diderot's very apt description of provincial Stylites as "statues."

Onegin's "slavery" is precisely the opposite of the ability, extolled by the narrator, to "take one's leave" [umel rastat'sia] (4:178). The narrator replies to the hero's still-echoing "that is bliss!" with "Blessed is he" [Blazhen kto], contrasting slavish attachment to the art of letting go—that is, the capacity to willfully quit "Life's celebration" [Prazdnik zhizni] (4:178). It bears observing that Pushkin finished writing chapter eight while sheltering in Boldino from a deadly cholera epidemic, when the prospect of death had become an everyday reality. And as Alexander Dolinin notes, "comparing human life to a feast" and depicting death as the "inevitable departure from that celebration, to be understood and accepted without fear or regret," has a strong tradition in Stoic philosophy.[47] Pushkin's metaphor is likely a hybrid. While he may ostensibly be citing Lucretius's famous counsel to "quit the banquet of life as a satisfied guest"—which he most certainly encountered in Montaigne—there is little sense of the contentment

---

47 Alexander Dolinin, *Pushkin i Anglia* (Moscow: Novoe Literaturnoe Obozrenie, 2007), 106. Just over a month after completing chapter 8 of *Eugene Onegin*, Pushkin wrote "*Pir vo vremia chumy*" (1830). And much has been made by scholars (see end of note) of the Stoicism of Walsingham, who calls on his fellow feasters to "Praise the rule of the Plague!" ("Vosslavim tsarstvie chumy!"; 4:378). But the tragedy concludes on a note of non-resolution as he sinks, following a vision of his deceased wife, into "deep thought" ("v glubokuiu zadumchivost'"; 4:381), no longer able to channel the sangfroid that he'd invoked in others. In fact, I would argue that Walsingham is overtly depicted as a hollow Stoic precisely because he *cannot*, unlike *Eugene Onegin*'s narrator, calmly leave the feast, but clings on and indeed curses all those who would follow the Priest (4:380). For discussions of Walsingham's Stoicism, see Dolinin, *Pushkin i Anglia*, 103–29; Sergei Kibal'nik, *Khudozhestvennaya Literatura Pushkina* (St. Petersburg: Dmitry Bulanin, 1998), 164–69; and Omri Ronen, "Avtorskii korpus kak tselokupnost'," in *Russkaia Filologia. 15 Sbornik rabot molodykh filologov* (Tartu: Tartu University, 2004), 13.

(*plenus*) with which the Epicurean completes the arc of life (*De Rerum Natura* 3.938).[48] Rather, it speaks of extraordinary self-possession and abnegation at the most climactic moment: a sudden ("vdrug") and premature ("rano," "ne dopiv," "ne dochel"; 4:178) leave-taking of a Stoic kind, summarized by Cicero in *De Finibus* (and paraphrased by Montaigne in *Essays* 2:3): "And very often it is appropriate for the Wise Man to abandon life at a moment when he is enjoying supreme happiness, if an opportunity offers for making a timely exit" (3.18.61).[49] The allusion to departed friends ("innykh uzh net"; 4:178) ties the life of the novel to the greater cycle of life and death. The narrator, as it were, accepts that the time of harvest has come.[50] Or that like the

---

48 For a comparison of Pushkin's "prazdnik zhizni" to Lucretius's famous advice, see Alexander Dolinin, "Prazdnik zhizni," in "*Gibel' Zapada" i drugie memy* (Moscow: Novoe Izdatel'stvo, 2020). Montaigne quotes Lucretius directly in *Essays* 1.20. Pushkin likely also encountered the metaphor in Horace, who repackages Lucretius's words for the opening of the *Satires* (1.1.118–19) and conclusion of the *Epistles* (2.2.214–15).

49 Montaigne's paraphrase: "According to the Stoics, 'living in conformity with Nature' means that the wise man can even depart from this life while still enjoying good fortune, provided he do so opportunely" (Montaigne, "A custom on the Isle of Cea," 394).

50 A Stoic conception of fate and the cycle of life and death is likewise recognizable in the narrator's response to Lensky's contemplation of his parents' graves:

Увы! на жизненных браздах	Alas! each generation must
Мгновенной жатвой поколенья,	By Providence's dispensation
По тайной воле провиденья,	Rise, ripen, fall, in quick succession,
Восходят, зреют и падут;	Upon life's furrows; in its wake
Другие им вослед идут...	Others the selfsame journey take.
[...]	[...]
Придет, придет и наше время,	But our time, too, is coming, coming,
И наши внуки в добрый час	And one fine day our grandsons will
Из мира вытеснят и нас!	Bundle us out with equal zeal!
(4.52)	(Pushkin, *Eugene Onegin*, 52)

This is not the eschatological harvest of the Gospel of Matthew (13:39) but a continuous, self-purging phenomenon that's closer to a pagan conception of existence. In fact, the stanza bears a striking resemblance to a passage from Euripides' *Hypsipyle* (921–27), which appears in Cicero (*Tusculan Disputations* 3.25.59) and is referenced both by Epictetus (via Arrian; *Discourses* 2.6.11–12) and, thrice, by

"wreath" [venok] over Lensky's grave, which must necessarily transform into the "crown" [ventsom] (4:134) over Olga's head, this wreath of sonnets must inevitably wither, be scattered by the winds and make way for new life. Therefore, the Stoic notion of "taking one's leave" acquires a broader, aesthetic meaning. It is both the traditional ability to accept death at any moment and the mark of the wise artist who can willingly, even if painfully, say goodbye to his muse and his work.

Marcus Aurelius (*Meditations* 11.6, 11.34, 7.40). Given that, at the time, the play-text existed in a highly fragmented form, Pushkin's reading would have to have been mediated. (Remaining missing fragments weren't discovered until January 1906, among the Oxyrhynchus Papyri.) If so, then it was likely mediated by Cicero, who offers a more complete, Latinized quotation that Pushkin might have first read at the Lyceum, consulting the original alongside the French. Aptly, the consolatory passage appears in book three of the *Tusculan Disputations*, titled "On Grief of Mind." (Cicero renders Euripides' *stachus* ("ear," e.g., "of corn") simply as *frux* (crop), which may explain the non-specificity of the harvest in *Eugene Onegin*.)

> No mortal is there but pain finds him out
> And sickness; many must their children bury,
> And sow fresh issue; death is end for all;
> In vain do these things vex the race of men,
> Earth must go back to earth: then life by all
> Like crops is reaped. So bids Necessity.
> (*Tusculan Disputations* 3.25.59)

Vladimir Nabokov argues that the metaphor is a commonplace of French literature and run-of-the-mill journalism (Vladimir Nabokov, *Komentarii k "Evgeniiu Oneginu" Aleksandra Pushkina* [Moscow: NPK "Intelvak", 1999], 308–9). It is undoubtedly a topos, but one that goes back to antiquity; one cannot rule out a number of influences. Pushkin might just as easily have encountered *metere* ("to harvest") as a metaphor for death, charged with Stoic significance, in Horace's *Epistles*: "la mort moissonne également les grands et les petits fortunes" (2.2.178–9), as it appears in the Binet translation owned by Pushkin. By parsing the inexorable cycle of life and death, *Eugene Onegin*'s narrator invites the reader to rationally process what Lensky views through a part-literary, part-emotional lens. Furthermore, it foreshadows Lensky's killing, and so offers the reader a second, pre-emptive consolation. Olga's supposed "betrayal" [izmeny] (4:134) is thus rendered entirely ironic, and her new match must be understood for what it is: an act of harmonious, inevitable continuity.

Bibliography

Anderson, William Scovil. "The Roman Socrates: Horace and his Satires." In *Critical Essays on Roman Literature: Satire*, edited by J. P. Sullivan, 1–37. Oxford: Routledge, 1963.

Boter, Gerard. *The Encheiridion of Epictetus and its Three Christian Adaptations*. Leiden: Brill, 1999.

______. "Epictetus." In *Catalogus Translationum Et Commentariorum: Mediaeval and Renaissance Latin Translations and Commentaries*, edited by Virginia Brown, 5–54. Washington, DC: The Catholic University of America Press, 2011.

Butakova, V. I. "Pushkin i Monten'." *Pushkin: Vremennik Pushkinskoi Komisii* 3 (1937): 203–14.

Byron, George Gordon. *Don Juan*. Philadelphia: Jas. B. Smith, 1859.

Chaadaev, Pyotr Iakovlevich. *Polnoe sobranie sochinenii i izbrannye pis'ma*. Vol. 1. Moscow: Nauka, 1991.

Cicero. *Tusculan Disputations*, translated by J. E. King. Loeb Classical Library. Cambridge, MA: Harvard University Press, 1966.

______. *De Finibus Bonorum et Malorum*, translated by Harris Rackman. Loeb Classical Library. Cambridge, MA: Harvard University Press, 1983.

Collins, Gregory. "The Evagrian Heritage in Late Byzantine Monasticism." In *Evagrius and His Legacy*, edited by Joel Kalvesmaki and Robin Darling Young, 317–31. Notre Dame: University of Notre Dame Press, 2016.

Cook, Christopher C. H. "Healing, Psychotherapy, and the *Philokalia*." In *The "Philokalia": a Classical Text of Orthodox Spirituality*, edited by Brock Bingaman and Bradley Nassif, 232–39. New York: Oxford University Press, 2012.

Diderot, Denis. *Oeuvres de Denis Diderot: Philosophie*, edited by Jacques André Naigeon. Vol. 1. Paris: Chez J. L. J. Brière, 1821. Accessed January 24 2025. https://books.google.co.ma/books?id=1KIGAAAAQAAJ

______. *Diderot's Early Philosophical Works*, translated by Margaret Jourdain. London: The Open Court Publishing Company, 1916.

Dolinin, Alexander Alexeevich. *Pushkin i Anglia*. Moscow: Novoe Literaturnoe Obozrenie, 2007.

______. *"Gibel' Zapada" i drugie memy*. Moscow: Novoe Izdatel'stvo, 2020, EPUB.

Epictetus. *The Golden Sayings of Epictetus: with the hymn of Cleanthes*, translated by Hastings Crossley. London: Macmillan, 1925.

______. *Epictetus: the discourses as reported by Arrian, the manual, and fragments*, translated by W. A. Oldfather. Vol. 1. Loeb Classical Library. London: William Heinemann, 1926.

______. *The Enchiridion*, translated by Thomas W. Higginson. New York: The Liberal Arts Press, 1948. Accessed February 12, 2024. https://www.gutenberg.org/files/45109/45109-h/45109-h.htm.

Gavrilov, Alexander Konstantinovich. *Mark Avrelii Antonin: Razmyshlenia*. 2nd ed. St. Petersburg: Nauka, 1993.

Gibbon, Edward (Édouard). *Histoire de la Décadence et de la chute de L'Empire Romain*, translated and edited by François Guizot. Vol. 1. Paris: Chez Ledentu: Paris,1828. Accessed May 1, 2024. ark:/12148/bpt6k364600.

Gibbons, Kathleen. "Passions, Pleasures and Perceptions: Rethinking Evagrius Ponticus on Mental Representation." *Zeitschrift Fur Antikes Christentum* 19, no. 2 (2015): 297–330.

Graver, Margaret. *Cicero on the Emotions: "Tusculan Disputations" 3 and 4*. Chicago: The University of Chicago Press, 2002.

Hadot, Pierre. *The Inner Citadel: The "Meditations" of Marcus Aurelius*, translated by Michael Chase. Cambridge, MA: Harvard University Press, 1998.

Horace. *Traduction des Oeuvres d'Horace*, 4th ed., translated by René Binet. Vol. 2. Paris: Chez Détrez, 1816. Accessed January 23, 2025. https://books.google.com/books/about/Traduction_des_Oeuvres_d_Horace.html?id=EHD2DSJqQhgC.

______. *Satires, Epistles, Ars Poetica*, translated by H. Rushton Fairclough. Loeb Classical Library. London: William Heinemann, 1978.

Iakubovich, Dmitry Petrovich. "Antichnost' v tvorchestve Pushkina." *Pushkin: Vremennik Pushkinskoi Komisii* 6 (1941): 92–159.

Kahn, Andrew. ""Blazhenstvo ne v luchakh Porfira": histoire et fonction de la tranquillité (spokojstvie) dans la pensée et la poésie russes du XVIIIe siècle, de Kantemir au sentimentalisme," translated by Jean Breuillard. *Revue des études slaves* 74, no. 4 (2002): 669–688.

______. *Pushkin's Lyric Intelligence*. New York: Oxford University Press, 2008.

______, Mark Lipovetsky, Irina Reyfman, and Stephanie Sandler. *A History of Russian Literature*. New York: Oxford University Press, 2018.

Kibal'nik, Sergei Akimovich. *Khudozhestvennaya Literatura Pushkina*. St. Petersburg: Dmitry Bulanin, 1998.

Lotman, Yuri Mikhailovich. Commentary to *Sobranie sochinenii v piati tomakh*, by Alexander Sergeevich Pushkin. Vol. 3, 209–501. St. Petersburg: Bibliopolis, 1994.

______. *Besedy o russkoi kul'ture*. St. Petersburg: Iskusstvo–SPB, 1994.

______. "Poetika bytovogo povedenia v russkoi kul'ture XVIII v." In *Istoria i Tipologia Russkoi Kul'tury*. St. Petersburg: Iskusstvo–SPB, 2002.

Lucretius. *De Rerum Natura*, translated by W. H. D. Rouse, revised by Martin Ferguson Smith. Loeb Classical Library. Cambridge, MA: Harvard University Press, 1975.

Marcus Aurelius. *The Meditations of the Emperor Marcus Aurelius Antoninus*, translated by Francis Hutcheson and James Moor. Indianapolis: Liberty Fund, 2008.

Mazur, Natalia Nikolaevna. "O myshinnoi begotne, Marke Avrelii i ob uslovno funktsional'nykh kontekstakh." In *Istoriko-filologicheskii sbornik "Shipovnik" k 60-letiiu Romana Davidovicha Timenchika*, 250–60. Moscow: Vodolei Publishers, 2005.

______. ""Pora, moi drug, pora! pokoia serdtse prosit…": istochniki i konteksty." *Pushkin i ego sovremenniki. Sbornik nauchnykh trudov* 4, no. 43 (2005): 364–419.

______. ""Brozhu li ia vdol' ulits shumnykh…" i stoicheskaya filosofia smerti." In *Stikhi, Iazyk, Poezia. Pamiati Mikhaila Leonovicha Gasparova*, 343–72. Moscow: Rossiiskii Gosudarstvennyi Gumanitarnyi Universitet, 2006.

Modzalevsky, Boris L'vovich. *Biblioteka A. S. Pushkina: Bibliograficheskoe Opisanie*. St. Petersburg: Tipografia Imperatorskoi Akademii Nauk, 1910. Accessed September 19, 2023. https://imwerden.de/pdf/modzalevsky_biblioteka_pushkina_opisanie_1910__ocr.pdf

de Montaigne, Michel. *The Essays of Michel de Montaigne*, translated and edited by M. A. Screech. London: Allen Lane, 1991.

Moriarty, Michael. "Stoic themes in early modern French thought." In *The Routledge Handbook of the Stoic Tradition*, edited by John Sellars, 204–17. Oxford: Routledge, 2016.

Muecke, Francis. "The *Satires*." In *The Cambridge Companion to Horace*, edited by Stephen Harrison, 105–20. Cambridge: Cambridge University Press, 2007.

Nabokov, Vladimir Vladimirovich. *Komentarii k "Evgeniiu Oneginu" Aleksandra Pushkina*. Moscow: NPK "Intelvak", 1999.

Palmer, Gerald Eustace Howell, Philip Sherrard, and Kallistos Ware, eds. and trans. *The Philokalia: the complete text*. Vol. 1. London: Faber and Faber, 1979.

Pushkin, Alexander Sergeevich. "K Litsiniiu. (S latinskogo)." *Rosiiskii Muzeum* 2, no. 5 (1815): 129–32. Accessed November 5, 2023. http://lib.pushkinskijdom.ru/Default.aspx?tabid=8790.

______. *Sobranie sochinenii v desiati tomakh*. Moscow: Gosudarstvennoe Izdatel'stvo Khudozhestvennoi Literatury: 1959–1962.

______. *Eugene Onegin*, translated by Stanley Mitchell. London: Penguin Books, 2008.

Ronen, Omri. "Avtorskii korpus kak tselokupnost." In *Russkaia Filologia. 15. Sbornik rabot molodykh filologov*, 11–30. Tartu: Tartu University, 2004.

Seneca. *Moral Epistles*, translated by Richard M. Gummere. 3 vols. Loeb Classical Library. Cambridge, MA: Harvard University Press, 1917–1925.

Sorabji, Richard. *Emotion and Peace of Mind: From Stoic Agitation to Christian Temptation*. New York: Oxford University Press, 2000.

Ungureanu, Delia. "The Value of Solitude." *Journal of World Literature* 7, no. 1 (2022): 112–16.

Почему Сбогар?

В. А. Мильчина

Один из «вечных» вопросов, волнующих пушкинистов: что имел в виду поэт, когда 9 декабря 1830 года написал Плетневу, что Баратынский «ржет и бьется» от чтения «Повестей Белкина» [Пушкин 1937–1959, 14: 133]. Строго говоря, обращение к Национальному корпусу русского языка показывает, что в пушкинскую эпоху глагол «ржать» еще не получил значения «смеяться», которое стали вкладывать в него в XX веке[1]; однако в любом случае очевидно, что описанная эмоция Баратынского принадлежит к числу сильных и незаурядных. Вопрос в том, чем она вызвана; в двух недавних статьях [Головин 2011; Николаев 2020] предлагаются версии, связанные с календарными несообразностями в «Барышне-крестьянке» и обыгрыванием сентиментальных клише, но в основном реакцию Баратынского применительно к этой повести объясняют наличием в ней «предельно узнаваемых “калек” известнейших и популярнейших произведений» [Головин 2011: 121], от «Ромео и Джульетты» Шекспира и «Игры любви и случая» Мариво до «Ламмермурской невесты» Вальтера Скотта (более подробный перечень реминисценций см. [Китанина 2020]).

Однако среди сюжетных претекстов никто до сих пор не назвал произведения, которое напрямую упомянуто в тексте «Барышни-крестьянки», и притом дважды. Я имею в виду роман Шарля Нодье «Жан Сбогар» (1818) [Nodier 1818], давший имя «прекрасной легавой собаке» Алексея Берестова.

---

1 Правда, Нарежный в «Бурсаке» (1824) пишет об одном из персонажей: «Он был малого роста, курчав, губаст, и когда смеялся, то ржал, как жеребенок» [Нарежный 1824: 119]. Но это исключение, а не правило.

Называние собаки именем литературного героя было в пушкинское время явлением вполне обычным. Приведу несколько колоритных примеров из жизни и из литературы.

Генерал-губернатор Новороссии Михаил Семенович Воронцов назвал свою любимую собаку Трильби, в честь заглавного героя повести Нодье [Галиченко 1992]. Пес главного героя «Романа в двух письмах» О. Сомова зовется Мельмотом (кличка почерпнута из готического романа Метьюрина «Мельмот-скиталец») [Сомов 1984: 289]. Дмитрий Николаевич Блудов на склоне лет завел пса Шактаса (кличка почерпнута из повести Шатобриана «Атала») [Мещерский 2011: 257]. У чиновника Александра Богдановича Гибаля, за чересчур вольные разговоры сосланного из Петербурга в Оренбург, пес носил кличку Эрнани, почерпнутую из одноименной драмы Виктора Гюго, причем Гибаль в частном письме называет его «разбойником похуже Сбогара» [Мильчина 2013: 161]. Подчеркну, что письмо датируется 5 апреля 1831 года, а «Повести Белкина» вышли только в октябре, так что это сравнение сделано независимо от Пушкина и напрямую восходит к роману Нодье. Иначе обстоит дело с более поздними четвероногими Сбогарами — как вымышленными, упомянутыми в романах А. А. Потехина «Бедные дворяне» (1863) и К. С. Баранцевича «Борцы» (1896), в повестях П. В. Засодимского «Песня спета» (1888), А.С. Афанасьева (Чужбинского) «Один из многих» (1890) и В. В. Вересаева «На повороте» (1901), в очерке А. Ф. Погосского «Из заметок проезжего» (1874), так и реальными, запечатленными в воспоминаниях о М. Е. Салтыкове-Щедрине [Салтыков 1923: 76–77] и «Очерках охотничьей жизни» Н. И. Яблонского (1896), в мемуарах «Былое» С. С. Киреева (1890) и «Умчавшиеся годы» И. А. Салова (1897). Все эти Сбогары, как мне кажется, обязаны своей кличкой скорее Пушкину, чем Нодье, чей роман впервые вышел по-русски только в 1934 году и был во второй половине XIX века известен куда менее, чем «Барышня-крестьянка»[2].

---

[2] Что же касается сообщения С. Штейна о том, что у Гофмана в романе «Эликсиры сатаны» (1815–1816) уже действовал пес по имени Сбогар [Штейн 1927: 268], оно относится к числу недоразумений; Сбогара в немецком тексте нет.

Таким образом, само по себе появление в «Барышне-крестьянке» пса Сбогара, казалось бы, не требует особых пояснений. Обычно его связывают с тем, что Алексей Берестов рядится «мрачным и разочарованным» и потому своей собаке дает кличку неистового романтического героя [Томашевский, Вольперт 2004: 227; Николаев 2020: 64–65]. Однако в черновиках собака Берестова звалась не Сбогаром, а Ларой, по имени заглавного героя поэмы Байрона [Пушкин 1937–1959, 6: 674]. Казалось бы, для демонстрации мрачности и разочарованности байроновский герой подходил ничуть не меньше, а пожалуй, и больше, да и в известности его русской публике сомневаться не было оснований[3]. Но Пушкин почему-то предпочел Сбогара.

Если предположить, что эта кличка собаки отсылает не к герою романа Нодье, а к его фабуле, то становится очевидно, что фабула эта очень похожа на фабулу «Барышни-крестьянки», только соотносятся они как позитив и негатив.

Напомню, что происходит в романе Нодье: чувствительная девушка Антония влюбляется в загадочного богатого и красивого Лотарио и все время слышит рассказы о страшном разбойнике Жане Сбогаре. Шайку Сбогара арестовывают, но никто не знает, как выглядит он сам. Разбойников демонстрируют Антонии; она видит среди них своего возлюбленного и кричит: «Лотарио! Лотарио!» А он отвечает: «Я Жан Сбогар». Она падает замертво, а опознанный Сбогар отправляется на казнь.

Итак, здесь есть влюбленность девушки в переодетого юношу, причем играющего роль человека более благородного, чем он есть

---

[3] Поэма Байрона «Лара» (1814) в переводе А. Носкова вышла в Москве в 1829 году; рецензия на нее появилась в «Московском телеграфе» (1829. Ч. 28, № 14. С. 221–222); этому переводу в ряду других переводов из Байрона была также посвящена рецензия в «Северных цветах на 1830 год» (СПб., 1829. С. 78–79). См.: Бодрова А. С. Байрон в русских переводах 1810–1860-х гг. URL: http://lib2.pushkinskijdom.ru/баирон (дата обращения: 20.12.2024). Впрочем, образованная русская публика, разумеется, не дожидалась для чтения Байрона русских переводов; его читали если не в оригинале, то во французских переводах. О пушкинской ссылке на Сбогара как знаке пародирования кровавой драмы см. [Мосалева 1998: 83].

на самом деле, и финальное опознание его, которое заканчивается трагически.

А что мы видим в «Барышне-крестьянке»? Здесь есть влюбленность юноши в переодетую девушку, причем играющую роль менее благородную, чем она есть, и финальное опознание, когда герой сначала называет героиню вымышленным именем: «Акулина! Акулина!» (ср. «Лотарио! Лотарио!»), и все заканчивается счастливо. Если учесть, что имя Акулина в пушкинское время имело прочную репутацию простонародного[4], то появление Акулины на месте романического и романтического Лотарио должно было производить особенно сильное впечатление.

Прочие сюжетные «прототипы» пушкинской повести, скрупулезно перечисленные в статье Т. А. Китаниной, изображают переодевание знатной девушки крестьянкой или служанкой; меняются некоторые обстоятельства такого переодевания, но не меняется пол переодевающегося персонажа. Если же предположить, что «Барышня-крестьянка» — это, если угодно, травестированный «Жан Сбогар», то перемена окажется гораздо более радикальной и более поразительной.

Вопрос в том, насколько эта травестия могла быть понятна и доступна пушкинским читателям. С. М. Громбах считал, что примечание Пушкина к упоминанию в «Евгении Онегине» «таинственного Сбогара» [Пушкин 1937–1959, 6: 56]: «Jean Sbogar, известный роман Карла Нодье» [Пушкин 1937–1959, 6: 193] — не следует «воспринимать в прямом смысле слова»:

> «Жан Сбогар» в России вряд ли можно было назвать известным романом. Один из плеяды «благородных разбойников», Жан Сбогар был героем, а с позиций царской цензуры — явно «неблагонадежным». Роман о нем не был переведен на русский язык, и даже достать его в России было нелегко. Своим примечанием Пушкин подчеркивал своеобразие его «известности» [Громбах 1974: 227].

---

4 Литературу вопроса см. в [Николаев 2020: 53–56].

Однако в первой трети XIX века, когда, в отличие от конца этого века, Нодье в России знали и любили многие, отсутствие русского перевода вовсе не было непреодолимым препятствием для образованной публики, и Пушкин недаром поставил «таинственного Сбогара» в один ряд с другими новейшими персонажами (Вампир, Мельмот, Корсар), которые «тревожат сон отроковицы» [Пушкин 1937–1959, 6: 56]. О популярности романа свидетельствует уже процитированная выше реплика из письма Александра Гибаля («разбойник похуже Сбогара»). Сразу по выходе роман пользовался в Петербурге таким спросом, что Александр Иванович Тургенев купить его не смог и 30 октября 1818 года сообщал П. А. Вяземскому (который, находясь в Варшаве, роман уже прочел и восхитился «разительным характером» заглавного героя), что заплатил 10 рублей за чтение (притом что у книгопродавца Ивана Заикина роман продавался на 2 рубля 50 копеек дешевле) [ОА 1899: 133, 137; Мотовилова 1930: 199]. Впрочем, Мария Аполлоновна Волкова в своей подмосковной тогда же получила книгу без всяких проблем и уже 7 октября 1818 года поделилась впечатлениями от чтения (весьма неблагоприятными) со своей подругой и корреспонденткой Варварой Ивановной Ланской [Волкова 1875: 685–686], а в Спасском-Лутовинове у матери И. С. Тургенева Варвары Петровны роман имелся даже в двух экземплярах [Балыкова 2011: 25]. Чуть позже выхода «Повестей Белкина», в 1832 году, в Париже (а в 1833 году в Брюсселе) начало выходить собрание сочинений Нодье, открывавшееся «Жаном Сбогаром», и оба этих первых тома можно было купить в лавке петербургского книгопродавца Беллизара [Bellizard 1839: 230][5]. Наконец, добавлю еще одно свидетельство, правда, тоже чуть более позднее: в 1839 году Астольф де Кюстин попадает в Ярославле в дом губернатора Константина Марковича Полторацкого, и там с ним беседуют о «Жане Сбогаре» [Кюстин 2020: 603][6].

---

[5] Отмечу, что из этих собраний сочинений российская цензура запретила только пятый том, куда вошли статьи Нодье, «неблагонадежные» не в политическом, а в религиозном отношении; первый том, содержавший «Жана Сбогара», запрещен не был. См. [Список 1855: 257–258].

[6] О рецепции творчества Нодье в России в XIX веке см. [Milchina 2024: 29–63].

В общем, как мне кажется, Пушкин вполне мог рассчитывать на то, что избранный круг читателей, к которому, разумеется, принадлежал и Баратынский, поймет намек на Сбогара, тем более что он упомянут прямо в тексте, и представит на месте «разительного характера», выведенного у Нодье, пушкинскую Акулину. И если моя гипотеза верна, Баратынский намек понял.

Источники

Волкова 1875 — Грибоедовская Москва в письмах М.А. Волковой к В.И. Ланской // Вестник Европы. 1875. № 8. С. 660–687.

Кюстин 2020 — Кюстин А. де. Россия в 1839 году. СПб.: Азбука-Аттикус, 2020.

Мещерский 2011 — Мещерский А. В. Из моей старины // Николай I. Портрет на фоне империи. М.: Фонд Сергея Дубова, 2011.

Нарежный 1824 — Нарежный В. Т. Бурсак, малороссийская повесть. М.: В Университетской типографии, 1824. Т. 1.

ОА 1899 — Остафьевский архив князей Вяземских. СПб., 1899. Т. 1.

Пушкин 1937–1959 — Пушкин А. С. Полн. собр. соч.: В 16 т. М., 1937–1959.

Салтыков 1923 — Салтыков К. М. Интимный Щедрин. М.; Пг.: Государственное издательство, 1923.

Сомов 1984 — Сомов О. М. Были и небылицы. М.: Советская Россия, 1984.

Список 1855 — Общий алфавитный список книгам на французском языке, запрещенным иностранною ценсурою абсолютно и для публики с 1815 по 1853 год включительно. СПб.: В типографии Эдуарда Праца, 1855.

Bellizard 1839 — Catalogue général de la librairie de fonds et d'assortiment de Fd Bellizard et Ce. SPb. : Imprimerie du Journal de Saint-Pétersbourg, 1839.

Nodier 1818 — [Nodier Ch.] Jean Sbogar. Paris: Gide; Henri Nicolle, 1818. T. 1–2.

Библиография

Балыкова 2011 — Балыкова Л. А. Тургенев и Шарль Нодье: две повести о первой любви // И. С. Тургенев. Новые исследования и материалы. М., СПб.: Альянс-Археo, 2011.

Галиченко 1992 — Галиченко А. А. Алупка, дворец и парк. Киев: Мистецтво, 1992.

Головин 2011 — Головин В. В. «Барышня-крестьянка»: отчего Баратынский «ржал и бился»? // Русская литература. 2011. № 2. С. 119–135.

Громбах 1974 — Громбах С. М. Примечания Пушкина к «Евгению Онегину» // Известия АН СССР. Серия литературы и языка. 1974. Т. 33. № 3. С. 222–233.

Китанина 2020 — Китанина Т. А. «Барышня-крестьянка» // Пушкинская энциклопедия. Произведения. СПб.: Нестор-История, 2020. Т. 4. С. 145–151.

Мильчина 2013 — Мильчина В. А. «От таких-то обстоятельств может зависеть в России судьба человека!»: комментарий к одному фрагменту «России в 1839 году» Астольфа де Кюстина // Россия и Франция XVIII–XX вв. Лотмановские чтения. М.: РГГУ, 2013. С. 153–175.

Мосалева 1998 — Мосалева Г. В. «Костюмность» сюжето- и жанропорождения в новелле А. С. Пушкина «Барышня-крестьянка» // Проблема автора в художественной литературе. Ижевск: Издательство Удмуртского университета, 1998. С. 70–85.

Мотовилова 1930 — Мотовилова М. Н. Нодье в русской журналистике пушкинской эпохи // Язык и литература. 1930. Т. 5. С. 185–212.

Николаев 2020 — Николаев О. Р. Сколько Акулин в «Барышне-крестьянке»? // Commentarii litterarum. Ad honorem viri doctissimi Valentini Golovin. СПб.: Пушкинский Дом, 2020. С. 52–80.

Томашевский, Вольперт 2004 — Томашевский Б. В., Вольперт Л. И. Нодье // Пушкин. Исследования и материалы. Т. 18/19: Пушкин и мировая литература. М.: Наука, 2004.

Штейн 1927 — Штейн С. Пушкин и Гофман: Сравнительное историко-литературное исследование. Дерпт: Б. и., 1927.

Milchina 2024 — Milchina V. Réception de Nodier en Russie dans la première moitié du xix siècle // Cahiers d'études nodiéristes. Charles Nodier et les pays slaves. 2024. № 13. P. 29–63.

Pushkin and Mérimée: A Note on a Mystification

Michael A. Wachtel

The story behind Pushkin's cycle "Songs of the Western Slavs" [Pesni zapadnykh slavian] is sufficiently well known that it can be summarized briefly.[1] In 1833 and 1834 Pushkin translated most of these poems from a book called the *Guzla*, which had appeared late in the year 1827. That book, written in French, purported to be a translation of what we would today call South Slavic folk poetry. The anonymous translator rendered these poems in prose, but also provided extensive commentary on them. While working on his translations, Pushkin was convinced of the authenticity of the poems and was astonished to learn from his friend Sobolevsky that they had been fabricated by the French writer Prosper Mérimée. According to Sobolevsky, Pushkin insisted on written proof, which Sobolevsky supplied in the form of a letter from Mérimée dated January 18, 1835. This letter apparently only reached Pushkin after his initial publication of his cycle, which occurred in 1835, presumably early in the year. In his second publication, which appeared in September 1835, Pushkin appended this letter, in which Mérimée boasts about how quickly he wrote the book.[2] (Subsequent scholars have cast doubt on this claim.) He concludes with an apology to "M. Poushkine," noting that he was "proud and ashamed" of misleading him.

---

1 This account is based on: Modzalevskii L. "Dva pis'ma Merime k S. A. Sobolevskomu," *Literaturnoe nasledstvo* vol.16/18, 758.

2 See the comments on this subject in Yovanovitch Voyslav M., "*La Guzla*" *de Prosper Mérimée: Étude d'histoire romantique* (Paris: Hachette, 1911), 217–23.

In Pushkin's own brief introductory comment to Mérimée's letter one detail seems to have eluded commentary. Pushkin notes: "Поэт Мицкевич, критик зоркий и тонкий и знаток в славенской поэзии, не усумнился в подлинности сих песен, а какой-то ученый немец написал о них пространную диссертацию" (The poet Mickiewicz, a clear-eyed and subtle critic and an expert on Slavic poetry, did not doubt the authenticity of these songs, and some erudite German wrote a lengthy dissertation about them). The Mickiewicz reference is easily explained. As Pushkin's own footnote fifteen indicates, he was well acquainted with the Polish poet's rendition of one of Mérimée's texts.[3] However, where did Pushkin learn about the "erudite German" and his "lengthy dissertation"? (As we shall see, neither of these points is accurate.) Pushkin's knowledge of German culture was sufficiently limited that one can safely say that he could not have happened on this information without assistance. We can only assume that he learned of this German from Sobolevsky himself. In other words, Mérimée must have told Sobolevsky, who in turn mentioned it to Pushkin.

Indeed, Mérimée seems to have been particularly pleased that this "erudite German" had been taken in by his mystification. In an introduction to the second edition of the *Guzla* (the book appeared in 1842, with an introduction dated 1840), Mérimée admitted that he had invented the entire work and listed with obvious pleasure the various people whom he had duped. Among other things, he wrote: "M. Gerhart, conseiller et docteur quelque part en Allemagne, m'envoya deux gros volumes de poésies slaves traduites en allemand, et la Guzla traduite aussi, et en vers, ce qui lui avait été facile, disait-il dans sa préface, car sous ma prose il avait découvert le mètre des vers illyriques. Les Allemands découvrent bien des choses, on le sait, et celui-là me demandait encore des ballades pour faire un troisième volume" (Mr. Gerhart, a counselor and doctor somewhere in Germany, sent me two large

[3] On Pushkin's awareness of the Mickiewicz translation, see Vinogradov A. K., *Merime v pis'makh k Sobolevskomu* (Moskva: Moskovskoe khudozhestvennoe izdatel'stvo, 1928), 239–40.

volumes of Slavic poetry translated into German and the *Guzla* also translated, even in verse, which had been easy for him, he said in his preface, because beneath my prose he had discovered the meter of Illyrian poetry. It is well known that the Germans are good at discovering things, and this one requested more ballads from me to make a third volume).[4]

The German whose gullibility provided Mérimée with such amusement was neither a counsellor nor a doctor, but simply an enthusiast. Wilhelm Gerhard (not "Gerhart," as Mérimée writes in his preface) was a remarkable person, though without any formal training in literature or the arts. Born in Weimar in 1780, Gerhard grew up in the company of the children of the writer Christoph Martin Wieland, and his lifelong fascination with literature and the arts appears to have stemmed from these early years.[5] However, Gerhard came from a merchant family, and Wilhelm dutifully followed in his father's footsteps, moving to Leipzig in 1801 to pursue this career. Shortly thereafter he and a partner established a wholesale business called Göhring und Gerhard, which succeeded brilliantly. Not only did he earn sufficient income to purchase a large garden in the English style (known for years as Gerhards Garten, now called—if we can trust Wikipedia—the Clara-Zetkin-Garden), but he had the means to retire in 1833. The last twenty-five years of his life were devoted to artistic pursuits that had earlier occupied him only in his leisure hours. He published poetry, dramas, and translations. He knew many of the leading artists and composers of his day, including Goethe, the dedicatee of his multivolume 1828 collection of Slavic folk poetry. As Gerhard notes in his foreword, Goethe himself had done the pioneering work in this area by translating the famous "Hasanaginica."[6] In the context of the present essay, it is perhaps noteworthy that Goethe's celebrated translation first

---

4 Mérimée, *La Guzla*, 20.

5 The biographical information in this paragraph comes from Weichardt.

6 Gerhard, W., *Wila: Serbische Volkslieder und Heldenmärchen* (Leipzig: Joh. Ambr. Barth, 1828). On Goethe's interest in Serbian poetry, see the overview in Yovanovitch Voyslav M. *"La Guzla" de Prosper Mérimée: Étude d'histoire romantique* (Paris: Hachette, 1911), 168–69.

appeared anonymously in Herder's collection of *Volkslieder*.[7] This was of course not a mystification, but presumably just standard practice when publishing translations of folkloric texts. (It was also common practice in the Sturm und Drang period generally.)

It might be mentioned that Gerhard translated the prose of the *Guzla* into unrhymed trochaic pentameter. This was the way that Goethe had rendered the "Hasanaginica," and it is hardly surprising that Gerhard continued this tradition. Mérimée clearly thought that the idea of "hearing" the folk meter behind his prose translations was ridiculous, but Pushkin did precisely the same thing—with extraordinary success—in his "Songs of the Western Slavs."

In contrast to Pushkin, who chose selectively from Mérimée's texts, Gerhard methodically worked his way through the *Guzla*, translating the poems in their entirety. The work concludes with a 125-page Glossarium, an alphabetical list of terms, names, and concepts encountered in the book. In that section, Gerhard draws on his own research and intuitions as well as on Mérimée's commentaries. (This is what Pushkin refers to as the "lengthy dissertation," though it is of course not a dissertation in the standard sense of the word.) Gerhard made one exception. He did not translate the "Hasanaginica," since he had no intention of competing with Goethe, his brilliant predecessor and friend. The irony, of course, is that the "Hasanaginica" was the only poem in Mérimée's collection that was genuinely folkloric. (Both Goethe and Mérimée had worked from the initial Italian translation of Alberto Fortis in his *Viaggio in Dalmazia* of 1774.)

The curious story of how Gerhard became acquainted with the *Guzla* is related in the introduction to his book and can be corroborated by correspondence that was published almost 150 years ago. Essentially, Gerhard met a certain Monsieur Berger at the 1827 Easter book fair in Leipzig. Berger was the brother-in-law of F. G. Levrault, the Strasburg publisher of Mérimée's book. At that time, the first half of the *Guzla* existed in proofs, which Berger shared with Gerhard. Since Gerhard had already completed the first volumes of his own South

---

7 The poem first appeared in 1778. Goethe first published it under his own name in 1789. Ćurčin M., "Goethe and Serbo-Croat Ballad Poetry," *The Slavonic and East European Review*, vol. 11, no. 31, (1932): 126.

Slavic folklore collection, he was understandably excited by the appearance of an entirely new set of poems. On July 5, 1827 he wrote to Levrault, asking to see the entire *Guzla* "as soon as possible."[8] He ultimately delayed publication of his own book because he needed the extra time to translate the *Guzla*.

I contend that the end of this story can be pieced together thanks to the rare book collection of Princeton's Firestone Library. This collection contains a first edition of the *Guzla* donated by the widow of Edward Bailey Meyer, class of 1921. According to the library record (which may be changed after the publication of this note), the edition is a "presentation copy to Gérard de Nerval with inscription by the author." As the facsimile we have supplied indicates, this formulation is an interpretation rather than a description. The text (undated) says simply: "A monsieur Gérard—Hommage de l'auteur" [To Monsieur Gérard—homage from the author] and is followed by what looks somewhat like a capital *S*, but is obviously a cipher. The assumption that the inscription was dedicated to Nerval seems to rest solely on the fact that his first name happened to be Gérard.[9] However, several problems immediately arise. First, why would the word "monsieur" be followed by a first name, rather than a surname? Second, why would he have offered the book to a writer to whom he was not close and whom he may not have known at all? Finally, if the addressee were Nerval, why would Mérimée dedicate his book anonymously?

A more plausible explanation would be that the dedication was to someone with the surname of Gérard. And indeed, at the oral presentation of this essay, two well-informed listeners suggested that the

[8] Tourneux M., *Prosper Mérimée: Comédienne espagnole et chanteur illyrien* (Paris: Ed. Monnier & Cie, 1888), 10.

[9] Edward Bailey Meyer lived in Paris from 1925 to 1933, where he indulged in his hobby of book collecting. After his death, his widow donated 168 volumes from this collection to Princeton. It is worth noting that, after returning to New York, Meyer studied at Columbia University, submitting an M.A. thesis in 1937 called *Gérard de Nerval, A Spirit of the Middle Ages*. This may explain his eagerness to identify the addressee of Mérimée's *Guzla* as Nerval, though this particular edition is nowhere mentioned in the thesis. For more on Meyer and his generous gift, see Gordon D. and Hoffmann L.-F., "New & Notable," *The Princeton University Library Chronicle*, vol. 36, no. 2, (Winter 1975): 149–67.

Monsieur Gérard in question was in fact the painter François Gérard (1770–1837), whom Mérimée actually knew. Still, if this were the case, one wonders why Mérimée would have omitted his own name when signing a book to a friend.

The most likely explanation, at least to me, is that this was Mérimée's response to the letter from Gerhard. In this case, Mérimée's motive for not identifying himself would be obvious. One would need only to explain why the name Gerhard has been transformed into Gérard. There seem to be two possibilities here, both based on the safe assumption that Mérimée had a very limited knowledge of German. The most obvious explanation is that the request for a copy of the book had been communicated to Mérimée orally. Gerhard's request was, after all, sent not to Mérimée, but to his publisher. It stands to reason that a Frenchman would pronounce the German Gerhard as Gérard. The other explanation is that Mérimée had difficulty spelling the German name correctly, a hypothesis supported by the fact that he did so incorrectly in the introduction to the 1842 edition of the *Guzla*.

But the most compelling reason to assume that the Princeton copy of the book was indeed sent to the German translator is that Mérimée's primary goal in publishing it was to fool his contemporaries. The fact that Mérimée was well aware of Gerhard's translation project and that he repeatedly boasted of his ability to mislead his German admirer (whose scholarly credentials he consistently exaggerated) suggests that he would have done everything possible to contribute to the mystification. In other words: it was not enough to publish the book anonymously. It was necessary to encourage an eager translator by sending the book directly to him and even furnishing it with a personal, albeit anonymous, inscription. A final detail is worth noting. It is curious that Mérimée signs off not as "translator" or "collector," but rather as "author." Was he perhaps teasing Gerhard by slyly admitting his role as creator of the entire text?

There is no indication that Mérimée read Gerhard's translations or that he examined the book closely. It is doubtful that he had the German to do so. The fact that he seems to have confused a glossary with a dissertation suggests that he had only glanced at it.[10] However, had Mérimée read this glossary, he would have found still more cause for amusement. The entry on "Morlach" reads as follows: "In Serbian, Morlach means someone who is comfortable on the sea, a skilled seafarer. The Serbs were usually called Morlachs in Dalmatia. The song 'The Morlach in Venice' is very old."[11] This claim, not surprisingly, simply repeats the commentary that Mérimée himself had appended to the poem: "Ce chant est fort ancien."[12] As we know, "The Morlach in Venice," like all the other texts in Mérimée's collection (save the "Hasanaginica"), was written not long before Gerhard translated it. In Gerhard's defense, it must be said that both Mickiewicz and Pushkin likewise considered "The Morlach in Venice" genuine and that both selected it for translation. It is generally agreed to be one of the most effective and memorable poems in Pushkin's cycle.[13]

---

10 This presumes that Pushkin's word "dissertation" fairly represents what Mérimée told Sobolevsky.

11 Gerhard W., *Wila: Serbische Volkslieder und Heldenmärchen* (Leipzig: Joh. Ambr. Barth, 1828) II, 265.

12 Mérimée, *La Guzla,* 39. Mérimée continues his note by lamenting that few contemporary singers actually understand the archaic words that they sing.

13 For a striking demonstration of its influence, see Utgof G., *Sintakticheskie issledovaniia* (Tartu: University of Tartu Press, 2015), 112–22.

Bibliography

Ćurčin, Milan. "Goethe and Serbo-Croat Ballad Poetry." *The Slavonic and East European Review*, vol. 11, no. 31, (1932), accessed August 10, 2024, JSTOR, http://www.jstor.org/stable/4202745.

Gerhard, W. *Wila: Serbische Volkslieder und Heldenmärchen*. Leipzig: Joh. Ambr. Barth, 1828.

Gordon, Douglas and Léon-François Hoffmann. "New & Notable." *The Princeton University Library Chronicle*, vol. 36, no. 2 (Winter 1975): 149–67.

Mérimée, Prosper. *La Guzla ou choix de poésies illyriques, recueillies dans la Dalmatie, la Bosnie, la Croatie et l'Herzégowine*. Introduction par Antonia Fonyi C.N.R.S. Paris: Éditions Kimé, 1994.

Modzalevskii, L. "Dva pis'ma Merime k S.A. Sobolevskomu, *Literaturnoe nasledstvo* vol.16/18: 758.

Tourneux, Maurice. *Prosper Mérimée: Comédienne espagnole et chanteur illyrien*. Paris: Ed. Monnier & Cie, 1888.

Utgof, Grigorii. *Sintakticheskie issledovaniia*. Tartu: University of Tartu Press, 2015.

Vinogradov, A.K. *Merime v pis'makh k Sobolevskomu*. Moskva: Moskovskoe khudozhestvennoe izdatel'stvo, 1928.

Weichardt, Dr. Karl. "Wilhelm Gerhard, der Leipziger Kaufherr und Dichter," *Leipziger Tageblatt und Handelszeitung*, 30 September 1906.

Yovanovitch, Voyslav M. *"La Guzla" de Prosper Mérimée: Étude d'histoire romantique*. Paris: Hachette, 1911.

Путь Пушкина к повестям в прозе, или От чего ржал Баратынский?

Д. М. Хитрова

Название настоящей заметки отсылает сразу к двум известным текстам: статье Эйхенбаума «Путь Пушкина к прозе» [Эйхенбаум 1969] и письму Пушкина к Плетневу от 9 декабря 1830 года, часть которого — отчет о творческих достижениях только что завершившейся болдинской осени, в том числе и о «Повестях Белкина»: «Написал я прозою 5 повестей, от которых Баратынский ржет и бьется — и которые напечатаем также Anonyme. Под моим именем нельзя будет, ибо Булгарин заругает» (XIV, 133)[1]. О том, что это значит, и пойдет речь.

Но сначала два шага назад. И Эйхенбаум, и М. Ю. Лотман, автор статьи под идентичным заглавием («Путь Пушкина к прозе» [Лотман 1986]), говорят о прозе вообще, противопоставленной стиху, но не разделенной на роды и жанры. Между тем путь Пушкина к разным прозаическим жанрам был разным, то относительно простым и понятным, как было, скажем, с дружеской перепиской, то долгим и извилистым, как было с повестями в прозе — жанром, который Пушкин освоил сравнительно поздно. Путь Пушкина к прозе — это не столько путь из точки А в точку Б, от поэзии к прозе, сколько перекрестье путей, идущих в разные стороны (как бывает возле больших вокзалов).

---

[1] Здесь и далее ссылки на сочинения Пушкина указываются по изданию [Пушкин 1937–1959]. Римская цифра в описании указывает на номер тома, арабская — на номер страницы.

Эйхенбаум приводит одну за другой цитаты начала 1820-х годов о пушкинском интересе к прозе и даже предпочтении ее стиху — например, хорошо известные слова: «Точность, краткость — вот первые достоинства прозы. Она требует мыслей и мыслей: блестящие выражения ни к чему не служат; стихи — *дело другое*» [Эйхенбаум 1969: 219]. Стоит напомнить, что Пушкин подразумевает здесь не романы и повести, а то, что сейчас мы называем *non-fiction*, то есть не художественную прозу, а интеллектуальную, от критики и философии до истории и политики. Поэтому он называет прозу, особенно французскую, «языком мыслей», а ведущими русскими прозаиками считает Вяземского (который художественной прозы вообще не писал) и Карамзина, не писавшего ее уже 20 лет[2]. Неудивительно, что первой публикацией Пушкина в прозе (не считая мелких журнальных выступлений) стали «Отрывки из писем, мысли и замечания» — вещь в духе французской афористической философии от Ларошфуко до Шамфора. Это первый шаг Пушкина в прозе, и нельзя сказать, что он двигается в сторону жанра повести.

Второй, а вернее, параллельный шаг Пушкина к прозе — от философии к истории, к образцам поновее: Карамзину и Вальтеру Скотту, прозаическим сценам в «Борисе Годунове» и историческому роману о прадеде Ганнибале. Пушкин бросает роман и несколько других прозаических замыслов, но возвращается к «Годунову» и к Карамзину уже в Болдине осенью 1830 года. После долгих цензурных мытарств трагедия должна была все-таки уйти в печать, и Пушкин в октябре сочиняет посвящение Карамзину. К тому же в числе немногих книг, взятых им с собой в Болдино, был и второй том «Истории русского *народа*» Полевого, открыто направленной против Карамзина и его «Истории *государства* российского». Из двух противоположных путей (государства или народа) Пушкин выбирает третий — историю *земли*, или, как он сам говорит, «отчины», и там же в Болдине принимается за «Историю села Горюхина».

---

2 См. [Эйхенбаум 1969: 220].

В ней мы также находим и сатирическое изложение первых шагов на пути рассказчика к прозе:

> ...я почувствовал, что я не рожден поэтом, и довольствовался сим первым опытом [«надпись к портрету Рюрика»]. Но творческие мои попытки так привязали меня к литературным занятиям, что уже не мог я расстаться с тетрадью и чернильницей. Я хотел низойти к прозе. На первый случай, не желая заняться предварительным изучением, расположением плана, скреплением частей и т. п., я вознамерился писать отдельные мысли, без связи, без всякого порядка, в том виде, как они мне станут представляться. К несчастию, мысли не приходили мне в голову — и в целые два дня надумал я только следующее замечание:
> Человек, не повинующийся законам рассудка, и привыкший следовать внушениям страстей, часто заблуждается и подвергает себя позднему раскаянию. — Мысль конечно справедливая, но уже не новая (VIII, 131–132).

Все это звучит как автопародия на первый шаг в прозе самого Пушкина, «Отрывки из писем, мысли и замечания». Тем не менее уже в следующем предложении рассказчик переходит к вполне нейтральному, не пародическому, пересказу «Повестей Белкина»:

> Оставя мысли, принялся я за повести, но, не умея с непривычки расположить вымышленное происшествие, я избрал замечательные анекдоты, некогда мною слышанные от разных особ, и старался украсить истину живостию рассказа, а иногда и цветами собственного воображения. Составляя сии повести, мало-по-малу, образовал я свой слог и приучился выражаться правильно, приятно, и свободно (VIII, 132).

Следующий и последний шаг в траектории рассказчика — к истории Горюхина, своей «отчины». «История села Горюхина» в первую очередь пародийна, но в ней есть и вполне серьезное начало. Пушкин тогда много и с заметным алармизмом размышляет об упадке дворянства и прямо связывает его с отрывом дворян от наследственной земли (кульминацией этих размышлений станет «Медный всадник»: судьба Евгения — трагедия дворянина, который в результате вмешательства Петра, его империи и ее столицы теперь лишен земли, «отчины», дома и, с гибелью Параши, будущей семьи, то есть возможности продолжить свой дворянский род: поэтому значимо, что он умирает, только когда все-таки добирается до ее *дома*). Напротив, «История села Горюхина», летопись родового гнезда, составленная в нем же правнуком на основе записей прадеда, — идеальный для Пушкина сценарий, программный в политическом отношении.

Пушкин следует логике, восходящей к Монтескье: родовое дворянство — единственное, что мешает монархии превратиться в деспотию[3]. Важно, что речь идет именно об «отчинном» дворянстве землевладельцев, а не о новой, столичной, придворной и светской аристократии, приобретающей и теряющей этот статус либо по прихоти государя — вспомним фаворитизм XVIII века, который Пушкин высмеял в «Моей родословной» той же болдинской осенью, либо, уже в XIX веке, по прихоти движения капиталов, например, за карточным столом — как рассчитывает пушкинский Германн, не зря сделанный немцем. Дело не в том, что он «расчетлив, вот и всё», как утверждает Томский, — это ложный след, а в том, что он хотя и дворянин, но не землевладелец, у него есть оставленный отцом капитал, но нет родового поместья[4]. Неизвестно когда Пушкин делает расшифрованную Д. П. Якубовичем выписку из Фрэнсиса Бэкона (привожу в переводе): «Достойная уважения вещь видеть древний замок или постройку не в упадке, или видеть прекрасное дерево крепким и целым. Сколь еще более (достойно уважения) взирать на древний дворянский род, который выстоял против волн и непогод времени» [Якубович 1933: 228]. В той же главке Бэкон утвер-

---

3 «В монархии, где нет дворянства, монарх становится деспотом» [Монтескье 1955: 176].

4 Как минимум в России (если бы Германн был остзейским немцем, он мог бы владеть землями на территории современных балтийских республик, но Пушкин счел нужным уточнить, что от отца Германн унаследовал не земли, а капитал).

ждает: «Монархия там, где вовсе нет дворянства, есть всегда чистая и абсолютная тирания» [Якубович 1933: 229].

Именно там и тогда, в Болдине осенью 1830 года, Пушкин сам впервые стал землевладельцем[5] — хороший повод задуматься над судьбами своего рода и вообще родового дворянства. Еще один такой повод подал ему в августе того же года Булгарин, в печально известном фельетоне упрекнувший Пушкина в низком происхождении его прадеда, якобы купленного за бутылку рома [Булгарин 1830: 4]. Это выступление было частью журнальной войны, обострившейся с открытием в том же году «Литературной газеты» — оппонента и конкурента булгаринских печатных изданий, — которая, булгаринскими же усилиями, тут же приобрела репутацию органа литературных аристократов. На этом фоне указание на рабство прямого предка было двойным ударом: по уже дикой для нас логике, выходило, что гордиться своим драгоценным дворянством Пушкин еще и не имел права.

Пушкин был задет: до личностей, не говоря о семьях[6], эта полемика еще не доходила, хотя литературная нечистоплотность Булгарина была как раз тогда на слуху: его роман «Димитрий Самозванец» содержал прямые заимствования из еще не напечатанного «Бориса Годунова», причем печать пушкинской трагедии задерживалась, по слухам, ради того, чтобы булгаринский роман успели раскупить[7]. Пушкин в разгар этих событий уехал в Болдино, где продолжил много писать против Булгарина — и в стихах: эпиграммы, одна из которых потом вошла в «Мою родословную», и в прозе: «пропасть полемических статей» для «Литературной газеты» (XIV, 121; из письма к Дельвигу от 4 ноября). Это последнее признание отражает резкий сдвиг в пушкин-

---

5 Михайловское, где Пушкин провел много времени, принадлежало не ему, а его матери Н. О. Пушкиной.

6 Объясняя в письме Бенкендорфу происхождение антибулгаринской «Моей родословной», Пушкин упирал как раз на оскорбление, нанесенное фельетоном Булгарина его матери (XIV, 242). Имелся в виду следующий пассаж: «...какой-то Поэт в Испанской Америке, также подражатель Байрона, происходя от Мулата, или не помню, от Мулатки...» [Булгарин 1830: 4].

7 См. [Пушкин 2008: 128].

ском литературном поведении, произошедший как раз с открытием «Литературной газеты»: до этого он старательно избегал журнальной полемики и отчитывал друзей, выносивших на суд и потеху публики внутренние разногласия (например, критику Жуковского в статьях Бестужева и Кюхельбекера, см. XIII, 135, 248), а сам если и писал возражения на критики (того же, например, Кюхельбекера)[8], то, как правило, не печатал, как бы ставя себя над схваткой. Начиная с 1830 года Пушкин, наоборот, считает полемику делом чести:

> Если б я сам был автор, то почел бы за малодушие не отвечать на нападение — какого бы оно роду ни было. Что за аристократическая гордость позволять всякому уличному шалуну метать в тебя грязью! посмотрите на анг.<лийского> лорда: он готов отвечать на учтивый вызов gentleman и стреляться на кухенрейтерских пистолетах или снять с себя фрак и боксовать на перекрестке с извозчиком. Это настоящая храбрость (XI, 91).

В Болдине Пушкин настроен на серьезный бой и в письме к Плетневу велит:

> Скажи Дельвигу, чтоб он крепился, что я к нему явлюся непременно на подмогу, зимой, коли здесь не окалею. Покаместь он уж может заказать виньетку на дереве — изображающую меня голинького, в виде Атланта, на плечах поддержи<ва>ющего Лит.<ературную> Газету (XIV, 118).

Это письмо от конца октября. 13 ноября по доносу того же Булгарина «Литературная газета» была закрыта (пока на время, вскоре навсегда).

Пушкин наконец выбирается из Болдина и к началу декабря добирается до Москвы. Там он спешит поделиться новинками

---

[8] Включая работы, имевшие для Пушкина программный характер, как, например, «<Возражение на статьи Кюхельбекера в “Мнемозине”>» (о ней см. в работе [Краснобородько, Хитрова 2008]; в авторской редакции см.: URL: https://www.ruthenia.ru/document/546273.html (дата обращения: 19.12.2024)).

с друзьями — прежде всего с Баратынским, который суммирует их так: «4 трагедии, поэма, последние две главы Онегина и целая папка прозы»[9]. Замечательно, что Баратынский пушкинскую прозу не дифференцирует: в «целую папку» входят и повести Белкина, и полемические статьи против Булгарина и Полевого. Наконец, 9 декабря Пушкин пишет Плетневу ставшее знаменитым «Баратынский ржет и бьется».

Из этих четырех слов с присовокуплением короткой цитаты из дневника Кюхельбекера родилась целая микроиндустрия пушкиноведения — поиск элементов юмора и пародии, вообще смешного, в повестях Белкина. Не буду приводить примеры, они многочисленны и часто научно продуктивны. Стоит тем не менее заметить, что понимать пушкинское «ржет» в значении «хохочет» — лингвистический анахронизм. Судя по поиску в Национальном корпусе русского языка, в этом значении слово «ржать» фиксируется начиная только со второй половины XIX века, и то довольно редко[10]. Кажется, в этой аберрации повинен, как ни странно, Тынянов, с его-то чутким слухом. Анализируя введенный им в научный оборот дневник Кюхельбекера, в том числе и с записью о том, что тот после прочтения трех повестей Белкина на четвертой «уже мог от доброго сердца смеяться» (речь идет о приступе хандры, от которого Кюхельбекер, узник Свеаборгской крепости, излечился пушкинскими повестями), Тынянов суммирует: «Подобно Баратынскому, он *смеется*, читая повести Белкина» — и приводит цитату из пушкинского письма, чтобы подтвердить наличие у своего героя «живого чувства литературы» [Тынянов 1968: 89].

---

9 Цит. по: [Лямина, Песков 1998: 249].

10 До середины XIX века «ржать» в применении к людям встречается только в сравнительных оборотах с обязательным указанием на предмет сравнения, то есть лошадей (в НКРЯ их всего два: «когда смеялся, ржал, как жеребенок» в «Бурсаке» Нарежного 1822 года и «[о]н вообще смахивал на лошадь: стучал ногами, словно копытами, не смеялся, а ржал» в «Часах» Тургенева 1850 года — среди 33 случаев употребления глагола «ржать» с 1755 по 1850 год). «Ржать» в значении «хохотать» без прямого сравнения с лошадьми не встречается до середины XIX века ни разу.

Между тем Пушкин употребляет слово «ржать» почти исключительно в прямом значении, то есть по отношению к лошадям, которые ржут у него от чувства опасности, возбуждения или по случаю приближающегося дела. Видимо, так и стоит понимать реакцию Баратынского: он ржет и бьется, как конь, рвущийся в бой. Противостояние Баратынского и Булгарина длилось еще дольше, чем пушкинское, с 1824 года; собственно, самая первая пушкинская эпиграмма на Булгарина — «Стих каждый в повести твоей» 1825 года — написана в поддержку Баратынского. Потом противостояние только нарастало. И Пушкин, и Баратынский с недоумением и брезгливостью реагировали на «Ивана Выжигина» и его успех среди публики. Наконец, в конце 1830 года они были вновь возмущены поведением Булгарина по отношению к лучшему другу их обоих — Дельвигу, издателю закрытой «Литературной газеты». В декабре 1830 года они со смаком делятся друг с другом новыми эпиграммами на Булгарина (своими и чужими, например, Вяземского; «я не знаю лучше, я не знаю обиднее», радуется Баратынский) и обсуждают планы издания нового совместного журнала — взамен «Литературной газеты», в которую Пушкин, как мы помним, предназначал многое из написанного болдинской осенью[11]. Возможно, для этого же журнала Баратынский пишет свою повесть в прозе — «Перстень», на пари с Киреевским, который ее в результате и опубликует уже в «Европейце»[12]. Потом она, возможно, предназначалась для доживавшей последние дни, уже без Дельвига, «Литературной газеты»: в первой половине 1831 года он обещал туда какую-то повесть[13].

Трудно сказать, был ли в этом элемент дружеского соперничества или, если угодно, творческого диалога с Пушкиным (как «Эда» когда-то была контрастным откликом на «Кавказского пленника»); так, во всяком случае, мог думать Языков, автор одного из самых интригующих отзывов на «Повести Белкина»:

---

[11] Цит. по: [Лямина, Песков 1998: 249].

[12] См. [Лямина, Песков 1998: 248–249].

[13] См. [Лямина, Песков 1998: 255].

> Как тебе понравились «Повести Белкина»? Мне так не очень <...>. Баратынский тоже пишет повести в прозе: его будут гораздо лучше, он вообще мастер рассказывать. Например, прежде, нежели мы видели «Выстрел», он рассказал его здесь удивительно ладно и стройно, неизмеримо лучше, чем в печатном оный написан [Карпов 1983: 277][14].

Понятно, что для Языкова жанр повести в прозе еще не очень утвердился как письменный и литературный и мыслится как часть устной стихии, в которой важен не столько автор, сколько, если угодно, *исполнитель* вещи. Другое дело — повесть в стихах, жанр, ставший привычным после «Кавказского пленника», «Графа Нулина», «Бала» Баратынского, а в болдинскую осень вновь явившегося в виде «Домика в Коломне».

Жанр прозаической повести в русской литературе 1820-х годов был жанром полуразвлекательным, прежде всего журнальным, рассчитанным на занимательность скорее, чем на серьезные литературные достоинства. Знаем мы это от самого Пушкина. В 1827 году Пушкин писал Погодину, в тот момент решившему из материалов, предназначенных для журнала «Московский вестник», составить альманах «Урания»:

> Ради бога не покидайте «Вестника»; на будущий год обещаю Вам безусловно деятельно участвовать в его издании <...>. Главная ошибка наша была в том, что мы хотели быть слишком дельными; стихотворная часть у нас славная; проза может быть еще лучше, но вот беда: в ней слишком мало вздору. Ведь, верно, есть у вас повесть для «Урании»? давайте ее в «Вестник». Кстати о повестях: они должны быть непременно существенной частию журнала, как моды у «Телеграфа». У нас не то, что в Европе, — повести в диковинку. Они составили первоначальную славу Карамзина; у нас про них еще толкуют (XIII, 340–341).

Повести, суммируем, — это, во-первых, «вздор», необходимый, подобно модам, для коммерческого успеха печатного издания,

---

[14] Языков Н. М. Письмо Языкову П. М., 18 ноября 1831 г., Москва.

во-вторых, архаизм, откидывающий литературное движение ко временам ранних повестей Карамзина.

Действительно, в конце 1820-х годов одним из самых плодовитых авторов прозаических повестей, сюжетных и нравоописательных, был Булгарин, наполнявший ими свои охотно раскупавшиеся издания — периодические и не только: в том же 1830 году он издал второе свое собрание сочинений, на сей раз в 12 томах, из которых тома, озаглавленные «Повести» и «Нравы», коллективно составляют больше половины. Булгарин не скрывал расчета на прямолинейную занимательность и привлекательность для публики; в его риторике этот расчет искупался нравоучительными целями его творений. В этом был и тактический смысл (обвинения в безнравственности, например, Пушкина и Баратынского, были мощным оружием в борьбе с конкурентами), и историко-литературная реальность: булгаринские «Повести» и «Нравы» действительно восходили к уже старомодному жанру нравоучительной повести (*conte moral*). Именно на него ориентировался ранний Карамзин в *своих* хорошо раскупавшихся изданиях: речь идет и об оригинальных сочинениях вроде «Бедной Лизы», опубликованной в «Московском журнале», и о его переводах, особенно, конечно, нескольких томах повестей Мармонтеля, вышедших по-французски как раз под заглавием «Нравоучительные повести» (*Contes Moraux*).

В болдинские планы Пушкина, судя по всему, входило обыграть Булгарина на его же поле — снискать коммерческий успех в двух проверенных жанрах: полемических статьях (для поддержки — финансовой и моральной — «Литературной газеты») и занимательной прозе (для поддержания собственных финансов, пошатнувшихся на сей раз от свадебных хлопот; именно так Пушкин объясняет необходимость печатать «Повести Белкина» в письме к Плетневу от середины февраля 1831 года; см. XIV, 152). Этот ход не был уступкой: наоборот, повести Белкина обладали мощным полемическим и даже экспериментальным элементом в силу отсутствия в них того самого, что оправдывало их занимательность в глазах Мармонтеля, Карамзина и Булгарина, — морали и нравоучения. Нарочитое отсутствие морали вполне ожидаемо от Пушкина периода болдинской осени, когда демонстративно пародийной и к тому же по содержанию идентичной моралью он завершает сразу два текста, «Домик в Коломне» и «Сказку о Балде»: «Вот вам мораль: по мненью моему, / Кухарку даром нанимать опасно» (IV, 93) и «Не гонялся бы ты, поп, за дешевизной» (III, 502).

Вместо заключения. Как и у горюхинского летописца, впереди у Пушкина была история. А также женитьба и, пусть и безуспешные, попытки возвращения с семьей в родовое гнездо, Михайловское, с надеждой оставить его потомкам, сохранив таким образом независимость дворянского рода (ср. в стих. «Вновь я посетил...» 1835 года неслучайное обращение к юным еще деревьям в Михайловском: «Но пусть мой внук / Услышит ваш приветный шум» (III, 400)). Вместо автора этот план удалось осуществить еще одному из пушкинских нарративных alter ego: «Вскоре потом Петр Андреевич женился на Марье Ивановне. Потомство их благоденствует в Симбирской губернии. <...> Рукопись Петра Андреевича Гринева доставлена была нам от одного из его внуков...» (VII, 374). Хотя и выдуманный и со второй попытки, в «Капитанской дочке» внук наконец-то справился с наследием деда.

Источники

Булгарин 1830 — Б<улгарин>. Ф. Второе письмо из Карлова на Каменный Остров // Северная пчела. 1830. № 94. 7 авг. С. 1–4.

Карпов 1983 — Карпов А. А. Эпоха 1830-х годов в письмах Н. М. Языкова // Пушкин: Исследования и материалы. Т. 11. Л.: Наука, 1983. С. 268–295.

Монтескье 1955 — Монтескье Ш. Избранные произведения / Пер. с фр.; под ред. М. П. Баскина. М.: Гос. издательство политической литературы, 1955.

Пушкин 1937–1959 — Пушкин А. С. Полное собрание сочинений: В 16 т. М.-Л.: Академия наук СССР, 1937–1959.

Пушкин 2008 — Пушкин А. С. Сочинения. Комментированное издание под общей ред. Д. Бетеа. Вып. 2: Борис Годунов. М.: Новое издательство, 2008.

Якубович 1933 — Якубович Д. П. Неизвестная запись Пушкина // Звенья: Сборник материалов и документов по истории литературы, искусства и общественной мысли XIX в. / Под ред. В. Бонч-Бруевича и др. Т. 2. М.–Л.: Academia, 1933. С. 225–231.

Библиография

Краснобородько, Хитрова 2008 — Краснобородько Т., Хитрова Д. Пушкинский набросок возражения Кюхельбекеру (в авторской редакции см. https://www.ruthenia.ru/document/546273.html) // Russian Literature and the West. A Tribute for David M. Bethea. Part I. Stanford, 2008. P. 66–116.

Лотман 1986 — Лотман М. Ю. Путь Пушкина к прозе // Пушкин и русская литература. Рига: Латвийский гос. университет им. П. Стучки, 1986. С. 34–45.

Лямина, Песков 1998 — Летопись жизни и творчества Е. А. Боратынского / Подготовка текста Е. Э. Ляминой и А. М. Пескова. М.: Новое литературное обозрение, 1998.

Тынянов 1968 — Тынянов Ю. Н. Архаисты и Пушкин // Тынянов Ю. Н. Пушкин и его современники. М.: Наука, 1968. С. 23–121.

Эйхенбаум 1969 — Эйхенбаум Б. М. Путь Пушкина к прозе // Эйхенбаум Б. М. О прозе. Л.: Художественная литература, 1969. С. 214–230.

Modeling Multilevel Selection Theory (MLS) in Literary Culture: "The Queen of Spades" ("Пиковая дама") and the Case of the Later Pushkin

David Bethea

Pushkin's writing, thinking, and indeed historically embedded being in the world were as much functions of *processes* (*life cycles*) as they were of things (discrete events, people, physical realia), and looking at the processes that produced Pushkin can be as enlightening as considering the finished excellence of his artistic works, although it is that excellence that most often inspires us. This is what Tynianov meant when he drew attention to the way literary forms and genres display life cycles within the larger literary system and when he pointed out that it is the system, rather than the individual works within the system, that is the proper object of literary study. As he wrote in "The Ode as an Oratorical Genre" (1922), "There is no such thing as an *individual* work in literature."[1]

---

1 Yuri Tynianov, *Permanent Evolution: Selected Essays on Literature, Theory, and Film*, trans. and ed. Ainsley Morse and Philip Redko (Boston: Academic Studies Press, 2019), 77, Wikisource, accessed January 15, 2025, https://ru.wikisource.org/wiki/%D0%9E%D0%B4%D0%B0_%D0%BA%D0%B0%D0%BA_%D0%BE%D1%80%D0%B0%D1%82%D0%BE%D1%80%D1%81%D0%BA%D0%B8%D0%B9_%D0%B6%D0%B0%D0%BD%D1%80_(%D0%A2%D1%8B%D0%BD%D1%8F%D0%BD%D0%BE%D0%B2). "Уже нельзя более говорить о произведении, как о «совокупности» известных сторон его: сюжета, стиля и т. д. Эти абстракции

Furthermore, Tynianov was especially astute on boundaries and their relation to evolutionary ebbs and flows in the culture; again, what mattered was not the literary product per se, but the tension pushing a work's «foregroundedness» (cf. *dominanta*) in one direction or another. It was this sense of being foregrounded, selected in a certain way, that was the literary "fact." Thus the "poetic" is not the poem, but the perception that at this moment in time the meaning of the thing is being deformed by sound in a constructive way; and the same could be said about the "prosaic," but in the opposite direction: sound deformed by meaning. These ideas were strikingly perceptive in an evolutionary sense when Tynianov first articulated them, and they still are today. It is with them that we begin.

* * *

To put it crudely, what meaning is to culture, staying alive, or sustainability, is to biological life. Likewise, what exact DNA replication is to biological life, differential copying or imitation—think of Pushkin flipping the plot of the prodigal son parable in "The Stationmaster"—is to the life of the mind. The former is biochemical, that is, automatic and unconscious, while the latter involves mental choice. How does the one evolve out of the other?

The celebrated biologist Denis Noble defines biological relativity as the principle "*that there is no privileged level of causation in biology*; living organisms are multilevel open stochastic systems in which the

---

давно отошли: сюжет, стиль и т. д. находятся во взаимодействии, таком же взаимодействии и соотнесенности, как ритм и семантика в стихе. Произведение представляется системой соотнесенных между собою факторов. Соотнесенность каждого фактора с другими есть его функция по отношению ко всей системе. Совершенно ясно, что каждая литературная система образуется не мирным взаимодействием всех факторов, но главенством, выдвинутостью одного (или группы), функционально подчиняющего и окрашивающего остальные. Такой фактор носит уже привившееся в русской научной литературе название доминанты (Христиансен. Б. Эйхенбаум). Это не значит, однако, что подчиненные факторы неважны и их можно оставить без внимания. Напротив, этой подчиненностью, этим преображением всех факторов со стороны главного и сказывается действие главного фактора, доминанты."

behavior at any level depends on higher and lower levels and cannot be fully understood in isolation"[2] (Tynianov speaking as a biologist, we might say!). Organisms are *multilevel* in that regardless of which level we are observing—molecule, cell, tissue, organ—there are initial and boundary conditions that serve to regulate, in a functional way, the lower-level components by higher-level properties. And they are *open* and *stochastic* because they are capable of reacting to stimuli from the outside and because these reactions are not predetermined beforehand, that is, they are randomly distributed. In my comments to follow I propose to apply Noble's biological relativity concept to the *multilevel selection* processes that happen in the cultural realm, in this case Pushkin's 1833 tale "The Queen of Spades."

But before proceeding to Pushkin, let us think for a moment about the *eukaryotic cell*, the first type of cell with a developed nucleus and a set of membrane-bound organelles. In oncologist Siddhartha Mukherjee's telling,

> A cell is not a blob of chemicals; it has distinct structures, or subunits, within it that allow it to function independently. The subunits are designed to supply energy, discard waste, store nutrients, sequester toxic products, and maintain the internal milieu of a cell. Second, a cell is designed to reproduce, so that one cell can produce all the other cells that populate the organism's body. And finally, for multicellular organisms, the cell, or (at least the first cell) is designed to differentiate and develop into other specialized cells, so that various parts of the body—tissues, organs, organ systems—can be formed.[3]

My gloss on Mukherjee: *the homeostatic interplay of parts to whole and whole to parts, plus the ability to reproduce itself, is very much what a literary text is all about.* Obviously I don't mean by this that there are not basic, undeniable differences between the form and function

---

2 Denis Noble, *Dance to the Tune of Life: Biological Relativity* (Cambridge: Cambridge University Press, 2017), 160; my emphasis.

3 Siddhartha Mukherjee, *Song of the Cell: An Exploration of Medicine and the New Human* (New York: Scribner, 2022), 74.

of a cell and the form and function of a Pushkin tale. To begin with, one *is organic life*, the other is *a representation of that life in words*. So yes, it is only an analogy. And if one sees only those differences, then the point is not worth making. But it is worth making if one acknowledges that there is something distinctly *life-like* in the isomorphism.

Next, let's go a little farther with the analogy. In the words of biochemist and "natural genetic engineering" theorist James Shapiro:

> Cells do not act blindly. We know from physiology and biochemistry and molecular biology that cells are full of receptors. They monitor what goes on outside. They monitor what goes on inside. And they are continually taking in that information and using it to adjust their actions, their biochemistry, their metabolism, the cell cycle, etc., so that things come out right. That's why I use the word cognitive to apply to cells, meaning they do things based on knowledge of what's happening around them and inside of them. Without that knowledge and the systems to use that knowledge they couldn't proliferate and survive as efficiently as they do.[4]

This idea of a "*knowing*" ("they [cells] do things based on knowledge") that is always already immanent in organic life at the cellular level has implications throughout the biosphere. As philosopher Thomas Nagel might say, it is an aspect of "mind" in nature that the materialist neo-Darwinian branch of modern evolutionary biology has not yet sufficiently accounted for.[5] Hence it may also not be too much of a stretch to speak of a Pushkin tale such as «The Queen of Spades» in analogous terms: monitoring "what goes on outside" (the context) and "what goes on inside" (the text) and making adjustments accordingly, *its language seems organically "aware."* Yes, Pushkin is a genius

---

4 Susan Mazur, *The Paradigm Shifters: Overthrowing "the Hegemony of the Culture of Darwin."* (New York: Caswell, 2015), 14–15.

5 Thomas Nagel, *Mind and Cosmos: Why the Materialist Neo-Darwinian Conception of Nature Is almost Certainly False* (New York: Oxford University Press, 2012), 16: "My guiding conviction is that mind it's not just an afterthought or an accident or an add-on, but a basic aspect of nature."

and a one-off, but he also speaks for the species through the way he models creative behavior, behavior that implies sustainability, in his art. As I will try to point out once we begin discussing "The Queen of Spades," the way the tale is written both instantiates the drama of the card game from the inside (the Hermann-Chekalinsky "duel") and elicits in its readers a similar tension from the outside, by mimicking the sensation of drawing cards one by one.

What is multilevel selection? In biology it is a kind of selection acting on *genetic traits* for their survival benefit that looks at different "cuts" (individual traits vs. group traits) *at the same time.*[6] So, one level of selection may be on "particles" (individual traits); another level of selection may be on "collectives" (groups). This also means that the average fitness of a collective of particles and the average fitness of a collective of collectives can be separated out and measured by deploying covariables and multiple regression analysis.[7] As philosopher of science Samir Okasha explains it, "In a multi-level setting [...] it is possible that a character-fitness covariance at one hierarchical level may be a side effect or by-product of direct selection at a *different* level (higher or lower)."[8] This multiple, nonlinear perspective has been called *frameshifting*. Thus, if we translated these statements into the idea of literary evolution à la Tynianov, we might say that the selection of traits (again, cf. *dominanta*) that enhance viability/fitness within a tradition can be at the individual level (i.e. how the system operates within the given work, say "The Queen of Spades," to make it cultur-

---

6 Recall that in the cultural realm we are trying to identify traits that help the cultural product remain sustainable, stay a «fact» in the way Tynianov suggested.

7 One such formula involving covariation is "Price's equation," which calculates how a trait/allele and its fitness relative to a subpopulation covary over time. Multiple regression analysis predicts the value of a dependent variable, in this case fitness, by using two or more independent variables. The namesake of the formula is the genius polymath George Price, whose story from cutting-edge geneticist investigating the chemical bases of altruism to homeless squatter who commits suicide is told by Oren Harman in *The Price of Altruism: George Price and the Search for the Origins of Kindness* (New York: Norton, 2010).

8 Samir Okasha, *Evolution and the Levels of Selection* (Oxford: Oxford University Press, 2006), 5.

ally sustainable) and at the group level (i.e. how the systemic aspect of the work is part of the larger systemic radiation, say that of genre or style, to keep the tradition alive).[9]

* * *

The plot of "The Queen of Spades" is an intricate ticking time bomb. It reaches out to the phenomenal and historical world Pushkin was living in and it reaches into the devices at its disposal, first and foremost aspects of its language from the micro to the macro levels, for turning on the time bomb and then waiting in tense anticipation for it to explode. Basically what the words do is create an illusion of a moving picture of the world of 1833: the words tell a story but they also instantiate what the story is about. Thus, the first order of business is to try to understand what the plot is telling us and *how* it is doing the telling at the same time. This cognitive move allows us to tie the story's inner workings to the outer world's baffling variety, and in this way mimic the characters' attempts to situate their actions within larger contexts. Recall also that to make this cognitive move we need to be aware of the tale's parts and boundaries, its cell-like membranes as it were: what is inside and what is outside, what are, to invoke Noble again, a level's "initial and boundary conditions" and how those condi-

---

[9] It must be said, however, that, with regard to the complexities of multilevel selection, even the data-driven scientific community cannot agree on one scenario. And this is the important point. Often it seems to come down to semantics. Steven Pinker, for example, who is more empirically inclined, denies prima facie the validity of group/multilevel selection and insists that the only valid discussion should be at the gene-centered level: referencing higher-level cultural traits is tantamount to mixing apples and oranges. See Pinker, «The False Allure of Group Selection,» *Edge*, July 18, 2012, https://www.edge.org/conversation/steven_pinker-the-false-allure-of-group-selection#22479. For Pinker this *frameshifting up* from the strictly biological (proteins, biochemistry, etc.) to the cultural (group behavior, psychology, "mind") is not playing the scientific game fairly. "What all this means," says Pinker, "is that so-called group selection [...] is not a precise implementation of the theory of natural selection, as it is, say, in genetic algorithms or artificial life simulations. Instead it is a loose metaphor, more like the struggle among kinds of tires or telephones."

tions "regulate, in a functional way, lower-level components by higher-level properties."

In a different study, which time does not permit me to reprise here, I explain in precise detail what all the characters (inside the text) and the reader (outside the text) could know at each moment that the action of "The Queen of Spades" is unfolding.[10] I will now examine what Pushkin's language is telling us at these different junctures when thought becomes, or doesn't become, action. If evolution happens in human beings as process *all the way down* to the sub-cellular level where "structure" and "change" merge, as in the Golgi apparatus and other organelles, then something similar is happening in speech at its most basic level of phonemes and allophones. Speech operates at a speed and with a complexity in an individual's consciousness that cannot be successfully parsed in medias res. Through metaphoric thinking the subject extends themself out into the world and then, when the world responds, absorbs that information back into the body-mind's orbit. But of course it's not that simple. There are metaphors, and there are metaphors. Lateralization of brain function is there for evolutionary reasons. Ultimately, all speech has a metaphorical underpinning: there is a spectrum overarching the literal and figurative, but it is still words. Vocabulary that is denotative and grammar and syntax that are rule-based are governed by the left hemisphere, with circuits originating in the Broca's and Wernicke's areas. But more complex, figurative language—metaphors involving unlikely or striking tenor-vehicle combinations; prosodic devices adding a musical element; authorial tones implying irony and requiring a more "big picture," contextual feel for meaning—all these will normally need the help of the right hemisphere. In Iain McGilchrist's formulation,

> Language functions like money. It is only an intermediary. But like money it takes on some of the life of the things it represents. It begins in the world of experience and returns to the

[10] See David M. Bethea, «»The Queen of Spades': Risk, Reward, Gaming Life,» in *The Pushkin Project* (Boston, MA: Academic Studies Press, 2023), 128–65.

> world of experience—and it does so via metaphor, which is a function of the right hemisphere, and is rooted in the body. To use a metaphor, language is the money of thought. Only the right hemisphere has the capacity to understand metaphor.[11]

The point about language being the money of thought is that it involves exchange, a trading of *this for that*. As metaphor researchers George Lakoff and Mark Johnson put it, "The essence of metaphor is understanding and experiencing one kind of thing in terms of another."[12] In everyday speech we don't much dwell on this exchange process. We take it to be real. Indeed, to think about it gets in the way. The "take it to be real," however, is a function of the left hemisphere's *grabbing hold*—its demand for logical consistency, its adherence to its rules once we enter its domain, its way of abstracting itself and assuming command. Again, McGilchrist:

> All of this—this grasping, this taking control, this piecemeal apprehension of the world, this distinguishing of types, rather than of individual things—takes place for most of us with the right hand [i.e. governed by left hemisphere—D. B.]. [...] It is also through grasping things that we grant things certainty and fixity: when they are either uncertain or unfixed, we say we "cannot put our finger on it," we "haven't got a hold of it." [...] The grasp we have, our understanding in this sense, is the expression of our will, and it is the means to power.[13]

This is exactly what Pushkin's tale is telling us. The story of the Countess's secret cards captures Hermann's imagination and sets him spinning in his own outer space; outside the text the reader also can't tell what is real and what is fantasy (cf. the genre of the fantastic). Hermann grasps at the story's significance, projects it forward into the

---

11 Iain McGilchrist, *The Master and His Emissary: The Divided Brain and the Making of the Western World* (New Haven, CT: Yale University Press, 2009), 115.

12 George Lakoff and Mark Johnson, *Metaphors We Live By* (Chicago, IL: University of Chicago Press, 1980), 5.

13 McGilchrist, *Master*, 112.

world around him, and loses sight of all surrounding context except that which relates to his idée fixe. His hold on the story, or the story's hold on him, is "an expression of his will" and a "means to power." Once again, when he first finds himself in front of the Countess's house, he sees the following:

> Thinking to himself in this way, he turned up on one of the main streets of Petersburg, in front of a house of old-fashioned architecture. The street was jammed with carriages, one after the other they drew up to the lighted entryway. Each moment from out of the carriages there extended now a young beauty's shapely leg, now a heavy boot, now a striped stocking and diplomat's shoe. Fur coats and cloaks flitted by a stately doorman. Hermann stopped.[14]

The legs extending out of the different carriages, whose doors resemble the rectangular frame of a playing card, already suggest mnemonically the three, seven, and ace that will become his obsession. Indeed, the carriages themselves, *кареты* in Russian, which is also a play on *карты* ("cards"), are pulling up *one after the other*, like a sequence of playing cards. The shapely leg of the young beauty is "*строй*ная," with the *трой* being paronomastically suggestive of *тройка*, or "trey," in Russian; the "heavy boot," *гремучая ботфорта*, presumably of a military type, would look like an inverted seven as it exited the vehicle; and the diplomat's shoe, дипломатический башмак, would belong to a "big shot," which is also an alternate meaning of *туз*, or "ace," in Russian.[15] In other words, well before the fact the seed *could be* planted for the three-card combination. Pushkin doesn't say explicitly it has been planted. In fact, there is no editorializing whatsoever.

---

[14] «Fundamental'naia elektronnaia biblioteka. Russkaia literatura i fol'klor.» Last modified 31 December 2015. http://feb-web.ru/
"The street was jammed with carriages, one after the other they drew up to the lighted entryway. Each moment from out of the carriages there extended now a young beauty's shapely leg, now a heavy boot, now a striped stocking and diplomat's shoe. Fur coats and cloaks flitted by a stately doorman. Hermann stopped."

[15] I am helped here and elsewhere by Sergei Davydov's superb "The Ace in 'The Queen of Spades,'" *Slavic Review* 58, no. 2 (Summer 1999): 307–28, esp. 317–18.

The only hint, unspoken but no less telling, is: *Why these three images in this order*? It is directly after this that Hermann learns *he has turned up* at the Countess's house and feels he has been brought to this place by a power beyond his control. Although it is not said in so many words, this sensation of the uncanny is precisely what the gambler feels when he is "on a roll." What is going on here is that Pushkin is presenting the intrusion of the unconscious into the conscious world. Or, in McGilchrist's neurological terms: "The unconscious, while not identical with, is certainly more strongly associated with, the right hemisphere."[16] The gambling mentality lunges at a pattern, takes it to be real, and then is consumed by it.

The game of faro involves choosing one card and then waiting to see on which side of the dealer, the left or the right, the card falls. The next linguistic level *going all the way down* has to do with the sounds and shapes of words. We already mentioned the *кареты* versus *карты* wordplay and the images of the legs exiting the carriages before the Countess's house. The game continues when Hermann enters the house on the evening the Countess and Liza are away at the ball. Once in the Countess's chambers, he passes by the items representing the Countess's past in the eighteenth century, among them two portraits, again reminiscent of flat, rectangular, playing card-like frames: one of a "bigshot," or *туз*/ace, the Count; the other a beauty, *красавица*, or the "queen-like" Countess in her youth. When Hermann passes behind the screens and is deciding where to go, he pauses between the door *on the left*, which leads to Liza's quarters, and the one *on the right*, which leads to the Countess's study. The doors themselves are rectangular structures whose frames are suggestive of playing cards and whose opening and closing are like the cards being drawn. Once the Countess has been undressed, she sits in a Voltaire chair, another "frame" from the eighteenth century, and rocks side to side in a "galvanic" movement reminiscent of a faro hand. The other rectangular shapes the Countess is witnessed in by Hermann include: the coffin "from which the dead woman looked at him mockingly, winking with one eye"; the small window in his apartment through which "someone [the Countess's

---

[16] McGilchrist, *Master*, 98.

apparition—D. B.] looked in on him from the street"; and finally the actual "queen of spades [that] screwed up her eyes and grinned" and in which he recognized the Countess ("The old woman!").

The point I am trying to make is that "The Queen of Spades" has such literary sustainability, such aesthetic and cultural "fitness," not because it contains one code that unlocks its secrets (the idea that has most attracted the scholarly community), but precisely because *its mysteries can never be resolved*. There are no keys that can pry it open and lay it bare once and for all. The idea of playing fair is embedded deep in our mammalian limbic system; as we will come to in a moment; even rats, as "affective neuroscience" authority Jaak Panksepp has demonstrated, will refuse rough-and-tumble play with a fellow rat if the bigger one is too overbearing and will not let the smaller one win at least 30 percent of the time.[17] The underpinnings of morality (reciprocity) are already there in the rat behavior; juvenile rats need to learn how to play or their prefrontal cortex will not develop properly. The same with children: according to Piaget, when little kids play—say, preschool girls having a tea party—they *embody the ideas* (sitting around and serving tea and cakes) *before they understand them*. In this case, they pretend to be their mothers and playact (dramatize) without really knowing why. The ultimate lesson that children learn at an early age is that life is not a particular game, but a set of games, each with its own rules, and the goal is not to win "at all costs" a particular game, although you still try your best, but to participate across a spectrum of life's games, playing fairly in each contest. It is the "metastructure" of game-playing, which is another name for morality, that counts.[18]

This is the perspective that needs to be added to the game theory aspect of "The Queen of Spades." While Hermann pursues his obsession, and while the reader tries to find the secret card sequence in

---

[17] Jaak Panksepp, «Science of the Brain as a Gateway to Understanding Play: An Interview,» *American Journal of Play* (Winter 2010): 265.

[18] My thinking has been aided here by public intellectual Jordan Peterson. See his «Rules of the Game." <www.youtube.com>. https://www.youtube.com/watch?v=xC9zUdOj-mM.

the text, an exercise in self-interested survival is going on. Paths are being tested. Is it the right door into the Countess's study and the riches to follow? Or is it the left door into Liza's quarters and the possibility of love? What is it that most propels one's attention forward? Pushkin lures us in with the magic card gambit because he knows that the attraction of the unknown coupled with our fear of it are essential drivers of story, and that survivors always have a story. But in this story Hermann is not a survivor. Why exactly? Why did the faro "duel" with Chekalinsky have to end in the loss of everything and madness? Well, because Hermann represents something larger than himself, which we will return to momentarily, and because by 1833 winning without playing fairly against "fate" was not a winning strategy for Pushkin. He knew that all the partial codes winking at us never become complete one-to-one cribs. He also knew that life cycles, including his own, are processes leading to future generations.[19]

Thus, the one character in "The Queen of Spades" who plays the game of life fairly is Liza, because she bets the maximum with no guarantees, appears to lose, and then in the end, with the author's typical irony, wins by finding a way forward. The lead epigraph to the entire tale is "The queen of spades betokens secret ill-will (*The Latest Fortune-Telling Book*)." The ill-will, the queen turning up instead of the ace, manifests itself because Hermann tries to trick life. He opts for the right door that happens, à la the left-right movement of the faro hand, to be the wrong door. This is how Pushkin's gothic tale mimics a contemporary exercise in behavior that is "fit" versus "unfit": not a system but an allegory of systems,[20] the work never stops challenging the reader and yet provides a moral framework, understated to be sure, in the end.

---

[19] Cf. the section from Pushkin's great blank verse narrative "Again I Have visited..." ("Вновь я посетил... ," 1835) about the young saplings/*роща* growing up around the two pines (an "older couple") versus the single pine (the "old bachelor"), and the discussion in Bethea, *The Pushkin Project*, 153–55.

[20] Caryl Emerson calls the tale "an allegory of interpretation," in "'The Queen of Spades' and the Open End," ed. Caryl Emerson, *Pushkin Today* (Bloomington: Indiana University Press), 37.

* * *

Pushkin's language, therefore, operates *all the way down* to reveal the psychological underpinnings of Hermann's and Liza's story. Sounds, shapes, numbers, wordplay—these hover between the pre-semantic and the semantic to suggest potentialities of meaning. How then do these same "subcellular"-like units, these linguistically embedded "organelles," also *reach out* to the broader world Pushkin was telling?

Here we can find help in Panksepp's "affective" neuroscientific research on the evolutionary basis of play and what it can tell us about the culture of Pushkin's time in general and Hermann's obsession with faro in particular. The structure of the higher animal brain and its primary-processing emotional circuits are homologous across different species—a fact of considerable importance because it shows how, over millions of years, evolutionary selection preceded, as in laid the pre-cognitive groundwork for, individual learning (not the other way around). This, Panksepp insists, is a very big deal:

> It seems that all higher animals [...] share very similar primary-process infrastructures in their brains. Affective-emotional behavioral tendencies seem to have been built into their behavioral repertoire as ancestral memories that generate various instinctual, emotional, and motivational urges that are accompanied by feelings—which the behaviorists merely called rewards and punishment because those could be defined by external objects and events. [...] *We[,] [however, by employing ESB (electrical stimulation of the brain),] had evidence for the existence and location of emotional operating systems that were constructed by evolution rather than by individual learning.* [...] *There is no other logical option but to conclude that behavioral and affective tendencies, in raw form, were constructed into the infrastructure of the brain by evolutionary selection as opposed to individual learning* [my emphasis—D. B.].[21]

Play is categorized as a positive emotion (an example of a negative emotion similarly generated through primary-process circuitry would

---

[21] Panksepp, "Interview in *AJP*," 255–56.

be panic, or separation distress, as of a young animal from its mother). Rat pups, like human children, learn through the "rough-and-tumble" of wrestling how to play with their bodies to the point where they can pin their opponents without hurting them. Females play like males, only it takes them longer to join in. The "fun" of the rat play ("I want more of this") is evidenced not only by the joyful chasing and pouncing, but also by the sound of chirping, in effect "laughing," measured at fifty kHz. When things get too rambunctious, however, complaints, with sounds at twenty-two kHz, and stoppage can ensue. Play, therefore, is crucial evolutionarily because it develops what Panksepp calls the "social brain."

Needless to say it is a big leap from the "adaptive social dynamics" displayed in rat behavior and the role gambling and risk-taking played in eighteenth- and nineteenth-century Russia. Still, the following provides us a useful bridge from evolutionary neuropsychology to the "social brain" of Pushkin's time:

> Our best hypothesis right now is that the primary-process emotional urge to play, when allowed abundant expression, helps construct and refine many of the higher regions of the social brain. Perhaps it is especially influential in refining our frontal cortical, executive networks that allow us to more effectively appreciate social nuances and develop better social strategies. In other words, play allows us to stop, look, listen, and feel the more subtle social pulse around us.[22]

The first thing we need to recognize as we move from the positive aspects of play as studied scientifically by Panksepp to the behavior exhibited by Hermann in "The Queen of Spades" is that there is nothing innocent or joyful about the game of Faro in its local Russian context. While the narrator is often ironic, the game itself is sinister: the queen of spades "означает недоброжелательность" and the filter of the fantastic makes it impossible for the reader to decide whether the dead Countess is actually winking at Hermann from her coffin (the supernatural) or whether he just imagines she does (the natural, the

---

22 Ibid., 269.

psychological). The physical play part for the juvenile rats has become a culturally laden "duel" between Hermann and Chekalinsky that involves minimal bodily movement but maximal investment of cognitive, emotional, and affective resources. In the Russian context the "pin" of the opponent, the queen defeating the ace, turns out to be fatal. What exactly has happened?

As Lotman demonstrated in his famous article, there is a direct, one is even tempted to say almost *causal*, link between the historical context in which faro emerged as a favored game of the ruling classes across Russia (and Europe) and the idea of fortune or fate as the latter applied to one's position in Russian society. During Catherine's reign (1762–94) one's ability to rise to a position of wealth and influence (we are speaking here of the nobility) was sorely limited. One could use family connections or one could try to ascend the rungs in the state military or civil service ladder (Peter's "Табель о рангах"), but in any event a rapid rise through merit or hard work alone was virtually impossible. Also looming large in public consciousness during Catherine's time on the throne was the question of her legitimacy as ruler. Catherine's complicity in the coup d'état, orchestrated by powerful court insiders, that eliminated Peter III, her despised but dynastically lawful husband, did not help her reputation as usurper. Thus her claim to power, especially in the early years, was perpetually suspect. She had to rule on her own through the relationships she built around her, most prominently those with the men who became her "favorites," that is, *temporary lovers*. This idea of *the good-luck streak*, here the lover who enjoys sudden, albeit short-lived, success with "Lady Fortune" (*fortuna* is feminine in Russian), is what is crucial for the connection to faro.

When we wish to understand what Pushkin thought about such outsized figures as Peter I or Catherine II (both of whom were at the center of his consciousness in fall 1833), we need to find those unpublished moments in his writings where he speaks more with his guard down. In 1822, during his stay in Kishinev, Pushkin made some notes on eighteenth-century Russian history that he planned to use to introduce his autobiography, but then he destroyed the larger project as a precaution in the wake of the 1825 Decembrist uprising. The picture Pushkin paints of Catherine in these notes is shocking in its overall negativity; it is here that we find the famous phrase likening the empress to "a Tartuffe in skirts." While not stated explicitly, the connection between the corruption of Catherine's reign and the cynical atmosphere of the Countess's household in "The Queen of Spades" is obvious.

> The reign of Catherine II had a new and powerful influence on the political and moral situation in Russia. Elevated to the throne through the plot of a few mutineers, she enriched them at the expense of the people and humiliated our anxious nobility. If to rule means to know the weakness of the human heart [lit. "soul"] and how to take advantage of it, then in this regard Catherine deserves the amazement of posterity. Her magnificence blinded, her amiability attracted, her generosity created attachments. Her very love of the voluptuous (*slastoliubie*) affirmed this clever woman's mastery. Producing a weak murmur in the people, who were accustomed to respect the flaws in their rulers, this voluptuousness aroused a disreputable competition in the higher classes, since neither intelligence nor merit nor talent was necessary to achieve second position [i.e. right next to Catherine—D. B.] in the state. [...] In time history will evaluate the influence of her reign on morals. It will reveal the cruel actions of her despotism under the mask of modesty and tolerance, the oppression of the people by her satraps, and the plundering of the treasury by her lovers. It will show significant errors in her political economy, the worthlessness of her legislation, and the revolting falsity in her relations with the century's philosophers. And when that happens Voltaire's voice moved by flattery will not save the memory of her glory from Russia's curse. [...] Catherine knew how her lovers cheated and robbed, but she remained silent. Encouraged by such weakness, they knew no bounds in their cupidity, and a favorite's most distant relatives greedily took advantage of his brief access to power. It was as a result of this that there appeared the gigantic estates of completely unknown families and the total lack of honor and honesty in the higher class of people. From chancellor to lowliest clerk everything was stolen and everything was for sale. Thus did a debauched ruler debauch her state.[23]

---

[23] Pushkin, *Pss*, 11:15–16. "Fundamental'naia elektronnaia biblioteka. Russkaia literatura i fol'klor." Last modified 31 December 2015. http://feb-web.ru/feb-web.ru/feb/pushkin/texts/push10/v08/d08-0892.htm?cmd=0—

Even though this is still early in Pushkin's career and it is true that his evaluation of Catherine may have moderated with the years, there can be no doubt that the author of these lines disapproves of the way the celebrated monarch wields power. In his view, Catherine used her feminine wiles not only to advance an enlightenment agenda, presumably a good thing, but also to manipulate others through a false perception of civility and charm, and ultimately, whether intended or not, to create an atmosphere of *Случай*/"randomness" (who will be the next *временщик*/"temporary favorite" is a mystery, depending only on her whims and appetites) that severely frays Russia's social fabric and institutions and fosters a universal cynicism and insecurity.

Faro, lest we forget, is a game of *chance*, not skill. The way Catherine showered riches on her favorites was also strongly suggestive of pure chance (that is, being in the right place at the right time) rather than anything earned or meritorious. Lotman cites the financial costs of the favorites' temporary access to power as reported by the French diplomat Jean Henri Castéra: to the Orlovs 17 million rubles; to Vasilchikov—1,100,000; to Potemkin—50 million; to Zavadovsky—1,380,000; to Zorich—1,420,000; to Lanskoy—7,260,000; and to the Zubov brothers—3,500,000. He then concludes, "These huge fortunes that accumulated in various hands rarely were preserved among the direct heirs for more than two generations. *This whimsical movement of riches reminded one of the movement of gold and bank notes on green baize during a card game* [my emphasis—D. B.]."[24] The amount of wealth being capriciously gifted here is truly mind-boggling, even by today's standards. A ruble in Catherine's time, which was based on the price of a gram of gold (avg. = seventy to eighty kopecks in second half of the eighteenth century), would be worth today approximately fifty to sixty dollars; this means Potemkin's 50 million would translate into 2.5 to 3 billion dollars. If the accounting is boiled down just to the impact on the imperial treasury the scenario is even more shocking: according to contemporaries, the 92,820,000 rubles that went as gifts to, and upkeep for, Catherine's eleven principal favorites exceeded the outlays of the annual state

24 Iu. M. Lotman, "'Pikovaia dama' i tema kartochnoi igry v russkoi literature nachala XIX veka," in *Pushkin* (St. Petersburg: Iskusstvo-SPB, 1995), 796.

budget and was comparable to the sum of all external and internal debt accumulated by the Russian Empire at the end of her reign.[25]

And so, it is within this context of the seemingly arbitrary circulation of fortunes among hitherto obscure families and the movement of gold and bank notes on the green baize of the card table that Hermann, the "new man" with the profile of Napoleon and the soul of Mephistopheles, re-enters the picture. He is the point at which the loop enclosing Panksepp's rats and the game of faro as played in the Catherine era momentarily closes. By "closes" I mean the feedback loop becomes so overloaded with similar information that we converge on the domain of causality. What it takes to survive in Catherine's Russia (and in the Russia of Nicholas I that Pushkin was living through as he wrote the tale) is simply too fixed in place by a corrupt bureaucracy *and* too arbitrary and improbable in terms of wealth creation to be considered fair play by a thinking person. Therefore, the thinking person acts. The rats play *until the game is unfair*, but Hermann plays *only if the game is unfair*, only if he possesses the code to win. What has happened in the transition from the biology of the mammalian brain to the cultural practice of gambling in late eighteenth- and early nineteenth-century Russia? Lotman provides a clue:

> The "probabilistic" picture of the world, the idea that life is governed by Chance, opens up before the individual personality possibilities of unlimited success and sharply divides people into passive slaves of circumstance and "persons of Fate," whose image in European culture of the first half of the nineteenth century is invariably associated with Napoleon. Such a character trait on the part of the hero requires that alongside him in the text is found a passive individual, in relation to whom the hero reveals his Bonapartist qualities.[26]

On the one hand, Pushkin understood with his finger-always-in-the-wind artistic sensibility that "probabilistically" the existing order was stacked against the little guy. On the other hand, the only way to

---

[25] N. I. Pavlenko, *Ekaterina Velikaia* (Moscow: Molodaia gvardiia, 2006), 389.

[26] Lotman, "Pikovaia dama," 802.

challenge this hyper-order where human intelligence and drive were almost always wasted was to take a chance, against the odds. Pushkin is drawn to the true gambler's spirit because at least when one is playing faro each deal of the banker gives one a fifty/fifty chance to win at that play. Of course each successive deal makes winning less likely, but at least one is not in the hands of the state, but in the hands of "Fate."

What Pushkin's text tells us about the cultural milieu of Russia in 1833 is astonishingly prescient in an evolutionary sense. Yes, this tale points to Raskolnikov and Sonya (Dostoevsky's Liza) and to the law student's theory of the Napoleonic superman who can wade through blood without compunction because he can. Hermann acts like Napoleon in that, being a usurper, he takes what is there without looking back (his "fate-deciding" appearance at the Countess's house), *but* he does not act like Napoleon at Toulon in that there is nothing heroic in his decision to use Liza for the sole purpose of gaining access to the Countess, winning at faro, and accumulating wealth. "The small head raised itself. Hermann saw a fresh complexioned face and black eyes. That moment decided his fate." Not exactly a world-historical turning point. Downstream Catherine's favoritism has produced a cultural subspecies in which the prototypes (Napoleon and Mephistopheles) have been debased. All heroic storyline has been drained. The Faustian bargain involves possibly sleeping with an eighty-seven-year-old. The profound knowledge of the universe being traded for is a winning combination at cards that brings piles of gold. And Liza, who unlike Gretchen doesn't even get in the way, is the means to that end.

Let us conclude with some next-step thinking by David Sloan Wilson, the evolutionary biologist who is perhaps the strongest advocate for multilevel selection in the scientific community:

> In complex systems theory, two meanings of a complex adaptive system (CAS) need to be distinguished. The first, CAS1, refers to *a complex system that is adaptive as a system*; the second, CAS2, refers to *a complex system of agents which follow adaptive strategies*. Examples of CAS1 include the brain, the immune system, and social insect colonies. Examples of CAS2 include multispecies ecosystems and the biosphere. [...] *The general rule is that for a complex system to qualify as CAS1, selection must occur at the*

> *level of the complex system* (e.g., individual-level selection for brains and the immune system, colony-level selection for social insect colonies).[27]

In light of the above, when is "frameshifting" in the cultural realm part of the system and when is it not? To what extent is "The Queen of Spades," taken in its entirety, *adaptive as a [cultural] system* (CAS1) and to what extent do its "agents" (or mini-systems) follow *their own adaptive strategies* in different directions (CAS2)? These are questions that we may want to attend to as we follow the idea of literary evolution into the future.

Works Cited

Bethea, David M. *The Pushkin Project*. Boston, MA: Academic Studies Press, 2023.

Davydov, Sergei. "The Ace in 'The Queen of Spades.'" *Slavic Review* 58, no. 2 (1999): 307–28.

Emerson, Caryl. "'The Queen of Spades' and the Open End." In *Pushkin Today*. Ed. David M. Bethea. Bloomington: Indiana University Press, 1993. 31–37.

"Fundamental'naia elektronnaia biblioteka. Russkaia literatura i fol'klor." Last modified 31 December 2015. http://feb-web.ru/

Harman, Oren. *The Price of Altruism: George Price and the Search for the Origins of Kindness*. New York: Norton, 2010.

Lakoff, George, and Johnson, Mark. *Metaphors We Live By*. Chicago: University of Chicago Press, 1980.

Lotman, Iurii. "'Pikovaia dama' i tema kartochnoi igry v russkoi literature nachala XIX veka." In *Pushkin: Biografiia pisatelia, Stat'i i zametki 1960–1990, 'Evgenii Onegin'. Kommentarii*. St. Petersburg: Iskusstvo-SPB, 1995. 786–814.

McGilchrist, Iain. *The Master and His Emissary: The Divided Brain and the Making of the Western World*. New Haven: Yale University Press, 2009.

Mazur, Suzan. *The Paradigm Shifters: Overthrowing 'The Hegemony of the Culture of Darwin'*. New York: Caswell Books, 2015.

---

27 David S. Wilson, «Two Meanings of Complex Adaptive Systems,» in *Complexity and Evolution: Toward a New Synthesis for Economics*, ed. David S. Wilson and Alan. Kirman (Boston: MIT Press, 2016), 31.

Mukherjee, Siddhartha. *The Song of the Cell: An Exploration of Medicine and the New Human*. New York: Scribner, 2022.

Nagel, Thomas. *Mind & Cosmos: Why the Materialist Neo-Darwinian Conception of Nature is Almost Certainly False*. New York: Oxford University Press, 2012.

Noble, Denis. *Dance to the Tune of Life: Biological Relativity*. Cambridge, MA: Cambridge UP, 2017.

Okasha, Samir. *Evolution and the Levels of Selection*. Oxford, UK: Oxford University Press, 2006.

Panksepp, Jaak. "Science of the Brain as a Gateway to Understanding Play: An Interview." *American Journal of Play* (Winter 2010): 245–77.

Pavlenko, N. I. *Ekaterina Velikaia*. Moscow: Molodaia gvardiia, 2006.

Peterson, Jordan. "Rules of the Game." <www.youtube.com>. https://www.youtube.com/watch?v=xC9zUdOj-mM.

Pinker, Steve. "The False Allure of Group Selection." *Edge* #22479 (July 18, 2012), https://www.edge.org/conversation/steven_pinker-the-false-allure-of-group-selection#22479.

Tynianov, Yuri. *Permanent Evolution: Selected Essays on Literature, Theory, and Film*. Trans. and ed. Ainsley Morse and Philip Redko. Boston: Academic Studies Press, 2019.

Wilson, David S. "Two Meanings of Complex Adaptive Systems." In *Complexity and Evolution: Toward a New Synthesis for Economics*. Ed. David S. Wilson and Alan. Kirman. Boston: MIT Press, 2016. 31–46.

Спотыкающиеся друг о друга классики, или Как Гоголь подправил Пушкина (по направлению к «Выбранным местам...»)

Е. Е. Дмитриева

Тема «Пушкин и Гоголь» занимала не одно поколение исследователей, и написано на эту тему такое огромное количество работ, что, казалось бы, принципиально новое здесь сказать довольно сложно. И все же миниатюра Д. Хармса, в которой Пушкин и Гоголь, подобно персонажам комедии дель арте, спотыкаются друг о друга, падают, ругаются и снова спотыкаются, кажется, до сих пор еще наиболее точно передает одну из основных коллизий русской литературы — местонахождение Пушкина и Гоголя у ее истоков, их близость (вплоть до того, что сами они друг без друга словно и не существует) и вместе с тем их и почти что взаимоисключаемость:

> Гоголь (*падает из-за кулис на сцену и смирно лежит*).
> Пушкин (*выходит, спотыкается об Гоголя и падает*): Вот черт! Никак об Гоголя!
> Гоголь (*поднимаясь*): Мерзопакость какая! Отдохнуть не дадут. (*Идет, спотыкается об Пушкина и падает*). — Никак об Пушкина споткнулся!
> Пушкин (*поднимаясь*): Ни минуты покоя! (*Идет, спотыкается об Гоголя и падает*). — Вот черт! Никак опять об Гоголя!
> Гоголь (*поднимаясь*): Вечно во всем помеха! (*Идет, спотыкается об Пушкина и падает*). — Вот мерзопакость! Опять об Пушкина!

> Пушкин (*поднимаясь*): Хулиганство! Сплошное хулиганство! (*Идет, спотыкается об Гоголя и падает*). Вот черт! Опять об Гоголя!
> Гоголь (*поднимаясь*): Это издевательство сплошное! (*Идет, спотыкается об Пушкина и падает*). — Опять об Пушкина! [Хармс 1997: 333].

В самом общем виде можно сказать, что все многообразные попытки решения вопроса о взаимоотношениях Пушкина и Гоголя заключены между двумя полюсами. С одной стороны, — квазиидиллическое видение их возникшей с начала 1830-х годов и длившейся до смерти Пушкина дружбы, имевшей все признаки со стороны Гоголя почтительного отношения ученика к учителю, и учителя, великодушным жестом одаривавшего своего молодого сотоварища сюжетами (в этом случае вспоминаются, как правило, два, из которых произросли два шедевра русской литературы: «Ревизор» и «Мертвые души», хотя на самом деле их было больше). Отношение это сублимировалось будто бы во фразе Гоголя из письма М. П. Погодину от 30 марта (н. ст.) 1837 года: «Ничего не предпринимал, ничего не писал я без его совета. Всё, что есть у меня хорошего, всем этим я обязан ему. <...> Он взял с меня клятву, чтобы я писал, и ни одна строка его не писалась без того, чтобы он не являлся в то время очам моим» [Гоголь 1937–1952, 11: 91][1]. Можно в этой связи вспомнить и известную фразу В. Набокова о строго отмеренном пространстве в России «от Пушкинской — до улицы Гоголя»[2].

И с другой стороны (противоположный полюс) — спотыкающиеся друг о друга Гоголь и Пушкин, образ которых создал Хармс. Напомню, что сама коллизия спотыкания Гоголя о Пушкина

---

[1] О дружбе Гоголя и Пушкина и их творческом континууме писали В. И. Шенрок, П. А. Кулиш (хотя с некоторой оговоркой), Д. Н. Овсянико-Куликовский, С. Н. Булгаков, В. В. Гиппиус, Н. В. Измайлов, Г. П. Макогоненко. «Система Гоголя выросла из системы Пушкина», — утверждал, в частности, В. Б. Томашевский [Томашевский 1990: 282].

[2] Ср.: «Расстояние от старого до нового жилья было примерно такое, как где-нибудь в России от Пушкинской — до улицы Гоголя» [Набоков 2004: 327]. Из работ относительно последнего времени см. [Перлина 1999].

была подсказана словами В. А. Тернавцева, сказанными им в споре с Мережковским на одном из петербургских религиозно-философских собраний: «Да, но это абсурд: для идущего на пророческое служение спотыкаться об Пушкина!..»[3]

Существует при этом и целая гамма промежуточных воззрений, пытающихся примирить, объяснить, наконец, обыграть искомое противоречие. Портрет Гоголя как своего рода кривое зеркало Пушкина создает в «Записках на манжетах» М. А. Булгаков; он же заставляет своего Чичикова («Похождения Чичикова») дать будущему предприятию название «Пампуш на Твербуле», что расшифровывается как памятник Пушкину на Тверском бульваре [Белобровцева, Кульюс 2000]. Примирительно о пушкинском начале у Гоголя и гоголевском начале у Пушкина пишет С. А. Фомичев [Фомичев 2007]. «Отношения Пушкина и Гоголя ограничивались литературной сферой, но в рамках этого ограничения были достаточно определенными и стабильными. Говорить о ссоре, о разрыве не приходится», — утверждает Ю. В. Манн, опасаясь агрессивного внедрения новой мифологемы, пришедшей на смену мифу о нерушимой дружбе двух классиков [Манн 2001; Манн 1997]. О намеренном диалоге Гоголя и Пушкина, в котором присутствовала в первую очередь металитературность, писал Ю. М. Лотман применительно к двум повестям, так или иначе соотносящимся с «Бедной Лизой» Карамзина («Станционном смотрителе» и «Старосветских помещиках»)[4], и подход этот был

---

[3] 10-е религиозно-философское собрание. 18 апреля // Новый путь. 1903. Кн. V. С. 222. См. также [Андрущенко 2004]. Историю опровержения мифа о дружбе двух классиков начинают, по-видимому, записки Н. И. Тарасенко-Отрешкова и статья Б. Лукьяновского [Лукьяновский 1915]. О внутреннем противостоянии Пушкина и Гоголя как в истории их знакомства, так и в глубинных импульсах творчества писали, опровергая «миф» о судьбоносной их дружбе, В. Розанов, И. Анненский, А. С. Долинин [Долинин 1922], а также В. В. Набоков, Ю. Н. Тынянов, Ю. М. Лотман, И. П. Золотусский, Е. Э. Лямина и Н. В. Самовер (см., в частности, [Лямина, Самовер 2020]).

[4] «Если Пушкин при помощи неожиданной развязки в финале меняет смысл сентиментальной повести, то Гоголь разрушает его изнутри» [Lotman 1997: 425].

развит и продолжен в работах Д. Рицци [Рицци 2001] и М. Загидуллиной [Загидуллина 2004; Загидуллина 2005][5].

Задача же настоящей статьи — проследить и воссоздать, насколько это вообще возможно, ту непростую логику загадочности и двусмысленности, которая с самого начала присутствовала в отношениях Гоголя и Пушкина (будучи инициированной, разумеется, в значительно большей степени Гоголем, нежели Пушкиным) и которая способна хотя бы немного объяснить тот крайне противоречивый образ и облик Пушкина, каким он предстанет в 1847 году со страниц «Выбранных мест из переписки с друзьями».

Хроника встреч и роковых несовпадений: прагматика

Не подлежит сомнению, что Пушкин стал — впрочем, в ряду немалого количества также и других авторов — объектом пристального внимания Гоголя уже в годы своей учебы в Нежине. Самый первый документированный след этого внимания и интереса — его письмо из Нежина отцу (родителям):

> Дражайший Папинька! <...> Вы писали мне про стихи, которые я точно забыл, 2 тетради с стихами и одна Эдип <...> Также вы писали про одну новую Балладу и про Пушкина поэму Онегина, то прошу вас, нельзя ли мне и их прислать [Гоголь 2003– , 13: 28 (в печати)].

Стихи Пушкина («Воспоминания в Царском Селе» и «Наполеон на Эльбе») присутствовали в популярной хрестоматии «Собрание образцовых русских сочинений и переводов в стихах и прозе» (Ч. 1–12. СПб., 1821–1824), которой пользовались ученики Нежинской гимназии, и многие произведения, которые Гоголь позднее назовет в своей «Учебной книге словесности для русского юношества», были приведены им именно по этому из-

---

[5] В последней работе предлагается «уход от замкнутой парадигмы друзья-враги» посредством теории виднейшего представителя Йельской школы Г. Блума — перечитывание и ревизионизм предшествующих образов.

данию [Манн 2012: 108]. Также и «Реестр книг и рукописей...» (1830), отражавший состав собранной гимназистами библиотеки, содержал переписанные от руки сочинения А. С. Пушкина [Супронюк 2009: 49–51].

Но не менее важна была и существовавшая в гимназии оппозиция-война, которую против Пушкина как автора *безнравственных стихов* вели инспектор Н. Г. Белоусов и в особенности профессор российской словесности П. И. Никольский, — война, провоцировавшая на выступления в защиту, одним из результатов которой стал известный розыгрыш Гоголя: он представил как *свое* пушкинское стихотворение «Пророк», которое преподаватель в результате нещадно измарал[6]. Подобное отношение к Пушкину, которое, казалось бы, прочно противопоставило молодое поколение старикам, нашло отражение в черновиках написанной позднее в Петербурге статьи «Несколько слов о Пушкине»:

> Он был каким-то идеалом молодых людей. И если сказать истину, то его стихи воспитали и образовали истинно-благородные чувства несмотря на то, что старики и богомольные тетушки старались уверить, что они рассеивают вольнодумство, потому только, что смелое благородство мыслей и выражения и отвага души были слишком противоположны их бездейственной вялой жизни, бесполезной и для них и для государства [Гоголь 2003–, 3: 358][7].

Собираясь ехать в Петербург, а оттуда «Бог знает, куда меня занесет, весьма может быть, что попаду в чужие края» [Гоголь 2003–, 13: 117], Гоголь внутренне ориентируется на Пушкина. Во всяком случае, позже, в «Авторской исповеди», он отчетливо соположит тогдашнее свое настроение с «влечение<м>, которое

6 Ср. воспоминание Н. В. Кукольника: «Он знакомил нас с так называемыми русскими классиками, а мы на каждой лекции подкладывали ему, для исправления, вместо своих, стихи Пушкина, Козлова, Языкова и других. Он марал их нещадно, причем мы не могли довольно надивиться изворотливости его от природы острого ума» [Кукольник 1881: 294].

7 См. также [Манн 2012: 152].

тревожило иногда и Пушкина, ехать в чужие края, затем, чтобы, по выражению его, Под небом Африки моей Вздыхать о сумрачной России» [Манн 2012: 161].

В Петербург Гоголь прибывает в декабре 1829 года и уже пару месяцев спустя пытается лично познакомиться с Пушкиным. Этот хрестоматийный эпизод, известный из пересказа П. Анненкова со слов самого Гоголя, был, по сути, первым *qui pro quo*, которых столь немало мы находим впоследствии в отношениях Гоголя и Пушкина. По версии Анненкова,

> ...тотчас по приезде в С.-Петербург (кажется, в 1829 году) Гоголь, движимый потребностью видеть поэта, который занимал все его воображение еще на школьной скамье, прямо из дома отправился к нему. Чем ближе подходил он к квартире Пушкина, тем более овладевала им робость и наконец у самых дверей квартиры развилась до того, что он убежал в кандитерскую и потребовал рюмку ликера... Подкрепленный им, он снова возвратился на приступ, смело позвонил и на вопрос свой: «Дома ли хозяин», услыхал ответ слуги: «Почивают!» Было уже поздно на дворе. Гоголь с великим участием спросил: «Верно, всю ночь работал». — «Как же, работал, — отвечал слуга, — в картишки играл» [Виноградов И. 2011–2013, 3: 416].

«Гоголь признавался, — завершал этот "забавный" рассказ Анненков, — что это был первый удар, нанесенный школьной идеализации его. Он иначе не представлял себе Пушкина до тех пор, как окруженного постоянно облаком вдохновения» [Виноградов И. 2011–2013, 3: 416].

Биографы Гоголя, анализируя это сообщение, расценивают его как в целом достоверное и находят тому немало доказательств[8]. И все же признаемся: эпизод сей имеет настолько художественно-анекдотический характер, настолько несет в себе след уже тогда сформировавшегося гоголевского иронического письма, что мы

---

[8] В. Гиппиус, например, считал, что данный эпизод относится ко времени не позже 9 марта 1829 года, когда Пушкин был в Петербурге и действительно увлекался карточной игрой [Гиппиус 1931: 65].

вправе задаться вопросом: не был ли он скорее художественным вымыслом или, по крайней мере, аранжировкой реально имевших место событий?[9] Так и в «Летописи жизни и творчества Пушкина» история эта вполне обоснованно представлена в сильно редуцированном виде: «1829. Январь, после 18... Март, до 9. Н. В. Гоголь пытается познакомиться с Пушкиным, нанеся ему визит, но не застает дома» [Тархова 1999: 12].

Личное их знакомство произойдет лишь полтора года спустя, скорее всего в мае 1831 года[10]. Но за это время Гоголь начнет уже писать статью о драме Пушкина «Борис Годунов» (осталась незаконченной), прочитывая в ней пушкинского героя сквозь призму формирующейся тогда в его сознании «служебной идиллии» и став одним из первых, кто с восхищением в то время отозвался о драме[11].

«Великий! над сим вечным творением твоим клянусь!» [Гоголь 2003–, 3: 243] — обращается Гоголь к Пушкину и его трагедии словно с мольбой о поддержке. За это время произведения Гоголя появляются в изданиях литераторов пушкинского круга — в «Северных цветах» и «Литературной газете», первый номер которой за 1 января 1830 года (для нас уже символично) открывал «Учитель» Гоголя, а непосредственно за ним следовал пушкинский «Кавказ».

Впервые сам Пушкин мог узнать или, по крайней мере, услышать суждение о Гоголе из письма к нему П. А. Плетнева из Петербурга в Москву от 22 февраля 1831 года:

> Надобно познакомить тебя с молодым писателем, который обещает что-то очень хорошее. Ты, может быть, заметил в «Северных цветах» отрывок из исторического романа,

---

9 По предположению Ю. В. Манна, в 1829 году Гоголь приходил к Пушкину не с пустыми руками, а с рукописью, а возможно, и печатным экземпляром поэмы «Ганс Кюхельгартен». Однако сведений о том, что Гоголь послал уже вышедшую книгу Пушкину, нет [Манн 2012: 197].

10 Дата первой встречи Пушкина с Гоголем многократно обсуждалась и корректировалась в исследовательской литературе. Обзор мнений см. подробнее в [Витберг 1897: 611–618].

11 См. подробнее [Гудзий 1915: 6–7; Манн 2012: 237–238].

> с подписью 0000, также в «Литературной газете» «Мысли о преподавании географии», статью «Женщина» и главу из малороссийской повести: «Учитель». Их писал Гоголь-Яновский. Жуковский от него в восторге. Я нетерпеливо желаю подвести его к тебе под благословение» [Пушкин 1937–1949, 14: 153].

Пушкин на письмо отвечает не сразу (около 14 апреля), и по тону его видно, что отнюдь не Гоголь интересует его в данный момент (незадолго перед тем, 18 февраля, состоялась его свадьба): «О Гоголе не скажу тебе, потому что доселе его не читал за недосугом. Отлагаю чтение до Царского Села, где, ради Бога, найми мне фатерку...» [Пушкин 1937–1949, 14: 162]. И все же личная встреча состоялась 20 мая 1831 года в Петербурге, о чем мы знаем опять-таки из слов П. Анненкова, писавшего (впрочем, не уточняя даты), что Гоголь был «представлен ему [Пушкину] на вечере у П. А. Плетнева», — слова, с тех пор принятые на веру и повторяемые биографами Гоголя [Виноградов И. 2011–2013, 3: 416][12]. При этом остается загадкой, почему ни Пушкин (что более естественно), ни Гоголь (что гораздо менее естественно) об этой встрече не обмолвились (во всяком случае, нам это не известно). Зато по прошествии полутора месяцев Гоголь, живущий на даче в Павловске в качестве домашнего учителя Васильчиковых, будто бы получает у Пушкина, поселившегося летом 1831 года с молодой женой в Царском Селе в доме А. К. Китаевой, разрешение пользоваться его царскосельским адресом. «Письма адресуйте ко мне на имя Пушкина в Царское Село так: Его Высокоблагороди<ю> Александру Сергеевичу Пушкину, а вас прошу отдать Н. В. Гоголю», — сообщает Гоголь Марье Ивановне в письме от 27 июня 1831 года, а спустя месяц, 24 июля, напомнит матери еще раз: «Помните ли вы адрес? на имя Пушкина, в Царское Село» [Гоголь 2003–, 13: 190, 191][13].

Простейшее объяснение такой неожиданно возникшей близости — ситуация холеры и связанные с ней трудности в работе

[12] См. также [Гиппиус 1931: 71].

[13] См. также [Манн 2012: 152].

почты. Не исключая и эту версию, В. Гиппиус все же допускал и иную причину: «Могли быть и побочные соображения: предвкушение эффекта, какой произведет этот адрес в Васильевке», «трудно допустить, чтобы между старшим знаменитым писателем и молодым дебютантом, принадлежавшими к различным социальным кругам, сразу же установились какие-нибудь серьезные отношения» [Гиппиус 1931: 72]. «Просьба отдает некоторой бравадой и явно рассчитана на эффект, но несомненно, что перед этим Гоголь переговорил с Пушкиным и заручился его согласием», — прокомментировал данный эпизод Ю. В. Манн [Манн 2012: 277]. Версии о столь быстро возникших тесных отношениях противоречит воспоминание В. А. Соллогуба, не имеющее, впрочем, хронологической привязки: он, дескать, встретил в Царскосельском парке Пушкина, прогуливающегося с женой, и на вопрос, «знает ли он [Пушкин] Гоголя, отвечал, что еще не знает, но слышал о нем и желает с ним познакомиться» [Виноградов И. 2011–2013, 3: 650].

Еще одним *qui pro quo* лета 1831 года становится история с пушкинской посылкой Плетневу (речь шла ни много ни мало о рукописи «Повестей Белкина» и пушкинском письме Плетневу, касающемся их издания, которые Гоголь обещал захватить в Петербург (намерение передать рукопись через Гоголя документировано письмом самого Пушкина: «Посылаю тебе с Гоголем сказки моего друга Ив. П. Белкина...» [Пушкин 1937–1949, 14: 209])). Гоголь свое обещание не сдержал, что стало содержанием его первого дошедшего до нас письма Пушкину от 16 августа 1831 года:

> Приношу повинную голову, что не устоял в своем обещании по странному случаю. Я никак не мог думать, чтобы была другая дорога не мимо вашего дома в Петербург. И преспокойно ехал в намерении остановиться возле вас. Но вышло иначе. Я спохватился уже поздно. А сопутницы мои, спешившиеся к карантину для свидания с мужьями, никаким образом не захотели склониться на мою просьбу и потерять несколько минут. Если же посылка ваша может немножко обождать, то вы можете отдать Васильчиковой, которой

> я сказал (она думает ехать в среду) заслать за нею к вам, и тогда она будет доставлена в мои руки. Я только что приехал в город и никого еще не видал. Здесь я узнал большую глупость моего корреспондента. Он, получивши на имя мое деньги и знавши, что я непременно буду к 15 числу, послал их таки ко мне на имя ваше в Царское Село вместе с письмом. И вам теперь, и мне новое затруднение. Но вы снисходительны и великодушны. Может быть, и ругнете меня лихим словом; но где гнев, там и милость. Письмо с деньгами вы можете также отдать для отправки ко мне Васильчиковой [Гоголь 2003–, 13: 192].

Повторим слова Гиппиуса: «трудно допустить, чтобы между старшим знаменитым писателем и молодым дебютантом, принадлежавшим к различным социальным кругам», установились сразу же столь тесные отношения, чтобы Пушкин доверил ему рукопись «Повестей Белкина» (но Пушкин доверил!). Более странно другое — в сущности, пренебрежительное отношение Гоголя к просьбе. Всякому представляющему себе географию Павловска и Царского Села известно, что дорога из Павловска в Петербург неминуемо проходит через последнее, и заехать на дачу Китаевой не означало бы сделать столь уж большой крюк. Так что ощущение неловкости все же остается. И вновь по странному стечению обстоятельств (бывают странные сближения) в опубликованном «Северной пчелой» списке книг, вышедших с июля по 15 октября 1831 года, гоголевские «Вечера на хуторе близ Диканьки» соседствуют с «Повестями покойного Ивана Петровича Белкина»[14].

Следующее письмо Гоголя Пушкину от 21 августа 1831 года, в котором он сообщает, что исполнил наконец поручение и передал Плетневу посылку и письмо, известно в первую очередь гоголевским рассказом о его визите в типографию, где печатался

---

[14] См.: Библиографическое прибавление к СПч. 1831. № XIII. <С. 2>. Детальный анализ гоголевских писем этого времени, позволяющий увидеть в них скорее художественный текст, из которого становится виден почти хлестаковский характер литературного самоутверждения будущего классика, см. [Лямина, Самовер 2020]. См. также [Отяковский 2022] .

тираж «Вечеров на хуторе...», о «фиркающих и прыскающих» при виде автора книги наборщиках[15].

Ответ Пушкина был, как мы помним, незамедлителен и имел важные для Гоголя последствия, составившие центральный эпизод ранней рецептивной истории «Вечеров»: «Поздравляю Вас с первым Вашим торжеством, с фырканьем наборщиков и изъяснениями фактора. С нетерпением ожидаю и другого: толков журналистов и отзыва остренького сидельца» (письмо от 25 августа 1831 года) [Гоголь 2003–, 13: 196]. А в середине сентября (после 10-го) 1831 года, получив уже вышедшую первую книгу «Вечеров...», Пушкин разовьет свою мысль в письме к А. Ф. Воейкову, который, будучи редактором «Литературных прибавлений к "Русскому Инвалиду"», вскоре опубликует его в составе рецензии Л. А. Якубовича на «Вечера...»[16].

Мы не можем доподлинно знать, насколько правдивой была описанная Гоголем история в типографии. Но то, что она (как и упомянутый выше переданный Анненковым рассказ о неудавшемся знакомстве с Пушкиным) была описана по всем законам литературного анекдота, очевидно[17]. Интуитивно, а может, и впол-

---

15 «Любопытнее всего было мое свидание с типографией. Только что я просунулся в двери, наборщики, завидя меня, давай каждый фиркать и прыскать себе в руку, отворотившись к стенке. Это меня несколько удивило. Я к фактору, и он после некоторых ловких уклонений наконец сказал, что: Штучки, которые изволили прислать из Павловска для печатания, оченно до чрезвычайности забавны и наборщикам принесли большую забаву. Из этого я заключил, что я писатель совершенно во вкусе черни» [Гоголь 2003–, 13: 193]. О том, что Гоголь, изображая себя писателем комическим, подстраивается под представление, уже сложившееся о нем у Пушкина, см. [Вацуро 1977: 46].

16 Лит. приб. к «Рус. Инв». 1831. № 79. 3 октября. С. 625. В переводе на французский язык пушкинский отзыв был перепечатан также в издававшейся в Петербурге газете «Le Miroir» (Miroir. 1831. № 35. 28 octobre). Как писал Ю. В. Манн, «легко себе представить, что значило для 22-летнего Гоголя публичное пушкинское признание. Помимо проблемы гоголевского смеха ("веселости"), Пушкин выдвинул и другую проблему, которая вышла на первый план в толках и суждениях вокруг "Вечеров на хуторе...". Это — народность, а в ней — украинское начало» [Манн 2012: 303].

17 Сюжет о смехе наборщиков как возможную гоголевскую выдумку интерпретировал В. В. Набоков [Набоков 1996: 52]. См. также [Киченко 2007: 59].

не сознательно, Гоголь конструирует сюжет, провоцирующий на продолжение, что, собственно, и произошло. В наши дни подобное обозначают как «проект». Применительно к гоголевским временам релевантнее говорить о сотворении мифологемы, механизм чего Гоголь столь блестяще сам продемонстрировал в цикле «Вечеров...» [Гоголь 2003–, 1: 717–718].

Эпизод с наборщиками, цитируемый, как правило, вырванным из контекста из письма Гоголя Пушкину от 21 августа, на самом деле органично контаминировался с другой частью письма, в которой Гоголь, под впечатлением от статьи-памфлета Феофилакта Косичкина (псевдоним, за которым скрывался Пушкин) «Торжество дружбы, или Оправданный Александр Анфимович Орлов», развивал перед своим корреспондентом идею продолжения пушкинской статьи, подхватывая тему народности, которая обсуждалась в Царском Селе, и тем самым в стилевом плане и в идейном подыгрывая Пушкину [Виноградская 2022; Акимова 1996: 15], — «с гордостью ощущая, что он находится среди избранного круга» [Манн 2012: 222, 230]. В ответ на «план ученой критики» антибулгаринского памфлета, предложенный Гоголем, Пушкин пишет, что тот «удивительно хорош», но он сомневается, что Гоголю удастся его осуществить: «...Вы слишком ленивы, чтоб привести его в действие...» И так ли нейтральна эта фраза у Пушкина? Не скрывается ли за ней желание немного осадить слишком быстро шагающего молодого друга? Как проницательно заметил В. Э. Вацуро, «небезынтересно при этом, что Гоголь подхватывает пушкинский сатирический прием еще до того, как статья Пушкина вышла из печати: он знает ее в рукописи — несомненно, от самого автора. Уже здесь намечается, таким образом, потенциальное использование "пушкинского сюжета"...» [Вацуро 1977: 51][18].

---

[18] См. также [Журбина 1974]. Характерно при этом, что критик, рассматривая данный эпизод, отстраненности Пушкина не замечает, а, напротив, говорит о «внутреннем родстве двух гениев» и «чисто гоголевской схеме блистательного, лукавого и глубокого юмора», положенного «на каркас пушкинского замысла» [Журбина 1974: 143]. Впрочем, В. В. Виноградов утверждал, что именно эта стилизация направила язык Гоголя по новому руслу в «Повести о том, как поссорился Иван Иванович с Иваном Никифоровичем» [Виноградов В. 1941: 592].

«Почти каждый вечер собирались мы, Жуковский, Пушкин и я. О, если бы ты знал, сколько прелестей вышло из-под пера сих мужей...» — подведет Гоголь в письме А. Данилевскому от 2 ноября как бы итог лета 1831 года, когда в Царском Селе между Жуковским и Пушкиным возникло своеобразное «сказочное» состязание (Пушкин сочинил в это время «Сказку о царе Салтане...», а Жуковский — «Сказку о царе Берендее...»), а Гоголь оказался тому свидетелем и в некотором роде — как автор повестей, вошедших в книгу «Вечеров...», — даже ее участником. Впоследствии он сам спародирует подобное запанибратство в знаменитой реплике Хлестакова: «Литераторов часто вижу. С Пушкиным на дружеской ноге. Бывало, часто говорю ему: “Ну что, брат Пушкин?” — “Да так, брат, — отвечает, бывало, — так как то всё...”» [Гоголь 2003–, 4: 42][19].

И все же первый отзыв Пушкина на книгу «Вечеров...» был энтузиастическим. Тем удивительнее, что по поводу второго издания цикла в опубликованной в «Современнике» (1836. Т. 1) специальной заметке Пушкин акцентировал недостатки:

> Мы так были благодарны молодому Автору, что охотно простили ему неровность и неправильность его слога, бессвязность и неправдоподобие некоторых рассказов, предоставя сии недостатки на поживу критики. Автор оправдал таковое снисхождение. Он с тех пор непрестанно развивался и совершенствовался [Пушкин 1937–1949, 12: 27].

Возможно, что слова эти как-то соотносятся со свидетельством В. И. Любич-Романовича о том, что Пушкин будто бы сказал о «Вечерах...»: «Живые типы, им выведенные, далеко не натуральны, напротив, они сказочны» [Любич-Романович 1902: 553]. Так и С. Т. Аксаков упрекнет впоследствии Пушкина вместе с Жуковским в недооценке гоголевского таланта (они, дескать, «восхищались его юмором, комизмом — и только») [Аксаков 1956: 177].

Каковы же были изменения, произошедшие в отношениях двух писателей между 1831 и 1836 годами? Казалось бы, с лета 1831 го-

---

[19] См. также [Крейцер 1996].

да их взаимное общение доказуемо становится более интенсивным. 8 сентября Пушкин приезжает на день в Петербург из Царского Села; навещает сестру [Гордин 2016: 71] и Гоголя в его квартире близ Вознесенского проспекта [Шубин, Файбисович 1982: 149–150]. Визит этот Гоголь день спустя опишет Жуковскому, стилизуя свое письмо под адресата:

> Если бы, часто думаю себе, появился в окрестностях Петербурга какой-нибудь бродяга ночной разбойник и украл это несносной кусок земли, эти двадцать четыре версты от Петербурга до Цар.<ского> С.<ела>, и с ними бы дал тягу на край света или какой-нибудь проголодавшийся медведь упрятал их вместо завтрака в свой медвежий желудок. <...> ...карантины превратили эти 24 версты в дорогу от Петербурга до Камчатки. <...> ...всему этому виною не кто другой, как враг честного креста, Церквей господних и всего огражденного святым знамением. <...> Но Пушкин, как Ангел святой, не побоялся сего рогатого чиновника, как дух пронесся его мимо и во мгновение ока очутился в Петербурге на Вознесенском проспекте и воззвал голосом трубным ко мне, лепившемуся по низменному тротуару под высокими домами (письмо от 10 сентября 1831 года) [Гоголь 2003–, 13: 197][20].

А в продолжение письма он процитирует еще и строки из шестой главы «Евгения Онегина»: «Это была радостная минута. Она уже прошла. Это случилось 8-го августа. И к вечеру того же дня стало все снова скучно, темно, как в доме опустелом. / Окна мелом / Забелены; хозяйки нет, / А где? Бог весть, пропал и след» [Пушкин 1937–1949, 6: 131].

Н. В. Гоголь в письме к Жуковскому ошибочно назвал датой посещения Пушкиным 8 августа, когда сам он жил еще в Павловске, а в Петербург из Царского Села никого через карантины не пропускали, что неоднократно отмечалось исследователями

[20] О стилистике этого письма, где Пушкин, не побоявшийся «рогатого чиновника», символически противопоставлен ему «как сакральный спаситель», см. [Вайскопф 2002: 95–96].

[Гоголь 2003– , 13: 788; Тархова 1999: 557]. Но не вправе ли и мы задуматься: не была ли эта путаница дат не случайностью, а сознательным конструированием еще одной мифологемы: Пушкина, прорывающегося к нему, Гоголю, сквозь все запреты и препятствия? (В сентябре подобный визит — дело само собой разумеющееся.)

Если сравнить письма Гоголя, адресованные, например, Жуковскому, с его письмами к Пушкину, то очевидно, что с первым Гоголь вступает в то, что А. Н. Веселовский называл «эстетической игрой» [Веселовский 1904: 301]. «Как прекрасен удел ваш, Великие Зодчие! Какой рай готовите вы истинным християнам! И как ужасен Ад, уготовленный для язычников, ренегатов и прочего сброду, — пишет Гоголь. — Когда-то приобщусь я этой Божественной сказки?..» [Гоголь 2003–, 13: 199]. С Пушкиным, как это определил Ю. В. Манн, Гоголь держится «сдержанно-свободно; ощущение дистанции не покидает <...> Только после смерти поэта решился Гоголь на страстные монологи-признания» [Манн 2012: 289].

У современников же, а потом и у критиков, создавалось при этом впечатление, что с лета 1831 года, во многом благодаря Жуковскому, Гоголь попал в «блистательную литературную среду», важной частью которой был Пушкин и где талант Гоголя «получил несомненное признание» [Виролайнен 1982: 148]. В это же время предположительно зарождается в Гоголе сознание элитарности, о котором он напишет чуть позже в статье о Пушкине: понять Пушкина способно столь малое число «истинных ценителей», что их можно «перечесть но пальцам» [Манн 2012: 289]. Ничуть не отрицая сказанное, все же отметим, что и сам Гоголь немало формированию «легенды» посодействовал. Помимо уже упомянутого выше письма от 2 ноября 1831 года А. С. Данилевскому, где Гоголь словно подводит итог своему вхождению в пушкинский круг, обратим внимание, что в это время одним из его «мемуаристов», который будет позднее рассказывать более профессиональным мемуаристам об образе жизни Гоголя тех и последующих лет, становится его камердинер и повар Яким. С его слов Г. П. Данилевский опишет отношения Гоголя с Пушкиным. Узнав в 1837 году о смерти Пушкина, Яким неутешно плакал в передней Гоголя.

> — О чем ты плачешь, Яким? — спросил его кто-то из знакомых.
> — Как же мне не плакать... Пушкин умер.
> — Да тебе-то что? Разве ты его знал?
> — Как что? И знал, и жалко. Помилуйте, они так любили барина. Бывало, снег, дождь и слякоть в Петербурге, а они в своей шинельке бегут с Мойки, от Полицейского моста, сюда, в Мещанскую. По целым ночам у барина просиживали, слушая, как наш-то читал им свои сочинения, либо читая ему свои стихи.
> Зная об этом слуге Гоголя от Плетнева, я стал расспрашивать Якима о времени знакомства Гоголя с Пушкиным. По словам Якима, Пушкин, заходя к Гоголю и не заставая его, с досадою рылся в его бумагах, желая знать, что он написал нового. Он с любовью следил за развитием Гоголя и все твердил ему: «Пишите, пишите», а от его повестей хохотал и уходил от Гоголя всегда веселый и в духе. Накануне отъезда Гоголя, в 1836 году, за границу, Пушкин, по словам Якима, просидел у него в квартире, в доме каретника Иохима, на Мещанской, всю ночь напролет. Он читал начатые им сочинения. Это было последнее свидание великих писателей [Виноградов И. 2011–2013, 3: 288].

Последний эпизод из рассказа Якима о последнем свидании великих писателей в особенности демонстрирует их легендарный характер (сам Гоголь — и здесь мы вполне вправе ему доверять — скажет Жуковскому в июне 1836 года: «Даже с Пушкиным я не успел и не мог проститься; впрочем, он в этом виноват» [Гоголь 1937–1952, 11: 50]).

Наблюдаются и некоторые противоречия в публично демонстрируемом отношении Гоголя к Пушкину в этот период. В этом смысле и по сей день загадкой остаются две попытки Гоголя осмыслить поэзию Пушкина (в ее сопоставлении с поэзией Языкова) как некий символический ключ к пониманию двух фаз любви: до брака и после брака. В письме А. С. Данилевскому от 30 марта 1832 года из Петербурга Гоголь пишет:

> Любовь до брака — стихи Языкова: они эффект<н>ы, огненны и с первого разу уже овладевают всеми чувствами. Но после брака любовь — это поэзия Пушкина: она не вдруг обхватит нас, но чем более вглядываешься в нее, тем она более открывается, развертывается и наконец превращается в величавый и обширный океан... [Гоголь 2003–, 13: 218].

По предположению Ю. В. Манна, на данное сопоставление, которое разрушает романтический дуализм, вытекающий из непримиримого столкновения любовной поэзии и семейной прозы, Гоголя могла подвигнуть недавняя женитьба Пушкина [Манн 2012: 321]. Сам же Гоголь в том же письме переносит это сравнение на одного из своих персонажей, выбрав, да простится это суждение, отнюдь не самого привлекательного:

> Впрочем, это самое я докажу тебе примером, ибо без примера никакое доказательство не доказательство, и древние очень хорошо делали, что помещали его во всякую хрию. Ты, я думаю, уже прочел «Ивана Федоровича Шпоньку». Он до брака удивительно как похож на стихи Языкова, между тем как после брака сделается совершенно поэзией Пушкина [Гоголь 2003–, 13: 219].

«Уж не издевается ли Гоголь над своим корреспондентом?» — задается вопросом исследователь. И тут же возражает сам себе:

> ...я думаю, в глубине парадокса таилось ощущение, которое и подтолкнуло Гоголя к его озорной параллели. Ведь проблема гармонии ставилась им очень широко, все более охватывая сферу изображения, поэтических и стилистических принципов. И тут образцом служил зрелый Пушкин, от которого, собственно, и должна была отправляться новейшая русская литература, Гоголь в том числе [Манн 2012: 323–324].

Возможно, что до Пушкина это высказывание и не дошло. Но если бы дошло, то как бы он сам к нему отнесся? Живой же Пушкин, да к тому же и женатый, начинает уже вызывать у Гоголя критику. «Пушкина нигде не встретишь, как только на балах, — пишет в феврале 1833 года Гоголь А. С. Данилевскому. — Он там протранжирит всю жизнь свою, если только какой-нибудь случай, а более необходимость, не затащут его в деревню» [Гоголь 1937–1952, 10: 259]. И даже если в этих словах слышится почти повторение суждений знакомых и друзей Пушкина, то для автора, по-видимому уже начавшего свою работу над статьей о нем как «единственном явлении русского духа», это звучит как бунт.

Далее мы имеем картину взаимоотношений весьма противоречивую. До отъезда Гоголя за границу они имеют возможность встречаться: на вечерах у В. А. Жуковского в Зимнем дворце. С одной стороны, очевидно, что Пушкин в это время Гоголю немало помогает: ведет переговоры с С. С. Уваровым по поводу предполагаемого нового служебного поприща Гоголя (службы в университете Св. Владимира в Киеве), рассказывает о своей работе над «Историей Пугачева» (все это составляет темы переписки Гоголя с Пушкиным конца 1833 — первых месяцев 1834 года). К этому времени относится и карандашный рисунок Пушкина — шесть мужских портретов, определяемые как Воейков, Вольтер, Гоголь, Пугачев, братья Полевые [Тархова 1999: 69; Жуйкова 1996].

Перед сдачей в цензуру «Арабесок» Гоголь дает прочитать Пушкину «Невский проспект», и Пушкин, при возвращении рукописи (письмо между 15 октября и 9 ноября 1834 года, Петербург) пишет, что «секуцию жаль выпустить: она, мне кажется, необходима для полного эффекта вечерней мазурки» [Пушкин 1937–1949, 15: 198][21]. Вместе с Жуковским Пушкин слушает в Петербургском университете лекцию Н. В. Гоголя об истории аравитян[22].

---

[21] Имеется в виду сцена расправы немецких ремесленников с поручиком Пироговым. В редакции «Арабесок» Гоголь ограничился «иронической перифразой», позволявшей лишь догадываться, как поступили с героем «эти три ремесленника». См. подробнее [Слонимский 1953: 412].

[22] Свидетельство об этом оставил Н. И. Иваницкий, слушавший курс лекций Гоголя в качестве студента.

В пушкинском дневнике 1833–1835 годов ряд записей касается Гоголя: «Вчера Гоголь читал мне сказку, *Как Ив. Ив. поссорился с Ив. Тимоф.*, — очень оригинально и очень смешно» (запись 3 декабря 1833 года); «Гоголь по моему совету начал Историю русской критики» (запись 7 апреля 1834 года)[23]; «Гоголь читал у Дашкова свою комедию...» (речь шла, по-видимому, о «Владимире 3-й степени», запись 3 мая 1834 года) [Пушкин 1937–1949, 12: 316, 324][24].

Но одновременно намечается и размежевание (или несовпадение?). На план издать вместе с В. Ф. Одоевским альманах «Тройчатка, или Альманах в три этажа» (осень 1833 года) Пушкин отвечает отказом [Генина 2010: 345–352]. Отказом он отвечает и на просьбу Гоголя дать что-либо в альманах «Денница», материалы для которого собирал М. А. Максимович: «Я говорил Пушкину о стихах. Он написал путешествуя две большие пиесы, но отрывков из них не хочет давать; а обещается написать несколько маленьких. Я с своей стороны употреблю старание его подгонять», — пишет Гоголь Максимовичу (декабрь 1833 года) [Гоголь 1937–1952, 10: 288], и в словах «его подгонять» слышится отзвук бравады прошлых лет в отношении Пушкина.

11 ноября 1834 года Гоголь пишет Пушкину с сообщением о цензурных изъятиях в повести «Записки сумасшедшего», а около 22 января 1835 года посылает ему из Петербурга два экземпляра сборника «Арабески» и просит Пушкина «поправлять» в его, гоголевском экземпляре, специально для того разрезанном:

> Я до сих пор сижу болен, мне бы очень хотелось видеться с вами. Заезжайте часу во втором, ведь вы, верно, будете в это время где-нибудь возле меня. Посылаю вам два экземпляра Арабесков, которые, ко всеобщему изумлению, очутились в 2-х частях. Один экземпляр для вас, а другой разрезанный для меня. Вычитайте мой и сделайте милость, возьмите карандаш в ваши ручки и никак не остановливай-

[23] О дневниковой записи Пушкина, касающейся его совета Гоголю писать «Историю русской критики» и не подтверждаемой никакими прочими источниками, см. [Петрунина, Фридлендер 1969; Гиллельсон 1975].

[24] См. также [Абрамович 1994: 482–488, 511–516].

> те негодования при виде ошибок, но тот же час их всех на лицо. — Мне это очень нужно.
> Пошли вам Бог достаточного терпения при чтении!
> Ваш Гоголь [Гоголь 1937–1952, 10: 347–348].

Пушкин, как известно, на призыв вычитать «Арабески» не отозвался. Было ли это за неимением времени? Увидел ли он со стороны Гоголя некое лукавство или, скорее, расчет? Ведь в первом томе «Арабесок» помещена была статья «Несколько слов о Пушкине», где он назван был величайшим национальным гением. Или же сама стилистика данной просьбы Пушкина не устроила. Во всяком случае, в каталоге библиотеки Пушкина имеется экземпляр первой части «Арабесок» с разрезанными страницами, но без помет [Модзалевский 1910: 29].

Приблизительно в это же время, чуть раньше, происходит еще одно недоразумение (казус): в сентябре 1835 года Пушкин перед своим отъездом в Михайловское встречается с Гоголем, берет у него рукопись комедии «Женитьба» и приглашает участвовать в альманахе, который они задумали с Плетневым и куда Гоголь предложил свою «Коляску»[25]. А 7 октября Гоголь из Петербурга пишет Пушкину в Михайловское: просит вернуть первую редакцию «Женитьбы», рукопись которой дал ему на прочтение и для замечаний, и сообщает, что начал писать «Мертвые души» [Гоголь 1937–1952, 10: 374–375]. Заканчивалось письмо просьбой подарить ему сюжет,

> ...какой-нибудь сюжет, хоть какой-нибудь смешной или не смешной, но русской чисто анекдот, рука дрожит написать тем временем комедию. Если ж сего не случится, то у меня пропадет даром время <...>. Сделайте милость, дайте сюжет, духом будет комедия из пяти актов и, клянусь, будет смешнее черта. Ради Бога. Ум и желудок мой оба голодают. И пришлите *Женьтьбу*[26].

---

[25] См. письмо Гоголя Пушкину от 7 октября 1835 года и письмо Пушкина П. А. Плетневу от октября (не позднее 11) 1835 года.

[26] Так в автографе, что, по-видимому, свидетельствует о несколько нервном состоянии Гоголя.

Нам неизвестно, когда и как Пушкин вернул Гоголю рукопись. Но только 6 декабря 1835 года Гоголь пишет Погодину: «Той комедии, которую я читал у вас в Москве, давать не намерен на театр» [Гоголь 1937–1952, 10: 481, 493]. Такой пересмотр планов, конечно, связан, как отмечают все исследователи, с увлеченностью Гоголя новой комедией — «Ревизор», сюжет которой подсказал ему якобы Пушкин. Но подсказал ли? И почему не откликнулся на настойчивые просьбы о замечаниях [Слонимский 1947]. Откуда Гоголь мог знать, сколько будет актов, не получив еще сюжета, задавался вопросом А. С. Долинин: «Это даже несколько подозрительно: не проговорился ли он? Не существовала ли эта пятиактная комедия в каком-нибудь виде еще до письма к Пушкину?» [Долинин 1956: 37–38].

А ведь именно к этой просьбе восходит гипотетическая история создания «Ревизора», подтвержденная позже в «Авторской исповеди» (1847, опубл. в 1855): «Мысль Ревизора принадлежит также ему». Сам же Пушкин об этом подарке нигде не упомянул[27].

Зато упоминание в письме Пушкину от 7 октября начатой работы над «Мертвыми душами», которое есть вообще первое гоголевское упоминание о работе над поэмой, для Гоголя весьма знаково. На том, что замысел этого произведения принадлежал Пушкину, что это был пушкинский дар, Гоголь неоднократно настаивал, но, что характерно, в письмах, написанных уже по смерти Пушкина[28].

В последний (почти последний) год жизни Пушкина и определенно последний их живого общения (Гоголь уедет за границу

---

[27] О том, что косвенным подтверждением возможности такой подсказки считается пушкинский набросок плана, сюжетно близкого «Ревизору», «[Свиньин] Криспин приезжает в Губернию...», см. [Гоголь 2003–, 4: 553–555, 633–640].

[28] «Нынешний труд мой, внушенный им, его создание...»; «И теперешний труд мой есть его создание»; «...большой труд <...> которого мысль есть его создание...» (П. А. Плетневу от 16 (28) марта, М. П. Погодину от 18(30) марта, В. А. Жуковскому 6(18) апреля 1837 года). Такое же признание было впоследствии сделано Гоголем в «Авторской исповеди»: «...в заключенье всего, отдал мне свой собственный сюжет, из которого он хотел сделать сам что-то в роде поэмы и которого, по словам его, он бы не отдал другому никому. Это был сюжет Мертвых душ» [Гоголь 1900: 25].

6 июня 1836 года) произойдут еще следующие, крайне важные для истории их отношений события. Гоголь, как сообщал Вяземский А. И. Тургеневу 2/14 января, впервые читал, скорее всего на вечере у Жуковского, «новую комедию “Ревизор”» [Виноградов И. 2011–2013, 1: 844]. По словам Е. Ф. Розена, Пушкин, присутствовавший на этом чтении, «увлекся этим оскорбительным для искусства фарсом и во все время чтения катался от смеха» [Розен 1847: 22][29]. В январе, после 15–16, Пушкин приглашает Н. В. Гоголя сотрудничать в «Современнике», и Гоголь дает ему обещание (как он сам позже писал в статье «О Современнике (письмо к П. А. Плетневу)») «быть верным сотрудником» [Гоголь 1937–1952, 8: 422][30]. С одобрения Пушкина Гоголь приступает к работе над статьей «О движении журнальной литературы в 1834 и 1835 годах», предназначавшейся для первого номера «Современника». В феврале Пушкин со статьей знакомится и просит автора внести ряд изменений и поправок [Тархова 1999: 403]. 2 марта Гоголь посылает Пушкину пьесу «Утро чиновника» для отправки цензору и просит забрать из типографии статью «О движении журнальной литературы», куда надо вставить еще «многое из остающегося... хвоста», и пожелание, чтобы «эта сцена шла вперед, а за ней уже о литературе...». По версии В. Гиппиуса, Гоголь, следуя совету Пушкина, исключает из статьи упоминания о Пушкине и о самом себе, а также некоторые некорректные замечания о Сенковском [Гиппиус 1931: 107]. В первых числах апреля, просмотрев только что отпечатанные листы «Современника», Пушкин отдает распоряжение переверстать страницы 296–319, чтобы дополнить раздел «Новые книги» заключительной заметкой и перепечатать оглавление. Но при этом из оглавления исключает имя Гоголя как автора статьи «О движении журнальной

---

29 Интерпретацию этого эпизода см. в [Петрунина, Фридлендер 1969: 210].

30 Тогда же Гоголь писал М. П. Погодину: «О журнале Пушкина, без сомнения, уже знаешь. Мне известно только то, что будет много хороших статей, потому что Жуковский, князь Вяземский и Одоевский приняли живое участие: впрочем, узнаешь от него самого, потому что он, кажется, на днях едет к вам в Москву» (письмо от 21 февраля 1836 года) [Гоголь 1937–1952, 11: 35].

литературы»[31]. А в мае 1836 года при встрече с М. П. Погодиным рассказывает об этой статье, что «некоторые, очень игривые выражения» в ней невозможно было напечатать [Петрунина, Фридлендер 1969: 213–214][32]. Определенно можно сказать, что когда первый номер «Современника» вышел, то для Гоголя он означал одновременно и триумф, и некое поражение: с одной стороны, он выглядел как один из основных авторов журнала (в номере были опубликованы его повесть «Коляска» и «Утро делового человека»). Статья «О движении журнальной литературы 1834 и 1835 годов» тоже была опубликована, но без подписи, анонимно. А в третьем номере «Современника» Пушкин в «Письме к издателю», подписанном «Читатель из Твери А. Б.» и своеобразно анонсированном еще во втором номере журнала (в редакционной заметке сообщалось: «Статья, присланная нам из Твери за подписью А. Б., не могла быть напечатана в сей книжке но недостатку времени»), полемизировал с гоголевской статьей «О движении журнальной литературы»[33].

За статью «Петербургская сцена в 1835–36 году», которую Гоголь также готовил для «Современника» и с которой Пушкин познакомился в 20-х числах марта, он дал, если верить словам Гоголя, «порядочный выговор и крепко побранил за Мольера» [Виноградов И. 2011–2013, 1: 417]. Тогда же, возможно, он посоветовал Гоголю изъять рассуждения о верноподданнических чувствах «честного человека» [Тархова 1999: 418].

Вообще же перипетии взаимоотношений Гоголя и Пушкина в 1836 году, в первый год выпуска журнала «Современник», настолько много и часто анализировались и интерпретировались исследователями, что у нас нет нужды останавливаться на них

---

31 Одну из возможных интерпретаций данного эпизода подготовки первого номера «Современника», детали которого остаются непроясненными и по сей день, см. в [Петрунина, Фридлендер 1969: 213–214].

32 Авторы, в свою очередь, ссылаются на соображение Н. С. Тихонравова [Гоголь 1889: 651, сноска].

33 Интерпретацию данной полемики см. в [Городецкий и др. 1966: 232–233]. См. также [Петрунина, Фридлендер 1969: 218].

далее подробно[34]. Мы лишь пунктирно обозначим, что во втором томе «Современника», в отличие от первого, не появилось ни одной статьи Гоголя, притом что ко времени подготовки второй книги в издательском портфеле Пушкина находился ряд рецензий, уже подготовленных Гоголем, но они в журнале помещены не были[35]. В третьей книге «Современника», вышедшей уже после отъезда Гоголя за границу, была напечатана повесть «Нос» с издательским пояснением, кажется, призванным скорее защитить, чем обозначить дистанцию по отношению к тексту: «Н. В. Гоголь долго не соглашался на напечатание этой шутки»[36].

Как бы то ни было, в сухом остатке как результат общения в 1836 году мы имеем слова Гоголя: «Даже с Пушкиным я не успел и не мог проститься; впрочем, он в этом виноват» и «Моя утрата всех больше...» (из письма марта 1837 года Погодину), а также два критических отзыва Гоголя о «Современнике», который будто бы уже при Пушкине не имел «определенной цели» и «не был тем, чем должен быть журнал» (письмо А. О. Смирновой 28 декабря 1844 года и «Статья о Современнике (письмо П. А. Плетневу)» [Гоголь 1937–1952, 12: 438; 8, 422–423][37]. Кроме того, имеется загадочный «Отрывок из письма, писанного автором вскоре после первого представления “Ревизора” к одному литератору», который был приложен Гоголем ко второму изданию «Ревизора»

---

[34] См. [Петрунина, Фридлендер 1969; Проскурина 2023; Манн 2001] и др. Как представляется, именно в двух последних названных работах дается наиболее глубокий анализ той дисгармонии и диссонансов, которые возникали между Пушкиным и Гоголем в 1836 году, и вместе с тем их глубинной связи на грани избирательного сродства, которое все же не случилось.

[35] О возможных тому причинах см. [Петрунина, Фридлендер 1969: 218].

[36] Имеются сведения, что после публикации повести «Нос» в «Современнике» Пушкин объяснял Е. Ф. Розену, считавшему юмор Гоголя грубым и неэстетичным, свое решение снабдить повесть примечанием тем, что «...странность фарса требовала оговорки; уверял меня, что в самом деле смеялся при чтении “Носа”...» [Розен 1998: 318–319]. Ср. отзыв о «Носе» Е. А. Карамзиной в письме к Ан. Н. Карамзину: «...нам из него читали превосходные вещи самого издателя, очень милые — Вяземского и несказанное сумасбродство Гоголя “Нос”...» (ориг. по фр.) [Измайлов 1960: 122–123].

[37] См. также [Манн 2001: 343–356].

1842 года [Гоголь 2003–, 4: 89–93][38] и представлен как не отправленное в свое время «письмо, писанное мною (Гоголем. — *Е. Д.*) к Пушкину, по его собственному желанию» (письмо к С. Т. Аксакову из Рима от 5 марта 1841 года) [Гоголь 1937–1952, 11: 330]. Не входя в подробности споров о том, действительно ли письмо («Отрывок....») было написано в 1836 году, или же, как утверждал Н. С. Тихонравов, а впоследствии и Г. Фридлендер с Н. Петруниной, уже в 1841 году[39], данная относительно поздняя мистификация Гоголя, касающаяся его взаимоотношений с Пушкиным, для нашего сюжета особенно примечательна тем, что свидетельствует о желании Гоголя уже в 40-е годы заново написать и прописать историю этой (так, в сущности, и не понятно) состоявшейся или несостоявшейся дружбы.

О других подобного рода попытках и пойдет речь ниже.

Виртуальные встречи на пространстве литературного письма

Ни для кого не секрет, насколько в особенности ранние произведения Гоголя наполнены пушкинскими цитатами, реминисценциями, аллюзиями, давно уже выявленными исследователями. К стихотворению «Непогода», единственному из художественных произведений нежинской поры, автограф которого сохранился, «почти к каждой гоголевской фразе, по наблюдению Ю. В. Манна, можно подобрать соответствующий пушкинский пример: “радость жизни разлюбил” (ср.: “вот жизни радость”, “она мне жизнь, она мне радость” <...> “вянет младость?” (ср.: “так вянет младость”)» и т. д. [Манн 2012: 121–122].

---

38 Ю. В. Манн и И. А. Зайцева в четвертом томе академического Полного собрания сочинений и писем Н. В. Гоголя также придерживаются даты 1841. Характерно, что в 1901 году В. И. Шенрок в «Письма Гоголя» это письмо «к Пушкину» не включил, вслед за Н. С. Тихонравовым обратив внимание на «неискренность» и на «многие случаи явной неискренности Гоголя». См. подробнее [Гукасова 1957: 335–345].

39 Подробный разбор полемики на этот предмет см. [Петрунина, Фридлендер 1969: 221–222; Гоголь 2003–, 4: 826–828].

Наибольшее количество определяемых реминисценций в поэме «Ганц Кюхельгартен» являют собой парафразы и заимствования из «Евгения Онегина», причем именно тех глав, которые Гоголь мог прочесть еще в нежинскую пору. Это и описание могилы пастора в шестнадцатой картине, в котором ощутимо влияние пушкинских описаний могил Дмитрия Ларина и Ленского, это и портрет Луизы во второй картине, заставляющий вспомнить о портрете пушкинской Ольги. Сами взаимоотношения Луизы и Ганца кажутся словно развитием мотивов детской привязанности Ленского и Ольги («Он был свидетель умиленный / Ее младенческих забав»); а сон Луизы в десятой картине выступает как параллель к «чудному сну» Татьяны. «Тебя зову! тебя зову!..» — обращение Луизы к возлюбленному в восемнадцатой картине очевидно навеяно письмом Татьяны в главе третьей романа, которая вышла в октябре 1827 года [Гоголь 2003–, 1: 576–578]. И т. д.

Но и, казалось бы, столь далекие от Пушкина как в сюжетном, так и в стилевом плане «Вечера на хуторе близ Диканьки» уже современниками воспринимаются под знаком Пушкина. С легкой руки П. Кулиша в работах о Гоголе давно уже утвердилась легенда о том, что ввести в цикл фигуру вымышленного издателя, сохранив при этом свое инкогнито (как это было у Пушкина в «Повестях Белкина»), подсказал Гоголю Плетнев [Кулиш 1852: 200–201]. Сама Диканька как общий знак украинского литературного локуса будто бы тоже была придумана Плетневым, подразумевавшим ее известность широкой публике прежде всего по пушкинскому сюжету, связанному с Василием Леонтьевичем Кочубеем [Гоголь 2003–, I: 603]. Вспомним пушкинские строки в «Полтаве» «Богат и славен Кочубей» и примечание Пушкина, сделанное к упоминанию Диканьки: «Деревня Кочубея» (тема эта, в сильно модифицированном виде, отразилась также и во втором томе «Мертвых душ» в описании кочкаревских «учреждений» [Звиняцковский 1994: 132–133]). И неважно, что фигура вымышленного издателя, встречающаяся уже и в прозе XVIII века, окончательно в моду введена была не Пушкиным, но Вальтером Скоттом, а самих «Повестей Белкина» в пору работы над «Вечерами...» Гоголь мог и не знать, — пушкинский след в «Вечерах...» все равно со временем все более и более ощущался. А вопрос, было ли это задумано самим Гоголем или то уже феномен герменевтики, при этом особенно не ставится. Даже написание слова «близь» в издании 1836 года с мягким знаком воспроизводило, по мысли современного комментатора (К. Ю. Рогова), написание Пушкина в его известной рецензии на «Вечера» 1831 года [Гоголь 2003–, 1: 603], в то время как знаменитый лирический монолог «Знаете ли вы украинскую ночь» мог быть навеян пушкинскими стихами «Тиха украинская ночь» из второй песни «Полтавы» [Брюсов 1975: 13].

Была ли ответом на известный отзыв Пушкина по получении им книги «Вечеров» (см. выше) благодарность Гоголя, выразившаяся в статье «Борис Годунов. Поэма Пушкина», посвященная «Петру Александровичу Плетневу» и написанная сразу после выхода пушкинской комедии (1831), статья откровенно апологетическая (не печаталась при жизни), в которой образ Пушкина был Гоголем поистине сакрализован? В любом случае, когда сегодня читаешь этот текст, то кажется, что связь с Пушкиным помогает Гоголю ощутить и сформулировать связь с Божественным промыслом и той высокой миссией, которую он чувствует на себя возложенной. А за этой неопубликованной статьей следует статья «Несколько слов о Пушкине», согласно которой поэт как величайший национальный гений принадлежит не только настоящему, но и будущему, он — «русский человек в его развитии, в каком он, может быть, явится через двести лет...»; она вошла впоследствии в первый том книги Гоголя «Арабески» [Гоголь 2003–, 3: 90–96][40]. Непростая двусмысленность гоголевской позиции была в том, что, как писали С. Г. Бочаров и Л. В. Дерюгина, Гоголь «своими хрестоматийными формулировками при жизни Пушкина утверждал его абсолютное первенство в литературе на

---

40 О том, что работа над этой статьей, судя по расположению автографа в рабочей тетради, могла быть начата под сильнейшим впечатлением от «мелких», антологических стихотворений Пушкина, перекликающихся со статьями «Скульптура, живопись и музыка» и «Жизнь», см. [Гоголь 2003–, 3: 495, 514].

все ее будущее» именно в тот момент, когда уже началось затмение пушкинской славы и «пересмотр его репутации в журнальной критике и читательском мире» (выпады Н. И. Надеждина, Ф. В. Булгарина, слова начинающего В. Г. Белинского о «конце» Пушкина и пушкинского периода в статье «Литературные мечтания» (осень 1834 года)) [Гоголь 2003–, 3: 669–670].

Существует предположение, что и статья «Последний день Помпеи (Картина Брюлова)», включенная Гоголем в книгу «Арабески», также могла иметь как некий исходный импульс обсуждение им с Пушкиным живописного полотна, выставленного в середине августа в Эрмитаже (у Пушкина впечатление отозвалось черновым стихотворным наброском «Везувий зев открыл...») [Гоголь 2003–, 3: 816][41].

Общением с Пушкиным и полученным от него импульсом отмечена и следующая книга Гоголя — «Миргород» (на самом деле третья по счету после «Вечеров...» и «Арабесок»). Считается, что со списком «Истории Русов», послужившим одним из основных исторических источников «Тараса Бульбы», а также предшествовавших повести замыслов на темы из малороссийской истории («Остраница» и «Пленник», так называемая запорожская трагедия) Гоголь мог первоначально познакомиться в 1831 году в Царском Селе у Пушкина, которому список в 1829 году подарил М. А. Максимович [Оксман 1952][42].

Выше уже говорилось о том, что, рассуждая о любви после брака, Гоголь сополагает ее с поэзией Пушкина («она не вдруг обхватит нас, но чем более вглядываешься в нее, тем она более открывается, развертывается...») и тем самым неявно проливает свет на основную коллизию «Старосветских помещиков» — повести, недостатки которой (как и «Тараса Бульбы»), как скажет Гоголь уже в 1837 году в письме к Жуковскому от 6–8 апреля,

---

41 См. также [Сурат 2019].

42 А ведь это был текст, как бы к нему ни относиться, который стал одним из основных источников при работе Гоголя над «Тарасом Бульбой» и незавершенными набросками повести (романа) из малороссийской истории, равно как и его трудов по истории Малороссии. См. также [Витберг 1892: 397; Макогоненко 1985: 267; Гоголь 2003–, V: 1037–1038].

«вовсе неприметны были для всех, кроме вас (Жуковского. — *Е. Д.*), меня и Пушкина». Но это будет уже после смерти Пушкина.

Параллели эти можно было бы продолжать еще долго. Но все это лишь одна сторона вопроса. Другая сторона — это ощущение какого-то взаимного (если так можно сказать) царапания друг друга, причем именно обоюдного, и со стороны Пушкина, и со стороны Гоголя. Мы уже упоминали выше и об отказе Пушкина участвовать вместе с Гоголем в альманахе «Тройчатка» (и даже если непосредственно к Гоголю этот отказ отношения не имел, очевидно, что ему это было неприятно), и принципиальные расхождения во взглядах на русскую критику во время работы над первым номером «Современника», и отъезд в 1836 году Гоголя за границу без прощания с Пушкиным, о котором он пишет, что тот сам виноват. С другой стороны, на протяжении почти шести лет Гоголь и Пушкин живут в одном городе, а переписка между ними мизерная, если сопоставить с энергичным эпистолярием обоих в отношении других адресатов.

Но, может быть, самое примечательное, проливающее дополнительный свет на интересующий нас вопрос, — это обнаруживаемая в гоголевских произведениях 1830-х годов картина дразнящих упоминаний имени Пушкина, порой безобидных, а порой и не очень[43].

«Дома большею частию лежал на кровате. Потом переписал очень хорошие стишки: “Душеньки часок не видя, Думал, год уж не видал; Жизнь мою возненавидя, Льзя ли жить мне, я сказал”. Должно быть, Пушкина сочинение. Ввечеру, закутавшись в шинель, ходил к подъезду Ее Пр-ва...» — читаем мы в «Записках сумасшедшего» [Гоголь 2003–, 3: 208–209]. И открытым остается вопрос, можно ли приписывание стихотворения Пушкину (а в данном случае Гоголь цитирует достаточно популярное в его время стихотворение Н. П. Николева «Песня» [Макогоненко, Серман 1972: 108]) почитать признаком славы или, напротив, пародированием и озорством[44].

---

[43] На эту тему см. [Вацуро 1994; Белоногова 2002].

[44] И даже уже после смерти Пушкина в «Мертвых душах» появляется еще один пушкинский иронический «плагиат» — полученное Чичиковым письмо от незнакомки, явно призванное вызвать у читателя воспоминание о письме

В той же повести каким-то почти навязчивым лейтмотивом проходит тема камер-юнкера:

> Он покраснел до ушей и потупив голову хотел провалиться, но провалиться решительно было некуда: Камер-юнкера в блестящем костюме сдвинулись позади его совершенною стеною.
>
> ...Софи сидела за столиком и что-то шила. Я глядела в окно, потому что я люблю рассматривать прохожих. Как вдруг вошел лакей и сказал: «Теплов!» — «Проси», — закричала Софи и бросилась обнимать меня. «Ах, Меджи, Меджи! Если б ты знала, кто это: брюнет, Камер-Юнкер, а глаза какие! черные и светлые, как огонь». И Софи убежала к себе. Минуту спустя вошел молодой Камер-Юнкер, с черными бакенбардами...
>
> Мне кажется, если этот Камер-Юнкер нравится, то скоро будет нравиться и тот чиновник, который сидит у папа в кабинете.
>
> Притом же у нас в доме теперь большие перемены. Камер-Юнкер теперь у нас каждый день. Софи влюблена в него до безумия.
>
> ...скоро будет свадьба; потому что папа хочет непременно видеть Софи или за Генералом, или за Камер-Юнкером, или за военным Полковником....
> Черт возьми! я не могу более читать... Все или Камер-Юнкер, или Генерал.

Татьяны: «Письмо начиналось очень решительно, именно так: “Нет, я должна к тебе писать!” Потом говорено было о том, что есть тайное сочувствие между душами; эта истина скреплена была несколькими точками, занявшими почти полстроки; потом следовало несколько мыслей, весьма замечательных по своей справедливости, так что считаем почти необходимым их выписать: “Что жизнь наша? Долина, где поселились горести. Что свет? Толпа людей, которая не чувствует”. Затем писавшая упоминала, что омочает слезами строки нежной матери, которая, протекло двадцать пять лет, как уже не существует на свете; приглашали Чичикова в пустыню...» [Гоголь 2003–, 7, I: 150–151].

> Что ж из того, что он Камер-Юнкер. Ведь это больше ничего кроме достоинство; не какая-нибудь вещь видимая, которую бы можно взять в руки. Ведь через то, что Камер-Юнкер, не прибавится третий глаз на лбу. Ведь у него же нос не из золота сделан, а так же, как и у меня, как и у всякого... [Гоголь 2003–, 3: 138, 214–215].

Думается, что далеко не случайно пишется все это в то самое время (1834 год), когда Пушкину указом Николая I (от 31 декабря 1833 года) было пожаловано звание, ставшее для него темой крайне болезненной [Абрамович 1994: 567–557][45]. И опять мы задаемся вопросом: что это, знак ли обретенной Гоголем внутренней свободы в отношении кумира или подспудное желание подвинуть его с пьедестала?

Еще отчетливее пушкинский след ощутим в черновом автографе «Записок сумасшедшего»:

> Куда ж, подумала я сама в себе, если сравнить Камер-юнкера с Трезором, небо! какая разница... Во-первых, у камер-юнкера совершенно гладкое широкое лицо и вокруг бакенбарды, как будто бы он обвязал его чорным платком, а у Трезора мордочка тоненькая и на лбу белая лысинка. — А талию Трезора и сравнить нельзя с камер-юнкерскою [Гоголь 2003–, 3: 438].

Здесь вспоминаются не только пушкинские бакенбарды, но и упомянутое выше пушкинское «Торжество дружбы...», травестирующее принципы «Параллельных жизнеописаний» Плутарха (подобную же травестию мы встречаем на самом деле и у Гоголя в «Повести о том, как поссорился Иван Иванович с Иваном Никифоровичем», а также в его неосуществленном проекте продолжения статьи Пушкина). Более того, легко можно предположить, что Гоголю была известна шутка Пушкина михайловского периода, когда он мерился талией с Е. Н. Вульф («Кстати

---

[45] О том, что словечко «“камер-юнкер” слишком часто повторяется в повести, чтобы мы могли его отнести только к ухажеру Софи», см. [Золотусский 1998: 197].

о талии: на днях я мерился поясом с Евпр.<аксией> и тальи наши нашлись одинаковы. След. из двух одно: или я имею талью 15 летней девушки, или она талью 25 летн. мущины. Евпр.<аксия> дуется и очень мила» [Пушкин 1937–1949, 13: 120]). Шутка, из которой произросли известные строки:

> За ним строй рюмок узких, длинных,
> Подобно талии твоей,
> Зизи, кристалл души моей,
> Предмет стихов моих невинных,
> Любви приманчивый фиал,
> Ты, от кого я пьян бывал!
> [Пушкин 1937–1949, 6: 112].

Вспомним еще и пушкинского Германна, который неявно спародирован в описании внешности Чичикова, своим профилем напоминающего Наполеона («...нашли, что лицо Чичикова, если он поворотится и станет боком, очень сдает на портрет Наполеона» [Гоголь 2003–, 7, I: 94]; ср. у Пушкина: «...у него профиль Наполеона, а душа Мефистофеля. Я думаю, что на его совести по крайней мере три злодейства» [Пушкин 1937–1949, 8: 244]).

Но даже в своей более чем апологетичной статье «Несколько слов о Пушкине» слабый, но все же укол, все равно присутствует. Казалось бы, все здесь начинается серьезно. В примечании к статье Гоголь пишет:

> Под именем Пушкина рассеивалось множество самых нелепых стихов. Это обыкновенная участь таланта, пользующегося сильною известностью. — Это вначале смешит, но после бывает досадно, когда наконец выходишь из молодости и видишь эти глупости не прекращающимися. Таким образом начали наконец Пушкину приписывать: Лекарство от холеры, Первую ночь и тому подобные [Гоголь 2003–, 3: 91].

В последней фразе примечания Гоголь перечисляет не иные невинные стихи, также ходившие под именем Пушкина, но именно те два псевдоэротических стихотворения, приписывание которых вызвало у Пушкина самое сильное раздражение. Более того, чуть позже, в «Ревизоре», Гоголь снова вспомнит сплетню о «Лекарстве от холеры», вернувшись к теме поэтической славы в еще более сниженном варианте. Во второй рукописной редакции «Ревизора», читанной автором на собраниях у Жуковского 18 января или 1 февраля 1836 года, Хлестаков произносит монолог, впоследствии исключенный из театрального и печатного текста комедии:

> А как странно сочиняет Пушкин. Вообразите себе: перед ним стоит в стакане ром, славнейший ром, рублей по сту бутылка, какова только для одного Австрийского Императора берегут, и потом уж как начнет писать, так перо только: тр... тр... тр... Недавно он такую написал пиэсу Лекарство от холеры, что просто волосы дыбом становятся. У нас один чиновник с ума сошел, когда прочитал. Того же самого дня приехала за ним кибитка и взяли его в больницу [Гоголь 2003–, 4: 288].

На этот раз это была «рискованная шутка», вызвавшая, по предположению Е. Дрыжаковой, при чтении комедии у Жуковского раздражение Пушкина и его «очень строгое объяснение» с Гоголем, в результате чего автор вычеркнул это место из писарской копии комедии [Дрыжакова 2001: 194][46].

И что же получается? Гоголь негодует на сплетни о Пушкине, но и сам вольно или невольно участвует в их распространении. Впрочем, надо отдать ему должное: пресловутое хлестаковское «С Пушкиным на дружеской ноге» оказывается и самопародией, и автопроекцией его хвастливого признания другу (см. выше): «Каждый вечер собирались мы — Пушкин, Жуковский и я»).

Вспомним еще раз «Арабески» и включенную в книгу повесть «Невский проспект»: «Пискарев употребил все усилия, чтобы раздвинуть толпу и рассмотреть ее; но, к величайшей досаде, какая-то огромная голова с темными курчавыми волосами заслоняла ее беспрестанно...» [Гоголь 2003–, 3: 138].

Все-таки чем-то мешала Гоголю эта голова с черными курчавыми волосами.

---

[46] Опровержение этой версии см. в [Гоголь 2003–, IV: 572, 815].

Выбранные места из переписки с друзьями

До сих пор (во второй части этой статьи) речь шла об относительно молодом Гоголе — 1830-х годов. Теперь же имеет смысл посмотреть, какое место занял Пушкин в произведении для Гоголя в определенном смысле итоговом, задуманном как проповедь, призванная, по его собственным словам, приподнять «для публики завесу» с того нового направления, которое должно было выразиться в новой редакции второго тома «Мертвых душ». Речь, как легко догадаться, пойдет о «Выбранных местах из переписки с друзьями». Над книгой этой Гоголь работает в 1846–1847 годах. К этому времени со смерти Пушкина прошло почти десять лет, но тема эта, как выясняется, Гоголя не оставляет, а имя Пушкина и размышления о нем наполняют следующие письма (главы):

— IV. О том, что такое слово;
— VII. Об Одиссее, переводимой Жуковским (Письмо к Н. М. Я....ву);
— X. О лиризме наших Поэтов (Письмо к В. А. Ж.......му);
— XIV. О театре, об одностороннем взгляде на театр и вообще об односторонности (Письмо к гр. А. П. Т.....му);
— XVIII. Четыре письма к разным лицам по поводу «Мертвых душ»;
— XXV. Сельской суд и расправа (Из письма к М.);
— XXVIII. Занимающему важное место;
— XXXI. В чем же наконец существо Русской поэзии и в чем ее особенность.

Главу «О том, что такое слово» Гоголь начинает, апеллируя, казалось бы, к Пушкину, авторитетное мнение которого он противопоставляет Державину:

> Пушкин, когда прочитал следующие стихи из оды Державина к Храповицкому:
>
> За слова меня пусть гложет,
> За дела сатирик чтит, —

> сказал так: «Державин не совсем прав: слова поэта суть уже его дела». Пушкин прав. Поэт на поприще слова должен быть также безукоризнен, как и всякой другой на своем поприще [Гоголь 1937–1952, 8: 229].

И далее, размышляя о том, насколько Державин «повредил себе тем, что не сжег по крайней мере целой половины од своих», Гоголь добавляет:

> Приятель наш П.....н имеет обыкновение, отрывши какие ни попало строки известного писателя, тот же час их тиснуть в свой журнал, не взвесив хорошенько, к чести ли оно или к бесчестью его. Он скрепляет это дело известной оговоркой журналистов: «Надеемся, что читатели и потомство останутся благодарны за сообщение сих драгоценных строк; в великом человеке все достойно любопытства», и тому подобное. Все это пустяки [Гоголь 1937–1952, 8: 230–231].

Упоминание «приятеля П» встречается в этом письме еще раз:

> Тот же наш приятель П.....н тому порука: он торопился всю свою жизнь, спеша делиться всем с своими читателями, сообщать им все, чего ни набирался сам, не разбирая, созрела ли мысль в его собственной голове таким образом, дабы стать близкой и доступной всем, словом, выказывал перед читателем себя всего во всем своем неряшестве. И что ж? Заметили ли читатели те благородные и прекрасные порывы, которые у него сверкали весьма часто? приняли ли от него то, чем он хотел с ними поделиться? <...> Заговорит ли он о патриотизме, он заговорит о нем так, что патриотизм его кажется подкупной. О любви к царю, которую питает он искренно и свято в душе своей, изъяснится он так, что это походит на одно раболепство и какое-то корыстное угождение. <...> Опасно шутить писателю со словом. Слово гнило да не исходит из уст ваших! [Гоголь 1937–1952, 8: 231–232].

Современники усмотрели в «приятеле П» Погодина. «...не могу умолчать о том, что меня всего более оскорбляет и раздражает: я говорю о ваших злобных выходках против Погодина. <...>

Погодин сначала был глубоко оскорблен, мне сказывали даже, что он плакал», — писал Гоголю С. Т. Аксаков [Гоголь 1988: 80–81]. С. П. Шевырев и вовсе отказывался заниматься переизданием «Выбранных мест», если из книги не будут устранены все неприязненные выпады против Погодина. Да и сам Гоголь в частной переписке не отрицал, что имел его в виду[47].

С тех пор так и повелось расшифровывать в комментариях «приятеля П» как Погодина. Но обратим внимание на контекст первого упоминания. Кажется, во всяком случае у пушкинистов не вызовет сомнения, что мишень в нем отнюдь не Погодин (или не только Погодин), но, конечно же, Пушкин и его статья «Вольтер», напечатанная в книге третьей «Современника» за 1836 год:

> Всякая строка великого писателя становится драгоценной для потомства. Мы с любопытством рассматриваем автографы, хотя бы они были не что иное, как обрывок из расходной тетради или записка к портному об отсрочке платежа. Нас невольно поражает мысль, что рука, начертавшая эти смиренные цифры, эти незначащие слова, тем же самым почерком и, может быть, тем же самым пером написала и великие творения, предмет наших изучений и восторгов [Пушкин 1937–1949, 12: 75].

Подобные провокационные контаминации персонажей (персоналий) вообще были свойственны Гоголю: так, вложив в уста слепого бандуриста в финале «Страшной мести» «смешные присказки про Хому и Ерему, про Сткляра Стокозу», Гоголь тем самым соединил имена комических братьев русских сказок (Хому/Фому и Ерему) с именем собственного дядьки Семена (Симона) Стокозы. Мистификация Гоголя сработала: длительное время по контексту сткляр Стокоза также определялся как «комический персонаж украинского фольклора» [Гоголь 2003–, 1: 831][48].

Следующий неявный выпад против Пушкина мы находим в статье «Об Одиссее, переводимой Жуковским...», где Пушкин

---

[47] Подробнее об этом см. [Анненкова 1992].

[48] Во втором издании тома (М.: Наука, 2004. С. 831) ошибка была исправлена.

по чистоте и полноте речи, как выясняется, уступает Жуковскому:

> ...Одиссея своей русской одеждой, в которую облек ее Жуковский, может подействовать значительно на очищение языка. Еще ни у кого из наших писателей, не только у Жуковского, во всем что ни писал <он> доселе, но даже у Пушкина и Крылова, которые несравненно точней его на слова и выражения, не достигала до такой полноты Русская речь [Гоголь 1937–1952, VIII: 242].

Обратим внимание, что здесь Гоголь не только ставит поэзию Жуковского в определенной степени выше поэзии Пушкина, но и, описывая ее, словно дает описание собственной манеры письма:

> Бесконечно огромные периоды, которые у всякого другого были бы вялы, темны <...> у него так братски улегаются друг возле друга, все переходы и встречи противуположностей совершаются в таком благозвучии, всё так сливается в одно, улетучивая тяжелый громозд всего целого, что кажется, как бы пропал вовсе всякой слог и склад речи... [Гоголь 1937–1952, 8: 242].

Возникает ощущение, что Гоголь меряет с Пушкиным (и Крыловым) не только Жуковского, но также и самого себя.

В статье X «О лиризме наших Поэтов...» тональность оценки Пушкина у Гоголя меняется: вновь Гоголю, который ведет речь о монаршьей власти, о категориях власти и закона, оказывается нужно апеллировать к авторитету Пушкина, которого, как мы знаем, проблема эта, особенно в 1830-е годы, весьма волновала [Левин 1974]. Но... И здесь действительно возникает очередное «но».

> Как умно определял Пушкин значение полномощного монарха, и как он вообще был умен во всем, что ни говорил в последнее время своей жизни! «Зачем нужно, — говорил он, — чтобы один из нас стал выше всех и даже выше самого закона? Затем, что закон — дерево; в законе слышит человек что-то жесткое и небратское. С одним буквальным

> исполненьем закона не далеко уйдешь <...> Государство без полномощного монарха — автомат: много-много, если оно достигнет того, до чего достигнули Соединенные Штаты. А что такое Соединенные Штаты? Мертвечина; человек в нем выветрился до того, что и выеденного яйца не стоит. <...> Как метко выражался Пушкин! Как понимал он значенье великих истин! [Гоголь 1937–1952, 8: 252–253].

Можно предположить, что источником данных слов были личные беседы. Но так ли это? Исследователи пытались не раз найти аналогии (источник) в известных нам текстах Пушкина. Ю. В. Манн отмечал переклички слов, приписываемых Гоголем Пушкину, с критикой американской демократии в статье «Джон Теннер», опубликованной в третьем номере «Современника» [Манн 2013: 434]. В. А. Воропаев указывал на свидетельства мемуаристов, подтверждающих передаваемые Гоголем слова Пушкина о Соединенных Штатах [Воропаев 1994: 354]. Но очевидно одно: Гоголь прямую речь Пушкина имитирует. А результатом этой, казалось бы, невинной мистификации является то, что впоследствии именно этот фрагмент будет включен в сборник «Разговоры Пушкина» [Гессен, Модзалевский 1929].

Но на этом гоголевская инструментализация Пушкина не заканчивается. Жуковскому, которому адресовано это письмо, Гоголь готов открыть тайну пушкинского стихотворения «С Гомером долго ты беседовал один...», адресатом которого Гоголь полагает императора Николая I:

> Это внутреннее существо — силу самодержавного монарха — он (Пушкин. — *Е. Д.*) даже отчасти выразил в одном своем стихотворении, которое, между прочим, ты сам напечатал в посмертном собраньи его сочинений, выправил даже в нем стих, а смысла не угадал. Тайну его теперь открою. Я говорю об оде императору Николаю, появившейся в печати под скромным именем: *К Н****. Вот ее происхожденье. Был вечер в Аничковом дворце, один из тех вечеров, к которым, как известно, приглашались одни избранные из нашего общества. Между ними был тогда и Пушкин. Всё в залах уже собралося; но Государь долго не выходил. От-

> далившись от всех в другую половину дворца и воспользовавшись первой досужей от дел минутой, он развернул Илиаду и увлекся нечувствительно ее чтеньем во всё то время, когда в залах давно уже гремела музыка и кипели танцы. Сошел он на бал уже несколько поздно, принеся на лице своем следы иных впечатлений. Сближенье этих двух противуположностей скользнуло незамеченным для всех, но в душе Пушкина оно оставило сильное впечатленье, и плодом его была следующая величественная ода...[Гоголь 1937–1952, 8: 253–254].

У современников вопрос об адресате стихотворения не вызывал разногласий: из знакомых Гоголя и Пушкина о таком эпизоде никто не слышал. В. Г. Белинский, цитируя его в третьей «пушкинской» статье 1843 года, связал его с именем Гнедича, а в пятой статье прямо заменил криптоним словами «К Гнедичу». В 1847 году, откликаясь на гоголевскую версию об адресованности стихотворения Николаю I, С. П. Шевырев писал Гоголю: «Как мог ты сделать ошибку, нашед в послании Пушкина к Гнедичу совершенно иной смысл, смысл неприличный даже?..» [Гоголь 1988: 345]. Гоголь же настаивал на своей версии, уверяя, что он сам распустил в свое время ошибочный слух, будто стихотворение посвящено Гнедичу [Вацуро, Муравьева 2009][49]. Гнедич как адресат был окончательно установлен, когда обнаружились автографы стихотворения [Бельчиков 1924]. Но запущенный Гоголем миф о Николае I как герое пушкинского стихотворения продолжает бытовать и сегодня. И если В. В. Воропаев в своих статьях еще готов признать, что Пушкин имел в виду «и великий труд Гнедича, и государя Николая Павловича» [Воропаев 2000], то в 17-томном Полном собрании сочинений Н. В. Гоголя в комментарии к соответствующему письму из «Выбранных мест», со ссылкой на мнение Афанасия Фета, человека «с чуткой поэтической душой», единственным адресатом пушкинского стихотворения признан император Николай [Гоголь 2009: 576].

---

49 См. также: [Каллаш 1909: 48–59; Вацуро 1991; Аринштейн 1994; Кибальник 2008; Белоногова 2001].

Но только Гоголь на этом не останавливается. На свой лад он перетолковывает и пушкинское «Я памятник себе воздвиг нерукотворный», увидев в нем знак истинного отношения к государю:

> Хотя в Наполеоновом столпе виноват, конечно, ты; но положим, если бы даже стих остался в своем прежнем виде, он все-таки послужил бы доказательством, и даже еще большим, как Пушкин, чувствуя свое личное преимущество как человека перед многими из венценосцев, слышал в то же время всю малость званья своего перед званьем венценосца и умел благоговейно поклониться пред теми из них, которые показали миру величество своего званья [Гоголь 1937–1952, 8: 255][50].

В целом именно «Выбранные места...» как текст, в котором собственно художественная задача нередко отступает перед дидактикой и идеологией, демонстрируют отношение Гоголя к Пушкину, отталкивание и одновременно притяжение, которое как латентное было ощутимо в 30-е годы. Но при этом градус инструментализации Пушкина, присвоения-освоения его наследия у Гоголя заметно повышается.

Из пушкинского наследия (я имею в виду как цитаты и аллюзии, так и прямые высказывания о Пушкине) Гоголь избирает только то, что отвечает его умонастроению 40-х годов. Вследствие этого тексты Пушкина, да и сама интерпретация Гоголем Пушкина приобретают статус творимого мифа (признаемся, порой даже в ущерб многозначности пушкинской художественной мысли). Впрочем, бывает и наоборот: ситуации вполне прозрачной Гоголь придает почти метафизический смысл, как это происходит в статье «Сельской суд и расправа», где Гоголь, говоря о «русском суде», вспоминает комендантшу из «Капитанской дочки», «которая, пославши поручика рассудить городового солдата с бабой, подравшихся в бане за деревянную шайку, снабдила его такой инструкцией: "Разбери, кто прав, кто виноват, да обоих и накажи!"» [Гоголь 1937–1952, 8: 343]. Применение это

---

[50] О возможности другой интерпретации этого мотива см. [Фомичев 1990].

вызвало гневную отповедь Белинского в письме к Гоголю от 15/3 июля 1847 года из Зальцбрунна: «А Ваше понятие о национальном русском суде и расправе, идеал которого нашли Вы в словах глупой бабы в повести Пушкина и по разуму которого должно пороть и правого и виноватого? Да это и так у нас делается...» [Гоголь 1937–1952, 8: 502–503].

Гоголь между тем экстраполирует в область пушкинского творчества и пушкинского сознания собственные мысли и собственные представления о нераздельности художника, христианина и человека государственного. И здесь, можно сказать, уже не столько Гоголь, сколько сам Пушкин спотыкается о Гоголя.

Притом что для Гоголя Пушкин остается высшим мерилом ценностей, тем идеальным собеседником, который один только и мог проникнуть в тайну его творчества, последнее слово Гоголь все же оставляет за собой: Пушкин, дескать, духовно слышал его, но самую главную тайну Гоголь и ему не смог поведать:

> Обо мне много толковали, разбирая кое-какие мои стороны, но главного существа моего не определили. Его слышал один только Пушкин. <...> Вот мое главное свойство, одному мне принадлежащее и которого точно нет у других писателей. Оно впоследствии углубилось во мне еще сильней от соединенья с ним некоторого душевного обстоятельства. Но этого я не в состоянии был открыть тогда даже и Пушкину (Четыре письма к разным лицам по поводу «Мертвых душ») [Гоголь 1937–1952, 8: 292].

Пушкинская тема в «Выбранных местах...» завершается той же двойственностью, какой и началась. Главу «В чем же наконец существо русской поэзии...», начинающуюся с описания Пушкина как самого воплощения русского человека («...явился Пушкин. В нем <...> все уравновешенно, сжато, сосредоточено, как в русском человеке, который немногоглаголив на передачу ощущенья, но хранит и совокупляет его долго в себе...»), Гоголь завершает:

> На Пушкине оборвались все вопросы, которые дотоле не задавались никому из наших поэтов и в которых виден дух просыпающегося времени. Зачем, к чему была его поэзия?

> Какое новое направленье мысленному миру дал Пушкин? Что сказал он нужное своему веку? Подействовал ли на него если не спасительно, то разрушительно? <...> Зачем он дан был миру и что доказал собою? Пушкин дан был миру на то, чтобы доказать собою, что такое сам поэт, и ничего больше, — что такое поэт <...> Со смертью Пушкина остановилось движенье поэзии нашей вперед. Это, однако же, не значит, чтобы дух ее угаснул; напротив, он, как гроза, невидимо накопляется вдали; самая сухость и духота в воздухе возвещает его приближение. Уже явились и теперь люди не без талантов. Но еще всё находится под сильным влиянием гармонических звуков Пушкина; еще никто не может вырваться из этого заколдованного, им очертанного круга и показать собственные силы. <...> ...нельзя повторять Пушкина. Нет, не Пушкин и никто другой должен стать теперь в образец нам; другие уже времена пришли [Гоголь 1937–1952, 8: 380, 381–382, 407].

И заметим, о конце пушкинской эпохи и начале новой (подразумевается: гоголевской) говорит уже не Белинский 1835 года, когда он передал Гоголю место Пушкина еще при его жизни, но сам Гоголь[51].

Вместо заключения

В отличие от Пушкина, графическое наследие Гоголя не слишком велико[52]. И все же среди дошедших до нас рисунков мы имеем на сложно датируемом обрывке в четверть листа два профильных портрета А. С. Пушкина. Вглядевшись пристальнее в один из них, можно заметить, что кудри поэта причудливым образом складываются в еще один миниатюрный профильный

---

[51] О концептуальном воздействии, оказанным Белинским в 1840-е гг. на суждения позднего Гоголя о Пушкине, см. [Вайскопф 2000]. О том, что уже «Вечера на хуторе близ Диканьки» «разыгрывались против Пушкина как более удачный опыт прозы в народном духе» и Гоголь воспринимался многими читателями как «победитель и устаревшего Жуковского и самого Пушкина», см. [Манн 2001: 351].

[52] См. [Эфрос 1933; Денисенко, Фомичев 2001].

портрет (третий по счету), в котором поразительным образом проступают черты самого Гоголя.

Квазибарочный интерес к достоинству вариации, свойственный Гоголю [Дмитриева 2011][53], в данном случае оказывается на грани метафоры и метаморфозы. Пушкин, незаметно превращающийся в Гоголя [Дмитриева 2015: 30], — тема, провоцирующая на дополнительную спекуляцию о месте, мыслимом Гоголем для себя в отношении к Пушкину.

Источники

Аксаков 1956 — Аксаков С. Т. Собр. соч.: В 4 т. Т. 3. М., 1956.

Виноградов И. 2011–2013 — Гоголь в воспоминаниях, дневниках, переписке современников. Полный систематический свод документальных свидетельств. Научно-критическое издание: В 3 т. / Издание подготовил И. А. Виноградов. М.: ИМЛИ РАН, 2011–2013.

Гессен, Модзалевский 1929 — Разговоры Пушкина / Собрали С. Гессен, Л. Модзалевский. М.: Федерация, 1929.

Гоголь 1889 — Сочинения Н. В. Гоголя. 10-е изд.: В 7 т. Т. 5. М., 1889.

Гоголь 1900 — Гоголь Н. В. Полн. собр. соч.: В 12 т. Т. 8. М.: А. Ф. Маркс, 1900.

Гоголь 1937–1952 — Гоголь Н. В. Полн. собр. соч.: [В 14 т.] / АН СССР. Ин-т рус. лит. (Пушкин. Дом). [М.; Л.]: Изд-во АН СССР, [1937–1952].

Гоголь 1988 — Гоголь Н. В. Переписка: В 2 т. / Вступ. ст. А. А. Карпова; сост. и коммент. А. А. Карпова, М. Н. Виролайнен. Т. 2. М.: Худож. лит., 1988.

Гоголь 2003– — Гоголь Н. В. Полн. собр. соч. и писем: В 23 т. М.: Наука, 2003–.

Гоголь 2009 — Гоголь Н. В. Полное собрание сочинений и писем: В 17 т. Т. 6. М.; Киев: Изд. Московской Патриархии, 2009.

Гордин 2016 — Дневник сестры Пушкина Ольги Сергеевны Павлищевой в письмах к мужу и отцу / Общая ред. и предисловие А. М. Гордин; пер. с фр., подг. текста А. Л. Андрес, Н. М. Сперанская. СПб., 2016.

Измайлов 1960 — Пушкин в письмах Карамзиных 1836–1837 годов / Под ред. Н. В. Измайлова. М.; Л.: Наука, 1960.

[53] Глава «Проблема слова и образа: рисунки Гоголя».

Кукольник 1881 — Кукольник Н. В. П. И. Никольский // Гимназия высших наук и Лицей князя Безбородко. 2-е изд., испр. и доп. СПб., 1881. С. 292–296.

Макогоненко, Серман 1972 — Поэты XVIII века: В 2 т. / Сост. Г. П. Макогоненко, И. З. Серман. Т. 2. Л.: Советский писатель, 1972.

Модзалевский 1910 — Модзалевский Б. Л. Каталог библиотеки <А. С. Пушкина> // Пушкин и его современники: Материалы и исследования. СПб., 1910. Вып. 9/10.

Пушкин 1937–1949 — Пушкин А. С. Полн. собр. соч.: В 16 т. М.; Л., 1937–1949.

Розен 1847 — Розен Е. Ф. Ссылка на мертвых // Сын отечества. 1847. № 6. Отд. III. С. 3–40.

Розен 1998 — Розен Е. Ф. Из статьи «Ссылка на мертвых» // Пушкин в воспоминаниях современников / Под ред. В. Э. Вацуро и др.: В 2 т. 3-е изд., доп. Т. 2. СПб.: Академич. проект, 1998. С. 305–321.

Хармс 1997 — Хармс Д. Полн. собр. соч.: В 4 т. Т. 2. СПб.: Академич. проект, 1997.

Библиография

Абрамович 1994 — Абрамович С. Л. Пушкин в 1833 году: Хроника. М.: Слово, 1994.

Акимова 1996 — Акимова Н. Н. Булгарин и Гоголь (Массовое и элитарное в русской литературе: проблема автора и читателя) // Русская литература. 1996. № 2. С. 3–22.

Андрущенко 2004 — Андрущенко Е. А. Пушкин и Гоголь в историософской концепции Д. С. Мережковского. 2004. URL: http://www.domgogolya.ru/science/researches/1598/ (дата обращения: 14.12.2024).

Анненкова 1992 — Анненкова Е. И. Н. В. Гоголь и М. П. Погодин. Эволюция творческих отношений // Н. В. Гоголь: Проблемы творчества: Межвуз. сб. науч. тр. / Под ред. С. А. Гончарова и др. СПб.: Образование, 1992. С. 4–26.

Аринштейн 1994 — Аринштейн Л. М. История двух фальсификаций. 1. Николай Иванович или Николай Павлович? // Пушкинская эпоха и христианская культура. Вып. 5. СПб.: Санкт-Петербургский центр православной культуры, 1994. С. 64–73.

Белобровцева, Кульюс 2000 — Белобровцева И., Кульюс С. История с великими писателями. Пушкин–Гоголь–Булгаков // Пушкинские чтения в Тарту. Материалы межд. науч. конф. 18–20 сент. 1998. Тарту, 2000. С. 257–266.

Белоногова 2001 — Белоногова В. Ю. Гоголь о тайне пушкинского стихотворения «С Гомером долго ты беседовал один» // Грехневские чтения: Сб. науч. трудов. Нижний Новгород: Изд. Нижегородск гос. ун-та, 2001. С. 93–100.

Белоногова 2002 — Белоногова В. Ю. К пушкинским аллюзиям в «Записках сумасшедшего». 2002. URL: https://www.domgogolya.ru/science/researches/1697/ (дата обращения: 15.12.2024).

Белоногова 2003 — Белоногова В. Ю. Выбранные места из мифов о Пушкине. Нижний Новгород: Деком, 2003.

Бельчиков 1924 — Бельчиков Н. Ф. Пушкин и Гнедич: История послания 1832 г. // Пушкин. Сб. 1. М.: Государственное издательство, 1924. С. 177–213.

Брюсов 1975 — Брюсов В. Собр. соч.: В 7 т. Т. 6: Статьи и рецензии 1893–1924. Из книги «Далекие и близкие». Miscellanea. М.: Художественная литература, 1975.

Вайскопф 2000 — Вайскопф М. «Зачем так звучно он поет?» Гоголь и Белинский в борьбе с Пушкиным // Новое литературное обозрение. 2000. № 44. С. 80–90.

Вайскопф 2002 — Вайскопф М. Сюжет Гоголя: Морфология. Идеология. Контекст. М., 2002.

Вацуро 1977 — Вацуро В. Э. «Великий меланхолик» в «Путешествии из Москвы в Петербург» // Временник Пушкинской комиссии. 1974. Л.: Наука, 1977. С. 43–63.

Вацуро 1991 — Вацуро В. Э. Поэтический манифест Пушкина // Пушкин. Исследования и материалы. Т. 14. Л.: Наука, 1991. С. 65–72.

Вацуро 1994 — Вацуро В. Э. Великий меланхолик // Вацуро В. Э. Записки комментатора. СПб.: Академич. проект, 1994. С. 313–345.

Вацуро, Муравьева 2009 — Вацуро В. Э., Муравьева О. С. <Гнедичу> («С Гомером долго ты беседовал один...») 1832–1834 // Пушкинская энциклопедия. Произведения. А–Д. СПб.: Нестор-История, 2009. С. 370–371.

Веселовский 1904 — Веселовский А. Н. В. А. Жуковский: Поэзия чувства и «сердечного воображения». СПб., 1904.

Виноградов В. 1941 — Виноградов В. В. Пушкин — родоначальник новой русской литературы. М.; Л., 1941.

Виноградская 2022 — Виноградская Н. Л. Гоголевский «проект ученой критики» (Из комментария к письму Н. В. Гоголя А. С. Пушкину от 21 августа 1831 года) // Русская литература. 2022. № 4. С. 17–29.

Виролайнен 1982 — Виролайнен М. Н. Н. В. Гоголь и В. А. Жуковский // Гоголь Н. В. Переписка: В 2 т. / Вступ. ст. А. А. Карпов; сост. и ком. А. А. Карпов и М. Н. Виролайнен. М.: Худ. лит., 1982. Т. 1. С. 148–150.

Витберг 1897 — Витберг Ф. К вопросу о времени знакомства Гоголя с Пушкиным и А. О. Россет // Русская старина. 1897. Т. VI. С. 611–618.

Витберг 1892 — Витберг Ф. Гоголь как историк // Исторический вестник. 1892. Т. 49. Кн. 8. С. 390–423.

Воропаев 1994 — Воропаев В. А. Духом схимник сокрушенный... Жизнь и творчество Н. В. Гоголя в свете православия. М.: Моск. рабочий, 1994.

Воропаев 2000 — Воропаев В. А. Поэт и царь: Гоголь о монархизме Пушкина // Пушкин и Крым. Материалы IX Междунар. науч. конф.: В 2 кн. Симферопль: Крымский Архив, 2000. Кн. 1. С. 15–20.

Генина 2010 — Генина Н. Е. Феномен «Тройчатки» в русской литературе 1830-х годов: А. С. Пушкин, Н. В. Гоголь, В. Ф. Одоевский : диссертация ... кандидата филологических наук : 10.01.01 [Место защиты: Том. гос. ун-т]. Томск, 2010.

Гиллельсон 1975 — Гиллельсон М. И. О дневниковой записи А. С. Пушкина // Русская литература. 1975. № 4. С. 156–159.

Гиппиус 1931 — Гиппиус В. Литературное общение Гоголя с Пушкиным // Учен. зап. Перм. гос. ун-та. Отд. обществ, наук. Пермь, 1931. Вып. 2. С. 61–126.

Городецкий и др. 1966 — Пушкин: Итоги и проблемы изучения: Коллективная монография / Акад. наук СССР. Ин-т русской литературы (Пушкинский дом) / Под ред. Б. П. Городецкого [и др.]. М.; Л.: Наука. [Ленингр. отд-ние], 1966.

Гудзий 1915 — Гудзий Н. К. Гоголь — критик Пушкина. Киев: Тип. Т. Г. Мейнандера, 1915.

Гукасова 1957 — Гукасова А. Г. Отрывок из письма, писанного автором вскоре после первого представления «Ревизора» к одному литератору // Известия академии наук СССР. Отд. Литературы и языка. 1957. Т. XVI, вып. 4, июль–август. С. 335–345.

Денисенко, Фомичев 2001 — Денисенко С. В., Фомичев С. А. Пушкин рисует. Графика Пушкина. СПб.: Нотабене; Нью-Йорк: Туманов, 2001.

Дмитриева 2011 — Дмитриева Е. Е. Н. В. Гоголь в западноевропейском контексте: между языками и культурами. М.: ИМЛИ РАН, 2011.

Дмитриева 2015 — Дмитриева Е. Е. Николай Васильевич Гоголь. «Если бы я был живописец» // Н. В. Гоголь, И. С. Тургенев, Ф. М. Достоевский. Когда изображение служит слову. М.: Бослен, 2015. С. 9–50.

Долинин 1922 — Долинин А. С. Пушкин и Гоголь. (К вопросу об их личных отношениях) // Пушкинский сборник памяти проф. С. А. Венгерова, М.; Пг., 1922. С. 181–197.

Долинин 1956 — Долинин А. С. Из истории борьбы Гоголя и Белинского за идейность в литературе // Ленинградский педагогический институт им. А. И. Герцена. Ученые записки. Т. 18. Вып. 5. С. 26–58.

Дрыжакова 2001 — Дрыжакова Е. Н. Рискованная шутка Гоголя на чтениях «Ревизора» // Русская литература. 2001. № 1. С. 190–195.

Жуйкова 1996 — Жуйкова Р. Г. Портретные рисунки Пушкина. Каталог атрибуций. СПб.: Дмитрий Буланин, 1996.

Журбина 1974 — Журбина Е. Под маской Феофилакта Косичкина // Журбина Е. Устойчивые темы. Статьи. М.: Сов. Россия, 1974. С. 134–150.

Загидуллина 2004 — Загидуллина М. В. «Рецептивный остаток»: «Союз» Пушкина и Гоголя в писательском сознании XX века // Пушкин и современная культура: Материалы конф.: 23–27 янв. 2003 г.: Сб. ст. / Отв. ред. В. М. Маркович. СПб., 2004. С. 31–41. (Междунар. науч. конф.)

Загидуллина 2005 — Загидуллина М. В. Болдинская легенда в творчестве Гоголя // Болдинские чтения: [2004] / Гос. лит.-мемор. и природ. музей-заповедник А. С. Пушкина «Болдино»; Нижегород. гос. ун-т. им. Н. И. Лобачевского / Отв. ред. Н. М. Фортунатов. Н. Новгород, 2005. С. 135–149.

Звиняцковский 1994 — Звиняцковский В. Я. Николай Гоголь. Тайны национальной души. Киев: Ликей, 1994.

Золотусский 1998 — Золотусский И. П. Гоголь. 3-е изд., испр. и доп. М.: Молодая гвардия, 1998.

Каллаш 1909 — Каллаш В. В. Загадочное стихотворение Пушкина // Пушкин и его современники. Вып. 12. СПб.: Тип. Имп. акад. наук, 1909. С. 48–59.

Кибальник 2008 — Кибальник С. А. Почему Гоголь «открыл тайну» пушкинского стихотворения «С Гомером долго ты беседовал один...»? 2008. URL: https://www.domgogolya.ru/science/researches/1020/ (дата обращения: 15.12.2024).

Киченко 2007 — Киченко А. Молодой Гоголь: поэтика романтической прозы. Нежин, 2007.

Крейцер 1996 — Крейцер А. О духе местности Царского Села (Пушкин и Гоголь летом 1831 года) // Нева. 1996. № 11. С. 232–239.

Кулиш 1852 — Кулиш П. Несколько черт для биографии Николая Васильевича Гоголя // Отечественные записки. 1852. № 4. Отд. VIII. С. 189–201.

Левин 1974 — Левин Ю. Д. Некоторые вопросы шекспиризма Пушкина // Пушкин. Исследования и материалы. Т. 7. Л.: Наука, 1974. С. 58–85.

Лукьяновский 1915 — Лукьяновский Б. Пушкин и Гоголь в их личных отношениях. (Вопрос о «дружбе») // Беседы. Сборник общества истории литературы в Москве, М., 1915. С. 32–49.

Любич-Романович 1902 — Любич-Романович В. И. Гоголь в Нежинском лицее // Исторический вестник. 1902. Т. LXXXVII. № 2.

Лямина, Самовер 2020 — Лямина Е. Э., Самовер Н. В. Чужой (о стратегии вхождения Гоголя в пушкинский литературный круг) // Unacknowledged Legislators: Studies in Russian Literary History and Poetics in Honor of Michael Wachtel / Ed. by L. Fleishman, D. M. Bethea, I. Vinitsky. Berlin: Peter Lang, 2020. P. 199–241.

Макогоненко 1985 — Макогоненко Г. П. Гоголь и Пушкин. Л.: Советский писатель, 1985.

Манн 1997 — Манн Ю. В. «Даже с Пушкиным я не успел и не мог проститься...» // Филологические науки. 1997. № 6. С. 87–96.

Манн 2001 — Манн Ю. В. Пушкин и Гоголь в 1836 году. Была ли ссора? // Пушкинская конференция в Стэнфорде. Материалы и исследования ОГИ, 2001. С. 343–356.

Манн 2012 — Манн Ю. В. Гоголь. Книга 1. Начало. 1809–1835. М.: РГГУ, 2012.

Манн 2013 — Манн Ю. В. Гоголь. Книга 3. Завершение пути. 1845–1852. М.: РГГУ, 2013.

Набоков 1996 — Набоков В. Николай Гоголь. 1809–1852 // Набоков В. Лекции по русской литературе. М., 1996.

Набоков 2004 — Набоков В. В. Дар // Собр. соч. русского периода: В 5 т. Т. 4. СПб.: Симпозиум, 2004.

Оксман 1952 — Оксман Ю. Г. Из разысканий о Пушкине: Неосуществленный замысел истории Украины // Литературное наследство. Пушкин, Лермонтов, Гоголь. Т. 58. М.: Изд-во АН СССР, 1952. С. 211–242.

Отяковский 2022—— Отяковский В. С. Литературный факт как поздравление // Русская литература. 2022. № 1. С. 274–275.

Перлина 1999 — Перлина Н. Прогулки с Гоголем в тени Пушкина // Russian Language Journal / East Lansing, 1999. Vol. 53. № 174–176: Commemorates the 200 anniversary of the birth of Aleksandr Sergeevich Pushkin. P. 239–274.

Петрунина, Фридлендер 1969 — Петрунина Н. Н., Фридлендер Г. М. Пушкин и Гоголь в 1831–1836 годах // Пушкин. Исследования и материалы. Т. VI. Л.: Наука, 1969. С. 197–228.

Проскурина 2023 — Проскурина В. Ю. Гоголевский «Нос» в пушкинском кругу. О редакции повести в журнале «Современник» 1836 года // Временник пушкинской комиссии. Вып. 38. СПб.: Росток, 2023. С. 118–138.

Рицци 1991 — Рицци Д. «Станционный смотритель» Пушкина и «Старосветские помещики» Гоголя // Пушкинская конференция в Стэнфорде: 1999: Материалы и исследования / Под ред. Д. М. Бетеа, А. Л. Осповата, Н. Г. Охотина, Л. С. Флейшмана. (Материалы и исслед. по ист. рус. культуры. Вып. 7). М.: ОГИ, 2001. С. 318–334.

Слонимский 1947 — Слонимский А. Л. История создания «Женитьбы» Гоголя // Русские классики и театр. М.; Л.: Искусство, 1947. С. 307–318.

Слонимский 1953 — Слонимский А. Л. Вопросы гоголевского текста // Изв. АН СССР. Отд. лит. и яз. 1953. Т. XII . Вып. 5. С. 401–416.

Супронюк 2009 — Супронюк О. К. Литературная среда раннего Гоголя. Киев: Академпериодика, 2009.

Сурат 2019 — Сурат И. З. Пушкин и Гоголь перед картиной Брюллова // Литературоман(н)ия: к 90-летию Юрия Владимировича Манна: сборник статей / Сост. Д. М. Магомедова, ред. В. Б. Зусева-Озкан, О. В. Федунина. М.: РГГУ, 2019. С. 245–258.

Тархова 1999 — Летопись жизни и творчества Александра Пушкина: В 4 т. 1829–1832. Т. 3 / Сост. Н. А. Тархова. М.: Слово, 1999.

Томашевский 1990 — Томашевский В. Б. Поэтическое наследие Пушкина // Томашевский В. Б. Пушкин. Работы разных лет. М., 1990.

Фомичев 1990 — Фомичев С. А. Памятник нерукотворный // Русская литература. 1990. № 4. С. 214–216.

Фомичев 2007 — Фомичев С. А. Пушкинское у Гоголя. Гоголевское у Пушкина // Фомичев С. А. Пушкинская перспектива. М.: Знак, 2007. С. 187–226.

Шубин, Файбисович 1982 — Шубин В. Ф., Файбисович В. М. К литературной жизни пушкинского Петербурга // Русская литература. 1982. № 3. С. 149–159.

Эфрос 1933 — Эфрос А. Рисунки поэта. М., 1933.

Lotman 1997 — Lotman Ju. M. Puškin // Storia della civiltá letteraria russa, diretta da M. Colucci e R. Picchio. Torino, 1997. V. I.

Пушкин и Буало (заметки к теме)[1]

И. А. Пильщиков

Пушкин после 1831 года — это Пушкин после женитьбы; после польского восстания; после «Евгения Онегина»; после перехода к прозе; в конце концов, после того, как он начал прилично (хоть и с отдельными ошибками) читать по-итальянски и по-английски. Но есть одна область, где пушкинские установки изменились минимально, — это отношение к французской литературе. Б. В. Томашевский писал, что «взгляды Пушкина в области французских литературных оценок не оставались неизменяемыми, застывшими за все протяжение его литературной жизни. Но никогда его французские симпатии не претерпевали резкого изменения» [Томашевский 1926: 32]. Конечно, Шекспир потеснил в симпатиях Пушкина «Ивана Ивановича» Расина, и вообще французская поэзия была несколько потеснена английской и итальянской, но — потеснена, а не вытеснена.

Посмотрим, как в этом отношении обстояло дело с Буало. В соответствии с пушкинскими интересами основное внимание будет уделено «Поэтическому искусству», сатирам и посланиям законодателя французского Парнаса.

---

[1] This work was funded by the EU's NextGenerationEU instrument through the National Recovery and Resilience Plan of Romania — Pillar III-C9-I8, managed by the Ministry of Research, Innovation and Digitalization, within the project entitled «Networks of (Dis)similarities: The Circulation of Western Romance Literatures in Eastern Europe (NETSIM)» (contract no. 760075/23.05.2023, code CF 292/30.11.2022).

1. «Le papier et la plume»

Сатира — жанр, разработанный в древнеримской поэзии Луцилием, Горацием, Персием и Ювеналом. Термин *сатира* или, точнее, *сатура* (‘смесь’) первым использовал Квинтилиан для характеристики сочинений Луцилия (Inst. Orat., X, 1, 93). Гораций этого термина еще не знал, «он назвал свои Сатиры и Сатирические послания *Sermones* (речи, разговоры, рассуждения) — и сие одно достаточно объясняет их характер» [Остолопов 1821: 70]. Главный представитель жанра в новое время — бесспорно, Буало, «единственный в сем роде, <...> который столь удачно подражал древним, <...> что сам почитается образцем неподражаемым» [Остолопов 1821: 71–72]. Тематика и стилистика двенадцати сатир Буало стали образцами для последующей традиции. Римские поэты писали свои сатиры дактилическим гекзаметром, новоевропейские — его условным эквивалентом, то есть «длинным» стихом с парными рифмами: в частности, французы — александрийским стихом (12-сложником), а немцы и русские — его силлаботоническим аналогом, 6-стопным ямбом.

Ближайший к сатире по форме и содержанию жанр классицизма — стихотворное послание (эпистола). У дидактических посланий те же, что и у сатир, авторы-основоположники, писавшие в этих двух жанрах одними и теми же стихотворными размерами. Создатель поэтического эпистолярного жанра — Гораций, написавший две книги морально-философских посланий, а также металитературное Послание к Пизонам, вошедшее в европейскую культуру под названием, которое ему дал Квинтилиан (Inst. Orat., VIII, 3, 59): «Ars poetica» — «Искусство (*или* наука) поэзии». Гораций нового времени — Буало опубликовал 12 посланий и создал по образцу «Ars poetica» свою версию «Поэтического искусства» — «L'Art poétique» (1674), которая, однако, представляет собой не послание, а дидактическую поэму в четырех песнях.

В области формы различий между посланиями и сатирами Буало фактически нет; предполагалось, что отличия проходят в области семантики и прагматики. Главное содержательное отличие — в том, что послания могут не иметь сатирического характера (но могут и иметь, и тогда семантические различия между жанрами стираются вместе с формальными). Все сатиры так же, как и послания, имеют адресатов, которые в большинстве случаев реальны, но могут быть и фиктивными. Однако послания обращены к отсутствующим адресатам, а сатиры («речи») — как бы к присутствующим. Но поскольку адресация письменного художественного текста всегда в той или иной степени условна, разница эта исчезающе мала [Пильщиков 2024а: 220–223; 2024б: 69–71]. Тем не менее во Франции поэтико-эпистолярное наследие Буало котировалось ниже, чем его сатиры, и было вполне оценено только в эпоху Просвещения [Wood 1993], а в России так и не достигло популярности сатир [Песков 1989: 42–43].

Топика и приемы сатир и посланий Буало были известны Пушкину с ранних лет. Яркое и общеизвестное свидетельство — пушкинский печатный дебют, послание «К другу стихотворцу» (1814), ориентированное прежде всего на IX сатиру Буало, обращенную «к своему уму» [Томашевский 1926: 22–26]. По характеристике Томашевского, «это послание — не перевод и даже не подражание, это — создание ученического порядка, это — произведение *школы* Буало» [Томашевский 1926: 26] (в источнике разрядка). Зато, по мнению того же исследователя, с позднейшим посланием к Буало («Французских рифмачей суровый судия...», 1833) дело обстоит иначе, и оно не обнаруживает непосредственного влияния Буало-сатирика:

> Желая подражать Буало-сатирику, Пушкин на деле пошел вслед за Буало-дидактиком. <...> В сатирической своей части стихотворение это далеко от сатир Буало. Здесь Пушкин обнаружил меньшее умение овладеть его стилем, чем в своем первоначальном произведении. Сатирические нападки кажутся заимствованными не из сатир, а из «Art poétique». <...> Это произведение Пушкина дает чувствовать, что в зрелом возрасте сочинения Буало разрезывались им только на тех страницах, на которых был «Art poétique». Даже о сатирах Пушкин определенно не пишет, не выбирая из них ни одной характерной черточки. Буало для Пушкина — автор «Art poétique» [Томашевский 1926: 59–60].

Это не совсем так. Свидетельства внимания к сатирам и посланиям Буало остались в пушкинских текстах и 1820-х, и 1830-х годов, включая неоконченное послание к Буало 1833 года.

В авторском примечании (1823–1824) к XLII строфе первой главы «Евгения Онегина» («Причудницы большого света!..») Пушкин, говоря, что «Буало, под видом укоризны, хвалит Лудовика XIV» (VI: 191)[2], имеет в виду «Речь к королю» («Discours au roi») и три послания к нему (I, IV и IX). Сама строфа может быть прочитана как пунктирный пересказ X сатиры Буало [Песков 1999][3].

В письме Вяземскому от 20 декабря 1823 года (XIII: 82) Пушкин вспоминает стих «Aux Saumaises futurs préparent des tortures» («Будущим Сомезам [то есть комментаторам] приготовляют муки»). Это цитата всё из той же IX сатиры («К своему уму»). В большом академическом издании она почему-то отнесена к двум разным произведениям Буало, причем дважды неправильно — к «Поэтическому искусству» в 13-м томе (XIII: 580) и к III сатире в справочном томе [Пушкин 1959: 121]; а в малом академическом издании тоже неправильно (к «Поэтическому искусству») [Пушкин 1950–1951, X: 668][4]. Двустишие из III сатиры цитируется у Пушкина, но в другом месте — в дневниковой записи от 3 мая 1834 года (об авторском чтении «Ревизора»). Правда, здесь Пушкин цитирует Дашкова, цитирующего Буало (XII: 328).

Наконец, насколько мне известно, никогда не обсуждались следы II сатиры (к Мольеру, о рифме и разуме) в пушкинском послании к Буало («Французских рифмачей суровый судия...»):

> О вы, которые, восчувствовав отвагу,
> Хватаете перо, мараете бумагу,
> Тисненью предавать труды свои спеша,
> Постойте — (III: 305).

---

2 Пушкинские цитаты даются по изданию [Пушкин 1937–1949] со ссылкой в формате «номер тома римскими цифрами: номер страницы арабскими».

3 Мизогинистическая Сатира X («Les Femmes»), вышедшая отдельным изданием в 1694 году, произвела скандал и вызвала ответную стихотворную «Апологию женщин» Шарля Перро («Apologie des femmes», 1694).

4 Самый распространенный вариант ошибки (дезориентирующая ссылка на «L'Art poétique») восходит к неточности, допущенной Б. Л. Модзалевским [Модзалевский 1926: 296]. Вспоминается та же цитата, вынесенная в эпиграф к одной заметке М. Л. Гаспарова, с меланхоличной подписью: «(кажется, из Буало)» [Гаспаров 1998: 110].

А вот Буало:

Aussitôt, malgré moi, tout mon feu se rallume;
Je reprends sur-le-champ le papier et la plume;
Et, de mes vains sermens perdant le souvenir,
J'attends de vers en vers qu'elle <*la rime*> daigne venir.

[*Перевод:*]
И тут же, вопреки мне самому, мой огонь вовсю разгорается;
Я немедленно хватаю бумагу и перо;
И, забыв собственные напрасные клятвы [больше не писать],
Я жду от стиха к стиху, когда рифма соизволит прийти.

В стихотворении «Осень», написанном в том же 1833 году, Пушкин подхватывает мотив *«отваги»* и соответствующую рифму:

И мысли в голове волнуются в отваге,
И рифмы легкие навстречу им бегут,
И пальцы просятся к перу, перо к бумаге,
Минута — и стихи свободно потекут (III: 321).

Если послание к Буало датируется началом-серединой октября 1833 года [Измайлов 1978: 187], а черновой и беловой тексты «Осени» — серединой октября и началом ноября [Измайлов 1974: 224–228; Сандомирская 1982: 264], то эти два стихотворения создавались одно за другим. Автоирония Буало в одном из них обращается в иронию, адресованную собратьям по перу, а в другом — сохраняет автоадресацию, уводя иронию в подтекст. Косвенным свидетельством металитературно-сатирических ассоциаций обсуждаемых строк «Осени» служит авантекст стихотворения, сохранивший резкий переход к стиху «И пальцы просятся к перу, перо к бумаге» от намеченной, но отброшенной октавы, совмещающей «элементы литературной полемики с эпиграмматической солью» [Измайлов 1974: 246, ср. 244–247].

Сама же рифма «*отвага* : *бумага*» (в различных падежах рифмуемых существительных) присутствует у Пушкина буквально с самых первых произведений, причем в контексте автоиронии и сатиры, напоминающем о сатире Буало к Мольеру. Ср. в поэме «Монах» (1813): «Исполнившись иройскою отвагой, / Опять беру чернильницу с бумагой» (I: 18)[5]. В текстах 1833 года обсуждаемый топос поддерживается единым стихотворным размером — шестистопным ямбом, строфическая форма которого варьируется в соответствии с выбором жанра и стиля (ср. [Бонди 1986]): в сатирическом послании использована «классическая» парная рифмовка, в медитативной «Осени» — «неклассическая» октава.

2. «Un sonnet sans défaut»

Обратимся теперь к тексту, относящемуся ко времени чуть более раннему, чем рубеж 30-х, — «Отрывки из писем, мысли и замечания» (1827): «Un sonnet sans défaut vaut seul un long poème[6]. Хорошая эпиграмма лучше плохой трагедии... что это значит? Можно ли сказать, что хороший завтрак лучше дурной погоды?» (XI: 54). Пушкин, всегда цитировавший Буало с исключительным почтением, внезапно меняет тон: «Здесь Пушкин уже нападает на Буало. Он почти насмехается над его формулами. Но, безусловно, этим он лишь подчеркивает свое несогласие с частной мыслью Буало» [Томашевский 1926: 36].

Томашевский отметил параллель между этим замечанием и посланием к Буало 1833 года: Пушкин «не забыл своего упрека <...>, когда, в 1833 г., обратился снова к Буало» [Томашевский 1926: 36] (ср. [Томашевский 1922: 220 примеч. 2]):

> Будь мне вожатаем. Дерзаю за тобой
> Занять кафедру ту, с которой в прежни лета
> Ты слишком превознес достоинство сонета <...> (III: 305).

---

5 Эта же рифма использована в речи Хвостова из «Тени Фонвизина» (I: 160).

6 «Безупречный сонет один стоит длинной поэмы (*или:* длинного стихотворения)» («L'Art poétique», II, 94). Здесь и далее переводы с французского мои. — *И. П.*

В итоговой статье о Пушкине и французской литературе исследователь резюмировал: «Особенно, по-видимому, восставал Пушкин против афоризма: “Un sonnet sans défaut vaut seul un long poème”» [Томашевский 1937: 25]. А в ранних работах Томашевский объяснял, что для того, чтобы понять пушкинские нападки на, казалось бы, незначительный по своему весу в «Поэтическом искусстве» стих Буало, «надо учитывать то огромное, так сказать, символическое значение этого стиха, какое в нем усматривал Пушкин и его друзья», — писавшие об этом стихе ранее Кюхельбекер и Вяземский [Томашевский 1926: 353 примеч. 18а] (см. также [Томашевский 1922: 221 примеч. 2 к с. 220]). Ср. у Вяземского в статье о сонетах Мицкевича (1827):

> Мы уже отошли от суеверного пристрастия Депрео к Сонету, но всё должны признаться, что правильное исполнение его сопряжено с некоторым затруднением и налагает иго. Участь Сонета странная. Законодатель новейшей классической Поэзии поставил его краеугольным камнем здания классической Поэзии, а в отечестве его, верующем еще и ныне в его *Французский Коран* (так Пушкин называет l’art poétique)[7], Сонет совершенно забыт и заброшен[8]. Напротив, у поэтов, исповедующих романтизм, он еще в употреблении [Вяземский 1827: 193–194].

Но почему же и Пушкин, и Вяземский, и Кюхельбекер (чью цитату см. ниже) обращались к одной и той же строчке Буало?

---

[7] В неоконченной заметке «О поэзии классической и романтической» (1825), которая будет подробнее обсуждаться ниже, в разделе 3, Пушкин пишет: «Буало обнародовал свой Коран — и фр.<анцузская> слов.<есность> ему покорилась» (XI: 38). Судя по всему, это оригинальная шутка Пушкина. Если она и встречается по-французски, то со ссылкой на него, как, например, в пересказах статьи Вяземского в московском «Bulletin du Nord» (1828. Vol. 1, № 2. P. 51) и парижском «Revue encyclopédique» (1828. T. XXXVII, № 3. P. 713).

[8] В позднейшем варианте статьи-рецензии, подготовленном Вяземским для итогового собрания сочинений и опубликованном полвека спустя, приведен и сам стих Буало: «Un sonnet sans défaut vaut seul un long poème, — сказал законодатель новейшей классической поэзии: отечество его верует еще и ныне в его Французский Коран (так Пушкин называет l’art poétique), а сонет давно забыт» [Вяземский 1878: 328].

Почему она была для них хрестоматийной? Помимо прочего потому, что она разбирается в «Лицее» Ж.-Ф. Лагарпа. Это один из тех случаев, когда Лагарп не согласен с Буало, и Пушкин тоже не согласен — вслед за Лагарпом:

> ...ce genre de poésie <...> a été si long tems en crédit et qui est aujourd'hui entiérement passé de mode. Boileau paya lui même une sorte de tribut à l'opinion, en traçant laborieusement dans son art poétique les regles du sonnet, et finissant par dire:
>
> Un sonnet sans défaut vaut seul un long poëme.
>
> Cela est un peu fort; et c'est pousser un peu loin le respect pour le sonnet. On a remarqué avec raison qu'il n'y avait point de différence essentielle entre la tournure d'un sonnet et celle des autres vers à rimes croisées <...>: il n'y a pas là de quoi lui donner une si grande valeur [Laharpe 1799: 146–147].
>
> [*Перевод:*]
> ...этот поэтический жанр... долго был в почете, но теперь полностью вышел из моды. Сам Буало отдал дань старым представлениям, тщательно описав правила сонета в своем «Поэтическом искусстве» и, наконец, сказав:
>
> Un sonnet sans défaut vaut seul un long poëme.
>
> Это всё-таки чересчур; такое уважение к сонету заведет слишком далеко. Было справедливо замечено, что нет существенной разницы между формой сонета и других стихов с перекрестными рифмами <...>; нет причин придавать ему столь высокую ценность.

Ю. М. Лотман считал важнейшим компаративистским тезисом Томашевского положение о том, что в отличие от большинства своих русских современников Пушкин — по крайней мере, на словах — предпочитал французскую поэзию XVII века (а точнее, школу Буало — Мольера — Расина — Лафонтена) французской поэзии XVIII века, делая исключение лишь для Вольтера, пусть и с оговорками [Лотман 1983: 75–79]. Но это и есть эстетическая позиция Лагарпа. Более того (отмечает Томашевский): следуя за Буало в целом, Пушкин проводит ревизию его частных положений. Как мы видим, некоторые из этих положений пересмотрел уже Лагарп.

О взглядах Пушкина в 1833 году уже нельзя сказать, что поэт «скептически относился к сонету», как пишет Томашевский, и поэтому исследователю пришлось делать странную оговорку о том, что «и приняв <форму сонета, Пушкин> не пылал большим к ней воодушевлением» [Томашевский 1926: 36]. Недаром Д. Д. Благой, приведя *те же самые* цитаты из Пушкина, заключил обратное: «...познакомившись с сонетами романтика Вордсворта, Пушкин вынужден был признать, что эта "придуманная" и "затруднительная" форма не помешала ему выразить "глубокие чувства и поэтические мысли"» [Благой 1967: 441].

В пушкинском послании к Буало есть отброшенный вариант «Ты славу утвердил *покойного* сонета» (III: 898). С чьей точки зрения это написано и к какому времени эта точка зрения относится? Это не время Пушкина (когда сонет возродился) и не время Буало (когда сонет процветал), а время Лагарпа (когда сонет почти не практиковался). Таким образом, Пушкин не столько выдвигает свои претензии к Буало, сколько излагает чужие, солидаризируясь с ними, но лишь отчасти. «Достоинство сонета» он теперь признать готов, а возражения вызывает у него сравнение достоинств разножанровых текстов — сонета и поэмы.

Обратимся теперь ко второму предложению заметки: «Хорошая эпиграмма лучше плохой трагедии». Оно имеет особое значение, поскольку первоначально в тексте Третьей кишиневской тетради заметка начиналась с этих слов (ПД 833, л. 41), и Пушкин лишь потом, «другим почерком и чернилами, а следовательно, спустя некоторое время», «над текстом русской записи» вписал первую половину стиха Буало [Иезуитова 1995: 260].

Сентенция построена по модели, модифицирующей структуру обсуждаемого стиха и прецедентно представленной во французском металитературном дискурсе. В некрологе Иньясу де Ламарш-Курмону[9] («Похвала господину де Ламаршу»), подписанном «M. L. F.» и принадлежащем, по-видимому, Ж.-Ж. Лефранку

9 Ignace Hugary de La Marche-Courmont (1728–1768).

де Помпиньяну[10] [Bréghot du Lut 1831: 91–93; Duffo 1914: 386–387], в защиту эпиграмм покойного сказано: «une bonne épigramme vaut beaucoup mieux qu'un mauvais livre» («хорошая эпиграмма гораздо лучше плохой книги») [Lefranc de Pompignan 1770: 304]. Этот афоризм появляется у Лефранка в насыщенно буалеанском контексте. Пассаж начинается определением, которое дал эпиграмме Буало: *un bon mot de deux rimes orné* («острота, украшенная двумя рифмами»)[11], а завершается прямым указанием на автора «L'Art poétique»: «В мире много Гаконов и Зоилов, но мало Буало и Катуллов» [Lefranc de Pompignan 1770: 303–304].

Другой пример, на этот раз стихотворный. Шуточное «Послание Каде-Русселю» («Épître à Cadet Roussel», 1793) Армана Шарлеманя[12] завершается аналогичной сентенцией, которая начинается с отсылки к известному афоризму Вольтера «Tous les genres sont bons hors le genre ennuyeux» («Все жанры хороши, кроме скучного»):

Le pire ouvrage est l'ennuyeux;
Plus il est long, plus il ennuie:
Une bonne farce vaut mieux
Qu'une mauvaise tragédie!
[Charlemagne 1800: 20]

[*Перевод:*]
Наихудшая книга — это скучная книга;
Чем она длиннее, тем больше она наскучивает.
Хороший фарс лучше,
Чем плохая трагедия!

Цитата из Буало и первая русская фраза пушкинской заметки имеют сходную логическую структуру, приводящую к выводу, опровергаемому далее апогогически: «Можно ли сказать, что

---

[10] Jean-Jacques Lefranc, marquis de Pompignan (1709–1784).

[11] Пушкин вспоминает эту строку из II песни «Поэтического искусства» в материалах к «Отрывкам из писем, мыслям и замечаниям» (1827) и в неоконченной заметке о Баратынском (1830) (XI: 61, 186).

[12] Armand Charlemagne (1759–1838).

хороший завтрак лучше дурной погоды?» Однако у Буало не сказано, что «хороший сонет лучше плохой поэмы», а сказано, что «безупречный сонет сто́ит целой поэмы» (то есть «хорошее короткое стихотворение ничем не хуже длинного»). Поэтому *reductio ad absurdum* действенно в отношении афоризмов Лефранка и Шарлеманя, но бьет мимо «L'Art poétique». Тем не менее читатель не успевает заметить подмену, поскольку в следующей заметке (XI: 54) Пушкин переходит непосредственно к теме, которая его действительно интересует: равны ли все жанры между собой по своей эстетической ценности. Маркером темы здесь служит афоризм Вольтера о скучных жанрах, который на странице тетради был, по оценке эксперта, «почти сразу» вписан рядом со стихом Буало [Иезуитова 1995: 260][13].

Таким образом, риторически пушкинская заметка построена как спор с Буало, но на самом деле сентенция французского классика подведена задним числом; начиная одну заметку, она сразу перебрасывает содержательный мостик к следующей. Б. В. Томашевский и Ю. Н. Тынянов, еще не знавшие о ходе работы Пушкина над рукописью, догадались, что такой ход мысли был подсказан Пушкину Кюхельбекером, который в своей статье «О направлении нашей поэзии...» (1824) первым прямо сопоставил обсуждаемые цитаты из Буало и Вольтера:

> Вольтер сказал, что все роды сочинений хороши, кроме скучного: — он не сказал, что все равно хороши. — Но Буало, верьховный, непреложный законодатель в глазах толпы Русских и Французских Сен-Моров и Ожеров, объявил:
>
> Un sonnet sans défaut vaut seul un long poème!
>
> Есть однако же варвары, в глазах коих одна отважность предпринять создание Эпопеи взвешивает уже всевозможные Сонеты, Триолеты, Шарады и — может быть, Баллады [Кюхельбекер 1824: 32 примеч. *].

---

[13] Вписан по памяти, ибо неточно: «...excepté l'ennuyeux»; в печатном тексте так и осталось (XI: 326, 54).

Бонмо Кюхельбекера настолько понравилось Пушкину, что он повторил его в «Отрывках из писем, мыслях и замечаниях», переведя на французский: «Tous les genres sont bons, excepté ennuyeux. <...> Впроччем некто заметил, что и Вольтер не сказал également bons» (XI: 54) [Томашевский 1926: 353 примеч. 18а; Тынянов 1926: 279–280].

Цитату из Буало о сонете обычно понимают так же, как ее интерпретирует Кюхельбекер — как противопоставление сонета эпической поэме [Lanson 1892: 135–136]. Однако критики XVIII столетия полагали, что характеристика «un long poème» применима к любому длинному произведению в стихах — поэме, трагедии или даже оде, которая не относится к *grands genres* [Lote 1991–1996, IX: 103–104]. Так же истолковывает этот стих П.-К.-Ф. Дону[14], комментатор и автор предисловия к стереотипному изданию сочинений Буало, неоднократно переиздававшемуся с 1809 по 1840 год:

> Mais qu'*un sonnet sans défaut vaille un long poëme*, une tragédie, par exemple, ou même une belle ode, on ne conçoit pas que Despréaux ait pu le dire. Ce qu'il faut admirer ici, c'est l'ascendant des préjugés et des habitudes, leur empire sur les meilleurs esprits. Qui peut se flatter de ne jamais écrire, sous la dictée des opinions de son siècle, quelques lignes bien étranges, après que Despréaux a écrit celle-là? [Daunou 1809: xxix–xxx].
>
> [*Перевод:*]
> Но что *безупречный сонет стоит длинного стихотворения* — трагедии, например, или даже прекрасной оды, — трудно даже себе представить, что Депрео мог такое сказать. Если здесь что-то и заслуживает восхищения, так это господство предрассудков и привычек, их власть над лучшими умами. Кто может льстить себе, что ни разу не написал под влиянием мнений своего века хотя бы несколько весьма странных строк — после того, как сам Депрео написал эту?

[14] Pierre-Claude-François Daunou (1761–1840).

3. «Баллада, рондо, вирле, триолет и проч.»

Канон малых жанров классицизма состоит из двух внутренне неоднородных и в то же время разнородных по отношению друг к другу групп произведений. С одной стороны, это жанры классической античности, которые предстояло усвоить и переопределить формально и содержательно, применив к условиям новых языков и нового времени (ода, элегия, эклога, эпиграмма). С другой стороны, это утвердившиеся со времен позднего Средневековья и Возрождения «твердые строфические формы» (formes fixes) итальянского и французского стиха, прежде бывшие текстомузыкальными структурами, а теперь превратившиеся в жанры «легкой поэзии» («poésie légère»), — сонеты, рондо, триолеты и т. п. К этой же группе жанров относятся баллады, первоначально бывшие твердыми формами (английская терминология до сих пор различает *ballade* как французскую твердую форму и *ballad* как жанр фольклорной поэзии и литературных имитаций фольклора) [Пильщиков 2024a: 105–106], а также еще одна экс-текстомузыкальная форма — мадригалы (первоначально — средневековые итальянские пасторальные песни нефиксированной формы, затем — небольшие салонные песни под музыкальный аккомпанемент, написанные вольным стихом, и, наконец, стихотворения с нефиксированной формой и комплиментарным содержанием) [Гаспаров 2003: 132].

Историю появления твердых форм во французской поэзии Пушкин кратко излагает в неоконченной заметке 1825 года («О поэзии классической и романтической») и ее незавершенной переработке 1834 года («О ничтожестве литературы русской»). Характеристика, которую Томашевский первоначально дал этим наброскам, весьма скептична:

> Отмечу, что отзывы Пушкина о поэтах до Буало носят все следы поверхностного знакомства с ними. Старую французскую поэзию до классицизма XVII века он не знал и не любил. Пропаганда поэтов Плеяды, предпринятая романтиками, не изменила его мнения [Томашевский 1922: 218 примеч. 1].

Причина — зависимость от «Поэтического искусства»: пушкинское «обозрение французской словесности <...> отражает взгляды Буало, и о всех фактах до XVII века он говорит его словами, иногда даже в цитатах из его “Art Poétique”» [Томашевский 1922: 227–228]. Позже исследователь признал, что представления Пушкина о литературе до эпохи Людовика XIV были не столь поверхностны, но сделал существенную оговорку — они были опосредованы двумя слоями интерпретаций:

> Знакомство Пушкина с французской литературой до «великого века» значительно. Но всё же оно не выходит за пределы школьного курса и носит на себе определенные следы той классической интерпретации этого периода французской литературы, которая дана в дидактических стихах Буало и в «Лицее» Лагарпа [Томашевский 1937: 17].

В позднейшей формулировке В. Н. Топорова вся пушкинская заметка (в обеих своих частично совпадающих версиях) — это «перевод-конспект» схемы Буало с опорой на ее развертку у Лагарпа [Топоров 1987: 393, 401]. Сопоставление показывает, что Пушкин знал эти источники «не только на уровне идей, но и на уровне текста в его конкретно-языковой форме», поэтому у них «совпадают не только отдельные (как правило, ключевые) элементы <...>, но и — чаще всего — порядок их включения в текст» [Топоров 1987: 381, 385]. Однако есть детали, отсутствующие в обоих французских источниках.

В заметке 1825 года абзац, начинающийся словами «Поэзия проснулась под небом полуденной Франции», завершается перечнем твердых форм: «явились баллада, рондо, вирле, триолет [и проч.] и множество других» (XI: 304). Затем Пушкин поменял их порядок и отчасти состав (заменив триолет сонетом): «явились vir‹e›let, баллада, рондо, сонет и проч.» (XI: 37). При переработке 1834 года он сначала вернул в список триолет, а затем вновь заменил его сонетом, и при этом дважды поменял последовательность форм в списке: «Таким образом [явились] изобретены рондо, вирле, баллада и триолет» (XI: 508); и, наконец: «...бесчисленное множество мелких стихотворений, баллад, рондо, вирле, сонетов <...>, коими наводнена была Франция в начале 17 столетия» (XI: 269). К термину *баллада* на начальной стадии переработки было сделано примечание: «Балладой называл<ось> небольшое стихотворение в ко<ем> рифмы сочетались известным образом и которое начиналось и оканчивалось теми же словами» (XI: 508). Иначе говоря, Пушкин прекрасно понимал, что упоминаемая у Буало *баллада* — это не тот же самый жанр, в котором прославился Жуковский и о котором писал Кюхельбекер.

Томашевский предположил, что «в основе этих слов едва ли не лежат стихи Буало из его "Art Poétique"» [Томашевский 1937: 17], имея в виду раздел II песни, начинающийся словами «Tout poëme est brillant de sa propre beauté» («Стихотворение каждого [вида] блистает присущей ему красотой»), и параллельные места. Однако во II песни «Поэтического искусства», где обсуждаются сонет, эпиграмма[15], рондо, баллада и мадригал (именно в таком порядке), вирелэ не упоминается. Тем не менее Пушкин неслучайно включил его в список. Этот набор твердых форм — *баллады, рондо, вирелэ, триолеты* — связывался (как мы увидим ниже, не вполне основательно) с поэзией Клемана Маро.

Напомню, что и Буало, и вслед за ним Лагарп выделяли в истории французской поэзии до века Людовика XIV два главных периода — эпоху Маро и эпоху Малерба, демонстративно вычеркивая Ронсара и Плеяду. Вторая часть «Лицея» («Век Людовика XIV») начинается с главы «De la poésie française avant et depuis Marot jusqu'à Corneille» («О французской поэзии до и после Маро и до Корнеля»; ч. 2, кн. 1, гл. I) [Laharpe 1799: 81–183]. Лагарп пишет, что «Маро преуспел <...> в галантной и легкой поэзии», а «Малерб стал первым образцом благородного стиля и создателем поэзии лирической» [Laharpe 1799: 119]. Лирическая поэзия — это ода, а галантная и легкая поэзия — это малые *formes fixes*.

В I песни «Art Poétique» Буало выделяет в наследии Маро баллады (зарифмованные с «маскарадами»), триолеты и рондо, но не вирелэ:

---

15 Определение эпиграммы Пушкин хорошо помнил и дважды цитировал — см. выше примечание 10.

Marot bientôt après fit fleurir les ballades;
Tourna des triolets, rima des mascarades,
À des refrains réglés asservit les rondeaux,
Et montra pour rimer des chemins tout nouveaux.

[*Перевод:*]
Маро вскоре после [Вийона] заставил расцвести баллады;
Составлял триолеты, рифмовал маскарады,
Упорядоченным рефренам подчинил рондо
И тем самым открыл для рифмы новые пути.

Этот фрагмент Пушкин неточно цитирует по памяти в заметке 1825 года: «лучший стихотворец времени [Франциска I] rima des triolets, fit fleurir la ballade» (XI: 37) — и в переработке 1834 года: «Наследник его <Вийона. — *И. П.*> Марот <...> rima des triolets, fit fleurir la ballade» (XI: 269, 509, 511; ср. [Бонди 1934: 428, 434, 442]). Цитата из Буало в версии Пушкина, по выражению Топорова, «конденсирована» [Топоров 1987: 384, 386]: в модифицированной строке соединены два двустишия разных стихов, а глагол *rimer* «переадресован» от маскарадов триолетам. Нелепость ситуации заключается, однако, не в искажении цитаты, а в том, что Буало ошибся: Маро не написал ни одного триолета [Faguet 1898: 261; Lote 1991–1996, VI: 141; Monferran 2001: 28–29].

Топоров отметил элементы, перешедшие в пушкинские заметки из текста «Лицея» и при этом либо отсутствующие у Буало (за которым, в целом, следует Лагарп), либо повторенные Лагарпом в ином порядке. В связи с французской поэзией до Маро Лагарп упоминает те же три формы, что и Буало, но в последовательности «La ballade, le rondeau, le triolet» [Laharpe 1799: 86]. Это именно та последовательность, с которой начинает Пушкин [Топоров 1987: 397–398], но между рондо и триолетом он вставляет «вирле» (вирелэ).

Ошибка Буало, подхваченная его последователями, восходит, вероятно, к словам самого Маро в поэме «Храм Купидона» («Le Temple de Cupido», 1515), где все четыре жанра упомянуты на протяжении одного двустишия, а *triolets* (*trioletz*) рифмуется с *virelais* (*vireletz*):

Et les leçons, que chanter on y ose,
Ce sont rondeaux, ballades, virelais,
Motz à plaisir, rithmes, et trioletz.
[Marot 1824: 54]

[*Перевод:*]
А на заутрене мы там возглашаем
Рондо, баллады, вирелэ,
Комплименты, рифмы и триолеты.

В пушкинском экземпляре первого тома сочинений Маро в издании 1824 года соответствующие страницы «Храма Купидона» остались неразрезанными [Модзалевский 1910: 283, № 1138], однако мы не знаем, когда это издание попало в библиотеку Пушкина[16]. Он мог взять термин *вирле* непосредственно из текста Маро, но более вероятный источник, несомненно хорошо Пушкину известный, — это «Послание Клеману Маро» Жана-Батиста Руссо, где под ту же рифму «*triolets* : *virelais*» перечисляются те же стиховые формы:

Par vous en France, Epîtres, Triolets,
Rondeaux, Chansons, Ballades, Virelais,
Gente Epigramme & plaisante Satyre
Ont pris naissance.
[Rousseau 1749: 28]

[*Перевод:*]
Благодаря Вам во Франции послания, триолеты,
Рондо, песни, баллады, вирелэ,
Изящная эпиграмма и шутливая сатира
Обрели свое рождение.

Послание к Маро (III послание I книги, 1712) — первый представитель субжанра послания к давно умершему собрату-поэту. Это особый тип эпистолярной апострофы, изобретателем которого, по-видимому, был сам Руссо; по его образцу Вольтер в 1769 году написал послание «К Буало, или Мое завещание» («À Boileau,

[16] О Пушкине и Маро см. [Вольперт 2004б] (там же вынужденно скудная литература вопроса).

ou Mon Testament»)[17]. К этому же субжанру принадлежит неоконченное послание Пушкина к Буало. Обычно пушкинское послание сопоставляют с вольтеровским (см. [Томашевский 1926: 56–57]), тогда как поэтико-эпистолярный раздел сочинений Ж.-Б. Руссо пушкинисты обходят вниманием (ср.: [Томашевский, Вольперт 2004]). Хотя в своем экземпляре нужного тома парижского издания 1820 года, имевшегося в его распоряжении, Пушкин разрезал только раздел с непристойными эпиграммами [Модзалевский 1910: 325, № 1331], у него в библиотеке было и другое издание (№ 1330) — (псевдо)лондонское 1749 года, по которому послание Руссо процитировано выше[18], да и этими двумя изданиями его знакомство с текстами Руссо вряд ли ограничилось.

Наконец, еще один вероятный источник обсуждаемого списка твердых форм — «Основы литературы» Мармонтеля («Éléments de litterature», 1787). Из этого перечня Мармонтель удостаивает отдельной статьи только балладу (даже сонет не заслужил у него такой чести), но в статье «Баллада» он упоминает шесть форм: «Tels était le sonnet, le rondeau, le virelai, le triolet, le chant, et la ballade» [Marmontel 1818–1819, 1: 298; Cardy 1982: 14, 73]. Там же он приводит и обсуждает цитированный выше пассаж из Маро [Marmontel 1818–1819, 1: 297], а в аннотированном предметном указателе к «Основам» («Table méthodique») дает краткую характеристику:

> *Ballade.* Petit poëme régulier composé de trois couplets et d'un envoi. Elle a passé de mode, ainsi que le rondeau, le virelai, le sonnet, etc.; et c'est dommage [Marmontel 1818–1819, 4: 503].
>
> [*Перевод:*]
> *Баллада.* Небольшое [строго] упорядоченное стихотворение, состоящее из трех куплетов и посылки. Она вышла из моды, как и рондо, вирелэ, сонет и т. д.; а жаль.

---

[17] Они отличаются по стихотворной форме: послание Вольтера к Буало написано александрийским стихом, как и послания самого Буало, а послание Руссо к Маро — десятисложником, как и прочие послания Руссо [Пильщиков 2024а: 223–224; 2024б: 71–72].

[18] Контрафактное 4-томное собрание, выходившее без указания издательства несколькими тиражами в 1748–1753 гг. с обычным для того времени обозначением фиктивного места издания (Londres).

В библиотеке Пушкина было посмертное полное собрание сочинений Мармонтеля в 18 томах (1818–1819), «из которых разрезаны лишь несколько и притом выборочно — главным образом разные статьи, входящие в “Основы литературы”» [Вольперт 2004а: 197]. Это, конечно, свидетельствует об интересе Пушкина к «Éléments» (ср. [Kahn 2008: 34, 38–48]). Процитированные выше фрагменты находятся на неразрезанных страницах [Модзалевский 1910: 282, № 1136], но, как и в других подобных случаях, мы не можем быть уверены, что в 1825 году Пушкин пользовался именно этим изданием.

По-французски Пушкин написал не *virelai*, а *virlet* (ПД 1068: л. 3), как было указано уже в работе С. М. Бонди [Бонди 1934: 428]. В итоговой статье «Пушкин и французская литература» Томашевский без оговорок исправил это некорректное написание на *virelet*, допустимое во французской доакадемической орфографии наряду с *virelai* [Томашевский 1937: 17]. К посмертному переизданию статьи Томашевского в книге «Пушкин и Франция» сделано дезориентирующее примечание: «Так в рукописи Пушкина» [Томашевский 1960: 98]. В большом академическом издании сочинений Пушкина принято чтение Бонди (XI: 37), а в малом Томашевский дал нормализованную орфограмму *virelai* [Пушкин 1950–1951, VII: 34]. На первый взгляд, написание *virlet*, отражающее произношение этого слова без прояснения «немой» гласной, может служить косвенным свидетельством в пользу прозаического, а не стихотворного источника знакомства с ним. Однако русские поэты-билингвы нередко читали французские стихи, игнорируя «*e* muet», в том числе внутри строки [Гаспаров 1997: 566–569; Пильщиков 2015]; поэтому предположения о прозаическом либо поэтическом источнике пушкинских сведений о «вирле» должны остаться в статусе равнодопустимых и невзаимоисключающих гипотез[19].

---

[19] Автор признателен А. А. Добрицыну и В. С. Полиловой за точные и проницательные замечания, а А. С. Бодровой и Т. И. Краснобородько — за сверку и анализ автографа ПД 1068.

Источники

Вяземский 1827 — Вяземский [П. А.] Sonety Adama Mickiewicza. (Сонеты Адама Мицкевича). Москва, 1826 г. in 4, 48 стр. // Московский телеграф. 1827. Ч. XIV, № 7. С. 191–222.

Вяземский 1878 — Полное собрание сочинений князя П. А. Вяземского. Издание графа С. Д. Шереметева. Том I. СПб.: Типография М. М. Стасюлевича.

Кюхельбекер 1824 — Кюхельбекер В. К. О направлении нашей Поэзии, особенно лирической[,] в последнее десятилетие // Мнемозина: Собрание сочинений в стихах и прозе / Изд. Кн[язем] В. Одоевским и В. Кюхельбекером. Ч. II. М., 1824. С. 29–44.

Остолопов 1821 — Остолопов Н. Ф. Словарь Древней и Новой поэзии. Ч. III. СПб.: в типографии Императорской Российской Академии, 1821.

Пушкин 1937–1949 — Пушкин [А. С.] Полное собрание сочинений: [В 16 т.]. М.; Л.: Издательство Академии наук СССР, 1937–1949.

Пушкин 1950–1951 — Пушкин А. С. Полное собрание сочинений: В 10 т. М.; Л.: Издательство Академии наук СССР, 1950–1951.

Пушкин 1959 — Пушкин [А. С.] Полное собрание сочинений: [В 16 т.]. Справочный том / Ред. С. М. Бонди и Т. Г. Цявловская-Зенгер; общие указатели составила Л. А. Катанская. М.; Л.: Издательство Академии наук СССР, 1959.

Charlemagne 1800 — Charlemagne A. Poésies fugitives. Paris: P. Didot l'aîné, an IX [1800]. Подпись: Armand-Charlemagne.

Laharpe 1799 — Laharpe J. F. Lycée, ou Cours de littérature ancienne et moderne. T. IV. Paris: H. Agasse, an VII de la République [1799].

Lefranc de Pompignan 1770 — Lefranc de Pompignan J.-J. [?] Éloge de Monsieur de La Marche // Le nécrologe des hommes célèbres de France. Maestricht: J. E. Dufour, 1770. P. 293–305. Подпись: M. L. F.

Marot 1824 — Œuvres complètes de Clément Marot. Nouvelle édition, ornée d'un beau portrait, et augmentée d'un essai sur la vie et les ouvrages de Cl. Marot, de notes historiques et critiques, et d'un glossaire. T. I. Paris: Rapilly, 1824.

Marmontel 1818–1819 — Marmontel J.-F. Éléments de littérature. T. 1–4. Paris: Verdière, 1818–1819. (Œuvres complètes de Marmontel, de l'Académie française. Nouvelle édition, ornée de trente-huit gravures; T. XII–XV).

Rousseau 1749 — Œuvres de [J. B.] Rousseau. Nouvelle Édition. T. 2. Londres [Paris?], 1749.

Библиография

Благой 1967 — Благой Д. Д. Творческий путь Пушкина (1826–1830). М.: Советский писатель, 1967.

Бонди 1934 — Бонди С. М. Историко-литературные опыты Пушкина // Литературное наследство. [Т.] 16/18. М.: Журнально-газетное объединение, 1934. С. 421–442.

Бонди 1986 — Бонди С. М. Шестистопный ямб Пушкина // Пушкин: Исследования и материалы. [Т.] XII. Л.: Наука, 1986. С. 5–27.

Вольперт 2004а — Вольперт Л. И. Мармонтель // Пушкин: Исследования и материалы. [Т.] XVIII/XIX: Пушкин и мировая литература. Материалы к «Пушкинской энциклопедии». СПб.: Наука, 2004. С. 197–198.

Вольперт 2004б — Вольперт Л. И. Маро // Пушкин: Исследования и материалы. [Т.] XVIII/XIX: Пушкин и мировая литература. Материалы к «Пушкинской энциклопедии». СПб.: Наука, 2004. С. 198–199.

Гаспаров 1997 — Гаспаров М. Л. Иноязычная фоника в русском стихе // Гаспаров М. Л. Избранные труды. Т. III. М.: Языки русской культуры, 1997. С. 551–573.

Гаспаров 1998 — Гаспаров М. Л. К статье М. Берга «Гамбургский счет» // Новое литературное обозрение. 1998. № 34. С. 110–111.

Гаспаров 2003 — Гаспаров М. Л. Очерк истории европейского стиха. 2-е изд. (доп.). М.: Фортуна Лимитед, 2003.

Иезуитова 1995 — Иезуитова Р. В. Рабочая тетрадь Пушкина ПД, № 833 (История заполнения) // Пушкин: Исследования и материалы. [Т.] XV. СПб.: Наука, 1995. С. 235–264.

Измайлов 1974 — Измайлов Н. В. Осень (Отрывок) // Стихотворения Пушкина 1820–1830-х годов: История создания и идейно-художественная проблематика / Отв. ред. Н. В. Измайлов. Л.: Наука, 1974. С. 222–254.

Измайлов 1978 — Измайлов Н. В. «Медный всадник» А. С. Пушкина: История замысла и создания, публикации и изучения // Пушкин А. С. Медный всадник / Изд. подгот. Н. В. Измайлов. Л.: Наука, 1978. С. 147–265.

Лотман 1983 — Лотман Ю. М. Три заметки к проблеме «Пушкин и французская культура» // Проблемы пушкиноведения / Отв. ред. Л. С. Сидяков. Рига: Латвийский государственный университет им. П. Стучки, 1983. С. 66–81.

Модзалевский 1910 — Модзалевский Б. Л. Каталог библиотеки [Пушкина] // Пушкин и его современники: Материалы и исследования.

Вып. IX/X. СПб.: Типография Императорской Академии наук, 1910. С. 1–370.

Модзалевский 1926 — Модзалевский Б. Л. Примечания // Пушкин [А. С.] Письма / Под ред. и с примеч. Б. Л. Модзалевского. Т. I. М.; Л.: Государственное издательство, 1926. С. 175–538.

Песков 1989 — Песков А. М. Буало в русской литературе XVIII — первой трети XIX в. М.: Издательство МГУ, 1989.

Песков 1999 — Песков А. М. Буало-Депрео // Онегинская энциклопедия / Под общ. ред. Н. И. Михайловой. Т. I. М.: Русский путь, 1999. С. 140–141.

Пильщиков 2015 — Пильщиков И. А. Иноязычная фоника в стихах Лермонтова // Мир Лермонтова / Под ред. М. Н. Виролайнен и А. А. Карпова. СПб.: Скрипториум, 2015. С. 392–405.

Пильщиков 2024а — Пильщиков И. А. Лирика // Европейский классицизм: Энциклопедический путеводитель / Ред. М. Л. Андреев. М.: ИМЛИ РАН, 2024. С. 103–246.

Пильщиков 2024б — Пильщиков И. А. Стихотворное послание в жанровой системе европейского и русского классицизма (Метрика и тематика) // «Milyen nyelvet alkottam s beszéltem?» Nyelvi jelenlét: Tanulmányok a nyolcvanéves Kovács Árpád tiszteletére = «L'idioma ch'usai e che fei». Языковое присутствие: Сборник научных трудов в честь 80-летия Арпада Ковача / Szerk.: Hoványi M. és Molnár A. Budapest: ELTE Eötvös József Collegium, 2024. С. 69–85.

Сандомирская 1982 — Сандомирская В. Б. Рабочая тетрадь Пушкина 1828–1833 гг. (ПД № 838) (История заполнения) // Пушкин: Исследования и материалы. [Т.] X. Л.: Наука, 1982. С. 238–271.

Томашевский 1922 — Томашевский Б. В. Пушкин — читатель французских поэтов // Пушкинист. [Вып.] IV: Пушкинский сборник памяти профессора Семена Афанасьевича Венгерова / Под ред. Н. В. Яковлева. М.; Пг.: Государственное издательство, 1922. С. 210–228.

Томашевский 1926 — Томашевский Б. В. Пушкин и Буало [1916] // Пушкин в мировой литературе. Л.: Государственное издательство, 1926. С. 13–63, 349–361.

Томашевский 1937 — Томашевский Б. В. Пушкин и французская литература // Литературное наследство. [Т.] 31/32. М.: Журнально-газетное объединение, 1937. С. 1–76.

Томашевский 1960 — Томашевский Б. В. Пушкин и Франция. Л.: Советский писатель, 1960.

Томашевский, Вольперт 2004 — Томашевский Б. В., Вольперт Л. И. Руссо [Жан-Батист] // Пушкин: Исследования и материалы. [Т.] XVIII/XIX: Пушкин и мировая литература. Материалы к «Пушкинской энциклопедии». СПб.: Наука, 2004. С. 294–295.

Тынянов 1926 — Тынянов Ю. Н. Архаисты и Пушкин // Пушкин в мировой литературе. Л.: Государственное издательство, 1926. С. 215–286, 384–393.

Топоров 1987 — Топоров В. Н. Еще раз о связях Пушкина с французской литературой (Лагарп — Буало — Ронсар) // Russian Literature. 1987. Vol. XXII, № IV. С. 379–446.

Bréghot du Lut 1831 — Bréghot du Lut C. [?] Mélanges // Archives historiques et statistiques du département du Rhône. T. XIV. 1831. P. 91–108. Без подписи.

Cardy 1982 — Cardy M. The Literary Doctrines of Jean-François Marmontel. Oxford: The Voltaire Foundation, 1982. (Studies on Voltaire and the Eighteenth Century; 210).

Daunou 1809 — Daunou P.-C.-F. Discours préliminaire // Œuvres complètes de Boileau Despréaux. Précédées d'un Discours sur les caractères et l'influence des Œuvres de Boileau. Paris: stéréotype d'Herhan, de l'imprimerie de Mame, frères, 1809. P. vii–lxiv. Без подписи.

Duffo 1914 — Duffo F.-A. J.-J. Lefranc, marquis de Pompignan: Poète et magistrat (1709–1784): Étude sur sa vie et sur ses œuvres. Paris: A. Picard & fils, 1914.

Faguet 1898 — Faguet É. Boileau historien littéraire // Revue hebdomadaire des cours et conférences. 1898. 6e année. 2e série. № 23. 21 Avril. P. 256–264.

Kahn 2008 — Kahn A. Pushkin's Lyric Intelligence. Oxford: Oxford University Press, 2008.

Lanson 1892 — Lanson G. Boileau. Paris: Hachette et Cie, 1892.

Lote 1991–1996 — Lote G. Histoire du vers français: [9 vols.] / Texte revu par J. Gardes-Tamine, L. Victor et al. T. VI–IX. Aix-en-Provence: Presses universitaires de Provence, 1991–1996.

Monferran 2001 — Monferran J.-C. Marot, le marotique et La Fontaine. Autour de la "pension poétique" // Le Fablier: Revue des Amis de Jean de La Fontaine. № 13. P. 25–35.

Wood 1993 — Wood A. G. La Poétique de l'épître chez Boileau // Littératures classiques. 1993. № 18. P. 289–299.

Open Systems of Power and Resistance: Goethe, Pushkin, and the Eco-Colonial Poetics of Imperial Modernity

Kathleen Scollins

Introduction: Narratives of (un)Natural Disaster

On the night of November 18, 1824, at the start of what would be an exceptionally stormy winter in Europe, a low-pressure front in the North Atlantic drew enormous quantities of water into the nearly landlocked Baltic Sea. As the cyclone moved inland, it churned up powerful waves that overwhelmed the shallow Neva Bay, surged into the river, and finally spilled over into the city of St. Petersburg. The water rose over thirteen feet to submerge the city, a significant part of which lies only a few feet above sea level. By the time the water started receding the following afternoon, hundreds of buildings had been washed away and several hundred people were dead, with thousands more injured. Three months later, in early February 1825, another storm in the Atlantic churned up waters in the North Sea which, aided by strong winds, surged over flood barriers and inundated towns, farms, and villages along the European coast from Belgium to Denmark. About eight hundred people drowned in what would later be known in the Netherlands as the worst natural disaster of the nineteenth century. These two events share more than a common turbulent winter: both were natural disasters made incalculably more devastating by man-made conditions.[1]

---

[1] For a detailed treatment of the built environment and ecology of St. Petersburg, see Rachel May, "On the Role of the Humanities in Urban Ecology: The Case of St. Petersburg," *Urban Ecosystems* 7 (2004): 7–15. On the history of human interven-

The culture and communities of the North Sea coast were largely shaped in relation to environmental threat. Human settlements along the coast were completely dependent on land reclamation and flood protection in the form of dykes and drainage systems. The Netherlands, much of which lies at or below sea level, was the first European nation to exist *in spite of* the laws of nature, its very survival enabled by such technologies. The formation of modern Germany, too, relied heavily upon control over the water; by the mid-eighteenth century, extensive hydrological projects involving damming, dyking, and draining had led to substantial land reclamation, enabling the habitation, cultivation, and eventual industrial exploitation of these former floodplains. Environmental alteration, in other words, was an essential part of the social order of these European coastal communities. As the wetlands disappeared and people began to inhabit these former buffer zones, a new divide opened up, between "disasters wrought by 'nature' and those caused by 'man.'"[2]

When Peter the Great founded Petersburg in 1703, it was also in deliberate defiance of nature. As the site of his new stone city, the tsar chose an inhospitable marshland in the estuary of the Neva River. Old maps of the area show a swampy lowland dotted with small, impermanent settlements. In order to ready the land to support the large structures of a modern European capital, the marsh was drained and shored up with imported oak pilings; the Neva embankments were strengthened and reinforced—first with earth, then wood, and, finally, granite; canals were built to further drain the wetlands; and building materials and builders alike were imported from elsewhere in the empire. Surprisingly quickly, a dazzling, largely foreign new metropolis of straight lines and perfect proportions sat upon the once-irregular landscape. The project, which was predicated upon the wholesale transformation of the Neva delta ecosystem, came at enormous cost, both human and environmental. The process of reclaiming the land and carving out a well-defined river inhibited natural ripar-

---

tion and its environmental consequences along Western Europe's North Sea coast, see Kate Rigby, *Dancing with Disaster: Environmental Histories, Narratives, and Ethics for Perilous Times* (Charlottesville, VA: University of Virginia Press, 2015).

2 Rigby, *Dancing with Disaster*, 92.

ian processes and ensured regular flooding. The waters of the Neva rose frequently, bringing enormous loss of life—either violently, during flooding, or gradually, through contamination and disease; the flood of 1824 was only the largest of these nearly annual floods.

These two North Atlantic floods share more than a season and an ecological basis: each would soon provide critical environmental context for the composition of a famous poem, featuring a hero who aims to tame the unruly waves and build himself a new paradise upon reclaimed land. Both Goethe's *Faust: Part Two* (published in 1832) and Pushkin's *The Bronze Horseman* (published the following year) were inspired by these disasters, and give powerful expression to the tragic price of man's assumed dominion over the elements.[3] Given the political prominence of environmental issues in German-speaking countries, as well as the ascendance of ecological perspectives in German literary and cultural studies, it is no surprise that *Faust* has been subject to several competing ecocritical interpretations over the past two decades. While Kate Rigby condemns Faust's attempts to tame the waves and build a paradise on the reclaimed shoreline, Heather Sullivan adapts an innovative open-systems model from the natural sciences to reveal the drama's final act as an interrogation of human control over nature.[4] By comparison, Pushkin's own environmental disaster poem has yet to receive sustained ecocritical treatment, even

---

3 All translations of *The Bronze Horseman* and *Faust* adapted from Aleksandr Sergeevich Pushkin, *Pushkin Threefold: Narrative, Lyric, Polemic and Ribald Verse, the Originals with Linear and Metric Translations*, ed. and trans. Walter Arndt (New York: Dutton, 1972), and Johann Wolfgang von Goethe, *Faust, A Tragedy: Interpretive Notes, Contexts, Modern Criticism*, ed. Cyrus Hamlin, trans. Walter Arndt, 2nd ed. (New York: W.W. Norton & Company, 2001). Citations from both will be included parenthetically in the body of the paper by line number only.

4 See Kate Rigby, *Topographies of the Sacred: The Poetics of Place in European Romanticism* (Charlottesville, VA: University of Virginia Press, 2004) and Heather I. Sullivan, "Affinity Studies and Open Systems: A Nonequilibrium, Ecocritical Reading of Goethe's *Faust*," in *Ecocritical Theory: New European Approaches*, ed. Axel Goodbody and Kate Rigby (Charlottesville, VA: University of Virginia Press, 2011), 243–55. Sullivan's approach, which examines reciprocal exchanges of energy and matter across the human/nature interface represented in Goethe's text, derives from Ilya Prigogine's theory of dissipative systems and their interactions with the biological environment.

though the maddened river Neva stands as an equal player in the drama, alongside the imperious Peter the Great and his doomed subject Evgenii.

This article will reread the world-building projects of the promethean Faust and the godlike Peter, along with their cataclysmic environmental, social, and political aftermath, beneath a critical lens informed by contemporary trends in ecocriticism. The pioneering literary ecocritics of the 1990s focused on Romanticism, whose preoccupation with a vanishing wilderness, untouched by man, exerted a powerful influence on the earliest waves of the discipline, which perpetuated its dualistic worldview by elevating "the natural" above the cultural.[5] In recent years ecocriticism has progressed beyond its initial dictates, broadening its scope to engage with other modes of inquiry that merge political activism with cultural studies, including feminist and postcolonial theory. Following this material turn in ecocriticism, a field known as the environmental humanities has taken root at the intersection of these approaches, offering a diverse and flexible set of tools ideal for interrogating the networks of economic and political power that govern the complex socio-ecological conditions of the modern era. In our current age of environmental crisis—as human consumption drives the overproduction that fuels the global warming that, in turn, displaces millions of climate refugees annually—the interconnections between humans and their environment (both "natural" and built), as well as the political-economic forces that constrain both, reveal the significance and urgency of this multidisciplinary approach. The expansive reach of the environmental humanities encourages diverse disciplinary perspectives (sociopolitical, ecofeminist, postcolonial, and more), expanding the domain of inquiry beyond environmental exploitation to include any top-down system that imposes and institutionalizes inequities. In very recent

5 On the successive waves (so far) of ecocriticism, see Lawrence Buell, "The Emergence of Environmental Criticism," in *The Future of Environmental Criticism: Environmental Crisis and Literary Imagination* (Malden, MA: Blackwell Publishing, 2005), 1–28. For an exemplary work of first-wave literary ecocriticism, see Jonathan Bate, *Romantic Ecology: Wordsworth and the Environmental Tradition* (London: Routledge, 1991).

years, ecocritical scholars have begun to return to Romanticism armed with this improved set of critical tools. Revisiting the aesthetics and philosophies of the Romantic era reveals new layers of significance: not only do they anticipate later insights into the socio-environmental dimensions of modernity; they point us toward a richer understanding of the dynamic interrelations between human and nonhuman agents within structures of (imperial, colonial, political, etc.) power, in addition to various forms of resistance to them.

Goethe and Pushkin were writing in their own moment of radical cultural disruption, as the industrial revolution and rapid urbanization estranged man from environment, severing any kinship with the natural world and thrusting him into a new set of economic and sociopolitical relationships characterized by hierarchies of power: land annexation and environmental exploitation; imperialism and colonial subjugation; forced labor, the slave trade, and human oppression. Although *Faust II* and *The Bronze Horseman* predate the full cascade of cultural changes that would reshape modern life, the poems' insistent coupling of the human and environmental casualties of their central reclamation projects—Baucis and Philemon in their little garden; a Finnish fisherman streaming in unison with the waves—suggests the poets' apprehension of the emerging contradictions of modernity: exhilarating progress, bought at a socio-ecological cost so unbearable that many would prefer not to discern it. Rereading key passages of both texts from the perspective of postcolonial ecocriticism reveals both remarkable eco-philosophical correspondences and some profound differences in their representations of nature/culture hybridity: where Goethe's poem culminates in a vision of apparent liberation that conceals any casualties, Pushkin's points toward cycles of resistance, culminating in the degradation of both "natural" and human subjects, including the imperial agent of change.

Engineering Modernity: Two Edens of the Industrial Age

The first part of Goethe's great dramatic poem *Faust* was published to enormous acclaim in 1808. In this more familiar half of the tragedy, the restless scholar Faust, frustrated with the limits of his knowledge, makes a pact with the devil: Mephistopheles will take Faust's soul if he can quench his intellectual thirst, causing him to cease striving. Faust's early adventures climax in tragedy, with the death of his young lover Gretchen and the hero's spiritual chastening. In part two of the drama, which was finished in 1831 and published the following year, the still-unsatisfied Faust returns for a new round of adventures with Mephisto. In the final acts of *Faust II*, which were directly inspired by the North Sea flood of 1825, the aging Faust decides to tame and repurpose the powerful waves of the sea in order to plant a worker's paradise between high and low tide. The emperor grants him permission to clear and colonize vast strips of swampland along the coast, as well as the massive workforce he'll need to drain and reclaim the land. Faust remains steadfastly committed to his project until death, even as its moral underpinnings grow increasingly shaky; in a final monologue, he defends his dream of "open[ing] room to live for millions / Not safely but in free resilience," despite Mephisto's intimation that his hastily constructed canals will soon collapse, rendering those justifications moot (11563–64). In his final moments, Faust hears the sounds of construction and, believing his will has been fulfilled, gives an ecstatic speech reasserting his vision: his "host of toiling slaves" will master the tides and open a lush and fertile "land of Eden" to shelter a community of free men (11540, 11569). But no sooner has he relayed this reverie of a teeming shore—a vision that would legitimize the increasingly dubious means of its achievement, allowing him to "savor now [his] striving's crown and sum" (11586)—than he sinks to the ground: the devil's henchmen have been digging him a grave, and the new city becomes his tomb. As Mephisto prepares to collect his debtor's soul, however, he is momentarily distracted by his lust for a host of hovering angels, who succeed in carrying Faust's soul to heaven.

As this synopsis of acts 4–5 establishes, the aging Faust's plotline—at least until the slapstick ending—anticipates that of Pushkin's Peter the Great, whose prologue mythologizes the founding of St. Petersburg. Certainly, the two poems share thematic concerns: both the promethean Faust and the godlike Peter seek to transform nature through the power of human will: to harness the waves, and to found a solid cosmos upon marshy chaos: to "lock the imperious ocean from the coast," in Faust's words (10229), or "plant a firm foot by the sea" in Peter's (17). The image of Faust on the banks of the sea, gazing out over its "purposeless" waves and planning their submission, recalls *The Bronze Horseman*'s opening lines, in which the tsar surveys the "barren waves" of the Neva and conceives his city-building scheme:

> "There wave on wave imbued with power has heaved,
> But to withdraw—and nothing is achieved;
> Which drives me near to desperate distress!
> Such elemental might unharnessed, purposeless! [...]
> Here I would struggle, this I would subdue."
> (4.10216–21)
>
> "Upon a shore of desolate waves
> Stood he, of lofty musings full,
> And gazed afar [...] And he thought:
> From here we shall threaten the Swede,
> Here shall a city be founded."
> (1–14)

Each succeeds in his ambitions, at least conditionally: by act V, the ancient Faust directs the city's construction from a palace that towers above his reclaimed coastland; and 100 years after Peter's seaside vision, a second "young city" has risen from boggy wetland. Each poem details the reshaped shoreline in a passage intended to flatter the perspective of its visionary architect; a fleet of ships streams toward soaring palaces, eclipsing the old fishing skiffs and wooden huts and concealing any ecological degradation behind a resplendent economic florescence:

> Mephisto [to Faust]:
> "At peace are sea and solid ground;
> From harboring shore, to speed at large,
> The willing sea received the barge;
> Say, 'from this palace, from this beach,
> The world is wholly in my reach.'
> All started from this very spot,
> Here stood the earliest wooden hut;

A shallow groove was scratched before
where now they ply the busy oar.
Your noble mind, their toiling hands,
Secured the prize of seas and lands."
(5. 11222–33)

"Where formerly the Finnish fisherman,
Sad step-son of Nature,
Alone by the low banks
Used to cast into the unknown waters
His brittle net, there now
Along the animated banks
Are crowded shapely masses
Of palaces and towers; ships
In squadrons from all corners of the earth
Press toward the opulent docks;
Nevá has been clad in granite;
Bridges are suspended over waters."
(25–36)

Beneath the dazzling gloss, however, both poems raise grave doubts about the long-term viability of the projects. It is the treacherous Mephisto who assures Faust that "Sea and solid ground are at peace," despite all signs to the contrary; meanwhile, the narrator's plea for Petersburg's "conquered elements" to resign themselves to their captivity and "make peace" with the city calls into question the solidity of Peter's dream—particularly as the futility of his appeal is revealed only three lines later:

Mephisto [to Faust]:
"At peace are sea and solid ground" [...]
Mephisto [aside]:
"If you but knew.
You lose, whatever your reliance—
The elements are sworn to our alliance,
In ruin issues all you do."
(5. 11222; 11547–50)

"Flaunt your beauty, Peter's city, and stand
Unshakeable, like Russia,
And may even the conquered element
Make its peace with you;

> Would that the Finnish seas forget
> Their enmity and ancient bondage
> And trouble not with empty spite
> Peter's eternal slumber.
> [...] "Over darkened Petrograd
> November breathed autumnal chill.
> Splashing with noisy wave
> Against the edges of her neat embankment,
> Nevá was tossing like a sick man
> In his unrestful bed."
> (84–90; 97–102)

The precarity of these world-building projects amplifies the atrocity of their human and environmental toll, ultimately forcing an interrogation of their moral foundations.

In *Faust*, the ecological transformation from shore to "garden" finds clearest expression in the scenes featuring elderly coast-dwellers Philemon and Baucis, who once lived in harmony with the land and now must bear witness to its devastation. Their drama movingly conveys the immediate human impact of the land-reclamation project, as the two are senselessly destroyed along with their home to clear room for Faust's utopia. Their story also exposes the broader social implications of this development from wetland to harbor, which entailed the displacement and destruction of indigenous populations, followed by the enslavement and exploitation of workers; and however principled Faust's vision of its future society, at present it appears to facilitate only war, piracy, and continued human bondage.[6] In *The Bronze Horseman*, the transformation from sodden shores to soaring towers is poetically instantaneous, the panegyric verses skipping right past the construction phase to land at Peter's shining order; still, the prologue's contrastive syntax of creation ("Where once this, now that") emphasizes the natural casualties: forest, marsh, and fisherman all vanish, to be replaced by solid structures, straightened river, ships. And

---

[6] For a fuller exploration of the Philemon and Baucis episode, and how it complicates Faust's apparent ideals, see Eberhard Lämmert, "The Blind Faust," in *Goethe's Faust: Theatre of Modernity*, ed. Hans Schulte, John Noyes, and Pia Kleber (Cambridge: Cambridge University Press, 2011), 94–112.

while the one-hundred-year jump from vision to reality conveniently elides the slave labor that built the city, casting Peter's act as a miracle, Parasha's violent drowning and her fiancé Evgenii's resulting madness stand in for the human casualties of Peter's reckless city-building. Meanwhile, the personified Neva—which gives something like a voice to the subjugated elements—sends bodies streaming down the streets during her 1824 revolt, as though exposing its brutal origins. Both *architects*, however, remain largely indifferent to these casualties: Faust is literally struck blind by a spirit called Care, as though to metaphorize his eco- and socio-ethical indifference. Meanwhile, Peter (in the guise of his permanent stand-in, the Bronze Horseman), keeps his back turned to his despairing subject Evgenii as the city floods.

In effect, the poems tell two halves of the same land-reclamation story: the Faust drama emphasizes the draining and building, while *Bronze Horseman* emphasizes the catastrophic consequences of man's interference with the elements. The two appear to progress in opposite directions: as Faust moves ever toward apparent triumph, Pushkin's poem moves away from it, from creation toward destruction. *Horseman* picks up where *Faust* leaves off, with the realized vision of a utopian city—but whereas Goethe leaves the ecological consequences largely implied, Pushkin shows explicitly what follows the draining of the waves. In *Faust*, demonic forces are openly responsible for the tragic events, while Peter alone conceives his own city—though as many scholars have noted, there are hints of the "unnatural" in Peter's own mythologized act of creation. And both cities eventually become tombs for their creators; but while Faust ascends to heaven, leaving his burgeoning seaport to the demons below, Peter keeps a watchful eye on his own urban cosmos in the form of the Bronze Horseman.

The striking parallels make the question of influence irresistible to revisit—after all, Goethe was *en vogue* among the Russian literati of the 1820s and '30s, and the 1832 publication of *Faust II* sparked enormous interest, particularly among those writers engaged in the evolution of European Romanticism. Of course, many scholars (including Rozov, Zhirmunskii, and Blagoi) have documented the literary intersections of Goethe and Pushkin, and the question of influence was raised and dismissed long ago. Most prominently, Mikhail Epstein, noting a number of the above parallels in his excellent article, acknowledges what he calls "unintended correlations" between Goethe's drama and Pushkin's poem, but rejects the possibility of (or at least the possibility of *proving*) direct influence.[7] His typological comparison postulates two coincident poems, related not by genetics but by common genesis, and cautions that their profound textual correspondences should not be read as evidence of Pushkin's acquaintance with *Faust II*, a Russian translation of which would not be available until after the publication of *The Bronze Horseman*.[8] But even in the absence of a translation, it is worth considering that the basic plot of *Faust II* might have been known in intellectual circles following its 1832 publication. Pushkin had composed his "Scene from Faust" in 1825, and would employ explicit Faustian themes in 1833's "Queen of Spades";[9] given his ongoing engagement with the drama, it seems likely that he would have eagerly anticipated *Faust II*'s release and possibly endeavored to become acquainted with its contents, even if unable to read it in the original.[10] Given the intertextual connec-

---

7 M. F. Epshtein, "Faust na beregu moria (Tipologicheskii analiz parallel'nykh motivov u Pushkina i Goethe)," *Voprosy literatury* 6 (1981): 89–110.

8 As subsequent scholars note, Epstein's confident assessment hinges on an incorrect publication date for *Faust II*.

9 Interestingly, the first Russian translator of *Faust I* claimed that Pushkin had aided him quite a bit with his translation; while this would not have been until 1835, it demonstrates the poet's lingering interest in the drama. D. N. Zhatkin and T. S. Kruglova, "K voprosu o vliianii A.S. Pushkina na tvorchestvo E. I. Gubera (k 200-letiiu so dnia rozhdeniia)," *Vestnik Buriatskogo gosudarstvennogo universiteta* 10, no. 2 (2014): 68–70.

10 Indeed, Natalia Teletova reopened the question of influence in 2005, noting chronological errors in Epstein's argument and concluding that Pushkin was more likely to have intended *The Bronze Horseman* as a sequel to Goethe's new tragedy than as a challenge to Mickiewicz's. Vladimir Avetisian likewise sifts through the available evidence and finds "nothing implausible" in Teletova's supposition that Pushkin might have made an effort to familiarize himself with *Faust II* in the year or so between its appearance and the creation of *The Bronze Horseman*. See N. K. Teletova, "Urbanisticheskaia tema u Goethe i Pushkina ('Faust II' i 'Mednyi vsadnik')," *Vremennik Pushkinskoi komissii* 30 (2005): 38–54 and V. A. Avetisian, *Poslednie literaturnye sobesedniki Pushkina (eshche raz o probleme "Pushkin-Goethe")* (Izhevsk: NITs "Reguliarnaia i khaoticheskaia dinamika," 2009), 42.

tions, I am not convinced that the thematic and philosophical correspondences between the two poems should be entirely dismissed as accidental; nonetheless, as influence cannot be determined, my paper will follow Epstein in treating the astonishing overlap in the poems' political, colonial, and ecological concerns as circumstantial.

The absence of influence opens a set of potentially more interesting questions: how could such profound parallels have arisen independently, inspired by a single stormy season in the North Atlantic? What do these poetic responses to environmental disaster tell us about ecological and colonial anxieties in the high imperial age? One of the earliest and best-developed branches of ecocriticism considers the legacy of Romanticism, which exerted a formative influence on modern conceptions of "the natural." The pre-industrial European worldview understood nature as one part of an interconnected whole, in balance with the human and the cosmic. By the end of the eighteenth century, agricultural and industrial development in the West had necessitated the mass reclamation of wetlands and destruction of forests. As the natural environment was diminished and domesticated, and as modern man felt increasingly estranged from it, Romantic artists began to draw attention to the "losses incurred in the Enlightenment project of the conquest of nature."[11] In Romantic-era art and thought, "nature" was imagined as a state untouched by man, thus casting culture as its antagonist and severing human subject from natural object—which might be variously represented, consumed, fetishized, dominated, instrumentalized, or otherwise valued in isolation from the human realm. These two poems, composed during an age of unprecedented political and industrial upheaval, thus also coincided with a pivotal moment in the development of European and Russian concepts of "the natural" in the eighteenth and nineteenth centuries. The composition history of *Faust* is particularly fascinating in this regard: Goethe began working on *Faust I* in 1770 (aged twenty-one), and finished *Faust II* in

---

11 Axel Goodbody, "Ecocritical Theory: Romantic Roots and Impulses from Twentieth-Century European Thinkers," in *The Cambridge Companion to Literature and the Environment*, ed. Louise Westling (Cambridge: Cambridge University Press, 2014), 63.

1831 (aged eighty-three); the drama was in progress over the course of one of the most turbulent eras in European cultural history, tracing the development from an almost medieval pastoralism to the physical and spiritual cataclysms of the industrial revolution.[12] The initial articulations of what might be termed an ecological impulse occurred in Western Europe in the late eighteenth century, prompted by these social and environmental dislocations. By contrast, despite early waves of concern in the late eighteenth and early nineteenth centuries, environmental issues would not become a topic of general popular interest in Russia until later in the nineteenth century.

Building on Reclaimed Sand: Faust's (Defiantly) Blind Ambition

A dawning ecological consciousness illuminates the final acts of *Faust II*, likely informed by Goethe's own atmospheric studies, which emphasized the relationship among multiple environmental systems (including gravity, air pressure, and temperature).[13] Although Faust would claim humanitarian aims for his project, the cost of his ambitions can be measured not only in reclaimed acres, but in human lives lost or exploited. He inadvertently exposes the marshy moral grounds of his utopian scheme in the equivocal rhetoric of his final speech:

> Faust: "A chain of marshes lines the hills,
> Befouling all the land retrievement;
> To drain this stagnant pool of ills
> Would be the crowning, last achievement.
> I'd open room to live for millions
> Not safely, but in free resilience [...]
> Yes—this I hold to with devout insistence,
> Wisdom's last verdict goes to say;
> He only earns both freedom and existence

---

12 Marshall Berman, *All That Is Solid Melts into Air* (New York: Simon and Schuster, 1982), 39.

13 Heather I. Sullivan, "Faust's Mountains: An Ecocritical Reading of Goethe's Tragedy and Science," in *Heights of Reflection: Mountains in the German Imagination from the Middle Ages to the Twenty-First Century*, ed. Sean Ireton and Caroline Schaumann (Rochester, NY: Camden House, 2012), 116–33.

Who must reconquer them each day.
And so, ringed all about by perils, here
Youth, manhood, age will spend their strenuous year.
Such teeming would I see upon this land,
On acres free among free people stand."
(5. 11559–80)

Despite the costs, he insists, these salvaged shores will someday provide refuge for a society of men as liberated as the land they inhabit: "Such teeming would I see upon this land, On acres free among free people stand" [Auf freiem Grund mit freiem Volke stehn] (11579–80). Only it won't be a *refuge*, exactly, for the men inside can never be safe as long as the "tempest rag[es] outside until the rim" (11570). But this constant vigilance will prove advantageous, Faust contends, for it will awaken in them an admirable "communal spirit" (11572)—besides, the central feature of this new Eden is its promise of *freedom*, not safety: variations on the word *frei* repeat four times over the twenty-seven lines of the famous monologue. In its very first mention, however, Faust shifts the definition, specifying that that the men in his utopia will be "tätig-frei zu wohnen": "free," that is, to remain actively engaged in the maintenance of his seawalls, eternally forestalling the waves that would break their bonds to "lap a breach in greedy riot" (11564; 11571). In other words, Faust's freedom comes with an asterisk: the collective, "ringed all about by perils," will be obliged to earn it anew each day by participating in the ceaseless labor essential to the habitation of these half-tamed acres. Faust's vision of a free folk [*freie Volk*] toiling on free land [*freie Grund*]—liberated from the brutish waves just as an indigenous people might be "liberated" by colonizing armies—emphasizes the deep, ironic entanglement of the human and the environmental his project would entail: by exerting control over "the natural," man binds himself to its eternal upkeep, making his own freedom as contingent as that of the land he "frees" from its primitive state. The "industrious race" Faust envisions is thus obliged to a state of constant activity reflecting the relentless motion of the waves he binds—but by limiting the labor of these "free folk" to the eternal maintenance of those bonds, Faust ensures that their energies will be as "purposeless" as that of the waves he once sought to subdue.[14]

The slippery ethics revealed in Faust's final monologue find blunter expression in the story of Philemon and Baucis. It is from their perspective that Goethe chooses to relate both the ecological transformation from shore to garden and the forced human labor that enables the project—at night, by firelight, to the sound of anguished screams. Eventually, still unsatisfied with his immense tracts, Faust orders Mephistopheles to "clear from sight" the little farm of the peaceful shore-dwellers, whose plot disrupts his view (11275); in carrying out his orders, the infernal henchmen carelessly burn the cottage and murder its inhabitants. While Faust appeared undisturbed by the more abstract violence that undergirds his project—land annexation, slavery, piracy—he does balk at the murder of these indigenous residents; he had outsourced that dirty work to infernal minions, and is loath to admit responsibility for the collateral damage. The brief episode personalizes what Faust will later attempt to justify in his final words: the escalating tangle of ecological and human loss that clears ground for his construction, along with its broader (but concealed) social implications.

Until quite recently, Faust's heavenly redemption was commonly read as Goethe's endorsement of his project. Even scholars who took note of Faust's growing authoritarianism—his monomania spurring a craze of land-grabs and labor exploitation—still managed to interpret his scheme as justified by its utopian intentions; after all, the hero claims

---

[14] In one further irony, before Faust gives the order to clear their farm, Philemon and Baucis live according to the values he claims his new utopia will engender: they productively cultivate their land and share their bounty with wandering strangers, exemplifying the industry and "communal spirit" the dying Faust will claim as the rationale for building his Eden. Philosopher T. K. Seung draws upon these connections to argue that the beach community provides a model for the transformation of Faust's vision, from its egotistical origins to final collective orientation (T. K. Seung, *Goethe, Nietzsche, and Wagner: Their Spinozan Epics of Love and Power* [Lanham, MD: Lexington Books, 2006], 110–11). His optimistic reading of the blind striver's final monologue—delivered over the din of construction, as the devil's henchmen appear on the brink of completing his plan—is ultimately unconvincing, in the absence of further evidence to support the deathbed conversion and repentance of this insatiable aspirant, rather than his deluded self-justifications.

not to act for individual glory, but to serve the common good.[15] Marshall Berman famously named *Faust* the first "tragedy of development" precisely *because* its central question exposes these violent bases of modernity: Are the rewards of our material comfort worth the human costs?[16] Ecocritical inquiry expands the scope of Berman's commentary by detailing the territorial ambitions and environmental plunder so deeply implicated in the human conquest, bondage, and abuse that fuel Faust's project. Kate Rigby, a central figure in the environmental humanities, has interpreted the finale of Goethe's drama as an endorsement of Faust's assertion of "environmental sovereignty," despite its costs.[17] As she argues, Goethe clearly recognizes, but ultimately condones, the terrible Faustian trade-offs of modernity.[18] The distance Goethe establishes between his own perspective and that of his dying hero, however, calls such a reading into question: Faust's final attempt to justify his Edenic ambition manages only to confirm its equivocal ethics to the reader; the visionary himself remains blind to the contradictions inherent in his own justifications, and dies in apparent ecstasy over what he believes is their fulfillment. Goethe seems to intend his restless hero's blindness as an ironic reversal of the mythical trope: rather than bestow insight, it represents a precondition of industrial-age progress—the architect must choose to ignore the brutal *means* of development to remain convinced of its lofty *ends.*

Heather Sullivan, a prominent Germanist in the environmental humanities, has offered an alternate ecocritical reading of *Faust* that shifts focus from the standard Romantic man/nature dichotomy to accentuate instead the dynamic interrelations among all systems (personal, cultural, natural).[19] She borrows her innovative open-systems

---

15 For a summary of scholarly responses to Faust's final act, see Alfred Hoelzel, "The Conclusion of Goethe's *Faust*: Ambivalence and Ambiguity," *German Quarterly* 55, no. 1 (January 1982): 1–12.

16 Berman, *All That Is Solid*, 85–86.

17 Kate Rigby, "Prometheus Redeemed? From Autoconstruction to Ecopoetics," in *Ecospirit: Religions and Philosophies for the Earth*, ed. Laurel Kearns and Catherine Keller (New York: Fordham University Press, 2009), 249.

18 Rigby, *Topographies of the Sacred*, 212.

19 Sullivan, "Affinity Studies," 243–55.

approach from the field of nonequilibrium thermodynamics, which studies complex, dissipative systems such as hurricanes, characterized by exchanges of energy and matter across permeable boundaries. The model's insistence on continuity and flow (in place of duality and difference) posits a nature-culture interface whose open exchange among all elements—material and cultural, personal and interpersonal—allows each to construct and be constructed by the other. Within this theoretical construct, Sullivan reinterprets Faust's tragedy as *interrogating* the notion of human control over nature; as she writes, the play actively argues *against* Faust's illusions of agency by constantly "contextualiz[ing his] choices within larger, cosmic, poetic, or theatrical situations."[20] A summary of the water motif in parts 4 and 5, the culmination of Faust's deluded aspirations, helps to illuminate the mutually determining relationship between human and elemental forces: Faust is borne into Germany upon a cloud, the visible suspension of water in the air; there, he conceives his plan to control the flow of water by damming the sea; he collapses and dies in apparent triumph over the elements, but "his remains are carried upwards by cloud-angels whose rising path follows the same swirling motions that Goethe himself described in his own atmospheric studies."[21] In this reading, then, Faust ultimately submits, unknowingly (and ironically), to the very natural force against which he believes to have prevailed. Sullivan's reading suggests—"despite what Faust himself believes and despite what much of the critical scholarship asserts"—a multidirectional, mutually shaping flow between man and environment.[22]

The Elements Strike Back: Domination, Defiance, and Degeneration on the Baltic Shore

Like *Faust*, *The Bronze Horseman* is frequently interpreted in terms of binaries; the basic conflict between nature/culture is elaborated through associated pairs: dark/light, stone/water. The prologue presents

20 Sullivan, "Affinity Studies," 243.

21 Sullivan, "Faust's Mountains," 16.

22 Sullivan, "Affinity Studies," 253.

a battle apparently already won: a vision in which man has conquered nature, setting his bright stone world upon the waters. The remainder of the text, however, actively destabilizes these dichotomies, both poetically and structurally, most obviously with the introduction of Evgenii in the gloomy half-light of part one, which disrupts the Peter/Neva binary of the prologue. Each of the poem's three sections dramatizes a confrontation between one pair: Peter subjugates nature; nature rises against her urban bonds (devastating the city's human occupants); and man follows Neva's lead to rise against Peter in retaliation. While Pushkin draws out the contrasts between these sets of antagonists—conquerors, victims, and rebels by turn—he simultaneously undercuts them by emphasizing their profound correspondences: the otherworldly force of Peter and nature; the disrupted dreams of tsar and subject; the suppressed insurgents Neva and Evgenii. These parallels erode any comfortable distinctions, and what emerges is a complex system with fluid boundaries; it maintains its balance through constant disruption, as each element periodically rises to threaten the others, shifting and revitalizing the dynamic.

In what might be the poem's most meaningful deviation from Goethe, Pushkin raises his two rebels to equal footing with the reformer-tsar, chronicling the temporary rise and fall of each in an eternal dance of rebellion, repression, and resistance. In the embodied (and highly gendered) form of the Neva, *The Bronze Horseman* elevates the forces of nature to a full-fledged character who, initially suppressed by Peter the Great, eventually responds to the urging of the untamed wind and sea to rise from her granite confines. Over the course of the poem, Neva gains motivation, agency, even a voice: at the opening of part one, the noisy waves, howling wind, and percussive rain disturb the young hero Evgenii in his bed; later that night, the flooding river bellows with rage before throwing herself upon the city. The following day, frozen in abject impotence upon his low perch behind the monument to Peter, Evgenii watches in silent anguish as Neva ravages the low-lying district of his fiancée; the idol remains untouched on his pedestal throughout, erect and aloof, as though indifferent to the plight of the defenseless subject cowering behind him. The following year, nature raises her voice once again: the foul wind's breath rises in pitch to a mournful howl as the tide mutters its own complaints, beating against the embankment steps where Evgenii sleeps until it finally awakens him, urging him toward his own rebellion. Evgenii's own rise against the city's architect follows the same swirling path of Neva's one year previous: rising from the embankment to confront the monument face to face, the rebel circles its pedestal, raising his fist in threat and his voice in protest. His challenge to the tsar constitutes the final spoken word in the poem; and while his brief stand hardly results in the fall of tyrannical autocracy, he does force the Horseman to recognize the threat he poses, drawing him from his pedestal to meet his subject on equal footing. In Goethe's poem too, the North Sea continues to rage against Faust's imposed order; but contra Neva, its threat remains largely abstract—an impersonal foe to the industrial future society that industrious workers toil in unison to preserve. Philemon recalls the "entrenched dominions" stolen from the sea to expand and colonize Faust's growing empire, and Baucis insinuates the human lives enslaved and exploited to develop it (11093), but these two potential adversaries are soon destroyed along with their linden grove without a word of protest.[23]

Like Goethe's drama just before it, Pushkin's "sad tale" presents an exploration of modern power imbalances and the systems that hold them in place—whether slavery and political tyranny or territorial annexation. So while the primary narrative might follow the intersecting arcs of the central players in Pushkin's careful choreography of power, the poem also points beyond to the broader economic, cultural, and colonial dynamics at play. Autocracy and political resistance take center stage in the poem, but Peter's great act of creation was predicated not only on ecological destruction and forced labor, but on the annexation of Ingrian lands and the suppression of an ethnic community indigenous to that land. These less conspicuous levels of

---

[23] By reducing Faust's opponents to ash—irksome grove and proprietors alike—Goethe effectively reverses Ovid's myth of Philemon and Baucis, in which the elderly hosts are divinely rewarded for their hospitality (see Michael Jaeger, *Wanderers Verstummen, Goethes Schweigen, Fausts Tragödie. Oder: Die Große Transformation* [Würzburg: Königshausen & Neumann, 2014]). Departing from myth, the couple are not transformed into trees, locked in eternal embrace, but reduced to ash, indistinguishable from any resource fueling industrial production.

conquest are dramatized through the play of boundaries in the opening and closing stanzas. The elegant balance of Pushkin's narrative resists scholarly attempts to break through the surface to sunder and scrutinize its parts: first Peter, then Neva, then Evgenii break the existing order, the full drama bookended by images of what might be harmony. The final section of this paper will revisit those framing passages that precede and (arguably) supersede Peter's great act of creation, endeavoring to illuminate the familiar verses from a new critical angle to reveal the interconnected structures of imperial, colonial, and ecological violence encoded in the text.

"На берегу пустынных волн": the poem opens on an apparent natural boundary between land/sea, then instantly blurs it. If the shoreline/берег implies a distinct boundary, the transferred epithet that follows ("desolate waves," where the desolation belongs *logically* to the shore, but *grammatically* to the waves) crosses that boundary to blend sea and land.[24] Likewise, the undifferentiated pre-Petrine world emerges from the marshy half-light in a grammatical riot of gender and number, animate and inanimate: лес, река́, чёлн, со́лнце, и́збы, чухо́нец—all as one, in murmurous unity. The panegyric tone coaxes us to view it from the tsar's perch atop the banks: negative epithets describe the miserable Finn and his wretched skiff, emphasizing the site's darkness and legendary emptiness. But it's *Peter* interpreting the scene as chaotic, clearing a void to justify the "order" he intends to impose. Between the lines, the scene is one of plenitude —it's a landscape full of living things: water, fish, lush vegetation, and the community these shores sustain; the men who draw fish from the waves, their cottages darkening against mossy banks as the sun sets behind whispering trees. Nature and its dwellers co-exist in unity: "Река неслася; бедный чёлн / По ней стремился"—both stream along of their own accord, in unison.

In the prologue that follows, Peter lays down his city, imposing artificial boundaries from above—boundaries that will be continually threatened and transgressed from below, by subjects both natural and

[24] Michael Wachtel, *A Commentary to Pushkin's Lyric Poetry, 1826–1836* (Madison, WI: University of Wisconsin Press, 2011), 55.

human, but never fully effaced. These boundaries distinguish binaries that had been absent from the organic wildscape: dark from light, wet from dry ground (following the stages of creation in Genesis). Just beneath the odic surface, however, rhetorical elisions draw attention to what's been lost in this creation myth: the Finnish fisherman and his hut are summarily dispatched and supplanted by ships and the "shapely masses" of palaces. The Finn's abrupt exit marks the first departure from Genesis; the narrator's arrangement of his architectural replacements "По оживлённым берегам" belies the underlying shift from animate to inanimate, suggesting a luminous world populated by dead matter.

The attempted erasure of Peter's imposed binaries can be mapped most clearly during the flood. In the prologue, Neva had been isolated from her integrated ecosystem, "clothed" and corrected in a granite corset, admonished to submit. The construction of this highly feminized entity out of rich primordial plenitude, as well as her annual insurrection, demonstrates the inherent tensions in a "natural order" held out of balance. During the flood, Neva overflows her corset, threatening to return Peter's order to its boggy origins. She bellows, roars, and pounces on the city, likened variously to a sick man, a beast, thieves, an outlaw and his gang, a panting steed, bandits. Each masculine or plural noun alternates furiously with feminine adjectives and past-tense verbs, even within a single poetic line; the imposed Romantic binary of masculine city atop feminine river disappears in the frenzy of gender shifts, as nature temporarily regains the powerful, replete fluidity that would destabilize Peter's constructed order.

The poem concludes on a final boundary, this one man-made: the threshold of the little house Evgenii has finally recovered on the shore of a "desolate island." The reassignment of the adjective "desolate" (пустынный) from waves to island suggests that the dynamic, genre-blending hybridity of the opening stanza (with that famous transferred epithet) has been undone: the island itself is barren, its grammatical boundaries uncrossed. Peter's intrusion threw an ancient, generative unity out of balance, teasing discrete elements out of rich synthesis. And while the river's annual rise to join her wild elemental siblings in open rebellion would seem to promise an eternal cycle of revolution and reaction, by poem's end, the century-long power struggle between man, nature, and state has already left a diminished landscape, in which "no green blade" can grow; the depleted land has failed to regenerate, its riot of life replaced by *actual* emptiness: a ruined house, a dead hero, a sterile island.

Conclusion: The Radical Ambivalence of Modernity

Goethe's *Faust II* and Pushkin's *The Bronze Horseman* might be two (related, but coincidental) responses to two (related, but coincidental) natural events, but they offer surprising—and surprisingly similar—insights, anticipating modern ecological sensibilities. The environmental humanities have not always looked kindly on Romanticism, whose binary logic severed man from nature, fetishizing a rural sublime while devaluing the built environment, and commodifying its sublime aesthetic qualities (while ignoring the ecological consequences of the resulting picturesque tourism).[25] In an age predating anything like modern ecological consciousness, however, these two Romantic poets rejected such dualism in favor of a dynamic state of plurality and multiple agency among human and inhuman, state and nature, body and environment. Their poems suggest that Romantic-age writers' engagement with questions of ecology encompassed not only the so-called "natural environment," but man's mutually transformative relationship to it in an age dominated by urbanization and colonialism. Both texts render the ambiguous ethics of an industrial-age enterprise in unambiguous clarity: Can its utopian ends justify the brutal means? While neither poet comes down on a side, exactly, each records the immediate environmental loss, personalizes the human casualties, and gestures toward the broader eco-social implications of its architect's grand ambitions: lands annexed and exploited, populations displaced and enslaved. Still, each denouement—Faust's heavenly redemption, despite earthly oversteps; Peter's apparent triumph over rival forces, elemental and political alike—has inspired centuries of scholarly

---

[25] Kevin Hutchings, "Ecocriticism in British Romantic studies," *Literature Compass* 4 (2007): 172–202.

ambivalence: Does the builder's victory signal authorial endorsement of his constructed utopia (despite its devastating costs)? While no critical lens should aim to resolve such multiply interpretable texts, rereading the familiar verses under the sway of recent currents in ecocritical theory—whose multidirectional approach aims to interrogate the political and economic structures that hegemonize modern life (colonialism, capitalism, and so on), exposing their collateral damage, both human and nonhuman—suggests both authors' sophisticated understanding of these intersecting systems of power, in addition to their inevitable casualties (and occasional rebels).

The final acts of *Faust, Part Two* demonstrate Goethe's astonishing prescience regarding the annihilative logic of industrial modernity: while his hero's reclamation scheme would liberate the seabed for man's productive use, its realization would require the commodification and consumption of untold natural and human resources. But whether or not Goethe believes that Faust's vision justifies these losses, he advocates for awareness: the importance of contemplating the transfigured landscape, as well as those entities and energies that enabled its transformation. His poem renders the exploitation both explicit and personal—we hear slaves groan as Faust barks orders through the night, and we meet the gentle Baucis and Philemon in their cozy cottage by the sea before they are destroyed to make way for a newly engineered Eden—inviting the reader to discern the costs that the hero himself remains blind to. By revealing the violence undergirding Faust's project just before the hero pronounces his final, self-justifying speech, Goethe levels a powerful critique at those who would exploit systems of environmental, colonial, and imperial authority while denying their destructive implications. Nonetheless, Mephisto's most savage acts are committed off-stage, then further obscured behind Faust's minimizing rhetoric. By making it possible for the audience to remain as deluded about the collateral damage as the architect himself, Goethe predicts one imperative of the modern age: to overlook the suffering that fuels our comforts, thereby sidestepping any question of complicity. In significant contrast to the silent victims of Faust's city-building, both rebels of *The Bronze Horseman* stage bold protests against the ecological constraints and political repressions that allowed Peter to secure his reforms. The "wonder-working builder" is initially as blind as Faust—both to the fertile dynamism of the Ingrian landscape he perceives as barren, and to the suffering of the humans who populate his flood-doomed Palmyra—but these twin rebellions force him (along with the reader) to acknowledge his plan's casualties.

Following the postcolonial turn in ecocriticism, the critical lens widened to encompass the humans who, like the physical environment, had been reduced to resources and subjected to the same forces of encroachment, extraction, and other forms of exploitation. The convergence of these approaches offers a vantage point for the integrated analysis of all casualties of the modern industrial era: not only the fierce North Sea, but the original inhabitants of its shores and those who were forced to reclaim and develop them; and not only the wild Neva, but the Finn who once fished her banks and the slaves who then confined her in accordance with Peter's blueprint. Recent socio-political trends in the environmental humanities also invigorated the field by introducing the postcolonial notion of *resistance*, describing acts of opposition that might subvert, oppose, or even transform structures of colonial authority. Incorporating these theorized models of resistance—which take forms as diverse as writing against the dominant colonial narrative or calling for revolutionary liberation—allows scholarly focus to shift from environmental degradation and the depletion of resources to the development of eco-social subjectivity within exploitative systems of power, and the transformation of the material and social conditions that maintain such oppression.[26] Faust's victims are eliminated from the text without a chance to protest—at least, any final acts of resistance are hidden from the viewer. Peter's subjects, by contrast, engage in forms of resistance that anticipate twenty-first century paradigms: the shift in vantage point from the prologue to part one—as Peter's implied perspective on primordial chaos and glistening cosmos gives way to the restive howl of suppressed elements—demonstrates a subversion of the colo-

---

[26] The notion of resistance has been extensively theorized in postcolonial studies; for a comprehensive overview, see David Jefferess, "Introduction: Postcolonialism and Resistance," in *Postcolonial Resistance: Culture, Liberation, and Transformation* (Toronto: University of Toronto Press, 2008), 3–22.

nial narrative; and Evgenii's sequential encounters with the Bronze Horseman evince his shift from passivity to action, docility to denunciation, subjected victim to subjective agent.

Both poems level surprisingly perceptive & blunt critiques of the interlocking systems of environmental and human exploitation that had just begun to shape the modern world at the time of their composition: the imperial drive to conquer, the colonial drive to dominate, the capitalist drive to acquire, and the interdependence of these varieties of eco-social violence. Heather Sullivan's influential rereading of Goethe's final drama in light of atmospheric thermodynamics reveals the multidirectional interactions among all elements ("natural" and cultural, material and personal) comprising the land reclamation plot, amounting to an active challenge to Faust's own misconceptions of humanity's dominion over nature. Adapting Sullivan's innovative open-systems framework to Pushkin's *The Bronze Horseman* reveals a similarly complex system, whose elements surge over boundaries to disrupt any imposed binaries, forcing new equilibria with every shift in dynamic. In a true open-systems model, the permeable borders along an interface must allow for the possibility of degradation, the *loss* of both energy and matter: storm systems such as hurricanes exchange energy and mass with the surrounding environment in the form of heat and water, transferring concentrated thermal energy from tropical seas to the upper atmosphere, increasing entropy overall and dissipating only when it has depleted the heat and water that generated and sustained it. Both poems depict a similar dynamic, in which players and environment operate in mutually transformative exchange. However, Faust's final ascent to heaven by means of those elements he strived to dominate on earth—despite his own resistance to transformation—suggests that this central architect represents an *exception* to the system, rather than a part of it; the intervention of divine grace, presumably, allows Faust to escape the degradation his actions inflicted upon the North Sea coast and its communities.

In this respect, Pushkin goes further than Goethe in demonstrating how the imperial modern era's constant, interconnected cycles of domination & resistance will leave their mark on *all* players: by the close of his poem, the emperor is diminished, the rebel is dead, and the land is scarred. And unlike Faust's drama, it promises no miraculous recovery from these transformative processes: the opening stanza celebrated a rich absence of boundaries, a precosmogonic vision of earth and water, flesh and flora, coexisting in an integrated and generative unity. Once Peter imposes the barriers that separate wet from dry, nature from culture, however, no flood or uprising is powerful enough to undo them: by closing stanza, the island is barren and the waves carry nothing but ruined huts. The open-system approach helps map the loss, the diminishment, the emptiness that has replaced the opening fullness. Perhaps Faust was lucky to have been borne away like a swirling cloud before his own doomed venture was even complete; Peter must watch his own creation dissipate, like a spent hurricane vanishing into the sea.

Bibliography:

Avetisian, V. A. *Poslednie literaturnye sobesedniki Pushkina (eshche raz o probleme "Pushkin-Goethe")*. Izhevsk: NITs "Reguliarnaia i khaoticheskaia dinamika," 2009.

Bate, Jonathan. *Romantic Ecology: Wordsworth and the Environmental Tradition*. London: Routledge, 1991.

Berman, Marshall. *All That Is Solid Melts into Air*. New York: Simon and Schuster, 1982.

Buell, Lawrence. "The Emergence of Environmental Criticism," in *The Future of Environmental Criticism: Environmental Crisis and Literary Imagination*, 1–28. Malden, MA: Blackwell Publishing, 2005.

Epshtein, M. F. "Faust na beregu moria (Tipologicheskii analiz parallel'nykh motivov u Pushkina i Goethe)." *Voprosy literatury* 6 (1981): 89–110.

Goethe, Johann Wolfgang von. *Faust, A Tragedy: Interpretive Notes, Contexts, Modern Criticism*, 2nd ed., edited by Cyrus Hamlin. Translated by Walter Arndt. New York: W.W. Norton & Company, 2001.

Goodbody, Axel. "Ecocritical Theory: Romantic Roots and Impulses from Twentieth-Century European Thinkers," in *The Cambridge Companion to Literature and the Environment*, edited by Louise Westling, 61–74. Cambridge: Cambridge University Press, 2014.

Hoelzel, Alfred. "The Conclusion of Goethe's *Faust*: Ambivalence and Ambiguity." *German Quarterly* 55, no. 1 (January 1982): 1–12.

Hutchings, Kevin. "Ecocriticism in British Romantic studies," *Literature Compass* 4 (2007): 172–202.

Jaeger, Michael. *Wanderers Verstummen, Goethes Schweigen, Fausts Tragödie. Oder: Die Große Transformation*. Würzburg: Königshausen & Neumann, 2014.

Jefferess, David. "Introduction: Postcolonialism and Resistance," in *Postcolonial Resistance: Culture, Liberation, and Transformation*, 3–22. Toronto: University of Toronto Press, 2008.

Lämmert, Eberhard. "The Blind Faust," in *Goethe's Faust: Theatre of Modernity*, edited by Hans Schulte, John Noyes, and Pia Kleber, 94–112. Cambridge: Cambridge University Press, 2011.

May, Rachel. "On the Role of the Humanities in Urban Ecology: The Case of St. Petersburg." *Urban Ecosystems* 7 (2004): 7–15.

Pushkin, Aleksandr Sergeevich. *Pushkin Threefold: Narrative, Lyric, Polemic and Ribald Verse, the Originals with Linear and Metric Translations*, edited and translated by Walter Arndt. New York: Dutton, 1972.

Rigby, Kate. *Dancing with Disaster: Environmental Histories, Narratives, and Ethics for Perilous Times*. Charlottesville, VA: University of Virginia Press, 2015.

Rigby, Kate. "Prometheus Redeemed? From Autoconstruction to Ecopoetics," in *Ecospirit: Religions and Philosophies for the Earth*, edited by Laurel Kearns and Catherine Keller, 233–51. New York: Fordham University Press, 2009.

Rigby, Kate. *Topographies of the Sacred: The Poetics of Place in European Romanticism*. Charlottesville, VA: University of Virginia Press, 2004.

Seung, T. K. *Goethe, Nietzsche, and Wagner: Their Spinozan Epics of Love and Power*. Lanham, MD: Lexington Books, 2006.

Sullivan, Heather I. "Affinity Studies and Open Systems: A Nonequilibrium, Ecocritical Reading of Goethe's *Faust*." In *Ecocritical Theory: New European Approaches*, edited by Axel Goodbody and Kate Rigby, 243–55. Charlottesville, VA: University of Virginia Press, 2011.

Sullivan, Heather I. "Faust's Mountains: An Ecocritical Reading of Goethe's Tragedy and Science," in *Heights of Reflection: Mountains in the German Imagination from the Middle Ages to the Twenty-First Century*, edited by Sean Ireton and Caroline Schaumann, 116–33. Rochester, NY: Camden House, 2012.

Teletova, N. K. "Urbanisticheskaia tema u Goethe i Pushkina ('Faust II' i 'Mednyi vsadnik')." *Vremennik Pushkinskoi komissii* 30 (2005): 38–54.

Wachtel, Michael. *A Commentary to Pushkin's Lyric Poetry, 1826–1836*. Madison, WI: University of Wisconsin Press, 2011.

Zhatkin, D. N., and T. S. Kruglova. "K voprosu o vliianii A.S. Pushkina na tvorchestvo E. I. Gubera (k 200-letiiu so dnia rozhdeniia)." *Vestnik Buriatskogo gosudarstvennogo universiteta* 10, no. 2 (2014): 68–70.

Pushkin, Radishchev, and the Legacy of Decembrist Civic Sentimentalism

Emily Wang

Alexander Pushkin's political fate took a turn after the uprising of December 1825. As Fyodor Glinka, Gavrila Batenkov, and other Decembrists adapted to their condition of exile, Pushkin had a different set of circumstances with which to contend. He was already confined to his family estate in Mikhailovskoe — indeed, he had been barred from Russia's capitals since 1820. Shocked by the fate of his Decembrist friends, Pushkin nevertheless hoped that a new tsar would give him an opportunity to improve his own political status. As we will see, the poet achieved his goal of lifting his condition of exile. However, reconciling with the state changed his relationship to liberal readers. Pushkin would reevaluate both liberalism and sentimentalism after returning to public life.

Sentimentalism played an integral role in the Decembrist movement.[1] The poets affiliated with the Northern Society espoused a worldview that I call "civic sentimentalism," believing that virtuous feelings led to virtuous actions, and that poetry played a crucial civic role because it could inspire such virtuous feelings. Pushkin's early civic lyrics and "Southern Poems" acquired civic sentimentalist associations for the Decembrists, who went on to write their own works

---

1 On the literary expression of civic sentimentalism, see Emily Wang, *Pushkin, the Decembrists, and Civic Sentimentalism* (Madison: University of Wisconsin Press, 2023). Stanislav Tarasov considers this question from a historical angle, emphasizing that the fathers of the Decembrists were steeped in eighteenth-century sentimentalist culture in *Noble Feelings of Dissent: Russian Emotional Culture and the Decembrist Revolt of 1825* (PhD diss., Georgetown University, 2021).

inspired by these subgenres. Yet Pushkin himself chafed against what he perceived as the naivete of this civic sentimentalist approach to life and literature, explicitly polemicizing with Decembrists in works like *Poltava,* even as his personal relationships with Decembrists like his childhood friends Wilhelm Küchelbecker and Ivan Pushchin were central to his life.

In early 1826, Pushkin knew that his reputation as a friend to many conspirators could bring him under further suspicion, even though he had played no role in the rebellion. As Igor Nemirovsky has pointed out, the conspirators who knew Pushkin had deliberately kept him in the dark about their secret society, doubting his capacity for discretion.[2] Moreover, as this book has demonstrated, Pushkin often chafed against the civic role that Decembrist poets like Ryleev tried to impose on him. Nevertheless, when Pushkin learned about what had happened in St. Petersburg, he burned many of his papers, hoping to destroy any evidence the police might be able to use to incriminate him. He also wrote a letter to the new tsar asking for an end to his own exile so that he could treat his (fictitious) aneurysm (an excuse used without success to escape Mikhailovskoe earlier) and swearing that he had nothing to do with any secret societies.[3]

Nicholas I knew that his decision to deal harshly with the Decembrists would jeopardize the public's opinion of him, even after he commuted most of their sentences from execution to imprisonment or exile. It was likely for this reason that he responded to the young poet's appeal for clemency with a personal audience on September 8, 1826.[4] There is no firm documentation of this event, but as a result,

---

2 Igor Nemirovsky, "Why Pushkin Did Not Become a Decembrist," in *Taboo Pushkin: Topics, Texts, Interpretations,* ed. Alyssa Dinega Gillespie (Madison: University of Wisconsin Press, 2012), 60–83.

3 See Letter 197 to Nicholas I from between May 11th and the first half of June, 1826, in *SS,* Vol. 9, 234–235.

4 See Pushkin's letter to Nicholas dated May 11th, 1826, in which he requests for permission to travel to the capitals or abroad to treat his (nonexistent) aneurysm, an excuse he had already fruitlessly employed with the preceding administration. In it, he also denies membership in or knowledge of any secret societies. *SS,* Vol. 9, 234–235.

Nicholas agreed to allow Pushkin back to the capitals and to publish his works under a special, personal form of censorship theoretically administered by the tsar himself (though actually managed by the Third Section). It was later rumored that Pushkin had bravely insisted that he would have joined his friends on Senate Square if given the opportunity, but this detail is impossible to substantiate.[5]

Nicholas's clemency came with a price. As Pushkin learned with time, the personal censorship the emperor had promised turned out to be far more restrictive than anticipated. Moreover, he was almost immediately (on September 30th) commissioned to write an account of the role education played in fomenting political liberalism, likely as a result of official suspicions that a freedom-loving "Lyceum Spirit" had contributed to the formation of secret societies.[6] That said, Pushkin's enthusiasm for the new monarch appears to have been genuine, and as his life and career took a new direction—marriage and

---

5 This conversation with Nicholas has become the stuff of legend. In the introduction to *A. S. Pushkin v vospominaniiakh sovremennikov v dvukh tomakh* (Vol. 1, Moscow: Khudzhestvennaia literatura, 1985) V. E. Vatsuro writes that various accounts of this conversation were inconsistent, with the exception of three points: 1) that Pushkin allegedly responded affirmatively to Nicholas's question about whether he would have joined his friends on Senate Square; 2) that he and Pushkin reached some sort of agreement about the poet's future behavior; and 3) that afterwards Nicholas announced that the poet was "his Pushkin" (*moi Pushkin*) (10–11). In his biography of Pushkin, Yuri Lotman states that Pushkin most likely said he would have joined the Decembrists (*Pushkin: Biografiia pisatelia; Stat'i i zametki, 1960–1990; "Evgenii Onegin": Kommentarii* (St. Petersburg: Iskusstvo-SPB, 1995, 113). On the other hand, Prince D. S. Mirsky (who was eventually repressed in the Soviet Union for arguing that Pushkin was a conservative aristocrat) has asserted that none of the accounts about this conversation with Nicholas are reliable (*Pushkin* (London: Routledge, 1926, 101)). Meanwhile, Igor Nemirovsky has argued that Pushkin himself deliberately fostered this rumor, including the details of evil omens that prevented him from traveling to St. Petersburg in December 1825 and records several versions of the tale circulated by different parties. See "Dva 'Voobrazhaemykh razgovora' Pushkina," *Lotmanovskii sbornik,* Vol. 4 (Moscow: OGI, 2004), 187–195.

6 "O narodnom vopsitanii," in A. S. Pushkin, *Sobranie sochinenii v desiati tomkah* (henceforth *SS*), ed. D. D. Blagoi, S. M. Bondi, V. V. Vinogradov, Iu. G. Oksman (Moscow: Gosudarstvennoe izdatel'stvo khudozhestvennoi literatury, 1959–1962), Vol. 7, 355–360.

children, competition with a new generation of writers like Faddei Bulgarin, and a turn to writing prose fiction and history—he became ever more dependent on his special relationship with Nicholas, even as he privately fumed about censorship and court obligations.

As we shall see in this chapter, Pushkin adopted various strategies to negotiate his new position. He no longer wished to play the role of the libertine that he had adopted in his youth, but neither was he (nor was it politically advisable to be) a civic sentimentalist. At first, he tried to incorporate his reconciliation with the tsar into his literary practice, though this strategy provoked a backlash from liberals while doing little to change Pushkin's general status as a politically suspect former freethinker.

In his journalistic writings, Pushkin advocated for clemency towards the Decembrists by writing about the eighteenth-century radical liberal intellectual Alexander Radishchev. As Yury Lotman points out, liberals of Pushkin's epoch, including Küchelbecker, Prince Vyzemsky, and Alexander and Nikolai Turgenev, were extremely interested in this forbidden writer.[7] Igor Nemirovsky has argued that Pushkin transitioned from identifying with the radical Radishchev in his youth to the conservative Karamzin in his later years.[8] These essays present progressive ideals as naively sentimental, and therefore harmless to the Russian state; they suggest by implication that Nicholas I could suffer no harm by pardoning the Decembrists.

Pushkin After the Uprising

Pushkin's (publicly) positive relationship to the tsar surprised and vexed those who expected more of his liberalism from the poet. In 1828, Pushkin wrote a poem addressed to his friends ("To my Friends," or "Druz'iam") in which he denied accusations that he had become noth-

---

7 Yuri Lotman, "Istochniki svedenii Pushkina o Radishcheve," *Pushkin: Biografiia pisatel'ia; Stat'i i zametki, 1960–1990*; *"Evegenii Onegin": Kommentarii* (St. Petersburg: Iskusstvo-SPB, 1995), 765–785.

8 Igor' Nemirovskii, "Stat'ia A. S. Pushkina 'Aleksandr Radishchev' i obshchestvennaia bor'ba 1801–1802 godov," *XVIII vek* (St. Petersburg: 1991), 123–134.

ing more than a court flatterer.[9] Yuri Tynianov famously described how Pavel Katenin, Pushkin's longtime opponent in stylistic debates, as well as a liberal living in exile himself, responded to this work by writing a poem entitled "An Old Story" ("Staraia byl'," written 1828, published 1829). Not only did he dedicate this work to Pushkin in the version meant for publication, Katenin even sent a copy to the other poet. In it, he viciously parodies Pushkin's apologia by putting a satirical version of it, including a lengthy panegyric on the divine rights of monarchs, into the mouth of a Greek eunuch.[10]

Yet one of the works that prompted a liberal backlash against Pushkin, "Stanzas" ("Stansy," 1826), contained not just praise for the new tsar, but also a clear attempt to influence him to show clemency towards liberals.[11] Both this lyric and "The Feast of Peter I" ("Pir Petra Pervogo," written in 1835 and published in *The Contemporary* (*Sovremennik*))[12] alluded to the eighteenth-century tsar's mercy towards his enemies. Indeed, "Stanzas" explicitly mentions the pardoned Prince Dolgoruky, who had gone on to distinguish himself with service to his country even after allegedly participating in the failed coup that followed Peter II's death. Igor Nemirovsky also points out that it was written on the uprising's anniversary (though published more than

---

9 *SS*, Vol 2, 195–196.

10 See Tynianov's discussion of this work and several related ones—as well as Pushkin's response—in section 14 of "Arkhaisty i Pushkin" (*Arkhaisty i novatory* (Moscow: Priboi, 1929; facsimile reprinted by Ardis Publishers, 1985), 160–177). The version that Katenin sent to Pushkin included a personal "dedication" that somewhat retracted the accusation of servility. To Katenin's chagrin, Pushkin sent "Staraia byl'" to *Northern Flowers* for publication without the dedication and alongside his own ironic "Otvet Kateninu" ("Answer to Katenin"). As Tynianov details, this rivalry with Pushkin continued to obsess Katenin for the rest of his life; the latter perceived Salieri from the drama "Motsart i Salieri" (1830, published 1832) as a personal attack on him.

11 *SS*, Vol. 2, 157. For a detailed discussion of this text and its political context, especially Pushkin's concern about the fate of Nikolai Turgenev, see Igor' Nemirovskii, "Oprometchivyi optimism: istoriko-biograficheskii fon stikhtvoreniia 'Stansy,'" *Pushkin: issledovaniia I materialy*, Vol. XVI/XVII (St. Petersburg: Nauka, 148–167).

12 *SS*, Vol. 2., 448–449. See also Mark Al'tshuller, *Mezhdu dvukh tsarei. Pushkin v 1824–1836 gg.* (St. Petersburg: Akademicheskii proekt, 2003).

a year later).[13] It is not difficult to interpret these allusions as both a justification for Nicholas's mercy towards to once-rebellious Pushkin as well as an attempt to advocate on behalf of the exiled Decembrists. Indeed, the exiles were never far from the poet's mind: with Alexander Turgenev, Vasily Zhukovsky, and Nikolai Karamzin, he fretted about the fate of Northern Society member Nikolai Turgenev, who had been living in England when the uprising occurred and now could not return home. The poet also corresponded with Fyodor Glinka and Wilhelm Küchelbecker and continued to promote their literary work. In his only extant diary entry from the year 1827, Pushkin recounts how he unexpectedly encountered the former—by then a nearly unrecognizable prisoner—while travelling to Luga.[14] The old friends briefly embraced before gendarmes forced them apart.

After 1826, some Russian intellectuals (especially those from less elite backgrounds) began to perceive Pushkin as conservative rather than liberal — not only because of the poet's ties to Nicholas, but also because the aristocratic Pushkin continuously clashed with the rising "democratic" stars of Russian literature, including Nikolai Polevoi of *The Moscow Telegraph (Moskovskii telegraf)* and Faddei Bulgarin of *The Northern Bee (Severnaia pchela)*. In addition, during this period Pushkin's literary fame began to fade. Formally experimental works like his fairy tales and "Songs of the Western Slavs" ("Pesni zapadnykh slavian," 1835) baffled or provoked scorn from former admirers.[15] Pushkin himself may well have considered his later political positions to be more internally consistent with his earlier ones than others perceived them to be. After all, the tactic he adopted during this period, that of trying to influence the autocrat through public opinion rather than seizing power more directly, was one that many liberals had favored when he

13 Nemirovskii, "Oprometchivyi optimism," 148.

14 A. S. Pushkin, Dnevniki in *Polnoe sobranie sochinenii v 10-i tomkah,* Vol. 8 (Leningrad: Nauka, 1978), 18. The superstitious Pushkin could not fail to note that this encounter took place on October 15th (the eve of the Lyceum holiday, October 19th) and that he had randomly found a book by Schiller, one of Küchelbecker's favorite writers, soon before the fateful encounter.

15 See M. P. Alekseev, *Stikhotvorenie Pushkin 'Ia pamiatnik sebe vozdvig..." Problemy ego izucheniia.* (Leningrad: Nauka, 1967), 116.

had last been permitted to live in the capitals.[16] At the same time, the failed Decembrist uprising had changed everything about Russian political life, and there is no question that Pushkin was deeply concerned about the possibility of future political upheavals, especially those led by the increasingly dissatisfied class of peasants.[17]

The diary entries Pushkin wrote between 1834 and 1835—one of the most complete sections of this fragmented record—reveal that as the tenth anniversary of the uprising approached, the poet was deeply preoccupied not only by the Decembrists, but also his own political fate. Several entries note the presence at court of Yakov Skaryatin, a nobleman who had been the ringleader of a successful plot to kill Paul I, whom Pushkin refers to as "the regicide Skaryatin" (*tsareubiitsa Skaryatin*). The poet believed that Alexander I had tacitly endorsed this conspiracy, to which he had gruesomely alluded in "Liberty."

Pushkin's notes on Skaryatin reveal much about how he personally regarded the moral positions of Alexander, Nicholas, and the Decembrists. He was acutely aware that the court presence of Skaryatin (as well as another conspirator, Pyotr Uvarov) revealed the contradictions inherent in existing assumptions about who was a criminal and who was lawful. Because the conspiracy of March 11, 1801 had succeeded, those who had orchestrated it were upstanding citizens, even though everyone knew what they had done. In an entry from March 17, 1834, Pushkin writes:

> Sitting in a group of three with the [Austrian] ambassador and his wife, I conversed about March 11th. Not long ago at his ball the regicide Skaryatin had appeared; [the ambassador] Fiquelmont was not aware of this sin. He was surprised by the strangeness of our society. But the late ruler was surrounded by his father's murderers. That's why in his lifetime there would never have been any judgment against the young conspirators

---

[16] See Oksana Kiianskaia's chapter on Ryleev in *Dekabristy* (Moscow: Molodaia gvardiia, 2015),165–242, as well as Vadim Parsamov, *Dekabristy i russkoe obshchestvo, 1814–1825 gg.* (Moscow: Algoritm, 2016), 177–148.

[17] On this point, it is worth remembering that most of the aristocratic Decembrists were also hesitant about the potentially negative consequences of stirring up the common people's anger during their own insurrection.

> who perished on December 14th. He would have heard truths that were too cruel. NB. The currently reigning monarch is the first among us to have the right and the opportunity to execute regicides or those who have contemplated regicide; his predecessors would have been forced to tolerate and forgive.

Here, we find a justification for the discrepancy between Pushkin's attitude towards Alexander and his attitude towards Nicholas (in addition to "simple love," the explanation offered in "To My Friends" ["I simply fell in love with him"; "Ego ia prosto poliubil"]. This entry also helps us account for the fact that Pushkin continued to support both Nicholas (in public) and the Decembrist conspirators who had tried to prevent his accession (more privately).

Moreover, even as Russian liberals began to perceive Pushkin as a traitor, his firebrand past hounded him. In 1828, the poet had encountered challenges from the state for his authorship of the heretical and salacious *Gavriliada* (1821), which he denied, and "André Chénier" (1825), a portion of which began circulating under a new title explicitly associating it with the uprising.[18] These investigations resulted in more hurdles to publishing and continuous police surveillance. Six years later, Pushkin's political troubles had not ended. On April 11th, 1934, the poet copied into his diary an article sent to him by Count Stroganov that described a series of events organized by Polish nationalist exiles in Western Europe commemorating the Decembrist uprising. There, Pushkin's own poems had been recited, though the author of the article points out the irony of the fact that Pushkin himself had later written verses castigating the Polish independence movement, "To the Slanderers of Russia," or "Klevetnikam Rossii," 1831).[19] Though Pushkin offers no comment on this piece,

---

18 See N. A. Izmailov, "Pushkin v rabote nad 'Poltavoi,'" in *Ocherki tvorchestva Pushkin* (Leningrad: "Nauka", 1975), 56–59. Eidel'man discusses "Andre Chenier" in *Pushkin i dekabristy: Iz istorii vzaimootnoshenii* (Moscow: Varius, 2005), 356–392.

19 Ibid., 34–35. Like "Stansy," "Klevetnikam" had drawn criticism from Pushkin's liberal colleagues, most notably Prince Viazemsky. For more on this poem, see Edyta Bojanowska, "Pushkin's 'To the Slanderers of Russia': The Slavic Question, Imperial Anxieties, and Geopolitics," *Pushkin Review 21* (2019): 11–33.

there is no question that the persistence of his liberal reputation must have provoked anxiety: in an entry from just a few days before, he notes that Nikolai Polevoi's *Telegraph* had been shut down for "promoting Jacobinism under the government's nose"—though Pushkin also quips that Polevoi, at this point his literary and ideological rival, was also "the darling of the police" [*baloven' politsii*] and "knew how to convince them that his liberalism was only an empty mask."[20] Three days later, he goes on to note with dismay that Polevoi had been arrested.[21] A later diary entry, from May 10th, alludes to other kinds of trouble—the circulation of "bad verses" ("*skvernye stikhi*," Pushkin's erotic fairy tale about Tsar Nikita) and secret police surveillance of his personal correspondence, which persisted for the rest of his life.[22] An epigram about the recently deceased Count Viktor Kochubei, popularly attributed to Pushkin, provoked additional trouble.[23] By 1835, even Pushkin's *History of Pugachev*, which scholars today regard as an expression its author's fear of a peasant uprising, was seen as a potentially incendiary work.[24]

As scholars have pointed out, most attempts to categorize Alexander Pushkin neatly as a "liberal" or a "conservative" thinker inevitably produce contradictions.[25] Here it is also important to keep in mind

---

20 Ibid., 33.

21 Ibid., 34, entry from April 10th.

22 Ibid., 38. The police had misunderstood a comment about the Grand Duke, and upon reading the letter, the tsar was additionally dismayed by Pushkin's dissatisfaction with his role as a low-ranking *kammerjunker*. It fell to Zhukovsky to explain the misunderstanding. In response to this incident Pushkin wrote the following remark, itself a reference to Lomonosov, and now frequently quoted: "I can be a subject, even a servant, but I will not be a slave and clown even for the king of heaven."

23 Ibid., 41, entry from June 2nd.

24 Ibid., 47, entry from February 1835: "In public they berate my Pugachev, and what is even worse — they don't buy it. Uvarov is a complete scoundrel. He shouts about my book as though it were an incendiary work." Later in the same entry, Pushkin bemoans that a completely apolitical reference to "ruling" in his "Fairy-tale About the Golden Cockerel" was censored.

25 For a partial list of works on this matter, see Mark Al'tshuller, *Mezhdu dvukh tsarei: Pushkin 1824–1836* (St. Petersburg: Akademicheskii proekt, 2003; Sergei Dadvydov, "Mezdu Ai i Bordo: politicheskie vzgliady Pushkina," in *Zapiski russkoi akademich-*

that during the first half of the nineteenth century, notions of what constituted a "liberal" or a "conservative," not to mention "reactionary" or "radical," changed quickly, and that liberals of Pushkin's era, most notably Pushkin himself, were perceived as conservative by subsequent generations. Indeed, to return to examples from the 1834 diary, at one point we find Pushkin describing the liberal Count Mikhail Speransky and the conservative Count Aleksey Arakcheev as the "spirits of Good and Evil" on Alexander's shoulder, expressing an opinion with which many Decembrists might have concurred.[26] At another moment, he describes a conversation with the Grand Duke Michael in which he suggested that the December 14th uprising could be attributed in large part to political frustrations resulting from the decline of the nobility (rather than a selfless idealism on behalf of soldiers and peasants) and warned the Duke that a noble uprising might well occur again.[27] Here, Pushkin clearly sees his critical comments as a service to the crown: he concludes his remarks by praying "May God grant that my words might bring about at least a drop of good!"[28]

Again, it is important to keep in mind that Pushkin was constantly reassessing these questions, advocating for his friends, and—perhaps most importantly from his own perspective—in an effort to maintain his own fraught social, political, and financial position while supporting an expensive family. Some of his most complicated attempts to navigate these hurdles appeared in his writing on Alexander Radishchev. In these essays, Pushkin presents a sympathetic portrait of the

---

eskoi gruppy v S.Sh.A. (New York: The Association, 1999), 167–194 and "The Evolution of Pushkin's Political Thought" in *The Pushkin Handbook*, ed. David M. Bethea (Madison: University of Wisconsin Press, 2006), 283–320; Igor Nemirovsky, *Tvorchestvo Pushkina i problema publichnogo povedeniia poeta* (St. Petersburg: Giperion, 2003) and *Pushkin — liberten i Prorok. Opyt rekonstrukstii publichnoi biografii* (Moscow: Novoe literaturnoe obozrenie, 2018); Oleg Proskurin, *Poeziia Pushkina, ili podvizhnyi palimpsest* (Moscow: Novoe literaturnoe obozrenie, 1999) and "Pushkin and Politics" in *The Cambridge Companion to Pushkin*, ed. Andrew Kahn (Cambridge: Cambridge University Press, 2006), 105–117.

26 "Dnevnik," entry from April 2nd, 1934, 33.

27 Ibid., entry from December 22nd, 1934, 44–45.

28 Ibid., 45.

eighteenth-century radical while also dismissing his ideas as naïve and sentimental, an argument that I interpret as informed by his simultaneous efforts to persuade Nicholas to pardon the civic sentimentalist Decembrists.

Reassessing Radishchev and the Decembrist Legacy

Instead of directly addressing the Decembrists, Pushkin alluded to them by writing about a different liberal Russian thinker: the eighteenth-century sentimentalist Alexander Radishchev. This author's self-published *Journey from St. Petersburg to Moscow* (*Puteshestvie iz Sankt-Peterburga v Moskvu*, 1890), which called for widespread reforms in Russian society, including the abolition of serfdom, earned him Siberian exile from Catherine the Great. Eventually Radishchev was pardoned in 1897 by Catherine's successor, Paul I, though the writer committed suicide a few years later, in 1802, because his radical ideas had again begun to raise suspicions.

In the mid-1830s, in his capacity as anonymous literary critic for his journal *The Contemporary*, Pushkin composed three intriguing pieces: two versions of "Journey from Moscow to St. Petersburg" ("Puteshestvie iz Moskvy v Peterburg," drafted between 1833 and 1834 and finished in 1835)[29], an ironic review of Radishchev's book interspersed with political commentary, and a brief essay entitled "Alexander Radishchev," written in 1836 but published only posthumously. These pieces reveal a complicated political perspective framed in polemical dialogue with Decembrist liberalism, which Pushkin disparagingly associates with naïve sentimentalism. At the same time, in both "Journey" and "Radishchev," it is also clear that the poet has presented liberalism as naïve, and therefore essentially harmless, to advocate for the Decembrists' pardon. In addition, these texts contain some of Pushkin's most memorable defenses of Russia's political order, including the institution of serfdom.

As Iu. G. Oksman points out, critics have disagreed about whether Pushkin's "Journey" is best understood as an Aesopian attempt to bring

[29] This piece was likely intended for *The Contemporary* but was never published.

Radishchev and his ideas back into public discussion or a more straightforward disavowal of the radical abolitionist thinker.[30] Posthumous efforts to discern the poet's intention are complicated by the fact that Pushkin also hoped to publish the piece and therefore tried to anticipate the censor's objections. Boris Meilakh, for example, argues that the narrator of this piece is a "lyric hero," like that of the Belkin Tales.[31] S. L. Abramovich convincingly situates this text within Pushkin's broader concerns about the state of the Russian peasantry in the 1830s, pointing out the broader context of widespread famines (discussed in Pushkin's diary), Speransky's weakened efforts to improve the legal conditions of the Russian peasantry in 1833, and Pushkin's historical work on the peasant-led Pugachev Rebellion, though his argument that the anti-liberal rhetoric in this piece should be regarded as insincere is less persuasive.[32]

In the extant versions of Pushkin's "Journey," there is no question that Pushkin expresses conservative political positions (conditional defenses of autocracy, serfdom, and censorship), as well as concern for Russia's peasantry (both its welfare and the potential dangers it presented to the state).[33] That said, I read this text as advocating primar-

---

[30] See commentary in A. S. Pushkin, *SS*, Vol. 7, 569–571.

[31] B. S. Meilakh, "'Puteshestvie iz Moskvy v Peterburg' Pushkina," in *Izvestiia Akademii Nauk SSSR, Otdeleniie literatury i iazyka* (1949), tom VII, vyp. 3, May-June, 219.

[32] S. L. Abramovich, "Krest'ianskii vopros v stat'e Pushkina 'Puteshestvie iz Moskvy v Peterburg," *Pushkin: Issledovaniia i materialy / AN SSSR. Institut russkoi literatury (Pushkinskii Dom)*, Vol. 4 (Moscow; Leningrad: Izdatel'stvo AN SSSR, 1962), 208–236.

[33] While an in-depth consideration of the late Pushkin's writings on serfdom is beyond the scope of this chapter, it should be noted that some Russian liberals expected Pushkin to be particularly sympathetic to the plight of the serfs because he was descended from Abram Petrovich Gannibal, an African and former enslaved person later promoted to general. In "John Tanner," Pushkin condemns the American practice of slavery, but in "Journey" he argues that Russian serfdom is less cruel than many other labor practices. Contemporary historians would likely agree that American chattel slavery entailed cruelties that Russian serfdom did not, including forced removal, travel across the Atlantic Ocean in brutal conditions, and cultural-linguistic extinction, but of course we should also keep in mind that Pushkin would suffer no economic or political consequences for critiquing a foreign institution. Abramovich notes that on the obverse of one of his "Journey" drafts,

ily for three causes that we know concerned him deeply: his own declining class of landowning nobles, the fate of Russian literature (which he tied to nobles), and, in particular, the status of his liberal noble friends, the exiled Decembrists.[34] Pushkin advocates for these friends not by promoting their position, but by presenting liberalism, through Radishchev, as naïve, sentimental, and no threat to the Russian state. Pushkin himself wished to appear amenable to the government because he, like Radishchev, serves as an example of a reformed rebel who eventually became useful, a point that Pushkin particularly emphasizes in the 1836 essay "Alexander Radishchev."

Perhaps to justify public engagement with a banned text, Pushkin structures his "Journey" as a refutation of Radishchev's book — one that the narrator claims he received from an unnamed collector of bibliographic rarities after requesting a some "boring" reading, something that he would only bother with when trapped by circumstances like travel. In a nod to this essay's Decembrist subtext (and the many requests Pushkin received from Decembrist friends for reading material), in both versions of the essay Pushkin quips, "In prison and on the road any book is a gift from God."[35] Initiated readers would also note that the journey begins on October 15th, the eve of the Lyceum Day holiday, and ends in St. Petersburg, the site of not only the Lyceum, but also Pushkin's first years after graduation, when his liberal reputation was at its height. Moreover, the capital had been the site of the uprising itself.

As Pushkin's title indicates, the speaker's itinerary inverts Radishchev's. In a similar way, the ironic tone of Pushkin's narrator (which

---

Pushkin wrote a series of unfinished notes suggesting that he harbored guilt for defending serfdom: "[May God preserve me from being a champion and advocate of slavery] — [I'm only writing that] [but I'm saying directly that the condition of our peasants is not] The welfare of our peasants is closely tied to their benefit to landowners — and this this obvious to everyone. Abuses [exist] are encountered everywhere." (235–6).

[34] On Pushkin's concerns about the fate of Russian nobles, see Sam N. Driver, *Puškin: Literature and Social Ideas* (New York: Columbia University Press, 1989), and Bella Grigoryan, "Pushkin's Unfinished Nobles," in *Noble Subjects: The Russian Novel and the Gentry, 1762–1861* (DeKalb: Northern Illinois University Press, 2018), 47–64.

[35] 224 rough draft; 244 final draft.

Abramovich calls "laconic")[36] inverts the high-flown sentimentalist rhetoric that Radishchev used. Just as he had done with Ryleev's *Dumy*, Pushkin (through his narrator) also points out logical discrepancies in Radishchev's emotional appeals.[37] For example, after conceding one of Radishchev's points about the hardships of Russian peasant life (especially the practice of forced marriage), Pushkin notes that the earlier author inadvertently highlights a way in which Russian peasants enjoyed a high standard of living in his description of their living quarters:

> [...] It's obvious that Radishchev was sketching out a caricature; but he mentions the banya and kvas as necessities of Russian life. [These are] already a sign of comfort. It's also remarkable that Radishchev, after having made his hostess complain about hunger and a poor harvest, finished off his picture of want and poverty with this line: *and she began to place the breads in the oven*.[38]

In another section of the essay, citing extensively from Radishchev's original language to highlight its stylistic excesses, Pushkin ironically relates a story about a blind man that Radishchev had included in a section entitled "Klin." This man had lost his eyes serving his country in war and now sang religious songs for alms. Radishchev's speaker offers him a ruble, but the man refuses a gift of money from a noble. Finally, the narrator comes up with an appropriately poetic resolution to his dilemma:

> Radishchev finally gives [the blind man] a kerchief and informs us that the old man died several days afterwards and was buried with this scarf on his neck. — The name of Werther, encountered at the beginning of this chapter, clarifies this mystery.[39]

---

36 Abramovich, 216.

37 On *Dumy*, see Wang, Chapter Four.

38 Final draft, 256–257; a similar argument appears in the rough draft, 230–231.

39 See final draft, 258. A version of this also appears in the rough draft, 234. In the final draft of his essay, Pushkin laments that Radishchev had not included authentic folk culture in this section.

Again, Pushkin's framing makes it clear that he feels that the indelible influence of literary sentimentalism in this episode—and, by extension, Radishchev's entire book—renders its political argument less meaningful. The final draft of this piece also compares *Journey from St. Petersburg to Moscow* to another well-known sentimentalist text, Samuel Richardson's *Clarissa,* because both are interesting precisely because they are boring.[40] We should not forget that this work serves in part to advocate for clemency towards political radicals like Radishchev and the Decembrists. Pushkin denigrates Radishchev's inclination towards civic sentimentalism to suggest that his own Decembrist friends were not effective rabble-rousing revolutionaries, but rather essentially harmless.

The poet's 1836 essay on Radishchev gives even more emphasis to this point about sentimental harmlessness. Perhaps assuming explicit discussion of Radishchev's social critiques had prevented the previous essay from being published, Pushkin devotes almost the entirety of the second piece to his subject's biography; he portrays Radishchev as a "madman," excessively influenced by sentiment, youthful idealism, and an obsession with suicide, but nevertheless a useful state servant. Again, this emphasis suggests that Pushkin had adjusted the piece to focus on an argument relevant to the case of the Decembrists. It should also be noted that despite the significant differences between this article and the preceding one, "Alexander Radishchev" also encountered issues with the censor and was ultimately published only after its author's death by his biographer P. A. Annenkov in 1857.[41]

Several other aspects of this text allude to the Decembrists, beginning with the epigraph, allegedly from Karamzin but in fact most likely written by Pushkin himself, "Il ne faut pas qu'un honnête homme

---

[40] Final draft, 244.

[41] This text can be found in A. S. Pushkin, *SS*, Vol. 6, 210–221. For its censorship history, see Iu. G. Oksman's commentary on page 507: ultimately, the censor blocked the article on August 26, 1836 because the Minister of Education S. S. Uvarov determined that it was "superfluous" (*izlishnii*) to remind the public of a book and author "that had been completely forgotten and deserved to be forgotten" ("совершенно забытых и достойных забвения").

mérite d'être pendu" ("An honest man cannot deserve hanging").[42] This image clearly suggests the shocking execution of the uprising's five leaders. Later, in a section on Radishchev's less celebrated poetical works (which Pushkin regards as superior to *Journey*), he includes a long excerpt from "The Eighteenth Century" ("Osmnadtsatyi vek," 1797), a philosophical consideration of the hopes and disappointments of the titular epoch that ultimately identifies Peter I and Catherine II as the period's most illustrious leaders. Notably, several lines recall Pushkin's early liberal lyrics, "Liberty" ("Vol'nost'," ~1817) and "To Chaadaev" ("K Chaadaevu," 1818). "The Eighteenth Century" also includes many of the same civic sentimentalist word signals, but rather than stirring enthusiasm for positive political changes, it mourns the lost possibility of a better future.

"To Chaadaev":

Любви, **надежды**, тихой славы
Недолго нежил нас обман,
Исчезли юные забавы,
Как сон, как утренний туман; [...]

Звезда пленительного **счастья**,
Россия вспрянет ото сна,
И на **обломках** самовластья
Напишут наши имена![43]

The illusion of love, **hope**, quiet fame
Did not coddle us for long,
Our youthful amusements have disappeared,
Like a dream, like morning fog; [...]

The star of captivating **happiness**,
Russia will spring up from its sleep,
And on the **wreckage** of autocracy
They will write our names! [Emphasis mine.]

---

[42] Ibid., 210, discussion on 508.

[43] *SS*, Vol. 1, 65. It should be noted that in October 1836, six months after Pushkin wrote this essay, Pyotr Chaadaev's politically controversial "Philosophical Letters" earned him the same diagnosis of madness that Pushkin assigns to Radishchev in this article.

"The Eighteenth Century":

> И сокрушен наконец корабль, **надежды** несущий,
> Пристани близок уже, в водоворот поглощен.
> **Счастие** и добродетель и **вольность** пожрал омут ярый,
> Зри, всплывают еще страшны **обломки** в струе.[44]
>
> And finally the boat bearing our **hope** is broken,
> Already close to the dock, but swallowed up by a whirlpool.
> The angry eddy has devoured **happiness** and virtue and **freedom**,
> Look, its terrible **wreckage** is still floating up in the current.
> [Emphasis mine.]

In the context in which Pushkin was writing, this poetic excerpt serves both to remind readers that Radishchev (and, by extension, the Decembrists) was not merely a political rebel, especially when one considers the later years of his life. At the same time, it subtly undermines the youthful sentiments of Pushkin and his liberal followers. In the end, Pushkin's note that Radishchev's sister-in-law followed him to Siberian exile reminds readers of the Decembrists' wives, innocent victims of their husbands' punishments.[45]

Finally, to turn to Pushkin's article "Alexander Radishchev," this piece emphasizes its subject's civic sentimentalism even more than "Journey" had. In his description of Radishchev's Leipzig education, Pushkin ironically emphasizes how young Russian students easily moved from

---

44 Ibid., 216. Luba Golburt discusses this ode in *The First Epoch: The Eighteenth Century and the Russian Cultural Imagination* (Madison: University of Wisconsin Press, 2014), 121–124, placing it in the context of other literary works symbolically demarcating specific historical epochs and offers quite a different assessment of its political message than Pushkin does, writing, "The poem's ultimately incoherent vision of recent history stems, I would argue, from Radishchev's failed attempt to integrate universal and dynastic Russian history, or reconcile the stance of the poet-prophet defying the powers that be with that of the poet-servitor repressed by the autocracy and attempting to find his way back into the good graces of the monarch's patronage. This failure is unavoidable and perhaps intentional; it rather vividly marks, moreover, the moment at the dawn of the nineteenth century when the two systems established in the eighteenth—that of enlightened intellectual liberty and the essentially feudal relationship between poet and ruler—come up against each other and against their own limitations" (123).

45 Ibid, 214.

Rousseau and Diderot to "other thoughts, just as childish, [and] other dreams, just as impossible."[46] Later, describing the Martinist Freemasons, a group of thinkers that strongly influenced Radishchev, Pushkin uses that same imagery that he used to describe the Northern Society in the tenth chapter of *Eugene Onegin*:

> [The Martinists were] a strange mixture of mystical piety and philosophical freethinking, a disinterested love of learning, and a practical philanthropy that sharply distinguished them from the generation to which they belonged. People who had something to gain from insidious slander tried to present the Martinists as conspirators and ascribed to them criminal political views. [...] It's impossible to deny that many of them did belong to the ranks of the disgruntled; but their ill-will was limited to sullen denunciations of the present, innocent hopes for the future, and suggestive toasts at Freemason suppers.

Elsewhere in the essay, Pushkin continuously emphasizes Radishchev's personal eccentricities with no small amount of irony. At one point he calls him "a political fanatic, one who had lost his way, of course, but who acted with a surprising selflessness and with a sort of chivalrous conscientiousness."[47] He also describes Radishchev's "outpourings of sentimentality [*chuvstvitel'nost'*]" as "mincing and overblown, and sometimes extremely absurd."[48] Significantly, he also uses Radishchev's sentimentality to argue that this radical thinker was not so radical after all, invoking an apocalyptic vision of the French Revolution:

> Could the sentimental and ardent Radishchev not shudder at the sight of what took place in France during the *Terror*? Could he hear the thoughts he'd once loved proclaimed from the height of the guillotine before the crowd's vile applause without profound disgust? Once held rapt by the lion's roar of the colossal Mirabeau, he still could not have become an admirer of Robespierre, this sentimental tiger.[49]

---

46 "Aleksandr Radishchev," 211.

47 Ibid., 213.

48 Ibid, 217.

49 Ibid., 215.

Notably, many of the noble Russian Decembrists shared Pushkin's horror of the Revolutionary Terror; in his discussion of Wilhelm Küchelbecker's negative comments about the French Revolution in his European diary, Yuri Tynianov somewhat apologetically notes (before his Soviet readership) that fears about violent uprisings by the common people were widespread in the Northern Society.[50] For Pushkin's purposes, this insistence that even Radishchev was no Jacobin essentially served to advocate for a pardon of his Decembrist friends.

Pushkin's critique of Radishchev's political tactics reveals a fundamental difference between his own political philosophy and that of the civic sentimentalists. The poet laments that the eighteenth-century writer did not try to persuade Catherine II to improve peasant conditions and adjust censorship regulations in a way that might have been amenable to her.[51] Again, he argues in this second essay that only a madman would have published and then distributed an incendiary text under Catherine's strict reign. This focus on rationality, reminiscent of his disagreements with the sentimental Küchelbecker and critiques of historical discrepancies in Ryleev's poetry, remind us that the civic sentimentalist attitude motivating many Decembrists was alien to Pushkin.[52] Indeed, we might regard his writings on Radishchev as examples of his efforts to advocate rationally for his liberal friends within the law. Yet while Pushkin's writings on Radishchev did not earn him imprisonment or exile, neither did they meet with success: these texts were not passed by the censor and did nothing to improve the status of the Decembrists.

---

[50] Yuri Tyaninov, "Frantsuzskie otnosheniia Kiukhel'bekera," *Pushkin i ego sovremenniki* (Moscow: Nauka, 1968), 304–307.

[51] "Aleksander Radishchev," 217. "[Radishchev] vilifies the power of rulers as though it were obvious lawlessness; would it not be better to present to the government and intelligent landowners methods of gradually improving the peasants' conditions; [Radishchev] rages against censorship; would it not be better to have a conversation about the rules that the lawgiver must obey in order to ensure that, on one hand, the estate of writers might not be repressed and thought, God's holy gift, might not be the slave and victim of thoughtlessness and reckless governance, while from the other hand — to ensure that the writer did not use this divine weapon to achieve a low or criminal aim?"

[52] For more on these polemics, see Wang, Chapters Two and Four.

«Медный всадник» и русская «Энеида» (Пушкин, Вергилий и Василий Петров)

О. А. Проскурин

«Еней»: книжное приобретение 1833 года

Попытки сблизить «Медный всадник» Пушкина с «Энеидой» Вергилия — поэмой об основании империи — предпринимались не раз, и каждый раз без особого успеха. Так, Н. Анциферов в своей знаменитой книге провозглашал: «Пушкин творил миф о герое, призванном провидением основать город.

> Dum conderet urbem,
> Inferretque Deos Latio» [Анциферов 1924: 64].

Анциферов цитирует два двустишия из вступления к «Энеиде» (в пер. С. А. Ошерова: «...город построив, В Лаций богов перенес»). Но эта декларация не получает продолжения и развития; вспомнив «Энеиду», Анциферов тут же делает оговорку:

> Однако, на «Медном Всаднике» лежит печать духа иной, новой культуры. Петр Пушкина не Эней Виргилия, благочестивый носитель традиций родного, древнего Илиона. Не переносит с собой Петр из «старой Москвы» отеческие заветы. Не благочестивой покорностью судьбе охарактеризован «основатель города» новой эпохи. «*Мощный властелин судьбы*» своей «*волей роковой*» вызывает на бой саму судьбу [Анциферов 1924: 64].

В неудаче попыток сближения двух поэм на первый взгляд нет ничего удивительного.

Вергилий не принадлежал к числу любимых авторов Пушкина[1]. Автобиографические стихи из ранней редакции осьмой (первоначально — девятой) главы «Евгения Онегина» — «Читал украдкой Апулея, а над Виргилием зевал» [Пушкин 1977–1979, 5: 462], — видимо, отражают отношение Пушкина-лицеиста к творцу «Энеиды» намного точнее, чем конвенциональные похвалы Вергилию в лицейских стихотворениях. Впрочем, кое-какое знание Вергилия Пушкин из Лицея вынес: цитаты из «Энеиды» (часто переиначенные либо шутливо обыгранные) не раз встречаются в пушкинских сочинениях и переписке. Однако практически все они относятся к расхожему цитатному фонду; чтобы оперировать ими, знания «Энеиды» из первых рук не требовалось[2]. И хотя в Лицее Пушкин вынужден был читать тексты Вергилия в оригинале[3], можно уверенно утверждать, что впоследствии он к ним практически не обращался[4].

---

1 См. [Федотова 2004]. Пользуемся случаем, чтобы исправить неточность, вкравшуюся в эту справочную статью. В ней сообщается: «...в беловой ред. (1834–1835) “Путешествия из Москвы в Петербург” П. назвал В. в числе поэтов, к-рые “читаны будут, доколе не истребится род человеческий” (Акад. XI, 262)» [Федотова 2004: 78]. Между тем эта высокая оценка Вергилия принадлежит не Пушкину, а А. Н. Радищеву: она содержится в обширной выписке из радищевского «Путешествия из Петербурга в Москву», включенной в пушкинскую статью.

2 Примерно то же самое можно сказать и о вергилиевских аллюзиях, обнаруживающихся в пушкинских поэтических текстах, в частности в «Евгении Онегине» (см., например, [Добродомов, Пильщиков 2008]).

3 В Пушкинском музее Александровского лицея сохранился экземпляр издания: PUBLIUS VIRGILIUS MARO. BUCOLICA, GEORGICA, ET AENEIS. Editio stereotypa (1814), которым Пушкин пользовался в Лицее. «Наверху титульного листа рукою Пушкина написано “А. Пушкинъ.” Такая же подпись имеется и на внутренней крышке переплета» [Модзалевский 1934: 1022].

4 В «Опровержениях на критики» (1830) Пушкин писал: «Кстати: с тех пор, как вышел из Лицея, я не раскрывал латинской книги и совершенно забыл латинский язык». Несмотря на полемическую заостренность этого признания, к нему следует отнестись с доверием: неоднократные попытки скорректировать или опровергнуть его обнаружили свою несостоятельность.

Однако у нас есть основания считать, что как раз в самый канун работы над «Медным всадником» Вергилий и его «Энеида» актуализировались в творческом сознании Пушкина. И для такой актуализации обращаться к латинскому тексту «Энеиды» поэту не потребовалось.

В библиотеке Пушкина сохранилось издание, которое в каталоге Б. Л. Модзалевского описано следующим образом: «*Еней*. Героическая поема Публия Виргилия Марона. Переведена съ Латинскаго Г.ном Петровымъ. S. l. et a. [1781–1786]. 8о, 2 т.; т. I — 308, т. II — 264 стр.» [Модзалевский 1910: 23]. По счастливой случайности нам известно, когда именно Пушкин приобрел эту книгу. Из сохранившегося счета от неизвестного букиниста (счет был выставлен Пушкину в конце октября 1836 года) следует, что это издание было приобретено 6 мая 1833 года [Модзалевский и др. 1938: 39]. Таким образом, примечательная покупка состоялась за три месяца до отъезда Пушкина из Петербурга в уральское путешествие и менее чем за шесть месяцев до начала работы над «Медным всадником» болдинской осенью 1833 года.

Василий Петров в свое время считался одним из знаменитых русских поэтов[5]. Пушкин был хорошо знаком с его сочинениями уже с лицейских лет и сохранял интерес к ним на протяжении всей творческой жизни[6]. В «Воспоминаниях в Царском Селе» Петров упомянут в одном ряду с Державиным — как поэт, прославивший екатерининскую эпоху и ее деятелей («Державин и Петров героям песнь бряцали // Струнами громозвучных лир») [Пушкин 1977–1979, 1: 71]. Но внимание и интерес к творчеству Петрова сохранялись у Пушкина и в то время, когда поэтическая слава его ушла в прошлое. Петров — один из героев пушкинского послания «Мордвинову» (1826?) («Под хладом старости угрю-

---

5 Сводку биографических сведений о Петрове и библиографию основных работ о нем (по состоянию на конец XX века) см. в [Кочеткова 1999]. В новом столетии внимание к Петрову значительно возросло — соответственно, возросло количество посвященных ему работ. Обзор новейшей «петровианы» (впрочем, далеко не полный) см. в статье [Капуцына 2020].

6 В библиотеке Пушкина сохранилось собрание стихотворений Петрова 1811 года [Модзалевский 1910: 77].

мо угасал Единый из седых орлов Екатерины...») [Пушкин 1977–1979, 3: 16]; само послание содержит реминисценции из поэзии Петрова (см. [Стенник 1965; Стенник 1995: 156–162]). Отголоски од Петрова слышны и в «Полтаве» [Стенник 1995: 278]. Таким образом, самый факт приобретения петровского «Енея» в 1833 году не был для Пушкина случайным и неожиданным.

Над «Енеем» — поэтическим переводом «Энеиды» Вергилия — Петров работал долго и тщательно[7]. Первое издание перевода вышло в 1770 году. Второе издание последовало в 80-е годы: первые шесть частей вышли в 1781 году, седьмая появилась в 1784-м, остальные — в 1786 году[8]. Петровский перевод «Енея» (еще ожидающий специального филологического анализа) весьма интересен в стилистическом отношении: он нарочито архаизирован, исполнен лексической «славенщизны» и синтаксических латинизмов, причем во втором издании по сравнению с первым эта архаизация не только не редуцировалась, но во многом и усиливалась.

Петровский перевод «Энеиды» удостоился похвалы самой Екатерины II в «Антидоте»: «Сила поэзии этого юного автора уже приближается к силе Ломоносова, и у него более гармонии <...> стихотворный перевод “Энеиды” обессмертит его» [Екатерина 1901: 256]. Как следует из посвятительного послания (написанного сразу по завершении работы над полной редакцией «Енея») «К Ея Императорскому Величеству Екатерине Второй Самодержице Всероссийской. При переводе Енея, героической поэмы П. В. Марона 1786 года»[9], Екатерина не только поощряла работу над переводом «Энеиды», но и одобряла избранные Петровым стилистические принципы («И речию Славян, коль виден в слоге дух, Не оскорбляется разсудливый Твой слух»), знакомилась с работой на разных этапах и даже указывала переводчику на языковые погрешности:

---

7 О «Енее» см. [Kahn 1993: 747–757; Torlone 2011; Torlone 2015: 54–71].

8 Полное библиографическое описание изданий «Енея» см. [Сводный каталог 1962–1976, 1: 152–153].

9 Послание, несомненно, предназначалось для публикации; причины, по которым эта публикация не осуществилась при жизни Петрова, не вполне ясны.

Ты, матерския мне с приятностью улыбки,
Казала некогда в строках моих ошибки;
И я, в усилье дум, и пылкости в ущерб,
Велики правила из уст Твоих почерп.

Оне, жадающу венка похвал зелена,
Мне были тьмою крат сладчай, как Иппокрена.
И тако в правду я священны пил струи;
Когда в моих стихах поправки есть Твои <...>
Читаючи во мне Латийских Феба муз
Все скажут: в сих стихах *Екатеринин* вкус
[Петров 1811, 3: 264–265].

В том, что Екатерина стимулировала и поощряла перевод «Энеиды», не было ничего удивительного и экстраординарного. На протяжении веков поэма Вергилия играла в самосознании европейских монархий исключительную роль. Уже в Средние века многие владетельные дома возводили свое родословие к Энею и его потомкам[10]. В Новое время фиктивная генетическая связь все чаще заменялась связью символической, но «Энеида» по-прежнему осознавалась как основополагающий поэтический текст о монархической власти и государственном строительстве. К началу XVIII века «Энеида» была переведена на основные европейские языки. Переводом Петрова Россия как бы присоединялась к Европе.

Вместе с тем подчеркивание Петровым участия (чуть ли не соавторства) Екатерины в работе над русской «Энеидой» являлось не только актом признательности и/или изысканной лести императрице; оно выполняло и своеобразные защитные функции: выход первого издания «Енея» в свое время вызвал шквал критики и град насмешек из лагеря литературных недоброжелателей Петрова; прямое указание на роль Екатерины в создании «Енея» должно было заставить злопыхателей умолкнуть[11].

Впрочем, разного рода претензии к петровскому переводу высказывалось и в последующие десятилетия. А. Н. Радищев

---

[10] См. в этой связи [Tanner 1993; Adolph 2015].

[11] Авторство «Антидота» было известно только в кругу немногих посвященных.

в «Путешествии из Петербурга в Москву» (глава «Тверь») писал: «Недивлюсь, что древний треух на Виргилия надет Ломоносовским покроем; но желал бы я, чтобы Омир между нами не в Ямбах явился, но в стихах, подобных его, Ексаметрах» [Радищев 1938–1951, 1: 352]. Пушкин воспроизвел это суждение (в составе обширной выписки из книги Радищева) в своей программной статье (так называемом «Путешествии из Москвы в Петербург»), создававшейся в конце 1833 — начале 1834 года, сразу по окончании работы над «Медным всадником»[12].

1833–1834 годы отмечены резким ростом интереса Пушкина к XVIII веку вообще и к екатерининской эпохе в частности, о чем весьма наглядно свидетельствуют книжные приобретения этой поры[13]. Судя по всему, и приобретенный тогда же «Еней» привлек внимание Пушкина не только как полный стихотворный перевод знаменитой поэмы Вергилия, но и как памятник русской поэзии XVIII века, в котором воплотились дух и стиль века Екатерины II. Эта двупланность отразилась в творческой рецепции «Енея», сопряженной с работой над «Медным всадником».

Новый город

К числу самых знаменитых мест «Медного всадника» относятся строки из второй части вступления:

Где прежде финский рыболов,
Печальный пасынок природы,
Один у низких берегов
Бросал в неведомые воды

---

[12] С. Б. Федотова ошибочно приписывает и это суждение самому Пушкину [Федотова 2004: 79].

[13] Так, у того же книготорговца, у которого был приобретен «Еней», Пушкин в 1833–1834 годах приобрел «Записки о жизни и службе» А. И. Бибикова, «Велизер, сочинение господина Мармонтеля, члена Французской Академии, переведен на Волге» (знаменитый коллаборативный переводческий проект под руководством Екатерины II), «Сочинения» Василия Майкова (главного литературного врага Василия Петрова) и т. п. [Модзалевский и др. 1938: 39].

Свой ветхой невод, ныне там
По оживленным берегам
Громады стройные теснятся
Дворцов и башен...
[Пушкин 1978: 9–10]

Британский исследователь Эндрю Кан — один из авторов, убежденных в важности «Энеиды» для замысла и конструкции «Медного всадника»[14], в связи с этими стихами заметил: «It finds a clear parallel in the description of the Trojans, as they row up the Tiber and glimpse the site of the future Rome built where a mythic and unknown figure had once lived in poverty...» («Здесь обнаруживается отчетливая параллель с описанием троянцев, плывущих вверх по Тибру и видящих образ будущего Рима, построенного там, где некогда жил в бедности безвестный легендарный персонаж...») [Kahn 1998: 106].

Исследователь имеет в виду следующие стихи из восьмой песни «Энеиды»:

sol medium caeli conscenderat igneus orbem
cum muros arcemque procul ac rara domorum
tecta vident, quae nunc Romana potentia caelo
aequavit, tum res inopes Evandrus habebat (Aen.VIII: 96–100).

Солнца огненный круг с вершины неба спускался
В час, когда тевкры вдали увидали твердыню и стены,
Редкие кровли домов, что теперь до неба возносит
Гордый Рим; а тогда владел небогатым наделом
Царь Эвандр.
[Вергилий 1979: 289–290]

Однако параллель между описаниями не столь отчетлива, как видится она британскому исследователю. Легендарный царь Эвандр, союзник Энея, только с очень большой натяжкой подхо-

---

14 «The Virgilian presence is felt in the poem's plot and its historical sweep» («Присутствие Вергилия ощущается в сюжете поэмы и в ее историческом размахе») [Kahn 1998: 105].

дит на роль двойника пушкинского «пасынка природы». Принципиально различна и структурная функция соответствующих эпизодов в составе двух поэм: в «Энеиде» упоминание о сегодняшнем цветущем Риме — вставка в повествование о мифологизированном прошлом; в «Медном всаднике» упоминание о прошлом — исторический фон для рассказа о настоящем.

Если и можно найти здесь «отчетливую параллель», то скорее не в содержании, а в форме, в языковой конструкции, отмечающей радикальные перемены, случившиеся на определенном пространстве за определенное время: nunc (ныне) — tum (тогда); ср. пушкинское «Где прежде... — ныне там». Однако и эта формула пришла в «Медный всадник» не непосредственно из «Энеиды», а — как убедительно показал Л. В. Пумпянский — через посредство русской поэтической традиции, выработавшей в XVIII веку устойчивую антитетическую формулу: «где прежде — там ныне» [Пумпянский 1939: 91–97][15]. Пумпянский, не ставивший своей задачей изучение латинского генезиса соответствующей формулы, тем не менее мимоходом высказал очень важное наблюдение, имеющее отношение к нашей теме: «Тредиаковский в “Похвале Ижорской земле и царствующему граду С.-Петербургу” (около 1753 г.) прибегает к латинизму *О прежде дебрь, се коль населена,* потому что помнит Виргилия: *Miratur molem Aenas magalia quondam* (Aen. 1, 421)» [Пумпянский 1939: 96].

Процитированная Пумпянским строка взята из первой песни «Энеиды». Она связана со следующим эпизодом: Эней, спасшийся от морской бури и прибитый к берегам Африки, отправляется на поиски человеческого жилища. Чудесно сокрытый облаком (с помощью своей матери Венеры), он поднимается на гору вместе со своим постоянным спутником Ахатом — и перед его взором открывается величественная картина большого и оживленного города:

---

[15] Новейший исследователь заметил, что эта формула не является специфичной для петербургского мифа; «его природа топологична: эта формула использовалась, например, уже в прославлении Рима, особенно в “Фастах” Овидия, где многие стихи начинаются конструкцией “hic, ubi nunc Roma est”» [Николози 2009: 52–53]. На с. 53–54 — ряд примеров.

miratur molem Aeneas, magalia quondam,
miratur portas strepitumque et strata viarum (Aen. I: 421–422)[16].

Смотрит Эней, изумлен: на месте хижин — громады;
Смотрит: стремится народ из ворот по дорогам мощеным.
[Вергилий 1979: 148]

В первой редакции «Енея» (по-видимому, Пушкину неизвестной) Петров перевел соответствующие стихи довольно близко к оригиналу:

Еней огромности чудится новых стен,
Нестройность где была лишь шалашей презренных,
Вратам и чистоте стогн камнем умащенных.
[Виргилий 1770, 1: 25]

Во втором издании «Енея» Петров переложил эти стихи следующим образом:

Чудится вождь Троян великолепью града:
Где прежде кущ был ряд, там здания громада;
Чудится врат красе и башен высоте
И улиц камнями устланных чистоте.
[Виргилий 1781, 1: 35]

Это описание дает формулу «где прежде... там» в том лексическом и синтаксическом составе, который наиболее близок к «Медному всаднику» (во всех примерах, приведенных в статье Пумпянского, близость не столь отчетлива). И, конечно, бросается в глаза сходство объектов в описании города, открывшегося взору Энея, и в описании «юного града» в «Медном всаднике»: *громада, здания, башни* (да и сам *град*, если выйти за пределы процитированного выше пушкинского фрагмента).

На первый взгляд поразительно здесь то, что описание великолепного града в «Енее» относится не к Риму, а к городу, которому суждено будет стать соперником Рима, — Карфагену. Но только на первый взгляд.

---

16 За этими стихами следует подробное описание разнообразных строительных работ в Карфагене, занимающее около двадцати строк.

В рецепции «Энеиды» при дворе Екатерины II на первый план выдвигались специфические особенности: в центре внимания оказывался не столько Эней, сколько карфагенская царица Дидона. Само обращение Петрова к работе над переводом «Энеиды» было, по-видимому, отчасти стимулировано своеобразным «культом Дидоны», который господствовал при императорском дворе во второй половине 60-х годов[17]. Екатерина очевидным образом соотносила с Дидоной саму себя — как властительница, весьма успешно выполняющая традиционно «мужскую» роль монарха[18], и как женщина, соединяющая, подобно Дидоне, государственную мудрость с «чувствительностью», но, в отличие от нее, лишенная присущих ее полу слабостей.

К началу 1780-х годов (то есть ко времени выхода второго издания «Енея») упрочилось положение Российской империи в ряду «великих держав». Упрочилась и власть самой Екатерины. Визуальным знаком успехов монархини стали масштабные изменения в облике столицы. Эти изменения отразились и в петровском «Енее».

В свое время было отмечено, что в новой редакции описание Карфагена оказалось тесно связано с обликом екатерининского Петербурга: «В первой редакции Карфаген символизировал победу Екатерины-Дидоны над политическими “неустройства-

---

[17] Весьма показательной в этом отношении была постановка на придворном театре музыкальной драмы Бальтассаре Галуппи «Покинутая Дидона» (*La Didone abbandonata, dramma per musica. La musica è del rinomato Sr Baldassara Galuppi*). Драма была представлена 3 марта 1766 года, а затем повторена 24 ноября 1766 года, в день св. Екатерины. После второго представления Екатерина послала Галуппи украшенную бриллиантами золотую табакерку с тысячей червонцев, приказав передать композитору, что этот подарок ему завещан Дидоной [Финдейзен 1928: 123–124]. В промежутке между постановками музыкальной драмы Галуппи на придворном театре был поставлен «трагический балет» на соответствующий сюжет: *Le départ d'Enée ou Didon abandonée, ballet tragique pantomime inventé et composé par Gaspar Angiolini*. Балет был представлен 24 сентября 1766 года, к годовщине коронации Екатерины.

[18] Дидона — «женщина, играющая мужскую роль основателя и правителя города» [Hardie 2014: 51]. Эндрю Кан убедительно показал, почему в перспективе екатерининской «просвещенной монархии» Дидона оказывалась важнее Энея [Kahn 1993: 756].

ми"». В редакции 1781 года тот же фрагмент переписывается, в нем усиливается и подчеркивается великолепие столицы» [Проскурина 2006: 117–118]. Замечание это точно и справедливо: заставляя Енея «чудиться» результатам строительных работ в Карфагене, Петров вместе с тем заставлял читателя вспомнить масштабное строительство, развернувшееся в Петербурге в конце 70-х — начале 80-х годов.

Как раз в это время в Петербурге реализуются архитектурные проекты (в основном Антонио Ринальди и Ю. Фельтена), знаменующие переход от позднего барокко к раннему классицизму, как бы возрождавшему принципы античной архитектуры. С исключительным размахом велось дворцовое строительство: уже шли отделочные работы в спроектированном Ринальди Мраморном дворце (полностью закончен в 1785 году), причислявшемся современниками к «чудесам света». С 1779 года в непосредственной близости от Зимнего дворца Фельтеном строились «домы, окружающие дворцовую площадь на подобие амфитеатра» [Георги 1794, 1: 575][19]; на Дворцовой набережной по проекту того же Фельтена возводились стены будущего Большого Эрмитажа. Медленно, но, как казалось, верно поднимались к небу стены спроектированного Ринальди грандиозного Исаакиевского собора. Целая группа новых зданий должна была свидетельствовать о наступившем в России расцвете искусств: в 1776 году, после большого перерыва, под руководством Фельтена возобновилось строительство колоссального здания Академии художеств, начатое еще в 1764 по проекту Валлен-Деламота; близилось к завершению строительство Большого театра по проекту Ринальди, начатое в 1775 году (открытие театра состоится в 1783 году). Восхитившие Энея карфагенские «громады», несомненно, должны были ассоциироваться со всеми этими петербургскими сооружениями[20].

---

[19] Уже в XIX веке три здания, выстроенные Фельтеном на Дворцовой площади, будут интегрированы К. Росси в комплекс Главного штаба.

[20] Ср. [Проскурина 2006: 119–120]. В петровском послании Екатерине, написанном по завершении перевода «Энеиды», восхваления архитектурных преобразований в Петербурге местами выглядят как вариации карфагенских

Об установке на пробуждение ассоциаций такого рода особенно наглядно свидетельствуют некоторые детали петровского описания, обнаруживающие тесную связь с актуальным культурным контекстом. Таково упоминание красоты восхитивших Энея «врат» (этого восхищения нет ни в латинском оригинале, ни в первой редакции перевода), объясняющееся очень определенным историческим моментом. В 1774 году по распоряжению Екатерины в Петербурге началось строительство спроектированных Кваренги первых городских ворот («градских врат») на Лифляндской дороге [Георги 1794, I: 124]. Строительство ворот длилось по обыкновению долго и завершилось только в 1784 году, но уже в 1779 году В. Рубан превозносил их эстетические достоинства:

> Новыя великолепныя из мармора и дикого камня сооружаемыя ныне ворота, по Высочайшему Ея Императорского Величества, Государыни, Императрицы ЕКАТЕРИНЫ II повелению, при въезде из Петергофа в Петербург, по зади Калинкина моста, составят наибольшее всему городу украшение [Богданов, Рубан 1779: 496].

Тем большие основания восхвалять «красу» петербургских городских ворот — под видом восхваления ворот Карфагена — были у Петрова в 1781 году, когда сооружение их близилось к завершению.

стихов «Енея» — настолько описания близки тематически и стилистически. В «Енее»: «Иные стены, твердь их жительства, кладут, Другие к облакам верьх крепости ведут...» [Виргилий 1781, 1: 35]. Ср. в послании: «Ужь града твердь, дождав щастливыя премены, Внезапу на себе кремнисты кажет стены...» (речь идет о предпринятом при Екатерине обновлении Петропавловской крепости) [Петров 1811, 3: 269]; в «Енее»: «Дидона в честь сея владычицы небес Воздвигла пышный храм в средине сих древес; Обвешен да́ры<,> где сиял кумир богини; Великолепия был полон дом святыни» [Виргилий 1781, 1: 36–37); в послании: «И се уже и храм, великий храм основан, И мрамор, чем ему рост к небу уготован. Соседственно Петру мы жаждем чудо зреть, Где жертвам за тебя, монархиня, гореть» (речь идет о строящемся Исаакиевском соборе) [Петров 1811, 3: 274].

Не имеет аналога в латинском оригинале и восхищение Энея высотой карфагенских башен (вообще появившихся только во второй редакции «Енея»). Упоминание их активизировало ассоциации с архитектурными вертикалями Петербурга. Из них наиболее значительными в начале 1780-х были три: «Башня Адмиралтейская, на которой шпиц и купол вызолочены червонным золотом» [Богданов, Рубан 1779: 455]; колокольня церкви Рождества Богородицы на Невском проспекте[21] («Колокольня над церковью деревянная и с покрытым жестью шпицем имеет вышины 28 сажен» [Георги 1794, 1: 99])[22]; и наконец, увенчанная высоким шпилем колокольня Петропавловского собора. В 1756 году в шпиль Петропавловского собора попала молния и он полностью сгорел. И хотя сразу же было принято решение восстановить пострадавшую колокольню, однако дело застопорилось: четверть века Петербург был лишен одного из своих главных архитектурных ориентиров. Восстановление колокольни началось только при Екатерине: «оной шпиц или каменная башня начата строением с 1769 году, по имянному повелению Ея Величества Государыни Императрицы ЕКАТЕРИНЫ ВТОРЫЯ» [Богданов, Рубан 1779: 452][23].

Надо заметить, что в 1764 году был объявлен конкурс на лучший проект по восстановлению колокольни. Однако Екатерина осталась не удовлетворена представленными проектами и повелела «делать оную точно так, какова прежняя была, понеже все прочие планы не столь красивы». Восстановление башни завершилось в 1780 году, накануне выхода второго издания «Енея». Восстановленная церковь вовсе не была точным подобием прежней: новый шпиль стал выше оригинального и был снабжен громоотводом, деревянные элементы конструкции были заменены железными. Существенные переделки были произведены в каменной башне и в основном здании церкви.

---

[21] В этой церкви в 1762 году Екатерина II была провозглашена императрицей.

[22] Церковь была разобрана в 1811 году, после сооружения Казанского собора.

[23] Фактически работы начались позже. Ср.: «Строение началось в 1775, и кончилось в 1780 году» [Георги 1794, 1: 156].

Восстановление артефакта петровского времени означало в то же время его *обновление* и *усовершенствование*. Этот акт в полной мере воплощал уже вполне сложившуюся идеологию екатерининского царствования: все совершаемое Екатериной трактовалась теперь как блестящая реализация замыслов и начинаний Петра. Восстановленная «башня» получала символическое значение, превращалась в некий символ екатерининского царствования вообще, поэтому упоминание «башен» в петровском переводе Вергилия обретало идеологическую злободневность.

Нетрудно заметить, что близкие соответствия в пушкинском тексте находят в первую очередь привнесенные Петровым в текст Вергилия «петербургские» аллюзии, призванные сблизить город Дидоны с городом Екатерины. Именно петровское описание Карфагена дает Пушкину некоторые ключевые образы, помогающие ввести в поэму образ «нового Петербурга»: *громады дворцов* начинают соседствовать с *громадами башен*[24], а *краса* новых «*врат*» распространяется на весь *юный град* («Полнощных стран краса и диво»).

Разумеется, описание Карфагена в «Енее» не было единственным источником для описания Петербурга во вступлении к «Медному всаднику»: подобно тому как архитектурный облик Петербурга сложился из напластований и взаимодействия разных стилей, так и литературный облик вступления в «петербургскую повесть» сложился из комбинации цитат и аллюзий, отсылающих к литературным произведениям разных эпох. Но петровский перевод «Энеиды» занимает в кругу источников важное место как

---

[24] Л. В. Пумпянский связывал *башни* «Медного всадника» с поэзией Державина: «Особенно типично слово башни с державинским смысловым оттенком. Башни — неотъемлемый признак Петербурга у Державина: *Петрополь с башнями дремал* (1783 I, 32) <;> *Петрополь встает навстречу, Башни всходят из под волн* (1810 III, 10)» [Пумпянский 1939: 99]. В принципе это наблюдение справедливо. Но, судя по всему, державинский образ в свою очередь был инспирирован Петровым: «Видение мурзы» (где у Державина впервые появляются «башни» как атрибут Петербурга) создается менее чем через два года после выхода второго издания «Енея». Державин прямо указывает на те архитектурные объекты Северной столицы, на которые в «Енее» *намекает* Петров.

текст, очень значимый (а в некоторых отношениях — основополагающий) для всей традиции поэтического описания нового столичного города[25] и, соответственно, для «Медного всадника».

Буря

Панегиристы XVIII века, сближая Петербург с Карфагеном (и, соответственно, Екатерину — с Дидоной), как бы не замечали опасной двусмысленности выстраиваемых параллелей: как-никак прекрасному Карфагену суждено было быть разрушенным (а Дидоне — погибнуть). В контексте пушкинской поэмы трагические ассоциации оказываются, по-видимому, значимы, хотя и не выдвигаются на первый план, оставаясь в подтексте.

Трагедию приносит в Петербург (и в «петербургскую повесть») страшное наводнение. Евгений, оказавшийся в роковой час на Петровской площади, с ужасом взирает на катастрофу, разразившуюся при впадении Невы в Финский залив:

Его отчаянные взоры
На край один наведены
Недвижно были. Словно горы,
Из возмущенной глубины
Вставали волны там и злились,
Там буря выла, там носились
Обломки...
[Пушкин 1978: 16]

В этом описании наводнение у приморской оконечности Васильевского острова представлено как страшная *морская буря* с ужасающими последствиями. Мы не найдем прецедентов по-

---

25 Возможно, к кругу источников «гимна Петербургу» во вступлении следует добавить и петровское послание Екатерине II, написанное по завершении перевода «Энеиды». Ср. у Пушкина: «В гранит оделася Нева; Мосты повисли над водами; Темно-зелеными садами Ее покрылись острова» [Пушкин 1978: 10] — и у Петрова: «Фонтанка меж кремней, что красят брег ея <...> Великолепными красуется мостами; И садоносною вверх высяся главой, Гордится в радости пред матерью Невой» [Петров 1811, 3: 269].

добного описания в документальных свидетельствах о наводнении 1824 года, которыми пользовался Пушкин. Это и неудивительно: ближайшая параллель сцены — не документальные свидетельства, а знаменитый эпизод из первой песни «Энеиды». По наущению мстительной Юноны владыка ветров Эол выпустил на волю подвластные ему ветры, устроившие бурю, которая должна уничтожить флот троянцев:

> incubuere mari totumque a sedibus imis
> una Eurusque Notusque ruunt creberque procellis
> Africus et vastos volvunt ad litora fluctus (Aen. I: 84–86).
>
> На́ море вместе напав, до глубокого дна возмущают
> Во́ды Эвр, и Нот, и обильные бури несущий
> Африк, вздувая валы и на́ берег бешено мча их.
> [Вергилий 1979: 139]

Как нетрудно убедиться, описанию бури у Пушкина ближе не оригинальный латинский текст, а перевод Петрова, то есть не собственно «Энеида», а «Еней». В переводе Петрова сцена изображена так:

> Под пеной волны, как под вечным горы снегом,
> Перестизающи одна другую бегом<,>
> Все море из предел на сушу вон несут,
> И тяжкими брега ударами трясут.
> [Виргилий 1781, 1: 14]

Здесь Петров, обычно старавшийся точно следовать латинскому оригиналу, отходит от него достаточно далеко. В частности, он устраняет из рассказа мифологические имена ветров и вообще отказывается от их антропоморфизации. Вместо мифологической сцены перед читателем разворачивается «реалистическая» картина разъяренной природной стихии.

В этой картине исключительно важную роль играет уподобление разъяренных волн горам. У Вергилия в соответствующем эпизоде образ горы возникает только однажды: insequitur cumulo praeruptus aquae mons (I: 105; в переводе С. А. Ошерова:

«несется вослед крутая гора водяная» [Вергилий 1979: 140]). Петров перевел это место очень точно, хотя и превратил метафору в метафорическое сравнение: «Се вал крутый летит как тяжкая гора» [Виргилий 1781: 15].

Однако волны-горы Петров вставил и в речь возмущенного Нептуна, обращенную к ветрам (о которой подробнее речь пойдет ниже): «Хотите меж собой стихии все смесить, Толь страшны горы волн дерзаете взносить!» (в оригинале: miscere et tantas audetis tollere moles? (I: 133–134; в пер. С. А. Ошерова: «Небо с землею смешать и поднять такие громады?» [Вергилий 1979: 140])). Судя по всему, в этом случае Петров воспользовался образом из английского перевода «Энеиды» Дж. Драйдена (1697), в свою очередь модифицировавшего латинский оригинал: *To raise such Mountains on the troubl'd Main?*[26]

Драйденовский перевод, по-видимому, способствовал и третьему (композиционно — первому) появлению морских гор в ключевом месте эпизода у Петрова: «Под пеной волны, как под вечным горы снегом...»

Видимо, именно петровский «Еней» в свою очередь стимулировал многократное и настойчивое уподобление волн горам в «Медном всаднике». В беловом тексте этот образ появляется дважды: впервые водяные горы возникают уже в начале наводнения, когда народ еще не подозревает о масштабах начавшегося бедствия и толпится на набережных,

Любуясь брызгами, горами
И пеной разъяренных вод.
[Пушкин 1978: 14]

(Напомним, что и «пена» появляется в соответствующем контексте не у Вергилия, а у Петрова: «Под пеной волны...»)

Однако во второй черновой рукописи волны-горы возникали и в третий раз — в рассказе о переправе Евгения через Неву:

---

[26] Петров был одним из немногих крупных русских поэтов XVIII века, хорошо овладевших английским языком. Тема «"Еней" Петрова и "Aeneis" Драйдена» еще ждет своего исследователя.

И долго с влажными <?> горами
Борол<ся> [опытный] гребец.
[Пушкин 1978: 50]

Сомневаться в том, что водными горами Пушкин оказался обязан в первую очередь Петрову, не приходится. О петровском генезисе образа дополнительно свидетельствует творческая история поэмы, в частности набросок продолжения стиха во второй черновой рукописи: «Словно горы <...> Вставали волны там и злились, Одной др<угую>...» [Пушкин 1978: 48]. Пушкин начал оформлять стих как явно цитатный по отношению к Петрову (ср. у последнего: «Под пеной волны, как под вечным горы снегом, Перестязающи *одна другую* бегом...») — и только в процессе работы от намеченного продолжения отказался.

С петровским «Енеем» соотносится и описание *результатов* разрушительного действия бури:

Там буря выла, там носились
Обломки...
[Пушкин 1978: 16]

Уничтоженные бурей корабли троянцев описываются у Петрова так:

Сокровищи Троян, уборы их военны,
Дски суден носятся по морю расточенны.
[Виргилий 1781, 1: 15]

(Этому двустишию соответствует в оригинале стих 119: arma virum tabulaeque et Troia gaza per undas. В пер. С. А. Ошерова: «Доски плывут по волнам, щиты, сокровища Трои» [Вергилий 1979: 140]).

Обломки судов, *носящиеся* по морю, — очень выразительный образ, удачно найденный Петровым во второй редакции перевода[27] и весьма искусно адаптированный и использованный Пушкиным.

---

27 В первой редакции «Енея» это место звучало так:

Оружие пловцев, сокровища Троян,
Разбитых снасть судов устлали Океян.

Таким образом, мы должны отметить любопытную и достаточно неожиданную особенность художественной рецепции вергилиевской поэмы Пушкиным: с Энеем сближается не Петр, заложивший город на берегу моря, а Евгений — жертва наводнения.

Эней, оказавшийся жертвой губительной бури и ожидающий гибели своей и товарищей, обращает к небесам отчаянную речь, в которой выражает зависть к участи тех, кто погиб в бою у стен Трои: в такой смерти втрое, вчетверо больше величия, чем в бессмысленной гибели среди морских волн. Евгений, глядя на ужасы наводнения и с тревогой думая о судьбе возлюбленной, в своем отчаянье заходит еще дальше:

> иль вся наша
> И жизнь ничто, как сон пустой,
> Насмешка неба над землей?
> [Пушкин 1978: 16]

В «Энеиде» и в «Медном всаднике» трагическая коллизия разрешается по-разному.

Ужо тебе!

В «Энеиде» владыка морей Нептун, услышав шум бури и ощутив колебание вод, возвышает свою главу над волнами, видит творящееся зло и обращается к обнаглевшим ветрам с укорительной гневной речью:

> Tantane vos generis tenuit fiducia vestri?
> Iam caelum terramque meo sine numine, venti,
> miscere, et tantas audetis tollere moles?
> Quos ego (Aen. I: 132–135).

> Вот до чего вы дошли, возгордившись родом высоким,
> Ветры! Как смеете вы, моего не спросив изволенья,
> Небо с землею смешать и поднять такие громады?
> Вот я вас!
> [Вергилий 1979: 140]

В петровском переводе начало речи Нептуна звучит так:

Отколе, ветры, в вас толикая кичливость?
Ужь власть мою презрев, чрез наглу вы бурливость
Хотите меж собой стихии все смесить,
Толь страшны горы волн дерзаете взносить!
Я вас!.. <...> [Виргилий 1781, 1: 17–18].

В недавнее время появились остроумные попытки сблизить этот эпизод «Энеиды» со знаменитым «бунтом» Евгения во второй части «Медного всадника». Одним из первых это сближение сделал писатель Дмитрий Рагозин, причем не в специальном литературоведческом исследовании, а в романе «Дочь гипнотизера». Героиня романа анализирует и растолковывает собственный сон, в котором причудливо переплелись всевозможные культурно-исторические подтексты и ассоциации:

Через бронзовомедного всадника, где всплывает, как ты помнишь, «тритон», переходим к «Ужо тебе!», близкому quos ego («вот я вас!»), которым в «Энеиде» (1, 135) Нептун усмиряет ветры. Ср. «*Вот ужо* тебе будет, гарнизонная крыса» (К. дочка) и кличку дяди «Вот», выуженную из баллады Жуковского [Рагозин 2002: 55].

Поэт и пушкинист Андрей Чернов, по-видимому не зная о романе Д. Рагозина, в заметке, помещенной на его персональном электронном сайте, рассматривает возможную связь между «Энеидой» и соответствующим эпизодом «Медного всадника» более детально:

В «Энеиде» Нептун грозит ветрам[28], которые без его ведома возмутили море, чтобы разбить о скалы корабли Энея (первопредка римлян): <...> Отсюда вызов, который бросил медному Петру бедный Евгений:

— *Ужо тебе!..*

Ибо наводнение случилось потому, что:

---

[28] В оригинале: *к ветрам*. По-видимому, это оговорка/описка автора.

*...**силой ветров от залива***
Перегражденная Нева
Обратно шла, гневна, бурлива,
И затопляла острова <...> [Чернов 2018].

Если Рагозин ограничился констатацией перекличек, то Чернов предложил свою интерпретацию обнаруженной связи. Следует, однако, отметить, что тонкие и верные наблюдения получают у Чернова ошибочное истолкование, уводящее в сторону от понимания пушкинского замысла. Он, в частности, пишет: «Нептун, конечно, кидает вызов не ветрам, а Юпитеру (см. “Энеиду”). А Евгений — Питеру. И царю, которого так звали лефортовцы и прочие немецкие гости, и Петербургу как таковому. Рифма подсказала сюжет» [Чернов 2018].

По всей вероятности, А. Чернов давно не перечитывал «Энеиду». Иначе он помнил бы, что Нептун вовсе не «кидает вызов» Юпитеру. Установленные Юпитером предписания нарушают как раз виновники бури — мстительная Юнона, коррумпированный ею Эол и наглые ветры. Нептун же, напротив, укрощает буйство ветров и напоминает Эолу о неправомочности нарушения пределов власти, установленной свыше. Иными словами, Нептун не подрывает, а восстанавливает нарушенный порядок, что и позволяет Энею продолжать странствие и исполнить волю богов.

Сцена с появлением Нептуна в самой «Энеиде» была наделена острым и актуальным политическим содержанием (кровавому хаосу гражданских войн противопоставлялся восстанавливающий порядок принципат Августа); в соответствующем ключе — как восстановление порядка и победа над силами разрушения и хаоса — сцена всегда понималась и использовавшими ее авторами позднейших эпох, часто проецировавшими ее на современные политические события[29]. Несомненно, так понимал ее

---

[29] См. картину Рубенса «Нептун, успокаивающий море», написанную в связи с прибытием в испанские Нидерланды нового штатгальтера [Rosenberg 1942: 7; Brower 2010: 279–280], фреску Пьетро да Котона в римском Палаццо Памфили, прославляющую роль папского престола в прекращении Тридцатилетней войны [Rowland 2010: 261], или злободневные аллюзии, которыми

и Пушкин. Тем любопытнее пути обыгрывания ее в «Медном всаднике».

В «Энеиде» вмешательство Нептуна приводит к укрощению волн и прекращению бури:

> Sic ait, et dicto citius tumida aequora placat,
> collectasque fugat nubes, solemque reducit (Aen. I: 142–143).
>
> Так говорит он, и вмиг усмиряет смятенное море,
> Туч разгоняет толпу и на́ небо солнце выводит.
> [Вергилий 1979: 140]

В «Енее» Петрова это выглядит так:

> Едва скончал слова, прогнавый густость туч
> Кротит надменье морь, возводит солнца луч...
> [Виргилий 1781, 1: 18]

У Пушкина наводнение тоже в конце концов заканчивается — хотя без видимого вмешательства морского божества, но не без участия Вергилия и его русского переводчика. То, что Пушкин держал в памяти не столько латинский текст «Энеиды», сколько петровский перевод, подтверждается тем, что в начале второй части «Медного всадника» обыграны стихи из «Енея» — в их лексическом оформлении и даже с сохранением петровских рифм:

> Утра луч
> Из-за усталых, бледных туч
> Блеснул над тихою столицей.
> [Пушкин 1978: 19]

Жизнь в Петербурге смогла войти — хотя и не без потерь — «в порядок прежний» благодаря тому, что в Петербурге спиритуально (то есть в самой идее самодержавной монархии) и вместе

насытил соответствующую сцену переводчик «Энеиды» Дж. Драйден, видевший альтернативу революционному хаосу в монархии Стюартов [Brower 2010: 287–288].

с тем материально (в образе памятника) присутствует Петр — создатель города и его покровитель.

Подобное истолкование функций памятника Петру мы находим уже у Ермила Кострова, в его эклоге «Три грации. На день рождения Ея Высочества Великой Княжны Александры Павловны» (1783):

> Кто сей, превознесен на каменной твердыне,
> Седящий на коне, простерший длань к пучине,
> Претящ до облаков крутым волнам скакать
> И вихрям бурным понт дыханьем колебать?
> [Николаев 2006: 265]

Л. Пумпянский, обративший внимание на эти стихи, заметил:

> Очевидно, Костров опирается на какую-то устную традицию, быть может, официального происхождения, сложившуюся, вероятно, в 1782 же году. Зародыши этой традиции еще не вполне ясны. Но что она была, неопровержимо доказывается стихами Кострова. Согласно этой традиции всадник оберегает город от наводнения; его рука, «простертая к пучине», запрещает волнам вздыматься и ветрам колебать Бельт [Пумпянский 1939: 111].

У стихов Кострова (и у предполагаемой «традиции», стоящей за ними) обнаруживаются два источника. Первый — расцветшая в эпоху раннего Нового времени европейская «городская ода» (то есть ода, посвященная восхвалению того или иного города). Устойчивым элементом этого жанра стало прославление местного божества (иногда *придуманного* поэтом), покровительствующего городу и защищающего его от бедствий [Revard 2009: 291]. Петр, объявленный барочной традицией «богом России», прекрасно подходил на эту роль. Второй источник — сцена с явлением Нептуна в «Энеиде». Костров, конечно, хорошо знал «Энеиду» и в латинском оригинале, однако, скорее всего, ближайшим стимулом для обыгрывания темы послужил «Еней» Петрова, только что (в 1781 году, за год с небольшим до появления эклоги Кострова) вышедший вторым изданием.

В XIX веке ощущение параллелизма между памятником Петру и образом Нептуна не только не исчезло, но и было визуально закреплено в петербургском городском пространстве. В 1807 году скульптор Жозеф Камберлен выполнил на восточном фасаде новой Биржи, выстроенной Тома де Томоном, надаттиковую скульптурную группу «Нептун с двумя реками»[30]. Группа представляет собой своего рода цитату из «Энеиды»: Нептун, властно простирающий руку к Неве, явно выступает здесь как укротитель ветров и усмиритель волн[31]. Вместе с тем скульптура как бы «рифмовалась» с памятником Петру на Петровской площади. Мановение руки Нептуна, несомненно, соотнесено с жестом руки Петра, также обращенным к Неве. Образы владыки морей и русского царя обнаруживали параллелизм функций.

Пушкин, насколько можно видеть, в свою очередь, эту связь Петра и морского божества не только почувствовал, но и обыграл.

В функции укротителя волн Петр вполне отчетливо выступает в первоначальных, черновых версиях «Медного всадника» (вторая черновая рукопись):

> Пред ним — средь пены <Невских> <?> вод
> Над потопленною скалою —
> Кумир на бронзовом коне,
> Неве мятежной — в тишине
> Грозит простертою рукою.
> [Пушкин 1978: 49–50][32]

---

[30] До последнего времени вопрос об авторстве этой скульптурной группы был неясен. Лишь после разысканий Е. Королева авторство Камберлена может считаться несомненным (см. [Королев 1998: 440–446]).

[31] Со временем живое восприятие образов «Энеиды» (и, соответственно, семантики скульптурной группы на фронтоне Биржи) было утрачено. Наглядное свидетельство тому — описание скульптуры в книге советской поры: «В центре композиции, обращенной к Неве, бог моря Нептун с короной на голове и трезубцем в левой руке; правой, вытянутой вперед, он словно указывает на широкий речной простор, *приветствуя приходящие корабли*» [Лисаевич, Бетхер-Остренко 1965: 39] (Курсив наш. — *О. П.*).

[32] Мы даем последовательность строк-вариантов несколько иначе, чем Н. В. Измайлов.

Еще отчетливее — в первом слое беловой рукописи:

И прямо перед ним — из вод
Возникнул медною главою
Кумир на бронзовом коне,
Неве [мятежной] безумной — в тишине
Грозя недвижною рукою...
[Пушкин 1978: 68]

Генетическая связь образа памятника Петру с образом Нептуна, укрощающего бурю, здесь совершенно очевидна: «кумир» не только грозит мятежной стихии, но и *возникает из вод*, подобно Нептуну в «Энеиде». Ср. в переводе Петрова:

Меж тем ужасный рев мятежных непогод
И возмущение со дна глубока вод
С негодованием владетель моря внемля,
И промысл свой Нептун над оным восприемля<,>
Кротчайшую главу из под валов вознес,
И окрест моря взор возвел своих очес.
[Виргилий 1781, 1: 17]

И только в последних редакциях «Медного всадника» картина кардинально меняется:

И обращен к нему спиною
В неколебимой вышине,
Над возмущенною Невою
Стоит с простертою рукою
Кумир на бронзовом коне.
[Пушкин 1978: 16]

Теперь читатель видит Петра как бы с точки зрения Евгения: Петр не возникает «из вод», а бесстрастно взирает на них с «неколебимой вышины». Соответственно, и жест простертой руки утрачивает однозначную определенность и ясность: в новом описании нет и намека на то, что Всадник «грозит» мятежной

Ил. 1. Э.-М. Фальконе и М.-А. Калло. Памятник Петру Первому в С.-Петербурге

Ил. 2. Ж. Камберлен. Скульптурная группа «Нептун с двумя реками» на аттике Биржи в С.-Петербурге. Фотография из собрания автора

Неве[33], защищая от ее буйства жителей Петербурга. Само же пространственное расположение Всадника по отношению к Евгению («обращен к нему спиною») заставляет видеть в нем равнодушие «строителя чудотворного» к участи невольных жертв его геополитических амбиций[34].

Уже погруженный в безумие Евгений из впечатлений от «встречи» со Всадником в пору наводнения делает следующее умозаключение: если Петр не является покровителем и защитником города, то не он ли, основатель города «под морем» (то есть тот, кто «смешал небо с землею»), является виновником обрушивающихся на город катастроф, то есть прямым врагом несчастных городских обитателей и, в частности, лично его, Евгения?.. Ответив самому себе на этот вопрос положительно, Евгений при новой ночной встрече с Медным всадником как бы берет на себя функцию восстановителя правильного и справедливого миропорядка, нарушенного действиями Петра. Иными словами, он берет на себя роль, подобную роли Нептуна в «Энеиде». «Ужо тебе!» — это своего рода пародия угрозы морского владыки, версия вергилиевского *Quos ego* и петровского «*Я вас!*», переведенная на «мещанский» язык[35]. Это именно *пародия*, потому что — согласно Пушкину — умозаключения Евгения если и не вполне ошибочны, то построены на явно недостаточных основаниях. Поэтому за его угрозой не последовало (и не могло последовать) решительного действия, как то было в «Энеиде»:

---

33 И в черновой, и в первой беловой редакции «Медного всадника» сохраняется эпитет «мятежная», перекликающийся с «мятежными непогодами» Петрова; в последних редакциях Нева становится *возмущенной*, что соотносится с другим петровским образом — «возмущением со дна глубока вод».

34 Ср. иное истолкование: «В “неколебимой тишине” <...> высится — “стоит” <...> он — во вступлении зодчий, здесь — защитник воздвигшегося по его замыслам города, как бы преграждая путь возмущенной стихии властно простертой вперед рукой» [Благой 1955: 212]. Это, конечно, произвольное наделение образа той смысловой ясностью, от которой сознательно отказался Пушкин.

35 Пушкин целенаправленно работал в направлении стилистического снижения знаменитой угрозы; во всех версиях текста, вплоть до белового автографа, она звучит «литературнее»: «Уже тебе!»

роль Нептуна оказалась бедному безумцу не по плечу и не по силам. Но вместе с тем бессильная угроза Евгения выполнила в поэме важную функцию: она остро *проблематизировала* петровскую столицу (и, соответственно, все «дело Петра»), акцентировав глубинные внутренние изъяны того прекрасного города, который был — с опорой на Вергилия и его русского преложителя — с такою чудной силой воспет во вступлении к «Медному всаднику».

Источники

Богданов, Рубан 1779 — Историческое, географическое и топографическое описание Санктпетербурга: от начала заведения его, с 1703 по 1751 год сочиненное Г. Богдановым, со многими изображениями перьвых зданий; а ныне дополненное и изданное Надворным Советником <...> Васильем Рубаном. СПб.: [Тип. Воен. коллегии], 1779.

Вергилий 1979 — Вергилий. Энеида / Пер. с лат. С. Ошерова под ред. Ф. Петровского // Вергилий Буколики. Георгики. Энеида. М.: Художественная литература, 1979. С. 137–402.

Виргилий 1770 — Еней героическая поема Публия Виргилия Марона. Переведена с латинскаго Васильем Петровым. [Песнь l–6]. [СПб.: Тип. Акад. наук, 1770].

Виргилий 1781 — Еней героическая поема Публия Виргилия Марона. Переведена с латинскаго г. Петровым. [Песнь 1–6]. [СПб.: Тип. Акад. наук, 1781].

Георги 1794 — Георги И. Г. Описание российско-императорского столичного города Санкт-Петербурга и достопамятностей в окрестностях оного: В 3 ч. СПб.: При Имп. Шляхетном сухопутном кадетском корпусе, 1794.

Екатерина 1901 — Сочинения императрицы Екатерины II: на основании подлинных рукописей и с объяснительными примечаниями академика А. Н. Пыпина. Т. 1: Антидот. СПб.: Имп. Акад. наук, 1901.

Николаев 2006 — Петр I в русской литературе XVIII века. Тексты и комментарии / Отв. ред. С. И. Николаев. СПб.: Наука, 2006.

Петров 1811 — Петров В. Сочинения: В 3 ч. СПб.: В Медицинской типографии, 1811.

Пушкин 1977–1979 — Пушкин А. С. Полное собрание сочинений: В 10 т. Изд. 4-е. Л.: Наука, 1977–1979.

Пушкин 1978 — Пушкин А. С. Медный всадник / Издание подготовил Н. В. Измайлов. Л.: Наука, 1978 (сер. «Литературные памятники»).

Радищев 1938–1951 — Радищев А. Н. Полн. собр. соч.: В 3 т. / Под ред. И. К. Луппола и др. М.; Л.: Изд-во АН СССР, 1938–1951.

Рагозин 2002 — Рагозин Д. Дочь гипнотизера: Роман // Знамя. 2002. № 2. С. 10–73.

Библиография

Анциферов 1924 — Анциферов Н. П. Быль и миф Петербурга. Пг.: Брокгауз-Ефрон, 1924.

Благой 1955 — Благой Д. Д. Мастерство Пушкина. М.: Сов. писатель, 1955.

Добродомов, Пильщиков 2008 — Добродомов И. Г., Пильщиков И. А. Виргилий & al. (5, XXII, 8 сл.) // Добродомов И. Г., Пильщиков И. А. Лексика и фразеология «Евгения Онегина»: Герменевтические очерки. М.: Языки славянских культур, 2008. С. 133–141.

Капуцына 2020 — Капуцына Л. Н. Эволюция восприятия и оценки поэзии Василия Петрова // Вестник Приамурского государственного университета им. Шолом-Алейхема. 2020. № 2 (39). С. 56–63.

Королев 1998 — Королев Е. В. Скульптор Жозеф Камберлен (1756–1821) // Памятники культуры: Новые открытия. Ежегодник. 1996 / Сост. Т. Б. Князевская. М.: Наука, 1998. С. 432–455.

Кочеткова 1999 — Кочеткова Н. Д. Петров В. П. // Словарь русских писателей XVIII в. Вып. 2 (К–П). СПб.: Наука, 1999. С. 425–429.

Лисаевич, Бетхер-Остренко 1965 — Лисаевич И., Бетхер-Остренко И. Скульптура Ленинграда. Л.: Искусство, 1965.

Модзалевский 1910 — Модзалевский Б. Л. Библиотека А. С. Пушкина: (Библиографическое описание) // Пушкин и его современники: Материалы и исследования. Вып. IX–X. СПб., 1910. С. I–XIX, 1–441.

Модзалевский 1934 — Модзалевский Л. Б. Библиотека Пушкина: Новые материалы // Лит. наследство. Т. 16/18 [Александр Пушкин]. М.: Журнально-газетное объединение, 1934. С. 985–1024.

Модзалевский и др. 1938 — Из архива Пушкина. Приготовил к печати и прокомментировал Л. Б. Модзалевский при участии А. В. Западова, Н. И. Мордовченко, М. А. Цявловского и В. Г. Чернобаева // Литературный архив: Материалы по истории литературы и общественного движения. I / Под ред. С. Д. Балухатого, Н. К. Пиксанова и О. В. Цехновицера. М.; Л.: Изд-во АН СССР, 1938. С. 3–154.

Николози 2009 — Николози Р. Петербургский панегирик XVIII века: Миф — идеология — риторика / Пер. с нем. М. Н. Жаровой под ред. К. А. Богданова. М.: Языки славянской культуры, 2009.

Проскурина 2006 — Проскурина В. Мифы империи: Литература и власть в эпоху Екатерины II. М.: Новое литературное обозрение, 2006.

Пумпянский 1939 — Пумпянский Л. В. «Медный всадник» и поэтическая традиция XVIII века // Пушкин: Временник Пушкинской комиссии. М.; Л.: Изд-во АН СССР, 1939. [Вып.] 4/5. С. 91–124.

Сводный каталог 1962–1976 — Сводный каталог русской книги гражданской печати XVIII века. 1725–1800. Т. 1–6. М.: Издание Гос. б-ки СССР им. В. И. Ленина, 1962–1976.

Стенник 1965 — Стенник Ю. Стихотворение А. С. Пушкина «Мордвинову»: К истории создания // Русская литература, 1965, № 3. С. 172–181.

Стенник 1995 — Стенник Ю. В. Пушкин и русская литература XVIII века. СПб.: Наука, 1995.

Федотова 2004 — Федотова С. Б. Вергилий // Пушкин: Исследования и материалы. СПб.: Наука, 2004. Т. 18/19: Пушкин и мировая литература. Материалы к «Пушкинской энциклопедии». С. 76–79.

Финдейзен 1928 — Финдейзен Н. Очерки по истории музыки в России с древнейших времен до конца XVIII века. Т. 2: С начала до конца XVIII века. Вып. V. М.; Л.: Гос. изд-во. Музсектор, 1928.

Чернов 2018 — Чернов А. «Ужо тебе!..»: Как рифма подсказала Пушкину сюжет «Медного всадника». 2018. URL: https://nestoriana.wordpress.com/2018/05/25/mednyi_vsadnik_i_neptun/ (дата обращения: 18.12.2024).

Adolph 2015 — Adolph A. Brutus of Troy: And the Quest for the Ancestry of the British. Pen & Sword Family History, 2015.

Brower 2010 — Brower R. A. Visual and Verbal Translation of Myth: Neptune in Vergil, Rubens, and Dryden // A Companion to Vergil's *Aeneid* and its Tradition / Ed. by J. Farrell, M. C. J. Putnam. Malden, Mass.; Oxford, UK: Wiley-Blackwell, 2010. P. 270–289.

Hardie 2014 — Hardie Ph. The Last Troian Hero: A Cultural History of Virgil's *Aeneid*. London; New York: I. B. Tauris, 2014.

Kahn 1993 — Kahn A. Readings of Imperial Rome from Lomonosov to Pushkin // Slavic Review. 1993 (Winter). Vol. 52, № 4. P. 745–768.

Kahn 1998 — Kahn A. Pushkin's *The Bronze Horseman*. Bristol Classical Press, 1998.

Revard 2009 — Revard S. Politics, Poetics, and the Pindaric Ode: 1450–1700. Temple, AZ: Arizona Center for Medieval and Renaissance Studies, 2009.

Rosenberg 1942 — Rosenberg J. Rubens' Sketch for *The Wrath of Neptune* // Bulletin of the Fogg Art Museum. 1942. Vol. 10, № 1. P. 5–14.

Rowland 2010 — Rowland I. Vergil and the Pamphili Family in Piazza Navona, Rome // A Companion to Vergil's *Aeneid* and its Tradition / Ed. by J. Farrell, M. C. J. Putnam. Malden, Mass.; Oxford, UK: Wiley-Blackwell, 2010. P. 270–269.

Tanner 1993 — Tanner M. The Last Descendant of Aeneas: The Hapsburgs and the Mythic Image of the Emperor. Yale University Press, 1993.

Torlone 2011 — Torlone Z. M. Vasilii Petrov and the First Russian Translation of the *Aeneid* // Classical Receptions Journal. 2011. Vol. 3.2. P. 227–247.

Torlone 2015 — Torlone Z. M. Vergil in Russia: National Identity and Classical Reception. Oxford: Oxford University Press, 2015.

1834: год Золотого петушка

Б. М. Гаспаров

«Сказка о золотом петушке», написанная осенью 1834 года, стала последней в ряду поэтических обработок сказочных сюжетов, созданных Пушкиным в первой половине 1830-х годов. От других произведений этой серии ее отличает двусмысленное отношение к подразумеваемому фольклорному прототипу[1], колеблющееся между имитацией дискурса устного фольклорного повествования и чертами псевдофольклорного пастиша, дающими о себе знать в моментах демонстративной литературности[2]. Бездеятельный царь Дадон, волшебник, наделенный магической силой и в то же время комически беспомощный, восточная красавица, этот чистый фантом желания, начисто лишенный каких-либо личностных примет, — все они выступают не столько как типические фигуры сатирического фольклорного или квазифольклорного повествования (как это имеет место в «Сказке о попе»), сколько как деконструирующая пародия самого этого повествования. В этом отношении последняя сказка Пушкина больше напоминает о его ранних примерах литературного пастиша в псевдофольклорном духе — «Сказке о Бове» (где уже появлялся в ранней инкарнации «царь Дадон») и «Руслане и Людми-

---

1 «Загадочный» характер последней сказки Пушкина, в сравнении с другими его произведениями, номинально относящимися к том же жанру, отмечал М. А. Шнеерсон [Шнеерсон 1939].

2 Эту стилистическую контрастность сказки, колеблющуюся между имитацией устного просторечия и изысканной литературной речью, отмечали А. А. Ахматова («Последняя сказка Пушкина» [Ахматова 1977: 8–38]) и Андрей Коджак [Коджак 1978].

ле», — чем об опытах литературного воссоздания мира фольклорной образности в произведениях конца 1820-х и 1830-х годов.

Подобно «Бове» и «Руслану», «Золотой петушок» отличает прозрачная интертекстуальность. Его основной литературный прототип был в свое время обнаружен А. А. Ахматовой[3]; им оказалась новелла Вашингтона Ирвинга «Legend of the Arabian Astrologer». Книга Ирвинга *Alhambra*, включавшая эту историю, была издана в Париже в 1832 году на английском и французском языке [Irving 1832b; Irving 1832a]. Французская версия имелась в библиотеке Пушкина [Модзалевский 1988: № 1019] и была им приобретена, по-видимому, в 1833 году; именно к этому году относится стихотворный отрывок, описывающий волшебно оживающие шахматные фигуры («Царь увидел пред собою»), образ, восходящий к Ирвингу. Новеллу Ирвинга Пушкин использовал в манере вольного переложения, типичной для его обращения с разнообразными западными источниками в произведениях 1830-х годов. Сказка «в духе Тысячи и одной ночи» была парадоксально пересажена на русско-просторечную почву, отчего ее восточно-сказочные элементы получили «лубочный» характер в духе народного представления.

Демонстративная аллюзионность и тотальная насмешливость пушкинского повествования как будто приглашала к «применениям» (говоря языком цензурной терминологии пушкинского времени) в интерпретации ее содержания. Уже в XIX веке за сказкой закрепилась репутация иносказательной «сатиры на самодержавие». Наилучшим свидетельством такого читательского восприятия явилась опера Римского-Корсакова (либретто Владимира Бельского), написанная в разгар революционных событий (1906). Образы царя Дадона, его сыновей и «воеводы Полкана» (оперное добавление) подавались с максимальным нагнетанием музыкальной буффонады, с добавлением элементов ориентализма в качестве штрихов к портрету «азиатской» деспо-

---

3 Давид Бетеа справедливо считает статью Ахматовой одним из наиболее значительных исследований, посвященных этому относительно малоизученному произведению Пушкина [Bethea 2017: 125].

тии; на этом нарочито нелепом фоне призывный клич трубы — лейтмотив Петушка — звучал едва ли не как эмблема «красного петуха» революции.

В своем исследовании Ахматова сделала попытку конкретизировать предположительный криптосатирический заряд сказки, связав ее сюжет с перипетиями личной жизни Пушкина в 1834 году: раздражение поэта по поводу назначения его камер-юнкером и того, как ему представлялось, двусмысленного внимания, которое император оказывал его жене, прошение об отставке из придворной службы с намерением поселиться с женой в деревне, последовавшая резолюция Николая, согласно которой в случае отставки Пушкин терял доступ в архивы, и, наконец, «примирение» с царем, достигнутое ценой унизительной просьбы о возвращении в службу. В свете этих событий «Сказка о золотом петушке», написанная по их свежим следам, была прочитана Ахматовой как поэтически иносказательное выражение тех чувств, которые испытывал поэт в своем взаимоотношении с властителем, а угроза лишения права заниматься в архивах, дарованного самим императором, сополагалась с предательским нарушением Дадоном своего обещания. В пользу такой интерпретации мог говорить и тот факт, что Пушкин, во многих деталях следуя канве своего литературного прототипа, решительно разошелся с ним в развязке. У Ирвинга Астролог торжествует над незадачливым «мавританским королем»: вместе с красавицей он исчезает в некоем внеположном измерении, поселившись во дворце, но оставаясь невидимым; тщетно разъяренный властитель приказывает обыскивать все запутанные помещения и переходы дворца — он слышит лишь торжествующий хохот Астролога. Если считать, что сказка Пушкина была выражением его чувств по поводу конфликта с императором, ее более драматичная концовка, конечно, лучше подходила к этому подразумеваемому эмоциональному фону.

Биографическое прочтение сказки Пушкина в советское время сделалось фактом культурного канона[4]. Оно хорошо согласовалось

---

[4] См., например, [Слонимский 1963: 124–125], где это прочтение подается в качестве само собой разумеющегося.

с кардинальной идеей, кристаллизовавшейся в качестве законченного культурного мифа в связи с юбилеем 1937 года [Platt 2016], о тотальном заговоре против поэта, по-видимому, лично направляемом императором, кульминацией которого явилась «дуэль и смерть Пушкина». Как обычно, несоответствие фактам только подогревает процесс мифотворчества, побуждая искать — и, конечно, находить — более изощренные объяснения. Например, как ни относиться к Николаю, невозможно не видеть, что образ сонного властителя, царствующего лежа на боку, плохо к нему подходит. На возможность победить эту трудность указал Тынянов. По свидетельству Эммы Герштейн, на дискуссии по докладу Ахматовой в Пушкинском доме в 1933 году Тынянов высказал идею о том, что в образе Дадона соединились черты сразу двух императоров, с которыми у поэта были «личные» отношения, — Николая как предателя, взявшего назад свое «обещание», и Александра, о котором Пушкин однажды сказал: «Властитель праздный и лукавый, / Плешивый щеголь, враг труда»[5].

Неудивительно, что в работах ученых, стремившихся уклониться от слишком тесных соприкосновений как с официальным каноном, так и с популярными стереотипами, прямолинейно биографическая интерпретация Петушка обходилась стороной. (Характерным образом, об этой сказке написано мало, по меркам пушкинианы.) Пример такому отношению подала знаменитая статья Якобсона, в которой Золотой петушок, в качестве «оживающей статуи», встал в один ряд с Медным всадником и Каменным гостем [Jakobson 1979]. В немногих работах о «Петушке», принадлежащих ученым, прямо или косвенно связанным с наследием Формальной школы, явственно ощущается антипатия к «биографическому методу»; соответственно, на первый план выдвигаются формальные или общефилософские аспекты произведения. В ряду работ этого рода следует упомянуть статью Бонди, в которой связь с обстоятельствами жизни Пушкина прямо отрицается [Бонди 1960]; работу Вацуро, трактующего сказку как моральную притчу [Вацуро 1995]; наконец, исследо-

---

[5] Герштейн Э. Г. «Послесловие» [Ахматова 1977: 280–281].

вание Коджака, посвященное контрастной стилистической фактуре «Петушка» [Коджак 1978].

Настороженное отношение к художественному произведению как к «человеческому документу» в данном контексте можно понять, принимая во внимание ту легкость, с какой биографические применения сползают в вульгарные построения конспирологического характера. И однако, в этом конкретном случае ошибкой биографического метода можно признать его недостаточную биографичность. Факты жизни Пушкина, на которые опирался биографический анализ, рассматривались общим планом, так сказать, с высоты птичьего полета. Недовольство назначением на камер-юнкерскую должность, ревность, желание освободиться и конечное осознание Пушкиным его зависимого положения — все это не более чем пунктирная канва случившейся в 1834 году «истории», не наполненная конкретизированным содержанием. Это взгляд стороннего наблюдателя, ретроспективно обозревающего цепочку событий. За порогом зрения остается экзистенциальное течение действительности, как она переживалась ее участниками: мелкие сиюминутные ситуации, во всей их противоречивости и мимолетности; постоянно меняющаяся эмоциональная динамика взаимоотношений между прямыми или косвенными участниками; главное же — слова и выражения, сказанные по конкретному поводу, для конкретного адресата, и те образные трансформации и отклики, которые, как круги по воде, расходились от них в определенной среде.

Во многих ситуациях, с которыми приходится иметь дело историку, эта микрореальность в лучшем случае поддается лишь косвенной реконструкции. Экзистенциальная тривия, именно в силу своей непримечательности, бесследно исчезает в прошлом, если этому не воспрепятствует какая-нибудь счастливая случайность. Именно такой исключительный случай представляет собой жизнь Пушкина в первые семь месяцев 1834 года. У этого обстоятельства были две конкретные причины.

Первая из них — наличие дневника, который Пушкин начал вести в конце 1833 года. Заметки личного характера Пушкин делал и раньше, но они всегда оказывались одномоментным или кратковременным предприятием; обстоятельства жизни Пушкина в 1820-х годах, не раз побуждавшие его к уничтожению бумаг, не располагали к ведению записок. Но теперь наметившееся сближение, вольное или невольное, с жизнью двора (во многом обязанное светским успехам Натальи Николаевны) открывало перспективу выступить в роли, или вернее в маске, «придворного хроникера», саркастическая парадоксальность которой выглядела не менее литературно привлекательной, чем маска ретроградного летописца села Горюхина. Сильнейшим катализатором, подтолкнувшим к примериванию этой роли, стало назначение на должность камер-юнкера, последовавшее в новогоднем рескрипте — объявлении о новых назначениях и наградах, традиционно приуроченном к новогодним праздникам, появления которого ежегодно ожидали с нетерпением. Обнаружив себя в списке бенефициантов, Пушкин откликнулся на новость дневниковой записью: «*1 января.* Третьего дня я пожалован в камер-юнкеры (что довольно неприлично моим летам). Но двору хотелось, чтобы Наталья Николаевна танцовала в Аничкове. Так я же сделаюсь русским Dangeau» [Пушкин 1977–1979, 8: 27].

Филипп де Курсийон, маркиз де Данжо (Philipp de Courcillon, Marquis de Dangeau) — царедворец времен Людовика XIV и Людовика XV, автор пространнейших мемуаров, живописавших повседневный быт двух дворов (1684–1720). Мемуары стали знамениты после издания их Вольтером в 1770 году; второе издание было выпущено мадам де Жанлис (Mme de Genlis) в 1817 году. Читателей мемуаров увлекало сочетание убийственной банальности содержания и живописательной конкретности, с которой автор с неутомимым прилежанием описывал мельчайшие события, сплетни, *bons môts*, свидетелем и деятельным участником которых он был на протяжении почти сорока лет. Не менее колоритной, чем его мемуары, была фигура самого автора, придворная карьера которого служила предметом множества сплетен и анекдотов. Утверждалось, в частности, что в какой-то момент Данжо выступал в качестве теневого автора в романической переписке между королем и одной из придворных дам (ее имя варьируется в разных источниках). Искусный стилист, Данжо составлял изысканные послания от имени обоих участников переписки. Примеривая костюм «русского Dangeau», Пушкин в порыве яростного сарказма мог воображать себя в будущей роли теневого автора переписки в стихах между императором и своей женой.

В течение 1834 года Пушкин оставался верен своему обещанию. Его дневник наполнен описанием банальнейших ситуаций, связанных с придворным и светским бытом. В демонстративной тривиальности всех этих случайных острот, сплетен, ничтожных новостей об удаче одних и неудаче других, которыми наполнен дневник Пушкина 1834 года, чувствуется саркастическое злорадство, с которым автор носит маску русского Данжо, как свой придворный мундир.

Вторым источником биографического микроматериала мы обязаны несчастному случаю, косвенной причиной которого также послужило придворное назначение. Конец февраля был отмечен чередой масленичных празднеств, на которых танцующим приходилось трудиться без отдыха. Наталья Николаевна неизменно находилась в центре внимания. Дело кончилось тем, что у нее случился выкидыш. Ее здоровье было в опасности (в марте Пушкин пишет П. В. Нащокину: «Вообрази, что на днях моя жена чуть не умерла» [Пушкин 1977–1979, 10: 363–364]). Было решено, что она вместе с детьми отправится в родительское имение на Полотняный завод (впрочем, поездка на лето предполагалась и ранее). Пушкин остался в Петербурге — в первую очередь в связи с готовящимся изданием «Истории пугачевского бунта», на которое он возлагал большие надежды, как литературные, так и финансовые, а также в силу необходимости хлопотать об устройстве крайне расстроенного финансового положения всего семейства Пушкиных.

Разлука супругов продолжалась более пяти месяцев (и затем, после кратковременного свидания, еще два месяца осенью), в течение которых они переписывались с большой частотой. Письма следовали с каждой стороны не реже чем раз в неделю; малейшая задержка немедленно вызывала тревожные вопросы. Свои письма Н. Н. Пушкина-Ланская впоследствии уничтожила (хотя об их содержании часто можно составить представление из того, что ей отвечал Пушкин), но письма мужа сохраняла с чрезвычайной тщательностью. Череда писем Пушкина 1834 года к жене читается как своего рода эпистолярный дневник, в котором мельчайшие события, как жизненные, так и «словесные» (замечания или остроты, высказанные кем-либо по тому или иному поводу), оказались зафиксированными с почти не рассуждающей буквальной точностью. Нередко можно видеть перекличку между дневниковыми записями и письмами, в которых одно и то же событие предстает в разной стилевой тональности.

Образный мир «Сказки о золотом петушке» вырастал из каждодневных ситуаций, из которых складывалась жизнь Пушкина в Петербурге весной и летом 1834 года, и тех словесных воплощений, которые они получали, будучи зафиксированы в сиюминутных записях.

* * *

Назначение камер-юнкером не было со стороны Николая злонамеренным действием, направленным на то, чтобы оскорбить и унизить поэта. Критики, видящие разрешение Пушкину работать в архивах как личное «обещание», впоследствии «обманутое», рассматривают ситуацию в духе фаворитизма XVIII века, к которому Николай испытывал явную антипатию. Разрешив Пушкину работать в архивах, Николай, с его стремлением даже вполне произвольные действия облекать в форму бюрократической законности, считал необходимым придать делу характер служебного назначения. (Соответственно, и издание «Истории Пугачева» становилось государственным делом, для которого была выделена ссуда.) Возвращать поэта к оставленной им десять лет назад позиции в чиновной табели о рангах (коллежский секретарь: 10-й класс, на одну ступень ниже Акакия Акакиевича) было немыслимо; оставалась придворная служба. Но назначение Пушкина камергером (звание, которое носили некоторые из его приятелей), то есть производство его в генеральский чин, нарушило бы все представления о чиновной иерархии. Назначение камер-юнкером соответствовало тому, что могла позволить себе система, в которой ничто не могло заменить «выслугу».

Это, конечно, никак не смягчало чувства обиды и тягостной неловкости, которые Пушкин испытывал в своем новом положении. Свои чувства он не скрывал не только от друзей, но даже от самого императора. В дневнике передавалась с некоторым вызовом краткая беседа с царем на одном из балов: «Государь мне о моем камер-юнкерстве не говорил, а я не благодарил его» [Пушкин 1977–1979, 8: 28]. Для нас, однако, важна не глобальная ситуация, а ее конкретные атрибуты — те образные и словесные ходы, которые Пушкин находил для ее выражения.

Вполне предсказуемо, сарказм Пушкина находит себе мишень в эстетическом аспекте ситуации, в которой он оказался силою обстоятельств. Особое раздражение вызывает у него необходимость представать на придворных приемах, куда он прежде являлся в качестве частного лица (во фраке), в расшитом золотом мундире: «Я поехал к Ее Высочеству в том приятном расположении духа, в котором ты меня привыкла видеть, когда надеваю свой великолепный мундир» (Письмо к Н. Н. П., 3 июня) [Пушкин 1977–1979, 10: 379].

Воображение рисует Пушкину картину собственной смерти и пышных придворных похорон, на которых он предстанет во всем шутовском «великолепии» своего мундира:

> Умри я сегодня, что с вами будет? мало утешения в том, что меня похоронят в полосатом кафтане... (Там же, 28 июня) [Пушкин 1977–1979, 10: 385].

> Утешения мало им [детям] будет в том, что их папеньку схоронили как шута (Там же, около 14 июля) [Пушкин 1977–1979, 10: 393].

Примечательно выражение «полосатый кафтан», сообщающее всей ситуации «ориентальную» окраску. Придворная жизнь предстает в качестве экзотической сцены при каком-то воображаемом восточном дворе, участник которой (вельможа, он же шут) облачен в «великолепное» пестрое платье, нелепое для взгляда европейца.

Раздражение Пушкина питали и те досадные мелкие неприятности, которые его придворная униформа доставляла ему в силу его нежелания или неспособности вникнуть в тонкости дворцового этикета. 23 января Пушкин явился на бал в мундире, тогда как требовалось быть во фраках. Ему пришлось, оставив жену, отправиться домой переодеваться, но раздражение было слишком велико: вместо того чтобы возвращаться, он отправился на вечер к С. В. Салтыкову, вызвав недовольство царя[6]. В другой раз он некстати явился в сапогах, «что сердило меня во всё время» (дневник) [Пушкин 1977–1979, 8: 31]. Еще один казус этого рода случился в конце года, уже после окончания нашей истории. 15 декабря Пушкин получил распоряжение: явиться на бал с женой, в мундире. На лестнице дворца его остановила графиня Бобринская:

> Она заметила, что у меня треугольная шляпа с плюмажем (не по форме; в Аничков ездят с круглыми шляпами; но это еще не все). <...> Граф Бобринский, заметя мою треугольную шляпу, велел принести мне круглую. Мне дали одну, такую засаленную помадой, что перчатки у меня промокли и пожелтели [Пушкин 1977–1979, 8: 43].

Заслуживает внимания в этом эпизоде упоминание треугольной шляпы с плюмажем как части униформы камер-юнкера.

Мы можем теперь вспомнить, как изображен в сказке Звездочет:

> Вот он с просьбой о помоге
> Обратился к мудрецу,
> Звездочету и скопцу
> [Пушкин 1977–1979, 4: 358].
> <...>

---

[6] «Государь был недоволен и несколько раз принимался говорить обо мне: Il aurait pu se donner la peigne d'aller mettre un frac et de revenir. Fait lui des reproches» («Он мог бы дать себе труд съездить надеть фрак и возвратиться. Попеняйте ему») [Пушкин 1977–1979, 8: 28, 402].

Всех приветствует Дадон,
Вдруг в толпе увидел он,
В сарачинской шапке белой,
Весь как лебедь поседелый,
Старый друг его, скопец
[Пушкин 1977–1979, 4: 362].

(«Сарачинская шапка», то есть сарацинская, имеющая вид остроконечного колпака.)

Важным шагом в кристаллизации саркастической «ориентальной» проекции придворной жизни послужила торжественная церемония принесения присяги цесаревичем (будущим императором Александром II) в середине апреля. Пушкин церемонию пропустил, за что получил очередной «головомой», по его собственному выражению. С тем большим удовольствием он записывал в дневнике толки по поводу этого события:

> Всегда много подвернется смешного в случаи самые торжественные. Филарет сочинил службу на случай присяги. Он выбрал для паремии главу из Книги Царств, где между прочим сказано, что *царь собрал и тысящников, и сотников, и евнухов своих*. Нарышкин сказал, что это искусное применение к Камер-Герам. А в городе стали говорить, что во время службы будут молиться за евнухов. Принуждены были слово евнух заменить другим [Пушкин 1977–1979, 8: 36].

Точного соответствия этой фразе в Книгах царств не наблюдается, но слово, симультанно означающее «евнух» и «вельможа», в них фигурирует неоднократно. В восточном придворном быту «евнух» и «вельможа» часто оказывались синонимами. Пушкин с явным удовлетворением отмечает деталь, вписывающуюся в создаваемый им гротескный образ восточного двора.

Каламбурное превращение вельможных участников церемонии в «евнухов» падало на плодородную почву арзамасской коллективной памяти. В пушкинском кругу существовала богатая традиция «применений» сомнительного эротического свойства по отношению к камергерскому званию и его атрибутам. Комической деталью, приглашавшей к арзамасской шутливости, могла послужить возможность буквальной фонетической передачи немецкого Kammerherr; на эту возможность Пушкин намекает написанием слова, выделяющим его вторую часть: Камер-Гер. Другой чертой, побуждавшей к саркастическому творчеству, служила деталь парадного костюма камергера: золотой ключ (символ его ритуальной должности ответственного за дворцовые покои), подвешиваемый сзади к мундиру. В арзамасском лексиконе эта деталь осмысливалась как «ключ к заду» — намек на распространенный путь придворной карьеры[7].

При всей сомнительности фигуры «Камер-Гера», субъект дневника оказывался в еще более смехотворной роли в качестве представителя «юниорской» части дворцовой ассамблеи. Строго говоря, не все камер-юнкеры были юного возраста; но само имя «камер-юнкер» создавало образ подростковой незрелости. Из этого обстоятельства Пушкин извлекает максимальный гротескный потенциал тем, что подчеркивает свое несоответствие по возрасту этой роли: «Говорят, что мы будем ходить попарно, как институтки. Вообрази, что мне с моей седой бородкой придется выступать с Безобразовым или Реймарсом» (письмо к Н. Н. П., 17 апреля) [Пушкин 1977–1979, 10: 368] (М. А. Безобразов, род. 1815; Н. Ф. Реймарс, род. 1806). Никакой «седой бородки» у Пушкина, конечно, не было. Но эта воображаемая деталь (предваряющая будущий образ скопца-звездочета) оттеняет контраст с «безбородыми» юнцами, в чьем окружении он оказался.

В том же письме к жене, в котором Пушкин живописал себя и своих коллег в качестве институток, фигурирует рассказ об очередном светском *bon-môt*: Ю. П. Литта (обер-камергер, в чьем подчинении находились камер-юнкеры) пожаловался Нарышкину на нерегулярное присутствие его подопечных на дворцовых приемах: «Mais enfin il y a des règles fixes pour les chambellans et les gentilshommes de la chambre»; на что Нарышкин (тот самый, кому принадлежало словечко о евнухах-камергерах) ему отвечал:

---

[7] См. анализ этого фрагмента арзамасской мифологии в [Паперно 1978].

«Pardonnez-moi, ce n'est que pour les demoiselles d'honneur»[8]. Соль остроты заключалось в каламбурном применении двойного значения слова règles: «правила» и «месячные». Каламбур подкреплял образ розовощеких юниоров в качестве «институток». Картину придворных «юнкеров», расхаживающих под руку, подобно воспитанницам Института благородных девиц, в компании вельможных «Камер-Геров» (они же евнухи), увенчивает каким-то образом оказавшийся среди них некий персонаж с седой бородкой. Не забывает Пушкин упомянуть в том же письме и древнюю княгиню К. Ф. Долгорукую (эхо Графини в «Пиковой даме»?) — «наложницу кн. Потемкина и любовницу всех итальянских кастратов» [Пушкин 1977–1979, 8: 35]. Выражение «довольно неприлично моим летам», которым Пушкин приветствовал свое назначение в дневниковой записи 1 января, приобретает конкретный смысл, вписываясь в эту картину.

Придворное назначение, послужившее косвенной причиной разлуки с женой, символически представало как лишение мужественности, в полном соответствии с ориенталистской стилизацией всей ситуации. Фоном для этого самоощущения служила вынужденная долговременная разлука с женой. В одном из писем к Н. Н. П. Пушкин шутливо описывал неловкость своего «холостого» положения: «Потом явился я к Дюме, где появление мое произвело общее веселие: холостой, холостой Пушкин! Стали потчевать меня шампанским и пуншем и спрашивать, не поеду ли я к Софье Остафьевне? Все это меня смутило, так что к Дюме являться уж более не намерен» (17 апреля) [Пушкин 1977–1979, 10: 368].

Пушкин как будто примеривает к своему гротескному автопортрету различные аспекты сексуальной дефектности: шутовской евнух-вельможа, «холостой» юниор и, наконец, сомнительный недоросль, подвизающийся среди начинающих карьеру при

---

8 «Однако ж для придворных кавалеров существуют определенные правила»; «Вы ошибаетесь: это для фрейлин» (*фр.*) Письмо к Н. Н. П. 17 апреля [Пушкин 1977–1979, 10: 368, 673]; аналогичная запись сделана в дневнике [Пушкин 1977–1979, 8: 36].

восточном дворе в качестве «девиц». Недоуменный вопрос, с которым царь Дадон обращался к Звездочету: «И зачем тебе девица?» — как будто действительно мог бы быть адресован имплицитному персонажу пушкинских заметок.

Острота гротеска в дневниковых записях достигается эффектом двойного зрения. Автор дневника выступает одновременно и в роли саркастически настроенного наблюдателя, подмечающего всю нелепость и «неприличие» экзотической ситуации, в которой он каким-то образом оказался, и в роли ее главной мишени, выдающейся своей особенной нелепостью. Пушкин в своем приватном самоощущении (в качестве гостя на бале, конвенционально одетого в черный фрак) с насмешкой и отвращением смотрит на себя самого в качестве персонажа архетипического «ориентализма». Дополнительную остроту ситуация приобретает в связи с мотивом «арапа» в самопредставлении Пушкина: при *этом* дворе «арапу», к тому же оказавшемуся там в совсем не подходящем возрасте, уготована нелепая и позорная роль[9].

Мне уже приходилось писать о том, как в описании сказочных чудес в замке Черномора в «Руслане и Людмиле» проглядывали прозрачные аллюзии празднества, устроенного Потемкиным в Таврическом дворце в честь Екатерины и красочно описанного Державиным [Gasparov 2005: 38–41; Гаспаров 2009: 61–65]. Иронический потенциал ориентальной волшебной экзотики, в которой проступают хорошо знакомые читателю предметы петербургской и придворной жизни, был вполне очевиден для читателей поэмы. Однако в раннем произведении Пушкина его повествователь (и автор) сам никак не затронут этой манипуляцией; он является только ее субъектом, но не объектом и не участником. В том, как Пушкин 1834 года смотрится в им же созданное ориентальное «зеркало», одновременно узнавая и не узнавая в нем самого себя, романтическая ирония и авторефлексия достигают предельной, можно даже сказать разрушительной, степени интенсивности и остроты.

---

9 Я благодарен Эдуарду Вайсбанду, подсказавшему мне эту деталь.

* * *

Мелкие неприятности и досады, с которыми Пушкину приходилось сталкиваться при дворе, были не единственной и, пожалуй, не главной причиной того раздраженного состояния, в которое он все глубже погружался в течение весны и начала лета. Не менее сильным раздражителем были всевозможные житейские неурядицы. Денежное положение как родителей Пушкина, так и его брата и замужней сестры было крайне стесненным, при этом никто из них не делал ни малейших усилий, чтобы его исправить. Пушкин все острее сознавал, что на нем одном лежит ответственность за то, чтобы спасти все семейство от полного разорения. Но и его собственные дела были крайне запутаны: даже высокий литературный заработок не был в состоянии покрыть расходы, связанные с беспорядочной столичной жизнью. Письма Пушкина этого времени в полной мере отражают отчаянные и не всегда рациональные усилия поправить дела, досаду и гнев на легкомыслие или безразличие родственников, а также возрастающий страх перед будущим[10].

Выразительную картину положения дел и, главное, их восприятия самим Пушкиным рисует его письмо к Нащокину:

> На днях отец мой посылает за мною. Прихожу — нахожу его в слезах, мать в постеле — весь дом в ужасном беспокойстве. Что такое? имение описывают. — Надо скорее заплатить долг. — Уж долг заплачен. Вот и письмо управителя. — О чем же горе? — Жить нечем до октября. — Поезжайте в деревню. — Не с чем. <...> Медный всадник не пропущен — убытки и неприятности! (середина марта 1834 года) [Пушкин 1977–1979, 10: 363–364].

Болдино, главное владение семьи, почти не приносило дохода. Пушкин нанимает нового управляющего, тот едет на место

---

[10] Уолтер Викери в своей биографическом очерке [Vickery 1922] в особенности подчеркивает угнетенное состояние духа Пушкина («terrible weariness») в это время.

и, ознакомившись с положением дел, отказывается от должности. «Vous ne saurez vous imaginer combien l'administration de ce bien me pèse»[11], — жалуется Пушкин другому старому другу — П. А. Осиповой (письмо 29 июня / 13 июля) [Пушкин 1977–1979, 10: 392, 676].

Кульминацией всех этих больших и малых неприятностей стал эпизод, случившийся в мае. До Пушкина дошли толки об одном из его писем к жене. Вначале он заподозрил, что Наталья Николаевна сама показывала его письма знакомым — практика, общепринятая в дружеском кругу, которая, однако, никоим образом не должна распространяться на «тайну семейственных сношений», как Пушкин строго выговаривал жене (письмо 18 мая) [Пушкин 1977–1979, 10: 377]. Вскоре, однако, Пушкин узнал от Жуковского, что его письмо к жене (от 22 апреля) было прочитано полицией и представлено царю. Последний выразил недовольство по поводу содержавшейся в нем очередной саркастической эскапады, которой Пушкин приветствовал свое назначение (в письме говорилось, что царь упек его «в камер-пажи под старость лет»). Как Пушкин напишет с горьким вызовом в дневнике: «Государю неугодно было, что о своем камер-юнкерстве отзывался я не с умилением и благодарностию» [Пушкин 1977–1979, 8: 38].

То, что письма, отправляемые обычной почтой, не являются «безопасными», было повсеместно известным фактом жизни. Из этой осознаваемой действительности полицейского государства выросла целая культура отправления писем «по оказии», намеков, понятных лишь адресату, и хождения письма по рукам в доверительном кругу. В 1823 году Пушкин не без юмора писал Вяземскому из Одессы: «Сходнее нам в Азии писать по оказии»; сам он, впрочем, вскоре «попался» на перлюстрированном письме об «афеизме», послужившем поводом для новой ссылки. Но новый инцидент был им воспринят с особой остротой именно в силу того, что он касался сферы семейной жизни. Разделительную черту между всеобщими правами личности и корпора-

---

11 «Вы не можете себе представить, до чего управление этим имением мне в тягость» (*фр.*).

тивным (аристократическим) правом личной неприкосновенности Пушкин проводил со всей решительностью: «Без политической свободы жить очень можно; без семейственной неприкосновенности (inviolabilité de la famille) невозможно: каторга не в пример лучше» (письмо к Н. Н. П., 3 июня 1834 года) [Пушкин 1977–1979, 10: 379]. Для Пушкина вопрос стоял не о нарушении «тайны переписки» как правового принципа, а о посягательстве на его отношения с женой, а в конечном счете на его мужскую самодостаточность в качестве мужа и главы семейства. То, что посторонние люди — и в частности и в особенности царь — актом прочтения письма символически встали между ним и его женой, как бы продолжило ту трансформацию в некую смесь придворного «скопца» и холостого «камер-пажа», которую символически знаменовало собой назначение в камер-юнкерскую должность. Тема «шута», навеянная образом расшитого кафтана, всплывает и в связи с этим эпизодом: «...я могу быть подданным, даже рабом, но холопом и шутом не буду и у царя небесного» [Пушкин 1977–1979, 8: 38].

Уязвленное чувство личной независимости побуждает Пушкина думать о том, чтобы покинуть Петербург: «удрать в Болдино, да жить барином!», как пишет он жене (письмо 18 мая) [Пушкин 1977–1979, 10: 377]. Слово «барин» в этом контексте подразумевает, конечно, в первую очередь независимость и самодостаточность: барин как антипод придворного «шута». С явным удовольствием Пушкин предвкушает: «...выйти мне в отставку и со вздохом сложить камер-юнкерский мундир, который так приятно льстил моему честолюбию и в котором, к сожалению, не успел я пощеголять» (письмо к Н. Н. П., около 29 мая) [Пушкин 1977–1979, 10: 378]. Чувствуя, что перспектива покинуть столичную жизнь и двор не должна вызывать у Натальи Николаевны энтузиазм, он наставительно добавляет: «Ты молода, но ты уже мать семейства, и я уверен, что тебе не труднее будет исполнить долг доброй матери, чем исполняешь ты долг честной и доброй жены» [Пушкин 1977–1979, 10: 378].

Буквально в каждом письме Пушкина к жене в течение ближайшего месяца можно встретить горькие или раздраженные жалобы на «сплин», разлившуюся «желчь» либо угнетенное состояние духа. В раздражении он совершает опрометчивые поступки, которые только усугубляют ситуацию: «Я перед тобой кругом виноват, в отношении денежном. Были деньги... и проиграл их. Но что делать? я был так желчен, что надобно было развлечься чем-нибудь» (письмо к Н. Н. П., около 28 июня) [Пушкин 1977–1979, 10: 386]. Придя поздно домой, Пушкин долго не мог разбудить дворника, а когда тот наконец отпер двери, «рассердясь на него, дал... ему отеческое наказание» (вполне в духе «барина» в своем поместье) [Пушкин 1977–1979, 10: 385]; но дворник пожаловался домовладельцу, произошла ссора, вызвавшая необходимость в очередной раз переменить квартиру. «Теребят меня без милосердия» (8 июня) [Пушкин 1977–1979, 10: 381]; «Здесь меня теребят и бесят без милости» (около 19 июня) [Пушкин 1977–1979, 10: 383] — эти фразы из писем к жене звучат как лейтмотив, отражая состояние духа, в котором Пушкин, как кажется, находился постоянно в течение весны и первой половины лета 1834 года.

В этом контексте прошение об отставке можно рассматривать как один из таких импульсивных жестов. Как сам Пушкин, оправдываясь, вскоре напишет Жуковскому: «Подал в отставку я в минуту хандры и досады на всех и на всё» (письмо 4 июля) [Пушкин 1977–1979, 10: 388]. Трудно сказать, на какой ответ рассчитывал Пушкин, но во всяком случае не на тот, который им был получен: в лаконичной записке Бенкендорф уведомлял, что царь удовлетворил его просьбу, присовокупив как нечто само собой разумеющееся о закрытии доступа в архивы.

Логически рассуждая, если бы Пушкин действительно думал поселиться «барином» в Нижегородской губернии, вопрос об архивах потерял бы остроту. Но даже в моменты взрыва ярости эта перспектива сознавалась им как гипотетическая. В письме к жене 11 июня (то есть за две недели до прошения об отставке) он уже принимает позу великодушия и ироничной резиньяции, открывающую путь к примирению: «На *того* я перестал сердиться, потому что, tout réflexion faite[12], не он виноват в свин-

---

12 «по зрелом размышлении» (*фр.*).

стве, его окружающем. А живя в нужнике, поневоле привыкнешь к говну, и вонь его тебе не будет противна, даром что gentleman. Ах, кабы мне удрать на чистый воздух» [Пушкин 1977–1979, 10: 383].

Суть ситуации была не предметной и даже не личностной (гнев из-за «нарушенного обещания»), а символической. Лучше всего она описывается словом, которое сам Пушкин употребил: «ссора», которая, согласно известному кодексу поведения, требовала ответа в виде брошенной перчатки. Ее разрешение, однако, после обмена ритуальными примирительными жестами, предполагалось в качестве не только возможного, но ожидаемого исхода. Прошение Пушкина об отставке было, как кажется, одним из многих импульсивных «вызовов», которыми была отмечена вся его жизнь. Неотъемлемым компонентом этого «сюжета» служили (до последней роковой ситуации, когда он сознательно сделал все для того, чтобы примирение стало невозможным) последующие хлопоты посредничающих сторон, заканчивающиеся примирением, а чаще просто молчаливым согласием предать дело забвению, как будто ничего не случилось.

Действия Жуковского, направленные на разрешение конфликтной ситуации, в точности следовали амплуа дуэльного посредника-примирителя: с одной стороны, он предстательствовал перед императором, «изъясняя» ему (по выражению Пушкина) обстоятельства, связанные с прошением об отставке; с другой — осыпал Пушкина упреками в опрометчивости, тем самым побуждая его сделать шаг навстречу: «Я право не понимаю, что с тобою сделалось; ты точно поглупел; надобно тебе пожить в жолтом доме, или велеть тебя хорошенько высечь, чтобы привести кровь в движение» (Письмо к Пушкину, 6 июля 1834 года) [Вацуро 1982, 2: 120–121]. Разгневанно-саркастическое предложение «высечь» проштрафившегося придворного невольно возвращало ситуацию в ориентальную стилистику. Эта ассоциация не осталась Пушкиным не замеченной; гневные слова царя Дадона, обращенные к мудрецу, звучат как цитата из письма Жуковского:

Крайне царь был изумлен.
«Что ты? — старцу молвил он, —
Или бес в тебя ввернулся,
Или ты с ума рехнулся.
Что ты в голову забрал? <...>»
[Пушкин 1977–1979, 4: 362].

Важным компонентом социальной драмы «ссора — вызов — посреднические хлопоты — примирение» является демонстративная неохота, с которой «обиженная сторона» идет навстречу посредническим усилиям. Жуковскому Пушкин заявляет о невозможности для него написать покаянное письмо — но делает это в выражениях, не оставляющих сомнения в его примирительном умонастроении: «Писать письмо прямо к государю, ей-богу, не смею — особенно теперь. Оправдания мои будут похожи на просьбы, а он уж и так много сделал для меня» (Письмо к Жуковскому 4 июля) [Пушкин 1977–1979, 10: 388]. После новой, более энергичной серии увещеваний-упреков Пушкин, по-прежнему настаивая на своей правоте, изъявляет готовность пойти навстречу как бы исключительно из уважения к чувствам противной стороны:

> Во глубине сердца своего я чувствую себя правым перед Государем; гнев его меня огорчает, но чем хуже положение мое, тем язык мой становится связаннее и холоднее. Что мне делать? просить прощения? хорошо; да в чем? К Бенкендорфу я явлюсь и объясню ему, что́ у меня на сердце, — но не знаю, почему письма мои неприличны. Попробую написать третье (Письмо к Жуковскому, 6 июля) [Пушкин 1977–1979, 10: 389].

Вслед за первым, сухо-официальным письмом к Бенкендорфу, которое Жуковский (видимо, передававший впечатление высших инстанций) счел «сухим» и «неприличным», Пушкин пишет теперь другое письмо, более или менее повторявшее (по-французски) то, что он высказал Жуковскому. С одной стороны, вновь подчеркивалось, что прошение об отставке имело чисто личные мотивы (то есть не заключало в себе преднамеренного протеста);

с другой, говорилось о чувстве благодарности и преданности, испытываемом автором к императору, и о «горести» (douleur), которую ему причиняет мысль о том, что он мог невольно ранить его чувства. Завершающая письмо просьба не дать хода прошению, сделанному «так безрассудно» (si étourdiment), получает, таким образом, чисто эмоциональную мотивировку, оставляя в стороне вопрос о правоте или неправоте сторон:

> ...dans ce moment, ce n'est pas l'idée de perdre un protecteur tout puissant qui me remplit de douleur, c'est celle de laisser dans son esprit une impression que par bonheur je n'ai pas méritée. Je réitère, Monsieur le Comte, ma très humble prière de ne pas donner de suite à la demande que j'ai faite si étourdiment (Письмо к Бенкендорфу, 6 июля) [Пушкин 1977–1979, 10: 389–390, 675–676][13].

(Предыдущее «сухое» письмо, вызвавшее упреки Жуковского, было написано по-русски. Конечно, выразить «покорнейшую просьбу» на французском языке, с его конвенцией риторических реверансов, было менее мучительной задачей.)

Теперь, по свежим следам конфликта и его благополучного разрешения, Пушкин с удивительной точностью и прямотой описывает эмоциональное содержание ситуации, образные контуры которой были им намечены уже за месяц до того, как она разразилась: «На днях я чуть было беды не сделал: с *тем* чуть было не побранился. И трухнул-то я, да и грустно стало. С этим поссорюсь — другого не наживу. А долго на него сердиться не умею; хоть и он не прав» (Письмо 11 июля) [Пушкин 1977–1979, 10: 391].

Сценарий «несостоявшейся дуэли» отразил в себе глубоко укорененное у Пушкина самоощущение члена аристократическо-

---

[13] «...в эту минуту не мысль потерять всемогущего покровителя вызывает во мне печаль, но боязнь оставить в его душе впечатление, которое, к счастью, мною не заслужено. Повторяю, граф, мою покорнейшую просьбу не давать хода прошению, поданному мною столь легкомысленно» (*фр.*).

го корпоративного сообщества, к которому монарх принадлежит как первый среди равных. Увы, как и у обломков французской аристократии во времена Реставрации, эта анахронистическая позиция потерпела крушение в мире 1830-х годов, вытесняясь реальностью смешения сословий под эгидой тотального бюрократического государства. Император, делавший в отношении Пушкина немало «одолжений» чисто личного характера, стремится облечь их в форму служебного назначения. (Он и самого себя «назначил» личным цензором поэта и в течение многих лет более или менее исправно служил в этой должности.) Позиция Пушкина противоречива. С одной стороны, он яростно отвергает малейший намек на роль «шинельного поэта» (ему на нее однажды зло намекнул Вяземский в письме в связи со стихами о взятии Варшавы[14]), и это побуждает его настаивать на самосознании европейского аристократа, поддерживать которое становилось все труднее. Но с другой, фигура евнуха-придворного карикатурно напоминала о реликтах *d'ansient régime*, ничего не забывших и ничему не научившихся (подобных былой *Venus moscovite* Версальского двора в «Пиковой даме»).

Исполняя долг чести, поэт утверждал себя в своем самосознании и вместе с тем получал легитимное право продолжать находиться в «нужнике» коммерчески-бюрократической современности. Символическое отделение себя от самим же созданного карикатурного двойника нашло выражение в концовке «Сказки о золотом петушке», в которой она радикально разошлась со своим прототипическим сюжетом. В сказке Пушкина Звездочет, обвиненный в том, что он «ума рехнулся», продолжает настаивать на сути дела, то есть на положенной ему награде; не останавливается и царь, дав волю своему гневу:

---

14 «Дмитриеву минуло вчера 71. <...> Вчера утром приходит к нему шинельный поэт и, вынимая из-за пазухи тетрадь, поздравляет его: Дмитриев, занятый мыслью о дне своего рождения, спрашивает его: а почему Вы узнали? — Шинельный поэт заминается и наконец говорит: признаться, вчера в газетах прочел. Дело в том, что он поздравлял с Варшавою и приносил оду Паскевичу. Прощай. Наши все здоровы. Хорошо, если бы и все так же» (письмо 11 сентября 1831 года) [Вацуро 1982, 1: 316].

Старичок хотел заспорить,
Да с иным накладно вздорить.
Царь хватил его жезлом
По лбу; тот упал ничком,
Да и дух вон
[Пушкин 1977–1979, 4: 363].

У этого места сказки есть любопытная черта, прямо отсылающая к событиям лета 1834 года. В письмах Пушкина к жене, как и в сказке, упоминание царя в момент конфликта замещалось эвфемистическим местоимением. Внешней причиной такой подстановки были, конечно, соображения автоцензуры. В первом варианте соответствующая строка сказки читалась: «Да с царями трудно вздорить»; очевидно, Пушкин отдавал себе отчет в том, что в этом виде строка не имеет никаких шансов у цензуры. Точно так же и Наталье Николаевне он пишет в молчаливом сознании того, что его письма могут прочитываться полицией; отсюда эвфемизмы при упоминании ссоры с императором: «на *того* перестал сердиться», «с *тем* чуть было не побранился». Крайнее возмущение фактом перлюстрации его писем к жене и абсолютное принципиальное неприятие этой ситуации как «свинства» не противоречат практическому поведению, исходящему из сознания этой реальности. Ретроспективный взгляд на благополучно разрешившуюся ссору окрашен у Пушкина легкой автоиронией. В этом же тоне слегка иронического фатализма звучит и сентенция, которой повествователь сказки сопровождает гибель ее героя, комического в самом своем несчастье.

Наш рассказ о «ссоре» и ее символической проекции остался бы неполным без упоминания ее истинной причины — Шамаханской царицы.

Как уже говорилось выше, Пушкин сознавал, что в его желании разорвать с Петербургом Наталья Николаевна не на его стороне. В разгар конфликта Пушкин обращается к жене с грустной доверительностью. Но после того как конфликт был исчерпан, и притом в полном соответствии с желаниями Натальи Николаевны, он не может удержать досады: «На днях хандра меня взяла;

подал я в отставку. Но получил от Жуковского такой нагоняй, а от Бенкендорфа такой сухой абшид, что я вструхнул, и Христом богом прошу, чтобы мне отставку не давали. А ты и рада, не так?» (между 11 и 14 июля) [Пушкин 1977–1979, 10: 393].

Ответное письмо Н. Н., очевидно, содержало пространное изложение комических перипетий несчастливой влюбленности ее двоюродного брата — сюжет, над которым оба супруга с удовольствием потешались в прошлом. Теперь же очевидная веселость жены вызывает новый приступ досады, прозрачно завуалированной как выговор по поводу дурного тона: «Куда как интересны похождения дурачка Д. и его семейственные ссоры. А ты так и радуешься. Я чай, так и раскокетничалась» (14 июля) [Пушкин 1977–1979, 10: 393–394]. Именно таким вызывающе легкомысленным образом ведет себя Шамаханская царица в драматический момент, когда Звездочет отважился «повздорить» с царем:

— Вся столица
Содрогнулась, а девица —
Хи-хи-хи да ха-ха-ха!
Не боится, знать, греха
[Пушкин 1977–1979, 4: 363].

Сказка и ее жизненный прототип на мгновение как бы сливаются в образном симбиозе, чтобы тут же решительно разойтись: оба участника сказочного конфликта погибают самым нелепым образом, «а царица вдруг пропала, будто вовсе не бывала». Сказочный ориентальный спектакль обнаруживает свою условность, теряя всякие претензии значимости в действительной жизни.

* * *

Как видим, «биографический» фон, из которого родились образы сказки, был сложнее примитивной схемы «нарушенного обещания», которая, в сущности, появилась в результате поверхностной *обратной проекции* ее сюжета на избирательно отмечаемые факты жизни. Пушкина волнуют не внешние «неприятности», а кардинальный вопрос: «кто я? в какой роли я себя нахожу?», встающий со все большей остротой в 1830-е годы, — вопрос, который житейские неурядицы только помогли вывести на поверхность. Пушкин оглядывает самого себя беспощадным взглядом, высвечивая уродливо-гротескные черты символического образа, в котором ему видится новая действительность и его место в ней. Он сам себя доводит этим зрелищем до состояния «бешенства», разрешающегося «безумным» поступком. Способность такой поступок совершить стала для Пушкина залогом того, что его личность у него не украдена и им не потеряна. Вместе с тем, восставленное внутреннее «самостоянье» открывало путь к примирению с действительностью, хотя, как мы знаем, оно было недолговечным.

В свое время Онегин, оказавшись в сходной ситуации, «наедине с своей душой» упрекал себя:

> Он мог бы чувства обнаружить,
> А не щетиниться, как зверь
> [Пушкин 1977–1979, 5: 107].

В конечном счете Онегин не нашел в себе силы вырваться из плена ситуации, в которую сам себя поместил своим опрометчивым поведением. Но Пушкин в 1834 году был почти вдвое старше своих героев — и на восемь лет старше автора-повествователя пятой главы.

В сущности, Пушкин получил назад то самое «камер-юнкерство», которое, казалось, и было первопричиной его раздражения. Но в том-то и дело, что перенесенный кризис радикально изменил символическое значение всей ситуации. Пушкин возвращается к сознанию своей самодостаточности и в качестве носителя кодекса достоинства, и в качестве мужа, главы дома и семейства.

Судя по письмам Пушкина середины лета, Наталья Николаевна выказывала недовольство его затянувшимся пребыванием в Петербурге. Ему приходилось пространно объяснять причины, побуждающие откладывать отъезд, главной из которых была необходимость читать корректуру «Пугачева». Когда, наконец, в начале августа Пушкин отправляется в Полотняный завод, он делает это в полном сознании вновь обретенного личного самостояния, которое события первой половины года подвергли испытанию и поставили под угрозу:

> На днях встретил я M-me Жорж [акушерка. — *Б. Г.*]. Она остановилась со мною на улице и спрашивала о твоем здоровьи, я сказал, что на днях еду к тебе pour te fair un enfant. Она стала приседать, повторяя: Ах, Monsi, vous me ferez une grande [sic[15]] plaisir[16]. Однако я боюсь родов, после того, что ты выкинула. Надеюсь, однако, что ты отдохнула (Письмо к Н. Н. П., 3 августа) [Пушкин 1977–1979, 10: 396–397, 677].

Реальный характер ситуации остался прежним — но она утратила характер самоуничтожающего внутреннего конфликта. Характерным образом, финансовые проблемы, о которых Пушкин еще недавно писал: «У меня голова кругом идет» (письмо к Н. Н. П., 12 мая) [Пушкин 1977–1979, 10: 376], заявляя, что Болдино на грани полного разорения («touche à une ruine complète») (письмо к П. А. Осиповой, 13 июля) [Пушкин 1977–1979, 10: 392, 676], — перестают так сильно его заботить, несмотря на то что в сущности их состояние ничуть не изменилось. Уже из Болдино, по следам их недавнего свидания, Пушкин беззаботно пишет жене: «Пугачев, мой оброчный мужичок, и половины того не принесет, да и то мы с тобой как раз промотаем; не так ли?» (письмо 15–17 сентября) [Пушкин 1977–1979, 10: 399–400].

Оставалось сложить разрозненные детали кризиса в поэтическую картину, которая сделала бы процесс «остранения» от него завершенным. Нет никаких оснований считать, что Пушкин сознательно ставил себе такого рода задачу. Повидавшись с женой (их свидание было недолгим), он вскоре отправился в Болдино,

---

15 Так в Большом академическом собрании (т. 15) и в 10-томном собрании под ред. Томашевского.

16 «чтобы сделать тебе ребенка»; «мосье, вы доставите мне большое удовольствие» (*фр.*).

якобы по хозяйственным делам, но в сущности не скрывая, что рассчитывает на еще одну «Болдинскую осень» (мы помним, что после знаменитой «осени» 1830 года второй по силе взрыв творческой продуктивности случился за год до описываемых событий, осенью 1833 года).

На этот раз, однако, пребывание в Болдино обернулось полным разочарованием. В письмах к жене постоянно повторяется мотив «скуки»; снова и снова говорится о полном отсутствии вдохновения и поэтической продуктивности: «...однако я еще писать не принимался, и в первый раз беру перо, чтоб с тобою побеседовать. <...> Написать что-нибудь мне бы очень хотелось. Не знаю, придет ли вдохновение» (письмо 15–17 сентября) [Пушкин 1977–1979, 10: 400]. Несколькими днями позднее: «Скучно, мой ангел. И стихи в голову нейдут; и роман не переписываю. <...> Видно, нынешнюю осень мне долго в Болдине не прожить. Дела мои я кой-как уладил. Подожду еще немножко, не распишусь ли; коли нет — так с Богом и в путь» (около 25 сентября) [Пушкин 1977–1979, 10: 400–401].

Между тем на беловой рукописи «Сказки о золотом петушке» Пушкин выставил дату: 20 сентября. В письме к жене (оно предположительно датируется 20–24 сентября)[17] упоминалось между прочим: «Я жду к себе Языкова, да видно не дождусь». Александр Михайлович Языков, брат поэта, навестил Пушкина 26 сентября (Пушкин воспользовался визитом, чтобы препроводить Н. М. Языкову письмо по оказии). Языков впоследствии упоминал, что в тот день Пушкин читал ему свою новую сказку «в духе Ершова» (то есть в псевдофольклорном духе сказки Ершова «Конек-Горбунок»). Однако и в письме Пушкина к Н. М. Языкову, написанном в этот день, как и в недавнем письме к Н. Н., сказка не упоминается. Принимая во внимание, что Пушкин прибыл в Болдино 14 сентября, сказка была написана очень быстро; этот факт, однако, никак не изменил картины «скуки» и тщетного ожидания, «не придет ли вдохновение», в письмах, написанных буквально в те же дни.

---

[17] На письме почтовый штамп 26 сентября. См. [Пушкин 1969: 246].

Как Пушкин и предполагал в письме к жене, он, не дождавшись вдохновения, покинул Болдино уже в начале октября. Письмо к А. А. Фукс, написанное уже из Петербурга по случаю появления в свет «Истории Пугачевского бунта», подтверждало тему, начатую в Болдине: «Поэзия, кажется, для меня иссякла. Я весь в прозе: да еще в какой!» (письмо 19 октября) [Пушкин 1977–1979, 10: 402]. О сказке опять — ни слова.

Конечно, Пушкин был прав, утверждая, что его мысли всецело поглощены «прозой». Все же примечательно, до какой степени сказка о Петушке как будто вовсе им не замечается, даже в самый момент ее создания. Воплотив гротескный авторефлексирующий образ в поэтическую картину, Пушкин, как кажется, отчуждается от своего произведения так же, как от личины, легшей в ее основу.

Между тем сказка своим чередом отправилась в печать. Она была опубликована в февральском выпуске «Библиотеки для чтения» (1835, т. IX, кн. 16), с минимальными цензурными изъятиями. Именно последние послужили поводом для автора «вспомнить» о своем произведении. В дневнике событие было отмечено следующей записью:

> [*Февраль*] <...> Ценсура не пропустила следующие стихи в сказке моей о золотом петушке:
>
> *Царствуй, лежа на боку*
>
> и
>
> *Сказка ложь, да в ней намек,*
> *Добрым молодцам урок.*
>
> Времена Красовского возвратились. Никитенко глупее Бирукова [Пушкин 1977–1979, 8: 46–47].

Это *последняя* запись в дневнике. Пушкин возобновил было свою придворную хронику по возвращении из Болдино, но желания саркастически имперсонировать придворного времен аристократической Фронды хватило ненадолго. Примечательно, что именно «Петушок» поставил точку на этом предприятии, начавшемся привлечением Пушкина ко двору и назначением его в придворную службу.

Раздражение Пушкина по поводу непропущенных строк, как кажется, имело под собой большие основания, чем традиционное возмущение «глупостью» цензуры. В свете жизненных перипетий, послуживших фоном сказки, слова о добрых молодцах, которым этот урок мог послужить на пользу, имели для него более острый смысл, чем скрытая антимонархическая эскапада, которую в них заподозрил «глупый» цензор. В конце 1810-х годов Пушкин-подросток мог эпатировать публику в театре, явившись с портретом Пьера Лувеля, украшенным надписью: «Урок царям»; но Пушкин 1834 года был больше озабочен моральными «уроками», которые он был способен предложить себе самому.

* * *

В том, как «Сказка о золотом петушке» не просто вырастала из жизненного опыта, но закрепила в образах факт его преодоления, можно увидеть сходство с Вертером и его автором. Хорошо известно, что история несчастной идеальной любви, с которой фактически начался немецкий *Sturm und Drang*, имела тесную прототипическую связь с фактами жизни молодого Гете. Пути автора и его будущего героя разошлись в критической точке, когда они должны были навсегда распрощаться с возлюбленной. Вертер пишет прощальное письмо и кончает жизнь самоубийством. Его автор создает произведение, принесшее ему всемирную славу. Автор «убил» героя, воплощавшего в себе его прошлое «я», и этот символический акт эмансипации от собственного прошлого и послужил творческим импульсом к созданию романа. Принцип авторской вненаходимости реализуется здесь буквально, как самоотчуждение автора от собственной прошлой идентичности.

Конечно, невозможно сравнивать значимость Вертера и «Сказки о золотом петушке» ни для судьбы европейской литературы, ни для личной творческой судьбы их авторов. Но есть в сказке Пушкина одна черта, которая ярко отразила уникальность того места, которое его творческая личность занимает в культуре европейского романтизма первой трети XIX века. Пушкинская авторефлексия в высшей степени типична и для романтического сознания, и для тех литературных героев, в которых оно воплотилось, — таких, как тот же Вертер, Чайлд Гарольд, Рене Шатобриан, Адольф Констана и, конечно, Евгений Онегин. Романтическая рефлексия с большой охотой высвечивает роковые изъяны в характере своего субъекта, делающие его разрушителем, неспособным дать счастье себе и другому; не останавливается она и перед тем, чтобы показать демоническую сторону романтической личности, способную внушить отвращение и ужас. Но все эти драматические саморазоблачения, в сущности, льстят самому разоблачителю. Он готов признать себя последним среди живущих как знак своего отличия, пусть негативного; внушаемое им чувство ужаса есть не что иное, как феномен «возвышенного» (das Erhabene), наподобие того, который проявляет себя в ужасных природных катастрофах.

Уникальность позиции Пушкина состоит в той беспощадной смелости, с которой он замечает в субъекте своей авторефлексии не просто дефектные или даже ужасные черты, но нечто уродливо-смешное, нечто способное вызвать не ужас, возмущение или даже отвращение, но презрительный смех. В этом отсутствии романтического прекраснодушия (остающегося таковым, даже когда оно рядится в демонические одежды) заключен, как мне кажется, секрет того исключительного, неуловимо-уклончивого положения, которое личность и творчество Пушкина занимают в современном ему духовном и эстетическом мире. В этой его черте слышится отголосок скептического парадоксализма XVIII века, от Вольтера до маркиза де Сада и Шодерло де Лакло. Сама архаичность, даже анахроничность сознания и поведения Пушкина в мире 1830-х годов, ярким свидетельством которого явилась история с «Петушком», позволила ему переступить через то, что для его современников оставалось непреложной границей личностного и творческого самосохранения.

Источники

Вацуро 1982 — Переписка А. С. Пушкина: В 2 т. / Под ред. В. Э. Вацуро. М.: Художественная литература, 1982.

Пушкин 1969 — Пушкин. Письма последних лет, 1834–1837 / Под ред. Н. В. Измайлова. Л.: Наука, 1969.

Пушкин 1977–1979 — Пушкин А. С. Полное собрание сочинений: В 10 т. Изд. 4-е. Л.: Наука, 1977–1979.

Irving 1832a — Irving W. Les contes de l'Alhambra précédés d'un voyage dans la province de Grenade. T. I–II. Paris: H. Furnier, 1832.

Irving 1832b — Irving W. The Alhambra of the New Sketch Book by Washington Irving. Paris: W. Galignani, 1832.

Библиография

Ахматова 1977 — Ахматова А. А. О Пушкине. Л.: Советский писатель, 1977.

Бонди 1960 — Бонди С. М. Примечания. Сказка о золотом петушке // Пушкин А. С. Собрание сочинений: В 10 т. Т. 3. Поэмы, Сказки. М.: ГИХЛ, 1960. С. 529–531.

Вацуро 1995 — Вацуро В. Э. Сказка о золотом петушке (Опыт анализа сюжетной семантики) // Пушкин. Исследования и материалы. СПб.: Изд. Академии наук, 1995. С. 122–133.

Гаспаров 2009 — Гаспаров Б. М. Пять опер и симфония: Слово и музыка в русской культуре / Пер. с англ. С. Ильина. М.: Классика-XXI, 2009.

Коджак 1978 — Коджак А. Сказка Пушкина — «Золотой петушок» // American Contribution to the Eighth International Congress of Slavists / Ed. by V. Terras. Vol. 2. Columbus, OH: Slavia Publishers, 1978. P. 332–374.

Модзалевский 1988 — Модзалевский Б. Л. Библиотека Пушкина: библиографическое описание. 2-е изд. М.: Книга, 1988.

Паперно 1978 — Паперно И. А. О реконструкции устной речи из письменных источников (Кружковая речь и домашняя литература в пушкинскую эпоху) // Семантика номинации и семиотика устной течи, т. 1. Тарту: Tartu Ülikooli raamatukogu, 1978. С. 122–134.

Слонимский 1963 — Слонимский А. Л. Мастерство Пушкина. М.: Гослитиздат, 1963.

Шнеерсон 1939 — Шнеерсон М. А. Фольклорный стиль в сказках Пушкина // Ученые записки Ленинградского государственного университета. № 46: Серия филологических наук. 1939. Вып. 3. С. 176–200.

Bethea 2017 — Bethea D. The Superstitious Muse: Thinking Russian Literature Mythopoetically. Academic Studies Press, 2017.

Gasparov 2005 — Gasparov B. Five Operas and a Symphony: Word and Music in Russian Culture. New Haven: Yale University Press, 2005.

Jakobson 1979 — Jakobson R. The Statue in Pushkin's Poetic Mythology // Jakobson R. Selected Writings. Vol. V: On Verse, Its Masters and Explorers. The Hague: Mouton, 1979. P. 237–280.

Platt 2016 — Platt J. Greetings, Pushkin!: Stalinist Cultural Politics and the Russian National Bard. Pittsburgh: University of Pittsburgh Press, 2016.

Vickery 1922 — Vickery W. N. Alexander Pushkin. New York: Twayne Publishers, 1922.

Under a Single Shell: Exegetical Multiplicity in Pushkin's "Imitation of the Arabic"[1]

Alyssa Dinega Gillespie

Introduction: Pushkin's "Imitations"

It is well known that Pushkin, who was acutely aware of the undeveloped state of Russian belles lettres, often turned to foreign literatures for models, inspiration, and ideas. Indeed, his ability to take in such alien sources and, through his brilliant powers of creative alchemy, transform them into highly original works of literary art—like an oyster creating a magnificent Russian literary pearl from an alien grain of sand—has played no small part in the mythology of Pushkin's "universal receptivity" (всемирная отзывчивость), as per Dostoevsky's oft-quoted phrase.[2] In particular, Russian and Soviet scholars

---

1 I would like to thank Igor Nemirovsky for inviting me to participate in the conference *Pushkin after 1831* and to contribute an article to this volume. All citations to Pushkin's works are given from the ten-volume edition of his complete works: A. S. Pushkin, *Polnoe sobranie sochinenii v 10-i tomakh*, 4th ed., ed. B. V. Tomashevskii (Leningrad: Nauka, 1977–79), abbreviated *PSS10*, with volume and page number indicated. All translations from the Russian are my own.

2 Viktor Vinogradov summarizes this line of thought: "Ivan Turgenev in his famous Pushkin speech acknowledged this 'powerful force of original assimilation of alien forms' that was characteristic of Pushkin as the unique feature of the Russian national genius <...> Fedor Dostoevskii defended this idea of the 'universal receptivity' and 'reincarnation ability' of Pushkin's genius even more passionately" (*Stil' Pushkina* [Moscow: OGIZ, 1941], 503–4). The belief in Pushkin's paradoxically assimilationist, universalizing yet nationalizing genius remains as potent now as

have long viewed Pushkin's poems on Eastern themes as confirmations of this almost mystical faculty, for, in the words of Maksim Gillel'son, such works "bear witness to [Pushkin's] unique gift of reincarnation [перевоплощение], his ability to capture and convey in a translation the national particularities of the psyche, thought patterns, and expressions characteristic of Eastern literatures."[3] Unfortunately, the myth of Pushkin's all-encompassing genius has often been harnessed to the Russian (and later, Soviet) Empire's expansive designs on neighboring cultures and its "civilizing" project, with all the violence such designs have historically entailed (and continue to unleash today).

Leaving aside the political implications, in the poetic arena what is mostly sacrificed to such a conception are the profoundly personal motivations that guided Pushkin's literary appropriations—sometimes because they are inscrutable, but often because scholars and critics schooled in the idea of Pushkin's creative mind as a fundamentally unknowable, protean intelligence are unlikely to look for personal elements when the works in question are perceived as having arisen from outside sources (in the Russian/Soviet scholarship, such works have sometimes even been straightforwardly termed "translations").[4] And yet, often the personal or original dimension of Pushkin's "borrowed" works can be teased out with a bit of effort and creative imagination. Perhaps surprisingly, this is especially true in the case of

---

ever, as is evident in a relatively recent publication: "Pushkin demonstrated the boundless ability of Russian literature to reproduce the particularities of alien literary cultures and broadened their artistic scope" (C. Malek, "Poetichnost' Rossii i dukhovnost' arabskogo Vostoka: Pushkin i Koran," *Dialog tsivilizatsii: Bazovye kontsepty, idei, tekhnologii*, ed. O. A. Kolobov [Nizhyi Novgorod: NIM 'Makhinur,' 2006], accessed April 2, 2024, http://idmedina.ru/books/islamic/?3024).

3 M. I. Gillel'son, "Materialy po istorii arzamasskogo bratstva," *Pushkin: Issledovaniia i materialy* 4 (1962): 324.

4 For example: "The exoticism of translating from an Eastern language into a European one consists 'in the unusual vividness of the images'" (Nadezhda M. Lobikova, *Pushkin i vostok: Ocherki* [Moscow: Nauka, 1974], 56). Also: "The poem 'Of an evening Leila...' is a rather precise transposition-translation (as is typical for Pushkin)" (M. V. Stroganov, "O stikhotvorenii 'Ot menia vechor Leila,'" *Pushkin: Issledovaniia i materialy* 15 [1995]: 170). See also the passage by M. I. Gillel'son quoted above.

works that he presents overtly as imitations, although we might expect those to hew closely to their purported originating models. Instead, these works are often superficial mimicries that provide protective camouflage (in part, to evade the censorship) for verbalizations of Pushkin's own most private concerns, ideas, emotions, and vulnerabilities. Toward the end of his life, such borrowed literary sanctuaries became ever more important, as he sought refuge from the combined pressures of the censorship, court intrigue, family pressures, and the never-ending financial obligations in which he was drowning—not to mention (though it is hardly ever mentioned) a busy and noisy household where the quiet and privacy he longed for must have been elusive, as his wife gave birth to four babies in the space of as many years (1832–36).

The "imitation" that is the subject of the present article, "Подражание арабскому"[5] (Imitation of the Arabic), has been dated by scholars to between May 1835 and the end of 1836. This lyric has hardly been written about in the scholarship, beyond a few notes in Pushkin's complete works on its manuscript sources and variants, along with several passing mentions in works of scholarship whose focus is elsewhere.[6] It is a short poem, only eight lines long, and I quote the finished, canonical version (henceforward, version #2) in full:

---

[5] *PSS10*, 3:320. All the variants given below can be found in A. S. Pushkin, "Podrazhanie arabskomu," *Polnoe sobranie sochinenii v 16-i tomakh*, ed. M. Gor'kii et al., vol. 3, bk. 2 (Moscow-Leningrad: AN SSSR, 1937–59), 1025–26. The word *арабскому* in the poem's title has several English equivalents: *Arab*, *Arabic*, and *Arabian*. I have chosen *Arabic* as the most capacious of the three.

[6] These include Vinogradov's monumental work on Pushkin's poetic style, several books on the topic of Pushkin and the East, and, more recently, Evgenii Bershtein's article on the theme of Pushkin and bisexuality in the context of Sergei Eisenshtein's films and drawings: see mentions of the poem in Vinogradov, *Stil' Pushkina*, 503; Lobikova, *Pushkin i vostok*, 56–57; B. Eberman, "Araby i Persy v russkoi poezii," *Vostok: Zhurnal literatury, nauki i iskusstva* 3 (1925): 120–21; M. L. Nol'man, "Pushkin i Saadi (K istolkovaniiu stikhotvoreniia 'V prokhlade sladostnoi fontanov')," *Russkaia literatura* 1 (1965): 133; Evgenii Bershtein, "Pushkin, Bisexuality, and a Plot against the Poet: A Theme in Eisenstein and its Contexts," *Acta Slavica Estonica* 15, *Studia Russica Helsingiensia et Tartuensia* 18: *Opyt i nebyvaloe v literature i kul'ture* (2022): 178.

Отрок милый, отрок нежный,
Не стыдись, навек ты мой;
Тот же в нас огонь мятежный,
Жизнью мы живем одной.
Не боюся я насмешек:
Мы сдвоились меж собой,
Мы точь в точь двойной орешек
Под единой скорлупой.

(Sweet youth, tender youth,
Don't be ashamed, you're mine forever;
The same restless fire is within us,
We live a single life.
I do not fear mockery:
We are doubled with one another,
We are, in every detail, a double nutmeat
Under a single shell.)

There exist also draft variants of lines 2–3 of version #2:

Не стыдись, ты мой, ты мой;
Нас объемлет огнь мятежный

(Don't be ashamed, you're mine, you're mine;
A restless fire envelops us)

along with a draft variant of line 6:

Мы сдвоилися душой

(We are doubled in the soul)

Finally, there exists a draft variant of the poem's first four lines (this is the earliest, original version; henceforward, version #1):

Отрок милый, отрок нежный,
Я твоя, навек ты мой;
В край безлюдный, в степи снежны
Я готова за тобой.

(Sweet youth, tender youth,
I am yours, you're mine forever;
Into an unpopulated land, into the snowy steppe
I am ready [to follow] you.)

In version #2, the speaker's gender is unmarked. However, in version #1, the speaker is female (as indicated by the feminine forms of the possessive pronoun *yours* [твоя] and the adjective *ready* [готова]). In Michael Wachtel's view: "one is struck by the alacrity with which certain editors—who otherwise do not concern themselves with drafts—cite the draft to this one, since it shows unambiguously that the speaker is a woman,"[7] thereby negating what Wachtel sees as the finished poem's supposedly homoerotic or even homosexual suggestivity. Whether the poem is seen as describing a heterosexual or homosexual relationship (i.e., whether the speaker is understood to be female or male), it seems that scholars have universally read it as an erotic text.[8]

A literary source for "Imitation of the Arabic" was first identified by M. Bogdanovich in 1917: namely, *The Gulistan* (*The Rose Garden*) by the medieval Persian poet Saadi (written in 1258), a miscellany of proverbs, historical sketches, erotic stories, parables, and philosophical observations.[9] Story number eight of chapter five from *The Gulistan* begins: "I remember how in former times I and another friend kept company with each other like two almond kernels in one skin."[10] It is unknown precisely what Pushkin's source for Saadi's works was, but

---

7 Michael Wachtel, *A Commentary to Pushkin's Lyric Poetry 1826–1836* (Madison: University of Wisconsin Press, 2011), 337.

8 This assumption is made explicit in a *Live Journal* post by Israeli culturologist David Eidel'man, which merits citing since scholarly treatments of this poem are so sparse. Eidel'man, responding to Bershtein, bases his erotic interpretation on the claim that "'restless fire' [is] a romantic metaphor for amorous passion" ("Evgenii Bershtein o 'Podrazhanii arabskomu' A. S. Pushkina," *LiveJournal,* 29 December 2011, accessed April 2, 2024, http://davidaidelman.livejournal.com/1287494.html).

9 M. Bogdanovich, "Dve zametki o stikhotvoreniiakh Pushkina," *Pushkin i ego sovremenniki* 28 (1917): 108–9.

10 Chapter 5, "On Love and Youth," *The Gulistan of Sa'di,* translator unknown, accessed March 26, 2024, http://classics.mit.edu/Sadi/gulistan.6.v.html.

there was significant interest in the Persian poet in Pushkin's circle,[11] and Saadi's writings had been translated into many European languages by this time.[12] Pushkin quotes or paraphrases Saadi on other occasions too: most famously, in the final stanza of *Евгений Онегин* (*Eugene Onegin*, 1823–30): "Иных уж нет, а те далече, / Как Сади некогда сказал" (Some are no more, while others are afar, / As Saadi once said).[13]

In the present article on "Imitation of the Arabic," I do a deep dive into this enigmatic, understudied poem. My reading pays close attention to several of the poem's key aspects—its compositional history and timing, its thematic context, the connotations of several of its keywords in the context of Pushkin's broader oeuvre, its autobiographical resonance—thereby charting multiple new pathways to a more enriched appreciation of this intriguing work. Instead of arriving at a single definitive interpretation, I suggest that the poem can be understood in several very different ways, and that none of these disparate interpretations nullifies the others. Rather, the various possibilities, all carrying significant personal meanings for their author, seem to shimmer in layers under the poem's compact, polished surface,

---

[11] Pushkin's Lyceum friend and fellow poet Vil'gel'm Kiukhel'beker published a note on Saadi, along with Hafiz and Djami, in the literary almanach *Мнемозина* (Mnemosyne) for 1824–25 (cf. Nol'man, "Pushkin i Saadi," 132).

[12] Including Latin, German, French, and some fragments in Russian (cf. ibid., pp. 132–33); the first French translation of *The Gulistan* was published in the early seventeenth century. Michael Wachtel notes that, although Pushkin had a French translation of this work in his library, he did not cut the pages beyond the translator's preface and so, presumably, knew the relevant passage from some other source (Wachtel, *A Commentary*, 337).

[13] *PSS10*, 5:164. For an excellent overview of Saadi's significance to Pushkin's works along with a useful bibliography, see Vadim Rak, "Saadi," *Pushkin: Issledovaniia i materialy* (*Pushkin i mirovaia literatura. Materialy k "Pushkinskoi entsiklopedii"*), 18/19 (2004): 298–300. Scholars consider this Saadi "quotation" in *Eugene Onegin*, which Pushkin paraphrased in two additional works (it forms the epigraphs to "Бахчисарайский фонтан" ["The Fountain of Bakhchisarai," 1821–23], and to an early draft of the lyric "На холмах Грузии..." [On the Hills of Georgia..., 1829]), to be a loose rendering of a passage from Saadi's *The Bustan* (*The Fragrant Orchard*). Cf. *Le Boustan, ou Verger: Poème Persan de Saadi,* trans. A. C. Barbier de Meynard (Paris: Libraire de la Société Asiatique, 1880), 34.

much like pictures hidden within a hologram that surface alternately, depending on the particular slant of light and the observer's point of view. Whether or not Pushkin intended such an aesthetic outcome, he was clearly interested around this time in the possibility of creating a riddling, indeterminate text with forever shifting meanings, as is evident in "Пиковая дама" ("The Queen of Spades," 1833)—a tale that toys with the reader's heuristic urge to make sense of events by suggesting both realistic and fantastical possible explanations, none of which proves sufficient to explain the story's contradictions.

Compositional History and Timing

Pushkin scholar Nikolai Lerner was the first to publish the first draft (version #1) of "Imitation of the Arabic," in the March 1907 issue of the Moscow art and literature journal *Весы* (Scales). In his accompanying brief commentary, he implies that the concept of this poem as an "imitation" was accreted later, during Pushkin's revision process:

> The poet wrote down only the first quatrain [of version #1] <...> Then, lines 3 and 4 were crossed out, and above them was written [lines 3 and 4 of version #2], and the poem continued from there. <...> Having changed the poem's meaning to the "Eastern" manner, Pushkin then had to give it a corresponding title. For what purpose did he do this? Perhaps the image of a loving woman who was ready to follow the "sweet youth" "into an unpopulated land, into the snowy steppe" was associated for him with one of the self-sacrificing female companions of the Decembrists, and Siberia is what he had in mind? Was it out of caution regarding the censor's objections, or did Pushkin obey a sudden caprice of inspiration when he reworked the verses that had begun so beautifully?[14]

Lerner's suggestion that the poem in its gestational phase was linked in Pushkin's mind to the image of the Decembrist wives is worth taking seriously, as is his recognition that, as the poem took form, it metamorphosed into a different work with entirely different, "Eastern" (code for

---

[14] N. Lerner, "Neizdannye stikhi A. S. Pushkina," *Vesy* 3 (March 1907): 8.

homoerotic, in Lerner's lexicon) content. In other words, it does not occur to Lerner to argue, as later critics have, that the speaker of the finished poem remains female. The final poem is fundamentally changed, with a different ("Eastern," not Russian), unmarked and thus presumably male speaker. And yet, as Lerner explains, in Pushkin's physical draft on the paper, both poems coexist in the same space, which contains both sets of opening lines—the revised versions of lines written above, and thus alternating with, the original ones—and a shared ending. The two versions double one another ("сдвоились меж собой," to quote an apt phrase from the poem itself) like conjoined twins.

Pushkin wrote out the clean copy (version #2) of "Imitation of the Arabic" on the same kind of distinctive paper on which he wrote the lyric "От меня вечор Леила..." (Of an evening Leila...), also dated by scholars to roughly the same period (between November 8, 1835 and sometime in 1836).[15] Both poems share an Eastern stylization (both are "imitations") and thematics,[16] and the identity of the paper type indicates that Pushkin made clean copies of both at around the same time, suggesting the possibility of a close association between the two works. "Of an evening Leila..." tells of a woman who leaves her lover because he is growing old, his hair turning gray. It concludes:

Я насмешнице нескромной
Отвечал: «Всему пора!
То, что было мускус тёмный,
Стало нынче камфора».
Но Леила неудачным
Посмеялася речам
И сказала: «Знаешь сам:
Сладок мускус новобрачным,
Камфора годна гробам».[17]

---

[15] Cf. O. S. Solov'eva, "Noveishie priobreteniia pushkinskogo teksta (1955–1956), *Pushkin: Issledovaniia i materialy* 2 (1958): 403–4.

[16] "Of an evening Leila..." is an imitation of a stylized song by the French-Egyptian poet Joseph Agoub (1795–1832). Cf. ibid., 404*n*26 and Stroganov, "O stikhotvorenii," 168–70. November 8, 1835 is the date on which Pushkin purchased a book of Agoub's poetry.

[17] *PSS10*, 3:344.

(I answered the immodest mockeress:
"Everything has its time!
What was once dark musk,
Has now become camphor."
But Leila scoffed
At my unsuccessful speech
And said: "You know yourself:
Musk is sweet for newlyweds,
Camphor is only suitable for coffins.")

This poem serves as a thematic reversal of the two versions of "Imitation of the Arabic" taken together. Contrary to version #1, this female lover is *not* willing to commit to her lover forever but, on the contrary, is about to leave him behind indifferently. In contrast to version #2, while the speaker of "Imitation of the Arabic" urges the addressee not to be ashamed ("не стыдись"), Leila is described as immodest ("нескромная"). Finally, with regard to the culminating lines (5–8), presumably shared by both versions #1 and #2, the speaker in "Imitation of the Arabic" does not fear mockery ("Не боюся я насмешек"), whereas Leila herself is a mockeress ("насмешница"); moreover, the male addressee of "Imitation of the Arabic" is a youth, while the speaker of "Of an evening Leila..." is an aging, graying older man. These systematic inversions lend further weight to the likelihood that both poems were composed at around the same time, and in response to the same set of stimuli.

Incidentally, Pushkin used a sheet of the same distinctive paper on which clean copies of these two poems were copied out to practice writing the letters of the Arabic alphabet.[18] On the basis of a draft of a brief note in French on this same page, in which Pushkin accepts

[18] This page is reproduced in A. S. Pushkin, *Rukoiu Pushkina: Nesobrannye i neopublikovannye teksty*, ed. M. A. Tsiavlovskii et al. (Moscow-Leningrad: Academia, 1935), 108. Pushkin made efforts to learn, to one extent or another, at least sixteen different languages during his lifetime (cf. ibid., 21). The descriptions of the paper used for the Arabic writing practice in *Rukoiu Pushkina,* 110 and for the two Arabic-themed poems in Solov'eva, "Noveishie priobreteniia," 404 appear to match.

a social invitation from an unidentified "baron,"[19] scholars (assuming that the addressee of the note was Baron van Gekkern) have conjectured that Pushkin's Arabic writing practice must have dated to between November 1836 and January 1837; the editors of the manuscript collection *Рукою Пушкина* (In Pushkin's hand) even suggest that he may have used his calligraphic practice to distract himself from the gathering storm in the days or hours leading up to his fatal duel.[20] However, the evidence for this melodramatic dating appears flimsy (the baron could have been someone else; the letter draft could have been added to the page later).[21] On the contrary, I would hypothesize that not only do "Imitation of the Arabic" and "Of an evening Leila..." date to the autumn of 1835 or early 1836, but that this is a more likely timeframe for Pushkin's Arabic writing practice as well.

Thematic Context

The juxtaposition of "Imitation of the Arabic" with "Of an evening Leila...," whose main theme is the betrayal of an older man's love by a young woman, raises the possibility that the word *отрок* (youth), which characterizes (and is all we know of) the former poem's addressee, may be a clue that themes of aging, time passing, and loss likewise form the tacit emotional-thematic backdrop for "Imitation of the Arabic" (we recall that the *Gulistan* passage incorporated into this poem is taken from a chapter titled, significantly, "On Love and Youth"). Moreover, considering that Pushkin's favorite, thrice-repeated Saadi "quotation" that appears in *Eugene Onegin* and elsewhere (cf. note 13) addresses themes of loss, nostalgia, and the passage of time, it seems

---

19 The draft of the note in French is here: *PSS10,* 10:478. In it, Pushkin accepts the unnamed baron's invitation on behalf of himself, his wife, and his sisters-in-law.

20 Pushkin, *Rukoiu Pushkina,* 110.

21 "Baron," a noble title introduced to Russia by Peter I, was fairly common by this time; moreover, Pushkin is known to have habitually addressed high-ranking individuals, including Russian officials, in French. The Arabic letters are centered on the page, with the draft of the letter squeezed into the space to their left, suggesting that it could have been a later addition.

likely that Pushkin associated this set of themes with the Persian poet more broadly.

Of course, the themes of marital fidelity and aging were intertwined for Pushkin on a personal level during this period as well. His own situation with respect to his wife was very much like the dynamic portrayed in "Of an evening Leila..." As David Bethea aptly describes it: "he had been cast in the despicable role of ugly husband to a beautiful wife and resent[ed] the attention paid to her by admirers, first and foremost the tsar himself."[22] While these tensions had not yet come to a head in the fall of 1835, they were already building. In September of that year, Pushkin left Natal'ia Nikolaevna behind in St. Petersburg with the children and traveled to his mother's estate, in the hopes of spending the autumn there and using the quiet time alone to write. In his first letter to his wife upon his arrival (September 14), he exhorts her: "write me everything you're doing, so I know with whom you're flirting, where you go, whether you're behaving yourself well, what rumors you're spreading."[23] In his next several letters, he likewise expresses anxiety over the absence of any letter from her. His letter of September 25 explicitly raises the theme of aging and the passage of time:

> In Mikhailovskoe I found everything as before, except that my nanny is no longer there and that near a familiar group of old pine trees, a young pine family has grown up in my absence, which it's depressing for me to look at, just as it's sometimes depressing for me to see the young cavalry guards at balls where I myself no longer dance. But there's nothing to be done; everything around me says that I am growing old, sometimes even in plain Russian. For instance, yesterday I met a peasant woman of my acquaintance, whom I couldn't help telling how she had changed. And she replied to me: yes, and you too, my son, have grown old and ugly. Although I can say together with my departed nanny: I was never handsome, but I was young.[24]

---

22 David M. Bethea with Sergei Davydov, "Pushkin's Biography," in Bethea's *The Superstitious Muse: Thinking Russian Literature Mythopoetically* (Brighton, MA: Academic Studies Press, 2009), 222.

23 *PSS10*, 10:425.

24 *PSS10*, 10:427.

As this letter intimates, at this time, Pushkin was working on the poem "Вновь я посетил..." ("Again I visited...," composed September 21–26, 1835), whose imagery it shares. This meandering long poem—written in iambic pentameter blank verse, a meter associated with English poetry—is a Wordsworthian meditation on place, loss, and the encroachment of the younger generation on the older one. The text is permeated with unspoken nostalgia and a growing awareness of mortality, and it is situated within the context of family: Pushkin's family estate of Mikhailovskoe and, implicitly, his meditation on his own young family (metaphorically represented by the clump of pine saplings) comprise the work's biographical backdrop.[25]

One of Pushkin's intentions for his autumn 1835 Mikhailovskoe sojourn was to heed the advice of his friend and literary agent Petr Pletnev to write a sequel to *Eugene Onegin*, as a way of raising much-needed funds for his growing family. However, these intentions came to naught; their only surviving, tangible result was the draft of a lyric, in a humorous but sarcastic tone, that begins "В мои осенние досуги..." (In my autumn leisure...). This poem sets out the rationale for a sequel to the novel and ends with the enticing prospect of being able to charge five rubles per copy of the nonexistent book. With regard to Onegin himself, the goal of the abortive project is: "Как бы то ни было женить, / По крайней мере уморить"[26] (Somehow or other to marry him off, / Or at least kill him off). Needless to say, the prospect of a sequel markedly contradicts the aesthetics of the existing novel-in-verse—whose masterfully open-ended conclusion embodies its final stanza's evocation of loss and incompleteness, of lives and works cut short. Five years earlier, Pushkin had already rejected the possibility of extending the narrative, when he destroyed the (in any case, unpublishable) draft of a tenth chapter that may have seen both Onegin and

---

[25] An early draft of the poem is much more explicit than the final version about Pushkin's feelings of loss and regret at the passage of time and the changes life has wrought: "Утрачена в бесплодных испытаньях / Была моя неопытная младость" (In pointless trials was lost / My inexperienced youthfulness), etc.; the theme of lost youth and innocence is developed at length in this textual variant (*PSS10*, 3:429).

[26] *PSS10*, 3:323.

Tatiana's husband, a veteran of the Napoleonic wars, joining the ranks of the Decembrists, and Tatiana following her spouse into exile.

Now, once again, Pushkin abandoned the project. Yet it seems plausible that his failure to write a sequel to *Eugene Onegin* might, instead, have prompted his composition of "Imitation of the Arabic." For version #1 of that poem begins, in a sense, where the novel-in-verse leaves off: with a Saadi quotation and the fate of the Decembrist wives, who cleave to their husbands as Tatiana in the novel does to hers, to Onegin's bitter regret. Moreover, December 1835 marked the ten-year anniversary of the Decembrist Uprising. The narrator's elliptical reminiscence in the novel's final stanza about "та, с которой образован / Татьяны милый идеал..." (she, from whose image I painted the sweet idol of Tatiana...), a beloved woman now lost to him forever ("О много, много рок отъял!"[27] [O how much, how much destiny has taken from me!]), may well refer to Mariia Raevskaia, in marriage Volkonskaia—likely an inspiration for Tatiana's character—who followed her husband into Siberian exile after the uprising. Hence the central conceit of "Imitation of the Arabic" (the image of "two almond kernels in one skin"), evoking (in version #1) unbreakable marital ties, can be linked to the conclusion of *Eugene Onegin* on multiple levels: plot, text, and biographical subtext.[28]

Besides Mikhailovskoe, *Eugene Onegin,* and the Decembrist fiasco with its tragic aftermath, there is yet another kind of revisitation that Pushkin was engaged in during this period. Mikhail Stroganov points out that Byron is an important link between *Eugene Onegin* (with its jaded, Byronic hero) and "Of an evening Leila..." (Leila is the heroine's name in Byron's 1810–11 narrative poem "The Giaour").[29] Moreover,

---

27 *PSS10,* 5:164.

28 Incidentally, in a September 29 letter to his wife, Pushkin characterizes his mundane activities at his evening visits to the neighboring estate of Trigorskoe as "digging in old books and gnawing on nuts" (*PSS10,* 10:428). However trifling it might seem, we know that every detail in Pushkin's prose is carefully chosen. Might this mention of gnawing on nuts be a private metaphor for his labors on "Imitation of the Arabic," and thus, a clue that the poem was composed at around this time?

29 Stroganov, "O stikhotvorenii," 171–72. Note that a quotation from Byron's Eastern-themed poem "The Siege of Corinth" (1816) is remarkably similar to the Saadi passage that ends *Eugene Onegin:* "But some are dead, and some are gone, / <...> / And some are in a far countree." Cf. Rak, "Saadi," 299.

Pushkin indelibly associates Byron with Oriental thematics: "In our time, it's hard for a young person preparing to visit the magnificent East, as he boards the ship, not to recall Lord Byron, and not to involuntarily compare his fate with that of Childe Harold."[30] Pushkin's attempted return to *Eugene Onegin,* his meditations on youth (his own Byronic period) and aging, and his appeal to "Eastern" thematics in his poetry can therefore all be connected with Byron's legacy and influence. Perhaps, in part, this revisitation was prompted by the fact that Pushkin in 1835 was the same age, thirty-six, as Byron when he died.[31] That same year, Pushkin worked on drafting a (never finished) biographical essay about the English poet, in which he emphasizes strong parallels between their two lives.[32]

What can all these layered revisitations tell us about "Imitation of the Arabic"? Stroganov argues that in both "Of an evening Leila..." and, implicitly, in the 1835 unfinished Byron essay, Pushkin articulates a new philosophy which acknowledges both the individuality and universality of a given life story, "the elevation of private happenstance into a sort of universal human model."[33] At the same time, this philosophy also postulates both the continuity and evolution of a given personality over the course of a lifetime:

> What was one thing, becomes something different. <...> A person repeats in his individual lifetime the invariant model common to all humanity, but the person repeats and realizes this model individually. Thus <...> the cyclical and biographical [linear] principles are synthesized.[34]

These new, integrative insights are an attempt to resolve the problematics of Byron's artistic approach that Pushkin had grappled with in his earlier unfinished essay "О драмах Байрона" (About Byron's dramas, 1827). In that essay, he had strenuously criticized what he saw as Byron's

30 *PSS10,* 7:287.

31 Stroganov makes this convincing point in his "O stikhotvorenii," 172.

32 *PSS10,* 7:17–21.

33 Stroganov, "O stikhotvorenii," 172.

34 Ibid., 174–75.

habit of reproducing and fragmenting himself in his dramatic works: "He presented to us a ghost of himself. He created a copy of himself <...> In the end, he perceived, created, and described a single character (namely, his own) <...> When he began to compose his tragedy, he portioned out to each of the roles one of the component parts of this gloomy and potent personality, thereby splintering his own majestic creation into several shallow, insignificant characters."[35]

Albeit this critique touches only Byron's dramas, as distinct from his poetry, nevertheless it is clear that problems of the relationship of biography to literary creation, and the question of the poet's biographical "wholeness" or fragmentation, had long been among the most salient questions raised for Pushkin by Byron's writings. As I will argue, Pushkin's synthesizing and universalizing resolution of these problems not only lies at the heart of "Of an evening Leila..." and the 1835 Byron essay draft, as Stroganov shows, but also motivates his reconceptualization of "Imitation of the Arabic" in version #2. In the process, he replaces the Decembrist (historical, dramatic) thematics of version #1 with camouflaging, conventionally "Eastern" trappings, while at the same time transforming the poem, on a deeper level, into a private, lyrical confrontation with the rifts and continuities of a single personality (presumably, his own) over time.

Cryptic Keywords

To be clear, what I am suggesting is that "Imitation of the Arabic" can be read in at least three entirely different yet complementary ways: version #1, as the pledge of a Decembrist wife to follow her mate to the ends of the world; version #2, as a stylized paean to the perfect reciprocity of a homoerotic friendship or homosexual love affair; also version #2, as an internal dialogue of the mature, older poet with his youthful self as he strives for the reintegration of his past and present identities. In all three of these scenarios, the image borrowed from Saadi of the identical, bonded two halves of a nut within a single shell forms the central conceit.

---

[35] *PSS10*, 7:37.

In both of its extant versions, this poem has a cryptic or gnomic quality, in part because several of the words and phrases it contains are not obviously motivated by their immediate context. These lexical items thus point beyond the poem itself and carry extra semantic weight. Understanding their broader connotations will elucidate the various possible interpretations I have posited. The words and phrases in question are discussed below in order of their appearance in the poem.

Отрок (youth). This word, doubled for added emphasis, is used by the speaker to apostrophize his addressee. The word *отрок* does not occur frequently in Pushkin's poetry, and almost all instances when it does are in reference to the lyric speaker himself—that is, Pushkin's own lyric persona—specifically, when he reminiscences about his past; it thus often co-occurs with themes of memory, the passage of time, loss, and nostalgia. However, *отрок* is also associated in Pushkin's oeuvre with the (young) poet, with inspiration and imagination. The earliest example of such usage is found in the lyric "Наперсница волшебной старины..."[36] (Confidante of magical olden days..., 1822), a reminiscence about Pushkin's poetic beginnings; the appellation *отрок* is likewise attached to Vladimir Lensky in *Eugene Onegin*. Besides these two instances, most poems in which the word *отрок* can be found are from later years, and mostly in a minor key. For instance, in the unfinished 1829 poem "Воспоминания в Царском Селе"[37] (Reminiscences in Tsarskoe Selo), the poet is called a *нежный отрок* (tender youth)—this same phrase is also used in "Imitation of the Arabic"—as he wanders through the Tsarskoe Selo grounds and gardens, lost in poetic abandon, his long-ago companions now dead or scattered. Similarly, "Ответ анониму"[38] (Reply to anonymous, 1830) is a poem about the poet's loneliness, in which he imagines a variety of possible sympathetic interlocutors, one of whom is an "отрок, музами таинственно храним" (a youth mysteriously protected by the muses) that is, essentially, his own past self.

---

36 *PSS10*, 2:116.

37 *PSS10*, 3:148.

38 *PSS10*, 3:170.

Given the fact that "Imitation of the Arabic" was written at a time when Pushkin was feeling discombobulated, racked by nostalgia for the past and worries about the future, and suffering from writer's block, the poem's version #2 seems to have been, on one level, his creative attempt to counter the profound internal changes wrought by time and to "reintegrate" himself through an internal, poetic dialogue. By addressing the *отрок* he used to be, he accomplishes a kind of self-reassuring glance in the poetic mirror in a private moment of doubt, before heading back to the noisy and treacherous arena of St. Petersburg and his own domestic pressures. At the same time, this is also a philosophical statement of the essential continuities of a single personality over a lifetime; it presents the self as the aggregation of its different hypostases, past and present, existing in parallel. This idea is subtly different both from the classical, cyclical philosophy of human life[39] and from the evolutionary, linear philosophy expressed in "Of an evening Leila...," where past self transforms wholly into present self ("dark musk" into "camphor"). According to the vision of "Imitation of the Arabic," past and present selves coexist side by side—at once both separate and integrated, both identical and distinct—within a single "shell." Philosophically speaking, "Imitation of the Arabic" thus provides a counterpoint to "Of an evening Leila..."

Не стыдись (don't be ashamed). This verb and related lexical forms are found frequently in Pushkin's writings; his concept of *стыд* is broad, encompassing *shame*, *modesty*, *shyness*, and *reluctance*, depending on context. In particular, the noun *стыд* is found in another of Pushkin's poems that purports to be a "translation" from a Persian source where the attribution is, in fact, a mystification: "Из Гафиза"

---

39 Stroganov explains that this classical conception which typified the various stages of any given human life predominated in Russia in the eighteenth century: "The life of every person realizes a single model that is common to everyone, whose variants (different fates) are not significantly distinct from one another and all point to a certain invariant <...> Following this cyclical model of behavior is considered a good thing, a norm that brings happiness. A disruption of the model brings harm" ("O stikhotvorenii," 173).

(From Hafiz).[40] This earlier poem, written in July 1829 during Pushkin's journey to the Caucasus during the Russo-Turkish war of 1828–29, is unambiguously colored by homoerotic admiration for its addressee (Fargat-Bek, an officer who served in the First Muslim Cavalry regiment of the Russian army).[41] The poem's "Eastern" speaker implores its addressee not to become enamored of military glory (something of which Pushkin himself was enamored), for he fears—not that the officer will be killed, for Azrail will notice his beauty and protect him—but that the experience of battle will deprive him forever of his winning innocence: "Ты утратишь навсегда / Скромность робкую движений, / Прелесть неги и стыда!"[42] (You will forfeit forever / The meek modesty of movements, / The charm of grace and shyness!). Here, we see that the word *стыд* links back to the ideas of youth and innocence also conveyed by the word *отрок*. If we read version #2 of "Imitation of the Arabic" as a celebration of homoerotic friendship, then all the various possible nuances of this word are activated: the speaker is encouraging his friend/lover not to be ashamed, not to be shy, not to be reluctant or coy. If, on the other hand, we read version #2 as the poet's internal dialogue with his past self, then perhaps the injunction *не стыдись!* is a reminder to hold his head high, despite the various pressures and self-doubts currently besieging him.

Огонь мятежный (restless fire). The noun *огонь* (fire) is associated with an entire lexical cluster—*пылкость*, *страсть*, *пламя* (ardor, passion, flame), and so on—of words that often evoke sexual desire; relatedly, the adjective *мятежный* can mean *restless*, *passionate*, *stormy*; all these meanings are abundantly present in Pushkin's oeuvre. The phrase *огонь мятежный* has been understood by virtually all commentators to indicate that the subject matter of "Imitation of the Arabic" is sexual in nature; this is true equally for those readers who cling to the idea that the speaker of version #2 remains a woman, and for

---

40 *PSS10*, 3:115. Hafiz was a fourteenth-century Persian lyric poet.

41 Fargat-Bek's portrait, signed by Pushkin, was found in Elena Ushakova's album (cf. *PSS10*, 3:447).

42 *PSS10*, 3:115.

those who take the speaker to be male and, thus, view the poem as evidence of Pushkin's curious "warm sympathy toward same-sex desire," despite his "robust and unambiguous heterosexuality."[43]

However, in reality the phrase *огонь мятежный* is multivalent, and an entirely different, nonsexual reading of it is possible. For, the primary meaning of the adjective *мятежный*, after all, is nonsexual: *rebellious*, *mutinous*, *troublemaking*, *oppositional*, *violent*, *bold*—and these meanings, too, are amply attested in Pushkin's writings.[44] Most relevant for the present context, Pushkin often associates the word *мятежный* with headstrong youth and/or with the daring of the inspired poet: for example, in the phrases "мятежной младостью утраченные годы"[45] (the lost years of rebellious youth) and "от небес одарена / Воображением мятежным"[46] (endowed by the heavens / With a bold imagination). Likewise, the word *огонь* need not refer to sexual passion, but can refer to passion of a different kind, meaning *zeal*, *fervor*, *liveliness*, *animation*, *spirit*, *inspiration*—as in "огонь поэта охладел"[47] (the poet's inspiration cooled) and the well-known line from "The Bronze Horseman": "А в сем коне какой огонь!"[48] (But there is such spirit in this steed!). Related fiery lexicon in Pushkin's oeuvre is contiguous with these nonsexual meanings of *огонь*, as in the phrase "свободою горим"[49] (we burn with freedom). Whether we read the phrase *огонь мятежный* as referring to erotic or nonerotic passion determines the meaning of version #2 of "Imitation of the Arabic." The latter understanding supports my alternative reading of the poem as an interior dialogue; in this case, the phrase evokes a relentless passion that both

---

43 Bershtein, "Pushkin, Bisexuality, and a Plot against the Poet," 178.

44 For example, in *Boris Godunov* "род Пушкиных мятежный" (clan of troublemaking Pushkins) and in "Медный всадник" ("The Bronze Horseman") "Мятежный шум / Невы" (The violent noise / Of the Neva River) (*PSS10*, 5:227, 4:284).

45 In the poem "К Чаадаеву (В стране, где я забыл тревоги прежних лет...)" (To Chaadaev [In the land where I forgot the anxieties of former years...]), *PSS10*, 2:47.

46 *Eugene Onegin, PSS10*, 5:57.

47 "Тень Фонвизина" (Fonvizin's Shade), *PSS10*, 1:144.

48 *PSS10*, 4:286.

49 "К Чаадаеву (Любви, надежды, тихой славы...)" (To Chaadaev [Of love, of hope, of quiet glory...]), *PSS10*, 1:307.

speaker (the mature poet) and addressee (his youthful self) share. This immutable "restless fire" would appear to be the fire of poetic inspiration: the poet's unflagging, enduring drive to create, which forms the core of Pushkin's identity throughout his life.

Насмешка (mockery). This word occurs frequently in Pushkin's prose—mostly his letters and essays, though also his artistic prose—but extremely rarely in his verse. In fact, "Imitations of the Arabic" appears to be his *only* lyric poem in which any form of the word appears.[50] Furthermore, the word *насмешка* occurs much more frequently in his mature writings than it does in those of his early years, when vocabulary related to hilarity of the positive, cheerful variety (e.g., *смех*, *смеяться* [laughter, to laugh]) is common. By and large, Pushkin uses *насмешка* in his later works almost exclusively to characterize the crude philistine's scorn of spiritually elevated truths and of noble values such as dignity and honor. A representative example of this usage occurs in his December 1–6, 1825 letter to Vil'gel'm Kiukhel'beker, which just happens to concern the subject of literary imitation: "You will say that the mockery falls upon the imitators, and not on [the author] himself. My dear, recall that, although you write for us, you publish for the masses; and they understand things literally."[51] Increasingly with time, the word *насмешка* in Pushkin's lexicon comes specifically to characterize the non-poet's incomprehension of and enmity toward the poet; in such instances, his use of the word often implicitly reflects his reciprocal disdain for the mocker and his own wounded pride.[52]

---

50 Cf. V. V. Vinogradov, ed., *Slovar' iazyka Pushkina v 4-kh tomakh*, vol. 2 (Moscow: Azbukovnik, 2000), 773. The word *насмешка* is used in the dialogic "Послание Цензору" (Epistle to the censor, 1822) and in the narrative poems "The Fountain of Bakhchisarai" and "The Bronze Horseman," but not in any other lyric poems.

51 *PSS10*, 10:150. Pushkin refers here to Kiukhel'beker's play *Шекспировы духи* (Shakespeare's Ghosts, 1825), a satirical remix of the English dramatist's heroes; Pushkin worries that the work will provoke the crowd's mockery and contempt, rather than being perceived as the silly comedy that Kiukhel'beker intended.

52 Examples of these various usages can be found in "Воображаемый разговор с Александром I" (An imaginary conversation with Alexander I, 1824) (*PSS10*, 8:51); *Арап Петра Великого* (*The Arap of Peter the Great*, begun in 1827, unfin-

In short, the word *насмешка* in Pushkin's lexicon has broad application but generally connotes boorish scorn for spiritual values the scorner cannot comprehend. This adjective is therefore equally relevant whether we read "Imitation of the Arabic" as a poem dramatizing the Decembrist wives' enduring dignity and devotion, despite the intended ignominy of their spouses' punishment by exile; as a poem about a passionate love between two men which society censures; or as the poet's morale-boosting dialogue with himself, despite the persecution and ill-will he has weathered from one quarter or another all his life.

Сдвоились/двойной (doubled/double). We now come to perhaps the most mysterious and weighty word in this concise poem. "Imitation of the Arabic" is the single work in Pushkin's entire oeuvre containing the verb *(с)двоиться.*[53] He uses the adjective *двойной* sparingly, and, elsewhere in his oeuvre, always in one of three quantifying meanings: *extra-large*, *twice*, or *double*—the last always in relation to inanimate objects or abstract concepts.[54] Thus, "Imitation of the Arabic" is also the single instance in Pushkin's oeuvre where the word *двойной* is used ("a double nutmeat"), albeit metaphorically, in reference to a human—in the sense of an identical twin, bosom companion, double, or "other half." The lexically related noun *двойник* (double, doppelgänger) is entirely absent from Pushkin's writings.[55] This extreme sparsity of

---

ished) (*PSS10*, 6:10, 14); "Несколько слов о мизинце Г. Булгарина и о прочем" (A few words about Mr. Bulgarin's pinky finger etc., 1831) (*PSS10*, 7:176, 178); *Капитанская дочка* (*The Captain's Daughter*, 1832–36) (*PSS10*, 6:286, 287, 315, 317, 325, 333); and "О ничтожестве литературы русской" (On the insignificance of Russian literature, 1934) (*PSS10*, 7:213, 214), among others.

53 Vinogradov, ed., *Slovar' iazyka Pushkina*, vol. 4, 83.

54 Ibid., vol. 1, 608.

55 I am basing this statement on the fact that there are no entries for this word in the *Slovar' iazyka Pushkina*, vol. 1, 608. The word *двойник* has been attested in the Russian language at least since the late eighteenth century, as per the entry in *Bol'shoi akademicheskii slovar' russkogo iazyka*, vol. 4 (Moscow: RAN, 2006), 553, which bases this information on the word's inclusion in Ivan Nordstet, *Rossiiskii, s nemetskim i frantsuzskim perevodami, slovar'*, vol. 1 (St. Petersburg: I. K. Shnor, 1780), 152.

"doubling" lexicon is curious indeed, considering that multiple scholars of various stripes have shown that doubling is a frequent phenomenon in Pushkin's work and a crucial aspect of his poetic imagination, whether in the form of paired character doubles (Mozart and Salieri, Tsar Boris and the False Dimitrii, etc.); authorial doubles (Aleko, Onegin, Germann, etc.); or the lyric poet's internal doubling (e.g., the fissure in his identity between the "worthless" [нечтожный] man and the inspired poet in "Поэт" ["The Poet," 1827]).[56] Elsewhere I have argued that Pushkin deploys doubling as a protective camouflage behind which he tacitly hides his own private personal and poetic concerns.[57] We must therefore ask why in "Imitation of the Arabic" he chooses not only to use a striking image of doubling, but to name it outright—not once, but twice—as what it is. Here is where we come full circle to the question of how Pushkin utilizes the device of imitation: for it appears that his invocation of and borrowing from Saadi, together with his own poem's multilayeredness, are enough of a disguise that he feels freer than usual to openly explore charged, private ideas which by this late date have become central to his poetic self-expression.

If this is true, and "Imitation of the Arabic" (version #2) is fundamentally a poetic étude on the theme of doubling, then this can explain both the poem's multiplicity of meanings and its riddling indetermi-

---

[56] *PSS10,* 3:23. For analyses of the mechanisms of these three different kinds of doubling in Pushkin's works, see the following, *inter alia* (in chronological order of publication): Anna Akhmatova, "'Kamennyi gost" Pushkina," *Pushkin: Issledovaniia i materialy* 2 (1958): 185–95; Victor Erlich, *The Double Image: Concepts of the Poet in Slavic Literatures* (Baltimore: The Johns Hopkins University Press, 1964); Richard Gregg, "Pushkin's Narratives and the Hex of Darkness," *Slavic Review* 48 (1989): 547–57; L. S. Ospovat, "Kamennyi gost' kak opyt dialogizatsii tvorcheskogo soznaniia," *Pushkin: Issledovaniia i materialy* 15 (1995): 25–59; Robin Aizlewood, "The Alter Ego and the Stone Guest: Doubling and Redoubling Hermann in *The Queen of Spades*," in *Alexander Pushkin: Myth and Monument*, ed. Robert Reid and Joe Andrew, vol. 2 of *Two Hundred Years of Pushkin* (Amsterdam: Rodopi, 2003), 89–102; Alyssa Dinega Gillespie, "Through a Glass Darkly: Doubling and Poetic Self-Image in Pushkin's 'The Gypsies,'" *The Russian Review* 68 (2009): 451–76.

[57] "[T]he plot of ["The Gypsies"] is not alien to, but rather supports through camouflage, the metapoetic experiment that Pushkin undertakes in this work" (Gillespie, "Through a Glass Darkly," 474).

nacy (the poem, in a sense, doubles itself). Reading the text in this way allows us to glimpse its underlying, unifying purpose: for, whether as a gender-crossing, imaginative act of solidarity with an unnamed Decembrist wife, a sexuality-bending, cross-cultural expression of understanding for a homosexual Persian and his male lover, or an intensely personal expression of self-love as the poet reaches out tenderly to his own younger self across the harsh ravages of time, "Imitation of the Arabic" is a daring exercise in radical empathy. At the same time, this last dialogic, self-referential reading yields a picture of the doubled, divided poet that is unique in Pushkin's oeuvre: this is not simply a question of *the man and the poet*—of the poet's inherently dual nature—but rather, of the *human's* attempt to remedy his sense of temporal discontinuity and fundamentally fragmented identity within himself.

And yet, perhaps there is still one more possible interpretation of this brief poem, an additional type of self-referential doubling concealed in its palimpsestic riddling—just as there is one more variant of the poem we have not yet discussed, the alternate version of its sixth line: "Мы сдвоилися душой" (We are doubled in the soul). The verb *сдвоилися* expresses doubling through inextricable intertwining, and thus, this phrase implies not the internal spiritual fragmentation discussed above, but a twinning of two *separate* but kindred, tightly bound up souls. If one is the poet Pushkin, then who might the second one be?

Arab or Arap?

We recall that, during the same time period when "Imitation of the Arabic" was written, Pushkin was steeped in historical research on Peter I, with the ambition of writing a definitive history of that legendary era, when his ancestor Abram Gannibal (1696–1781) had enjoyed the tsar's patronage—of which Pushkin's own bondage to Nicholas I and his court seemed a cruel parody. As Pushkin spent time at Mikhailovskoe, formerly Gannibal's estate, and fretted about what his wife was getting up to in St. Petersburg in his absence, he may also have been reflecting upon his fictional treatment of Gannibal's adventures *The Arap of Peter the Great*, which he had begun writing during an earlier return to Mikhailovskoe, in 1827; two excerpts from this unfinished novel had been published the previous year (1834).[58]

T. G. Tsiavlovskaia was the first scholar to note the strong autobiographical parallels between Pushkin himself and his fictionalized great-grandfather (renamed Ibrahim) in *The Arap of Peter the Great.* About Gannibal's sense of unease in society, she writes: "An impression is created that it is not a Negro among whites who is being discussed, but a poet among regular people. It seems as if the author forgot himself and slipped up, revealing his true thoughts and feelings."[59] Yet Tsiavlovskaia may have taken too many pains to *substitute* the mark of poetic calling for the mark of race when transposing the narrative of Gannibal to Pushkin's own life experience. In fact, Pushkin appears to have felt a keen anxiety, though admixed with pride, around the physical indicators of his mixed racial heritage—an anxiety that must have been bolstered by his contemporaries' attitudes, as attested in numerous written sources.[60] Not only as a poet, but also as a Black man, Pushkin had difficulty believing fully in his own right to personal happiness.

This insecurity is, arguably, the core concern underlying *The Arap of Peter the Great.* Thus, Ibrahim's belief that "nature had not created him for mutual passion"[61] prefigures Pushkin's own self-deprecating statement (from 1830, during his as-yet fruitless attempts to court his future wife): "The devil prompted me to fantasize about happiness, as if I were created for that."[62] Moreover, the harsh counsel of Ibrahim's friend ("One

---

58 A. S. Pushkin, *Arap Petra Velikogo, PSS10*, 6:7–40; commentary, 6:513–16. The Russian word *arap* is usually translated into English as "blackamoor," but I have chosen to use the Russian term.

59 T. G. Tsiavlovskaia, "'Khrani menia, moi talisman...,'" *Prometei* 10 (1974): 60.

60 For example, from the notes of Countess D. F. Fikel'mon: "He comes from African ancestry and retains a certain swarthiness in his countenance and something wild in his gaze," cited in ibid., 60. Such pointed allusions to Pushkin's supposedly "African" features and behaviors (gleaming teeth, thick lips, curly hair, swarthy complexion, quick temper, passionate nature, and so on) are almost an obligatory feature of his contemporaries' reminiscences of the poet.

61 *PSS10*, 6:9.

62 *PSS10*, 10:238.

cannot rely upon women's faithfulness; he who looks on this truth with equanimity is lucky! But you!... With your fiery, pensive, and suspicious personality, with your flat nose and fat lips, with this shaggy wool [for hair], is it advisable to throw yourself into all the dangers of marriage?")[63] chimes with Pushkin's current (1835) anxiety about his wife's flirtations in his absence, and with the above-quoted statements in his letter to her from Mikhailovskoe: "you too, my son, have grown old and ugly. <...> I was never handsome, but I was young."

This same anxiety regarding his African features likewise informs a line from Pushkin's 1828 poem "To Dawe, ESQr.,"[64] whose theme is his own ugliness and consequent unsuitability as an artistic subject; instead, "youth" and "beauty" should be the artist's only concern. The line in question exists in a telling variant: "рисует мой *арабский* профиль" (draws my Arabic profile), as opposed to the canonical "рисует мой *арапский* профиль" (draws my Arap profile).[65] Might not this conflation of *arabskii* (Arabic) and *arapskii* (Black, blackamoor), even if accidental, reveal Pushkin's inclination toward the "Arabic" or "Eastern" literary mode as a means to guarded self-expression?

In an intriguing fragment of a letter to his friend and fellow poet Petr Viazemskii, undated but estimated by scholars to have been written between May 1835 and sometime in 1836 (i.e., once again, the same timeframe when "Imitation of the Arabic" was composed), Pushkin lays out, in rather idiosyncratic fashion, the definitions of three terms of racial nomenclature:

> *Arab* (no feminine form), a resident or native of Arabia, an Arabian. *The caravan was robbed by Arabs in the steppe.*
>
> *Arap*, fem. *arapka*, this is what Negros and mulattos are usually called. *Palace araps*, Negroes serving at the palace. *He drives out with three araps in fancy dress.*

---

63 *PSS10*, 6:36–37.

64 *PSS10*, 3:56.

65 Italics mine. The variant is given in A. S. Pushkin, *Polnoe sobranie sochinenii v 16-i tomakh*, vol. 3, bk. 2, 651, with a note stating that it was a printing error (*опечатка*), followed by <?>, suggesting editorial uncertainty about this claim, and the possibility that the variant might have in fact been the product of authorial intention.

> *Arapchik*, from the Polish Herapnik (from *harap*, the hunter's command to remove the prey from a dog. NB: *harap* comes from Herab [*down* in German].[66]

Considering the derogatory usage examples Pushkin proffers here, this peculiar document evinces no small degree of implied self-mockery and unspoken shame in regard to the latter two terms (*arap* and *arapchik*). Yet the example sentence he provides for the first term, *Arab*, while still disparaging (Arabs are outlaws), is devoid of the humiliation and subservience that color the other two: Arabs are free, powerful agents who roam the endless steppe. Both mockery and shame are, evidently, painfully indelible aspects of Pushkin's self-image as a Black man—and we recall that both are mysterious keywords in "Imitation of the Arabic" as well (*не стыдись*; *насмешка)*. Pushkin's fastidious preoccupation with the above three phonetically close and easily confused racial terms suggests that he might have been masking his "Arap" self and ancestry behind a more palatable "Arabic" mystification as he penned "Imitation of the Arabic."[67]

All of this suggests that the doubling of souls in the poem's variant line six might be read as alluding to the ambivalent spiritual kinship Pushkin feels with his African ancestor, whose ghost roams Mikhailovskoe's ancestral grounds even as he does himself: "на границе / Владений дедовских"[68] (on the boundary / Of the forefathers' estate). Gannibal is, indubitably, an earlier generational presence at Mikhailovskoe, akin to the ancient pines: a remembrance of the past woven into intimations of the future. Thus, the cross-generational pair Pushkin-

---

[66] *PSS10,* 10:478.

[67] Such a mystification would have resulted from a similar impulse to that which led Pushkin to counter the racial slurs of his arch-nemesis Faddei Bulgarin in his earlier poem "Моя родословная" (My family tree, 1830) by pointing out that his great-grandfather the "Arap" was an intimate of Tsar Peter I: "купленный арап / Возрос, усерден, неподкупен, / Царю наперсник, а не раб" (the purchased Arap / Grew up, industrious and incorruptible, / The tsar's confidant, and not his slave) (*PSS10,* 3:199). Yet "Imitation of the Arabic" is an intensely private poem, and any anxieties of identity it addresses are internalized and closely guarded.

[68] The quotation is from "Again I visited...," *PSS10,* 3:314.

and-Gannibal can be seen as yet another "decoding" of the poem's image of a double nutmeat in a single shell, one that represents shared family history, blood, inheritance.

A pivotal passage in *The Arap of Peter the Great* lends additional textual support to this conjecture. Rather than wait for his loving, beloved Countess D. to prove unfaithful to him, the pessimistic Ibrahim abandons her first. A passage in the farewell letter he writes to her before sneaking away bears striking lexical similarities to version #2 of "Imitation of the Arabic" and, notably, evokes both mockery and shame as looming dangers motivating his agonizing decision:

> This thought always haunted me, even in moments when, it seemed, I forgot everything, when at your feet I reveled in your passionate self-sacrifice [самоотвержением], your boundless tenderness [нежностью]... Superficial high society, in truth, mercilessly excludes that which it permits in theory: its cold mockery [насмешливость], sooner or later, would conquer you, would tame your fiery soul [пламенную душу], and in the end you would become ashamed [устыдилась бы] of your passion...[69]

Here we have all the essential elements of the various versions of "Imitation of the Arabic" combined: a male imagination of a woman's perspective, a merging of two selves, the world's mockery, the addressee's tenderness but also her susceptibility to shame, the fiery nonconformity of her soul, questions of faithfulness and betrayal. Whether consciously or not, Pushkin seems to have reworked these very same elements that form the essential core of *The Arap of Peter the Great* into the tiny gem of the later "Imitation of the Arabic." The poem's title might even conceal a riddling metaliterary reference to the novel itself: is it perhaps an imitation, not only of "Arabic" literary themes and style in general, but of Pushkin's own *Arap* in miniature?

The possibility that young Abram/Ibrahim Gannibal, Pushkin's lovelorn ancestor not fated for happiness, is one more presence peeking out from behind the *отрок* (youth) of "Imitation of the Arabic"

---

[69] *PSS10,* 6:14.

unites all the other various possible versions and readings of the poem and brings my analysis full circle. In stark contrast with the fate of the Decembrists, whose wives cleave to them in any exigency (version #1), Pushkin's own life experience across the years—akin to that of his African forebear—has been colored by his belief that he is unworthy of happiness, and, thus, by his constant fear that a woman's love for him would always be ephemeral and destined, sooner or later, to slip away forever.[70] Two of the possible readings of "Imitation of the Arabic," first, as a reflection on the poet's unity of self across time, and second, as an admission of his shared, real-life racial experience with his imposing yet troubled African forebear—that is, readings foregrounding Pushkin's sense of himself as a *poet* and a *Black man,* respectively—coexist in the poem, much as they do, *pace* Tsiavlovskaia, in the novel. Pushkin feels himself to be ill at ease in the world for *both* reasons. Both these identities are fracturing and isolating—and both are his fate. In light of this richness of concealed personal meanings, the superficial homoerotic meaning of the poem indicated by its "imitative" Saadi reference and its apparently "Eastern" mode and "Arabic" title—that reading which has dominated previous critical mentions of the poem, sparse though they be—falls away like a masquerade costume, revealing what lies underneath to be a highly original work of psychological depth.[71]

---

70 Pushkin, whose superstitiousness is well-known, might in fact have believed that he had inherited a curse preventing family happiness from both sides of his family; he writes in his notes for an autobiography: "In family life my great-grandfather Gannibal was just as unhappy as my great-grandfather Pushkin" (*PSS10*, 8:58).

71 The use of colorful, exotic poetic "costuming" to conceal complex poetic and personal meanings occurs throughout Pushkin's oeuvre. See, for example, my discussion of the verse "dedication" to his 1821 mock epic poem "Гавриилиада" (The Gabrieliad): "The muse's Hebrew garb is not a sign of devout meekness, but an exotic costume that titillates the reader <...> reinforc[ing] the idea that highly gendered costuming and role-playing lie at the heart of this poem, which in turn supports the idea that the poem is playing, dangerously, with the performativity of identity itself—and thus of poetic voice" (Alyssa Dinega Gillespie, "'Vot muza, rezvaia boltun'ia...': Poetic Form as a Window onto Pushkin's Playful Ethical 'Doublespeak,'" *Pushkin Review* 21 [2019]: 45).

In conclusion, "Imitation of the Arabic" remains a baffling riddle of a poem: a shimmering fortress of protective ambiguity in which many different personal and autobiographical, rebellious and philosophical, erotic and poetic, historical and fictional exegetical possibilities hide. Whether Pushkin fully intended such multivalence, or it simply evolved through the vagaries of the creative process is impossible to say; the truth is likely somewhere between these two extremes. In any case, the poem opens a fascinating window onto the rich turbulence of Pushkin's thought processes, ideas, emotions, and self-image—an intimate glimpse of the workings of his poetic imagination that is almost like a sequence of freeze-frames suspended in time. This complex poetic puzzle, crammed as it is into an airtight space of just eight terse lines, explodes its layers upon layers of tightly coiled meanings when its protective nutshell is cracked.

Bibliography

Aizlewood, Robin. "The Alter Ego and the Stone Guest: Doubling and Redoubling Hermann in *The Queen of Spades*." In *Alexander Pushkin: Myth and Monument*, edited by Robert Reid and Joe Andrew. Vol. 2 of *Two Hundred Years of Pushkin* (Amsterdam: Rodopi, 2003). 89–102.

Akhmatova, Anna. "'Kamennyi gost" Pushkina." *Pushkin: Issledovaniia i materialy* 2 (1958): 185–95.

Bershtein, Evgenii. "Pushkin, Bisexuality, and a Plot against the Poet: A Theme in Eisenstein and its Contexts." *Acta Slavica Estonica* 15. *Studia Russica Helsingiensia et Tartuensia* 18: *Opyt i nebyvaloe v literature i kul'ture* (2022): 177–89.

Bethea, David M. with Sergei Davydov. "Pushkin's Biography." In Bethea's *The Superstitious Muse: Thinking Russian Literature Mythopoetically.* Brighton, MA: Academic Studies Press, 2009.

Bogdanovich, M. "Dve zametki o stikhotvoreniiakh Pushkina." *Pushkin i ego sovremenniki* 28 (1917): 108–10.

Bol'shoi akademicheskii slovar' russkogo iazyka. Moscow: RAN, 2006.

Eberman, B. "Araby i Persy v russkoi poezii." *Vostok: Zhurnal literatury, nauki i iskusstva* 3 (1925): 108–25.

Eidel'man, David. "Evgenii Bershtein o 'Podrazhanii arabskomu' A. S. Pushkina." *LiveJournal*, 29 December 2011. Accessed April 2, 2024. http://david-aidelman.livejournal.com/1287494.html.

Erlich, Victor. *The Double Image: Concepts of the Poet in Slavic Literatures.* Baltimore: The Johns Hopkins University Press, 1964.

Gillel'son, M. I. "Materialy po istorii arzamasskogo bratstva." *Pushkin: Issledovaniia i materialy* 4 (1962): 287–326.

Gillespie, Alyssa Dinega. "'Through a Glass Darkly: Doubling and Poetic Self-Image in Pushkin's 'The Gypsies.'" *The Russian Review* 68 (2009): 451–76.

Gillespie, Alyssa Dinega. "'Vot muza, rezvaia boltun'ia...': Poetic Form as a Window onto Pushkin's Playful Ethical 'Doublespeak.'" *Pushkin Review* 21 (2019): 35–51.

Gregg, Richard. "Pushkin's Narratives and the Hex of Darkness." *Slavic Review* 48 (1989): 547–57.

Lerner, N. "Neizdannye stikhi A. S. Pushkina." *Vesy* 3 (March 1907): 7–8.

Lobikova, Nadezhda M. *Pushkin i vostok: Ocherki.* Moscow: Nauka, 1974.

Malek, C. "Poetichnost' Rossii i dukhovnost' arabskogo Vostoka: Pushkin i Koran." *Dialog tsivilizatsii: Bazovye kontsepty, idei, tekhnologii,* edited by O. A. Kolobov. Nizhnyi Novgorod: NIM 'Makhinur,' 2006. Accessed April 2, 2024. http://idmedina.ru/books/islamic/?3024.

Nol'man., M. L. "Pushkin i Saadi (K istolkovaniiu stikhotvoreniia 'V prokhlade sladostnoi fontanov')." *Russkaia literatura* 1 (1965): 123–34.

Nordstet, Ivan. *Rossiiskii, s nemetskim i frantsuzskim perevodami, slovar'.* Vol. 1. St. Petersburg: I. K. Shnor, 1780.

Ospovat, L. S. "Kamennyi gost' kak opyt dialogizatsii tvorcheskogo soznaniia." *Pushkin: Issledovaniia i materialy* 15 (1995): 25–59.

Pushkin, A. S. *Polnoe sobranie sochinenii v 10-i tomakh,* 4th ed., edited by B. V. Tomashevskii. Leningrad: Nauka, 1977–79.

Pushkin, A. S. *Polnoe sobranie sochinenii v 16-i tomakh,* edited by M. Gor'kii, D. D. Blagoi, S. M. Bondi, V. D. Bonch-Bruevich, G. O. Vinokur, A. M. Deborin, P. I. Lebedev-Polianskii, B. V. Tomashevskii, M. A. Tsiavlovskii, and D. P. Iakubovich. Moscow-Leningrad: AN SSSR, 1937–59.

Pushkin, A. S. *Rukoiu Pushkina: Nesobrannye i neopublikovannye teksty,* edited by M. A. Tsiavlovskii, L. B. Modzalevskii, and T. G. Zenger. Moscow-Leningrad: Academia, 1935.

Rak, Vadim. "Saadi." *Pushkin: Issledovaniia i materialy (Pushkin i mirovaia literatura. Materialy k "Pushkinskoi entsiklopedii")* 18/19 (2004): 298–300.

Saadi. Chapter 5: "On Love and Youth." *The Gulistan of Sa'di,* translator unknown. Accessed March 26, 2024. http://classics.mit.edu/Sadi/gulistan.6.v.html.

Saadi. *Le Boustan, ou Verger: Poème Persan de Saadi.* Trans. A. C. Barbier de Meynard. Paris: Libraire de la Société Asiatique, 1880.

Solov'eva, O. S. "Noveishie priobreteniia pushkinskogo teksta (1955–1956). *Pushkin: Issledovaniia i materialy* 2 (1958): 399–408.

Stroganov, M. V. "O stikhotvorenii 'Ot menia vechor Leila.'" *Pushkin: Issledovaniia i materialy* 15 (1995): 168–75.

Tsiavlovskaia, T. G. "'Khrani menia, moi talisman...,'" *Prometei* 10 (1974): 12–84.

Vinogradov, V. V. ed. *Slovar' iazyka Pushkina v 4-kh tomakh.* Moscow: Azbukovnik, 2000.

Vinogradov, V. V. *Stil' Pushkina.* Moscow: OGIZ, 1941.

Wachtel, Michael. *A Commentary to Pushkin's Lyric Poetry 1826–1836.* Madison: University of Wisconsin Press, 2011.

GRESHENKA, воображаемая героиня «Черной шали» Пушкина в переводе Дж. Борро

И. Ю. Виницкий

Александр Пушкин с глубочайшей благодарностью получил книгу господина Борро и сердечно жалеет, что не имел чести лично с ним познакомиться.

А. С. Пушкин — Дж. Борро (конец октября 1835 — март 1836 года. В Петербурге)

Клементий и Пушкин, переодетые какими-то фантастическими молдаванами, с трагическим выражением лиц держали черную шаль и вращали глазами, принимая сентиментальные позы. Пушкин насвистывал мелодию, а Глинка подбирал аккомпанемент. <...> Они делали вид, что плачут, и утирали глаза черной шалью.

А. О. Смирнова-Россет. Записки

В хорошем ученом обществе принято смеяться над ошибками переводчиков (mistranslations), вызванными плохим знанием языка оригинала, неправильным прочтением контекста, стремлением чересчур модернизировать или, наоборот, экзотизировать переводимый текст. Между тем «смешные» ошибки переводчиков сами по себе дают интересный материал для исследователей культурных традиций и специфических особенностей языков, вовлеченных в процесс перевода. В свою очередь, некоторые ошибки при ближайшем рассмотрении оказываются не ляпами, а сознательными экспериментами (назовем такие опыты super-translations), решающими литературные и идеологические задачи переводчиков и иногда порождающими любопытные историко-литературные сюжеты. Об одном таком случае сверхперевода с последствиями речь пойдет в этой новелле.

1.

«Greshenka» — так перевел слово «гречанка» в своем переложении «Черной шали» Пушкина Джордж Борро (1784–1845) — английский филолог, поэт, полиглот, исследователь цыганской культуры, миссионер-путешественник, сотрудник Библейского общества в России и адресат приведенного в эпиграфе лапидарного письма А. С. Пушкина[1]. Этот перевод был включен в поднесенную русскому поэту книгу Борро «Targum, Or, Metrical Translations from Thirty Languages and Dialects», вышедшую в Петербурге в 1835 году в количестве ста экземпляров[2]. Имя «Грешенка» появляется в нем трижды:

> Whilst to thee proves unfaithful Greshenka thy dear
> («Тебе ж изменила гречанка твоя»);
>
> But scarcely the door of Greshenka I view'd
> When my eyes became dark, and a swoon near ensu'd
> («Едва я завидел гречанки порог, / Глаза потемнели, я весь изнемог...»);

---

[1] По словам А. В. Дружинина, Борро более напоминал «авантюрьеров» эпохи Кромвеля, нежели людей XIX столетия: «Полу-англичанин, полу-цыган, полу-фанатик, полу-турист, Борро <...> был упрям, как каталонец, бесстрашен, как герой, жаден до приключений, как молодой рыцарь». Он «знал около пятнадцати языков, обладал силой Геркулеса, легко сближался с людьми и владел большим даром красноречия» [Дружинин 1865–1869, 7: 389].

[2] О Борро см. [Кнарр 1899; Armstrong 1950]. О «Черной шали» см. [Томашевский 1990; Проскурин 1999: 101–102; Лобанова 2024; Щебень 2024]. Истории рецепции стихотворения Пушкина в русской культуре посвящена книга М. В. Строганова «Судьба "Черной шали"» [Строганов 2003].

I remember her praying — her blood streaming wide —
There perish'd Greshenka, my sweet love there died
(«Я помню моленья... текущую кровь... / Погибла гречанка, погибла любовь!») [Borrow 1835: 27–28].

Эта «Грешенка» привлекла в свое время внимание двух авторитетных исследователей — академика М. Н. Алексеева и профессора Энтони Кросса [Алексеев 1982; Cross 1969][3]. Последний предположил, что Борро не перепутал этническую принадлежность героини с собственным именем (в начале перевода он называет несчастную изменницу, как и в оригинале, Grecian), а придумал не существующее ни в одном языке эквиметрическое и фонетически полнозвучное наименование гречанки: «Borrow was influenced by the dictates of euphony and the impossibility of rendering grechanka consistently into English by one word» («на Борро повлияли диктат благозвучия и невозможность адекватно перевести "гречанку" на английский одним словом») [Cross 1969: 369].

Объяснение исследователя звучит вполне убедительно, но почему же переводчик не транслитерировал это имя по правилам английской фонетики — Grechanka или хотя бы Grechenka?[4] Выскажем осторожное предположение, что Борро, хваставшийся прекрасным знанием русского языка и русской поэзии[5], «срифмовал» это имя с другой несчастной героиней Пушкина — Черкешенкой — и обыграл в своем экзотическом неологизме

---

[3] Та же статья Кросса перепечатана в сборнике его работ 1993 года [Cross 1993]. По предположению Алексеева, Борро был прототипом пушкинского собеседника-англичанина в «Путешествии из Москвы в Петербург».

[4] К слову, лондонский журнал «The Sporting review» упоминал о продаже лошади по имени Grechanka (January 1842, p. 212).

[5] Накануне путешествия в Россию Борро писал: «I possess some acquaintance with Russian, being able to read without much difficulty any printed Russian book, and I have little doubt that after a few months' intercourse with the natives I should be able to speak it fluently» («Я обладаю некоторыми познаниями в русском, будучи способен читать без особых усилий любую печатную русскую книгу, и я не сомневаюсь, что после общения с местными жителями в течение нескольких месяцев я буду способен говорить на нем свободно») [Jenkins 1912: 102].

слово «грех», создав своего рода каламбур (или, как сказал бы его соотечественник, слово-кармашек). Иначе говоря, Грешенка — это что-то вроде «несчастная грешная гречанка». Слово «грех» было Борро известно, о чем свидетельствует название его несохранившегося перевода христианского поучения на русский язык — «Проповѣдь о нечестіи всего человѣческаго рода и объ осужденіи его на вѣчную смерть за грѣх[и]» [Cross 1969: 366][6].

Более того, получившееся в его переводе «Черной шали» слово весьма напоминает русское ласковое именование Аграфены «Грушенька» — Grushenka, — которое Борро мог слышать во время своего пребывания в России. Это имя было особенно популярно среди цыганских исполнительниц, о чем свидетельствуют воспоминания современников (например, о Груше-Аграфене из московского хора Васильева[7]) и литературные произведения XIX века, вроде «Очарованного странника» Лескова, где изображена прекрасная цыганка Грушенька («яркая змея, на хвосте движет и вся станом гнется, а из черных глаз так и жжет огнем»), или популярных стихотворений Владимира Бенедиктова «Московские цыганы» и Алексея Апухтина «Старая цыганка»: «*Груша* поет: голосок упоительный / Тонкой серебряной нитью дрожит, / Как замирает он в неге мучительной» [Бенедиктов 1983: 222][8]; «Груша, как-то весь стан изогнув, / Подражая кокотке развязной, / Шансоньетку поет. “Ньюф, ньюф, ньюф...” — / Раздается припев безобразный» [Апухтин 1991: 169][9].

---

6 Кросс указывает, что этот перевод не был опубликован и рукопись его утеряна. Заметим, что, по всей видимости, это был перевод известной англиканской проповеди елизаветинского времени под названием «Sermon on the Misery of all Mankind and of his Condemnation to Death everlasting by his own Sin» (см. [Sermons 1833]).

7 «Такой улыбки и мимики, по словам старых цыган, какая была у Груши теперь и не встретишь» [Пыляев 1893: 361].

8 В. Г. Белинский высмеял это стихотворение в рецензии на альманах «Дагерротип» (1842), где оно впервые появилось: «Ужас! мочи нет! в ушах трещит! Вот истинный дифирамб в цыганском вкусе и тоне» [Белинский 1955: 263].

9 О цыганском мифе в русской литературе см. [Лотман, Минц 1996; Кошелев 2001; Мурьянов 1998].

Известно, что «Черная шаль» очень рано вошла в репертуар цыганских исполнительниц[10]. Так, уже в мае 1822 года князь Вяземский сообщал своему другу А. И. Тургеневу о «московско-бригадирско-помещичьем» вечере с плясками и цыганскими песнями, среди которых была «Черная шаль», прелестно исполненная «одной малюткой» [Вяземский 1899: 255]. Можно допустить, что страстный исследователь цыганской жизни Борро слышал эту песню в цыганском исполнении во время пребывания в московской Марьиной Роще (примечательно, что перевод «Черной шали» в «Таргуме» соседствует с переводом «Песни Земфиры» из «Цыган»)[11]. Вообще пушкинская гречанка с шалью

---

[10] По преданию, песню о черной шали Пушкин услышал в кишиневском «Зеленом трактире» в исполнении молдавской служанки Мариулы (Марионилы). Между тем в поэме «Цыганы» это звучное имя поэт дал другой певунье — цыганке, матери Земфиры. Существует целая литература о символической семантике этого имени (Вяч. Иванов, П. А. Флоренский, Андрей Белый и др.). В интерпретации Вяч. Иванова это «глубоко женственное и музыкальное имя» образует звуковую материю, из которой соткана в поэме цыганская стихия [Иванов 1909: 145]. Иными словами, генетическая и символическая связь «Черной шали» с цыганским фольклором и образом цыганской певицы представляется очевидной. Не удивлюсь, если где-то ее исполняли с заменой байроновской гречанки на более знакомую цыганку: «Погибла Цыганка, погибла любовь».

[11] Как убедительно показал Олег Проскурин, главным источником сведений Пушкина о цыганах в черновом предисловии к поэме была книга Х. Грельмана, с французским переводом которой [Grellmann 1810] поэт познакомился в библиотеке графа Воронцова в Одессе [Проскурин 2013]. Следует уточнить, что в 1819 году русский перевод ключевого фрагмента «Историческаго Опыта Г. Грельмана о роде жизни, обычаях и состоянии Цыганов» был опубликован в книге Якова Орлова «Дух российских государей Рюрикова дома, существенное изображение россиян» [Орлов 1818: 408–410]. Отголоски книги Грельмана встречаются и в других русскоязычных публикациях того времени. Вопреки утверждению Проскурина, сведения о том, что цыганы произошли от индийской касты неприкасаемых, были в пушкинскую эпоху общим местом (см., например, «Мария. Отрывок из Артурова журнала» Жуковского [публ. 1816]; статьи и заметки в журналах 1780-х — начала 1820-х годов). Известна русским читателем была и приведенная Пушкиным в черновом предисловии к поэме информация о «дани» бессарабских цыган «супруге Господаря» (см. в: Политический, статистический... журнал (1807) года: «золотой песок, собираемый Цыганами, которые платят за сие Супруге Господаря ежегодную подать, состоящую в 1600 драхмах (древняя Греческая монета)»).

гораздо более напоминает цыганку в традиционном костюме (современники, к слову сказать, спорили о том, носили ли тогда гречанки шали[12]).

Вернемся к «созвучному» Грешенке имени Грушенька. Знаменитым оно, как известно, станет благодаря инфернальной персонажке в «Братьях Карамазовых» Аграфене Светловой, появляющейся в кульминационной сцене романа Достоевского в черной шали[13]. Как пишет американский исследователь, «[s]he wraps herself in her beautiful shawl, and — a small detail — this expensive shawl evokes in our imagination the former image of the infernal Grushenka, which somehow merges with the image of a reborn one» [Rabinowitz 2019: 114]. «Грушенька грешница, — читаем в одной из бесчисленных статей об этом образе, — ищущая путь к возрождению через любовь. Грех героини — в ее падении» [Проблемы 1996: 91].

---

[12] См. анекдот об одной госпоже, явившейся на маскарад в шали гречанки, рассказанный М. А. Бестужевым-Рюминым в альманахе «Сириус» за 1826 год: «Некоторые заметили ей странность сего наряда, вовсе не соответствующего с Греческим обыкновением. “Извините, Милостивые Государи, возразила Госпожа NN, вы не правы: Пушкин, вероятно, знал, что написал: С главы ее мертвой сняв черную шаль, следственно Гречанки, вопреки вашему мнению и общему Европейскому обыкновению, носят на голове шали”» [Сириус 1826: 176]. В раннем варианте стихотворения протагонист, кажется, снимал черную шаль с головы убитого армянина.

[13] «Она явилась в залу тоже вся одетая в черное, в своей прекрасной черной шали на плечах. Плавно, своею неслышною походкой, с маленькою раскачкой, как ходят иногда полные женщины, приблизилась она к балюстраде, пристально смотря на председателя и ни разу не взглянув ни направо, ни налево. По-моему, она была очень хороша собой в ту минуту и вовсе не бледна, как уверяли потом дамы. Уверяли тоже, что у ней было какое-то сосредоточенное и злое лицо. Я думаю только, что она была раздражена и тяжело чувствовала на себе презрительно-любопытные взгляды жадной к скандалу нашей публики. Это был характер гордый, не выносящий презрения, один из таких, которые, чуть лишь заподозрят от кого презрение, — тотчас воспламеняются гневом и жаждой отпора. При этом была конечно и робость, и внутренний стыд за эту робость, так что немудрено, что разговор ее был неровен, — то гневлив, то презрителен и усиленно груб, то вдруг звучала искренняя сердечная нотка самоосуждения, самообвинения. Иногда же говорила так, как будто летела в какую-то пропасть: “всё-де равно, что бы ни вышло, а я все-таки скажу”...» [Достоевский 1976: 113].

Ил. 1. Лионелла Пырьева в роли Грушеньки в черной шали («Братья Карамазовы», 1968)

С кровавой мелодрамой «Черной шали» оказывается связана и обладательница алой шали Грушенька Лескова — брошенная возлюбленным, она просит Ивана Северьяновича зарезать ее, чтобы избавить от соблазна убить изменившего ей князя, его невесту и саму себя. Очарованный странник из сострадания сбрасывает ее с крутизны в реку, и покойница потом является ему в видениях в образе загубленной девочки с крылышками.

Так, случайным результатом «conscious mistranslation» или «сверхперевода» Борро становится не только установление ассоциативной связи между образом героини «Черной шали» и ее поступком, с точки зрения балладного патриархального сознания, но и явная романизация (от слова «рома» — цыгане) гречанки[14] и предвосхищение знаменитых образов трагических грешниц в истории русской культуры. И не только русской. Популярная

[14] Алексеев указывает, что Борро выполнил (но не опубликовал) перевод «Цыганов» Пушкина. Этот перевод впервые вышел в свет посмертно (без указания на авторство Пушкина) в [The Death 1889: 419–441]. Здесь же опубликованы переводы Борро русских сказок о Тиме, Емеле-дураке (Emelian the Fool) и Ивашке и медвежьем ухе.

на Западе грешная героиня Достоевского «породила», по убедительному предположению американской исследовательницы, образ главного героя великолепной пародии на русский миф — одержимого проблемами секса и смерти Бориса Грушенко (Boris Grushenko), сыгранного Вуди Алленом в экзистенциальной комедии «Love and Death» (1975) [Chances 1992: 67].

Подобные случаи опережения культурной хронологии французский психоаналитик-провокатор Пьер Байяр называл «le plagiat par anticipation» [Bayard 2009]. Не беремся утверждать, действительно ли английский переводчик «позаимствововал» (borrowed) «Грешенку» из будущего, но, как мы постараемся показать далее, с этим образом связан в русской судьбе «Черной шали» в прямом смысле слова мистический сюжет.

2.

Показательно, что изобретенное Борро, как полагают исследователи, слово существует в русских говорах, например в архангельском: «тот, кто совершает предосудительные поступки, — грешной, греховодной, греховодник, греховодница, грешница, *гре́шенка*» [Нефедова и др. 2013: 50]. Разумеется, английский переводчик этого знать не мог, но лингвистическое чутье его не подвело, и придуманное имя героини вполне вписывается не только в цыганский контекст, но и в русскую морфологию. Так, в очень слабом эротическом (по определению издателя, «выходящем за рамки бульварной или дорожной беллетристики, но предельно откровенном») сочинении московской писательницы Ольги Добрициной «Роман несуществующего животного» (2001) приводится стихотворение вымышленного поэта, где заинтересовавшее нас слово включается в целый паронимический ряд-сюжет:

Моя вишенка
Моя неженка
Моя трещинка
Моя беженка
Моя грешенка
Моя брошенка.

Наконец, сюжет с выдуманным английским поэтом-путешественником именем «замыкается» в претенциозном рассказе известного авторского кино- и телепереводчика (его синхронный перевод звучал в репортажах CNN о штурме Белого дома в 1993 году) и блогера Петра Карцева «Грешенка», вышедшем в августовском номере журнала «Дружба народов» в 2021 году[15]. Герой этого аллюзионного произведения, пресс-секретарь (своего рода оракул) российского МИДа Роман (Ромуальд) Виленович Шубейкин одержим библиофильским почитанием Пушкина (по его словам, у него «самая большая в стране частная коллекция книг о Пушкине и прижизненных изданий»). На своих пресс-конференциях Шубейкин (любимец «не чуждого музам» министра, в чертах которого легко угадывается С. В. Лавров, армянин по национальности) постоянно применяет цитаты из Пушкина к текущим международно-политическим событиям — в том числе и государственно-террористического характера. Возможным прототипом Романа Виленовича является Михаил Вадимович Сеславинский — в начале 2000-х статс-секретарь первого заместителя министра по делам печати, телерадиовещания и средств массовых коммуникаций, председатель Совета Национального союза библиофилов и председатель совета директоров издательства «Просвещение», собиратель автографов и редких книг XIX–XX веков. Автор «Грешенки» должен был хорошо знать этого чиновника по работе.

В начале рассказа Шубейкин встречается в парке с инфернальной женщиной, пригласившей его на деловой разговор цитатой-намеком из «Черной шали» «*неверную деву лобзал армянин*». Шубейкин думает, что дама предлагает ему купить одно из первых изданий, содержащих публикацию «Чёрной шали», — «пятнадцатый выпуск "Сына отечества" за тысяча восемьсот двадцать первый год или хотя бы десятый номер "Благонамеренного", что тоже превосходно» (библиографическая ссылка точная. — *И. В.)* [Карцев 2021: 126]. Но ирония заключается в том, что загадочная

---

15 См. о Карцеве: URL: http://movie-club.ru/viewtopic.php?f=9&t=860 (дата обращения: 12.12.2024).

дама на самом деле собирается продать ему фотографии и видеозапись любовных свиданий его жены-красавицы с культурным атташе голландского посольства ван Квандтом (то есть дама выступает в роли «презренного еврея» в «Черной шали», красавица жена Алена — «жаркая черноглазая штучка со спутанными лохмами черных цыганских кудрей» — в роли неверной гречанки, а голландец прочитывается Шубейкиным как одновременно субститут «армянина» в стихотворении и инкарнация убийцы Пушкина Дантеса).

Цитатная ролевая игра продолжается. Презренную агентку с компроматом, оказывается, зовут «Ленор» — имя, немедленно вызывающее литературную ассоциацию:

> — Шепчут ангелы его[16], — машинально произнес Шубейкин себе под нос.
> — Большинству приходит в голову стиральный порошок.
> <...> — Знаете ли вы, что По мог читать Пушкина в переводах Борро? — механически спросил он, не думая, что говорит.
> — Храни меня, мой Тамерлан? — предположила она. — Я знаю, что обоих влек первый цвет юности [Карцев 2021: 129][17].

---

16 Из брюсовского перевода хрестоматийного стихотворения Эдгара По «Ворон»: «Я искал в ту ночь мученья, — бденья ночь, без той, кого / Звали здесь Линор. То имя... Шепчут ангелы его, / На земле же — нет его...» [По 1924: 58].

17 Ср. в работе Алексеева о Борро и Пушкине: «Описавший пушкинский экземпляр книги Б. Л. Модзалевский не обратил внимания на то, что в нем, вслед за указанными 106 страницами “Таргума”, в том же переплете, находится другая брошюра, с особой пагинацией и особым титульным листом. На нем значится: “Талисман. Перевод с русского языка стихотворения Александра Пушкина. С прибавлением других стихотворений” [“The Talisman, from the Russian of Alexander Pushkin; With Other Pieces”]. Судя по цензурному разрешению (СПб., 24 августа 1835 г.), это издание вышло на несколько месяцев позже “Таргума” (разрешенного цензурой 11 апреля 1835 г.); имя переводчика здесь не обозначено, но им был тот же Джордж Борро. В этой брошюре напечатаны в английском стихотворном переводе “Талисман” Пушкина (с. 3–4) и его же баллада “Русалка”» (с. 5–7) [Алексеев 1982: 607]. Перевод «Талисмана» Борро Алексеев считал неудачным.

Пока Шубейкин решает, как ему поступить в сложившейся «пушкинской» ситуации, жена героя передает ему полученное ею от загадочного антиквария «бессмысленное» и грамматически корявое сообщение: «*И как стихи я слышал... и Бога на смотрил... совсем как колдованные, я без движенья был*». Шубейкин немедленно узнает в этом тексте цитату из «Таргума» — а точнее, из записанного Борро на лицевой стороне счета перевода с английского на русский стихотворения «Finland», опубликованного Энтони Кроссом [Cross 1969: 367] и целиком процитированного в работе Алексеева «с ошибками метрики и правописания»:

> И как стихи я слышал
> И бога на смотрел
> Совсем, как колдованные,
> Я без движение был [Алексеев 1982: 651].

Вскоре герой встречается с самим антикварием — «худощавым высоким стариком» с экзотическим именем Игнат Фердинандович. Последний действительно предлагает ему купить редчайший экземпляр книги Борро «Таргум» (targûm в еврейском и арамейском языках означает «перевод») — причем тот самый «экземпляр, который Борро накануне отъезда из России занес Александру Сергеичу на Дворцовую набережную, в дом Баташева» (вспомним благодарственное письмо поэта, вынесенное нами в эпиграф), «и не застал его» [Карцев 2021: 145]. Но чем может быть подтверждена подлинность этой реликвии?

Старик протягивает библиофилу «длинный, желтый от никотина указательный палец» и кончиком ногтя открывает обложку:

> Титульный лист был знаком Ромуальду Виленовичу по фотокопиям. «Таргум, или метрические переводы с тридцати языков и диалектов, выполненные Джорджем Борро». Далее — эпиграф из персидской поэмы: «Вран воспарил к жилищу соловья»[18]. Напечатано в Санкт-Петербурге,

[18] «The raven has ascended to the nest of the nightingale» (Persian poem).

> в типографии Шульца и Бенеце в 1835 году. Все это было в точности как ожидалось. Но на противоположном форзаце от руки выцветшими серыми чернилами стояла приписка, сделанная по-английски высокими зауженными буквами, разборчиво, но не вполне ровно, словно писано было на весу: «Русскому соловью от восторженного почитателя, Джордж Борро, 24 сентября 1835 года» [Карцев 2021: 146].

Но Шубейкин, завороженный драгоценной книгой, все еще сомневается: «Мне казалось, что личный экземпляр хранится в Пушкинском доме». «— В Пушкинском доме, если помните, — вежливо возражает ему старик, — по утверждению академика Алексеева, хранится переплетенный в неизвестное время экземпляр, объединяющий под одной обложкой "Таргум" и "Талисман"» (примыкающий к первому сборник переводов из Пушкина). Ни на одном из этих экземпляров нет дарственных надписей: «Если мы готовы принять автограф Борро как подлинный, — говорит антикварий, — а почерк совпадает, я проверял по "Емеле-дураку"»[19], то следует предположить, что «переплетенная копия "Таргума" была приобретена отдельно и позднее; возможно даже, не самим Пушкиным» [Карцев 2021: 146]. Таким образом, предлагаемая книга является тем самым экземпляром, который поэт держал в руках и получение которого он подтвердил в письме к Борро.

Наконец, старик открывает Шубейкину тайну, что реликвия эта не простая, а роковая, ибо на нее было наложено проклятие (?) московской цыганкой Татьяной Дементьевой (??), доводившей своими песнями Пушкина «до истерических припадков» [Пыляев 1889: 424] и восхищавшей Борро (последний, как писал Алексеев, во время пребывания в Москве познакомился с Таней и в одной из своих статей упомянул, что пораженная ее пением итальянка Каталани подарила цыганке свою драгоценную шаль,

---

[19] Речь идет о русской сказке о Емельяне-дурачке, переведенной Борро в Петербурге («Emelian the Fool»). В статье Алексеева упоминается автограф этого перевода.

в свою очередь, подаренную ей римским папой[20]). Борро не предпринимал никаких попыток встретиться с Пушкиным до визита в Марьину Рощу, после которого, возвратившись в Петербург, немедленно посетил поэта «и на следующий день был таков». Случилось это в конце сентября тридцать пятого года, и где-то той же осенью «Наталья Николавна, никогда прежде не дававшая повода себя упрекнуть, попала в поле зрения младшего Геккерна» [Карцев 2021: 147]. Итак, Борро, оказывается, приехал к Пушкину, чтобы предупредить его о неминуемой измене жены и грядущей гибели.

Ромуальд (Роман) Виленович все еще сомневается в достоверности этой «арканной» конспиративной интерпретации, но антикварий сражает его последним доказательством:

> — Под каким номером «Таргум» занесен в реестр Модзалевского? — тихо спросил старик.
> Шубейкин пожал плечами.
> — Помилуйте, кто же такое помнит?
> — Шестьсот шестьдесят шесть, — сказал старик [Карцев 2021: 147].

И старик, как мы проверили, не соврал. Действительно, в 113-й сноске к работе Алексеева упоминается реестровый номер этого издания. В первом томе «Библиотеки А. С. Пушкина» Модзалевского об экземпляре книги Борро, в частности, сообщается: «666.

---

[20] «В России всем известно, что знаменитая Каталани была так удивлена, услышав голос одной цыганской певицы (Танюши), что сняла со своих плеч драгоценную шаль, которую подарил ей Папа, обняла цыганку и убедила ее принять этот знак своего восхищения. Каталани сказала, что эту шаль она сама получила в качестве первой певицы, но что теперь она нашла ту, которой по праву принадлежит подарок его святейшества» [Борро 1837: 121]. Между тем далее Борро сообщает, что «не должно думать, что все Московские Цыганки принадлежат к почтенному разряду даровитых женщин; напротив того, между ними есть много низких и развращенных; оне поют в питейных домах и на публичных гульбищах, а мужья их промышляют барышничеством и тому подобными средствами. Главное место их собрания — Марьина Роща, лежащая в двух верстах от Москвы. Туда и я поехал в сопровождении наемного лакея» [Борро 1837: 121].

Borrow, George. Targum, or metrical Translations from thirty Languages and Dialects <...> Цензор Ф. Шармуа. Заметокъ нет» [Модзалевский 1910: 174].

> 666. **Borrow, George.**
> Targum, or metrical Translations from thirty Languages and Dialects. By George Borrow. St. Petersbourg. Printed by Schulz and Beneze. 1835.
> (Ценз. дозв. „11 Апрѣля 1835 г. С.-Петербургъ. Цензоръ Ф. Шармуа“). Замѣтокъ нѣтъ.

Полагаем, что нумерологическая наводка и послужила автору импульсом к созданию всего этого «накрученного» рассказа, написанного в старинном жанре мистико-библиоманской новеллы (от Шарля Нодье и кн. В. Ф. Одоевского до Ивана Бунина и Хорхе Луиса Борхеса) и основанного на информации из раздела работы Алексеева, озаглавленного «Борро и московские цыгане».

Вернемся к реакции героя, разъясняющей заглавие и композиционный прием рассказа. «Верно ли, — неожиданно спрашивает он антиквария-оккультиста, — что *“Борро в ‘Черной шали’ принял младую гречанку за имя собственное и в английском переводе назвал ее **Грешенкой**?”*» С благоговением открыв «пергаментный свиток», Шубейкин убеждается в реальности последней:

> Строчки плыли перед глазами, буквы ссыпались и смешивались. Борро был, конечно, графоман; да, вот она, несчастная Грешенка; Шубейкин попытался остановить дрожание рук, чтобы разобрать контекст, не смог и откинул голову назад, опустил веки, пережидая мутную вьюгу в мыслях. Книгу, лежавшую перед ним, держал когда-то Пушкин; тоже наверняка с любопытством вглядывался в строки, свои, но незнакомые — с польщенным ли удовольствием? с досадой? заметил ли переводческий ляп? Книгу, во всяком случае, сохранил — и теперь она принадлежит ему, Шубейкину. Он переживал момент мистического единения со своим поэтом [Карцев 2021: 147].

...Пересказывать дальнейшее действие этой мистико-романтико-политико-детективно-библиографической новеллы, вышитой по канве историко-литературной работы академика Алексеева, мы не собираемся. Но заметим, что все в ней заканчивается плохо не для «армянина»[21] и изменницы, а для главного героя, пережившего апоплексический удар и очутившегося на клейком диване под лампой за апельсиновым абажуром, на который неверная Алена намотала что-то «похожее на черную шаль». Диван этот поворачивают лицом к двери, и при свете лампы герой видит кутающиеся в шаль «удаляющиеся женские плечи». В открытую дверь входят Ленор (а лучше сказать — «Лилит» или пушкинская недоброжелательная Пиковая дама) с закрытыми глазами и голландец ван Квандт. Черты лица агентки однозначно указывают на ее «кочевой род». Шубейкин понимает, что когда она откроет глаза, то они будут, как глаза пушкинской пророчицы Татьяны Дементьевой, чернее ночи. Цыганка опускает руки ему на плечи, слегка наклоняется вперед и...

Но хватит мучить читателя ужасами этой маловразумительной, но показательной для российской рецепции «Черной шали» фантастической повести. С пушкиноведческой точки зрения, библиографический «хоррор» синхронного переводчика Карцева[22] представляет собой литературный аналог так называемой «народной» (и не только) пушкинистики, отличающейся едва ли не сектантским культом поэта, и является своего рода современной инсценировкой-постскриптумом к «культурному тексту» (мифу) знаменитой баллады Пушкина. Этот «текст» включает в себя многочисленные литературные переделки, пародии, вроде

---

[21] Честно говоря, нас всегда несколько смущала техническая сторона декапитации последнего ревнивым молдаванином: за «булат загремел» и «прервать поцелуя злодей не успел» сразу следует «безглавое тело я долго топтал». То есть убийца сумел отрубить голову соперника в момент поцелуя, не тронув острием изменницу. Ее он зарежет после.

[22] Укажем, что в 2021 году этот автор написал по-английски под псевдонимом Peter Averin шпионско-апокалиптический роман «Something to Do with the Night» (328 страниц, вес 1,07 фунта, цена в твердой обложке на Amazon $14.99).

«На мягкой кровати лежу я один...» Козьмы Пруткова, лубочные картинки, спектакли, маскарады, пантомимы, немой фильм, музыкальные произведения от кантаты и балета до жестокого романса и тюремной песни, а также и другие вариации и переводы на иностранные языки «молдавской песни» о неверной гречанке, ее армянском любовнике, ревнивце-убийце и терзающей душу безудержной цыганско-русской печали[23]:

О цыганка, песнью жгучей
Ты мне душу прожигаешь.
Груша, Груша! в этой песне
Ты невидимо рыдаешь!
Знаю, стоят эти слезы
Для души твоей не мало...
— Барин, дайте пять целковых,
Чтоб я больше не страдала
(Ф. А-ч) [А-ч 1895].

А брутальный «барин» (извиняюсь за фантазию) отвечает:

Я вас любил так сильно, безнадежно,
как дай вам Бог другими — но не даст!
Он, будучи на многое горазд,
не сотворит — по Пармениду — дважды
сей жар в крови, ширококостный хруст,
чтоб пломбы в пасти плавились от жажды
коснуться — «бюст» зачеркиваю — уст!
(И. Бродский) [Бродский 2001: 65].

Одним словом,

THERE PERISH'D GRESHENKA, MY SWEET LOVE THERE DIED...

---

[23] См. о причудливой и смешной русской судьбе «Черной шали» в указанной книге М. Строганова [Строганов 2003: 50–67]. О популярности «Черной шали» в России см. [Wachtel 1998: 26–28].

* * *

Коллега, с которым я поделился черновым вариантом этой заметки-новеллы, упрекнул меня в том, что я чересчур много внимания уделяю в ней третьесортному (он употребил более сильное слово) чтиву, которое я таким образом хоть и против моей воли, но рекламирую. Да, грешен. Но ведь судьба шаловливой (пародийной, по мнению Строганова) «Черной шали» теснейшим образом связана с низовой, сенсационной и массовой культурой. Более того, черт меня подери, но все-таки скажу, что наша сладострастная до мельчайших деталей, нарциссичная, несчастная, склонная к преувеличениям и мелодраматическим взвизгам, но все равно магически притягательная пушкинистика может быть уподоблена той самой непостоянной Грешенке (неженке, трещинке, беженке, брошенке и вишенке), которая вышла из чернильницы благочестивого англичанина с подходящей для переимчивого переводчика-экспериментатора фамилией Borrow.

Приложение

На вопрос искусственному интеллекту (программа Copilot), как в англофонном культурном сознании может выглядеть Greshenka, был получен следующий ответ:

> Greshenka could be a mysterious and intriguing character. Picture someone with striking features that immediately draw attention. She might have long, flowing hair, perhaps a deep shade of black or a vibrant red, giving her an air of mystique. Her eyes could be a piercing color, like emerald green or icy blue, reflecting a depth of emotion and intelligence. She might dress in a unique, somewhat eclectic style, combining elements of vintage and modern fashion. Think of flowing dresses with intricate patterns, paired with bold accessories like statement necklaces or rings. Her demeanor could be confident and enigmatic, with a hint of playfulness.

В свою очередь, ChatGPT предложил следующую реконструкцию образа героини по имени Greshenka на основании перевода Дж. Борро:

Источники

Апухтин 1991 — Апухтин А. Н. Полное собрание стихотворений. Л.: Советский писатель, 1991.

А-ч 1895 — А-ч Ф. Цыганке Груше // Живая струна: Сборник стихотворений и куплетов читанных и петых. Изд. 6. СПб.: Типография Дома призрения малолетних бедных, 1895. С. 364.

Белинский 1955 — Белинский В. Г. Полное собрание сочинений: В 13 т. Т. 6: Статьи и рецензии. 1842–1843. М.: Изд-во АН СССР, 1955.

Бенедиктов 1983 — Бенедиктов В. Г. Стихотворения. Л.: Советский писатель, 1983.

Борро 1837 — Борро Дж. Цыганы в России и Испании // Библиотека для чтения. Т. 20. VII: Смесь. СПб., 1837. С. 120–125.

Бродский 2001 — Бродский И. А. Сочинения Иосифа Бродского: В 7 т. Т. 3. СПб.: Пушкинский фонд, 2001.

Вяземский 1899 — Вяземский П. А. Остафьевский архив. Т. 2: Переписка П. А. Вяземского с А. И. Тургеневым. 1820–1823. СПб.: Типография М. М. Стасюлевича, 1899.

Достоевский 1976 — Достоевский Ф. М. Собрание сочинений: В 30 т. Т. 15: Братья Карамазовы. Книги XI–XII. Эпилог. Рукописные редакции. Л.: Наука, 1976.

Дружинин 1865–1869 — Дружинин А. В. Собрание сочинений: В 8 т. СПб.: Тип. Имп. Акад. наук, 1865–1869.

Иванов 1909 — Иванов В. И. По звездам: Стихи и афоризмы. СПб.: Оры, 1909.

Карцев 2021 — Карцев П. Грешенка // Дружба народов. 2021. № 8. С. 124–151.

Модзалевский 1910 — Модзалевский Б. Л. Библиотека А. С. Пушкина: библиографическое описание. Т. 1. СПб.: Тип. Имп. Акад. наук, 1910.

Орлов 1818 — Орлов Я. Дух российских государей Рюрикова Дома, существенное изображение россиян и всех других европейских народов, история, политика и, вообще, просвещение, со времени падения древней Римской империи до Вестфальского мира, или Утверждение свободы всех вероисповеданий. Ч. 4. СПб.: Тип. Иос. Иоаннесова, 1818.

По 1924 — По Э. Полное собрание поэм и стихотворений / Пер. и предисл. В. Брюсова. М.; Л.: Всемирная литература, 1924.

Пыляев 1889 — Пыляев М. И. Старый Петербург. Рассказы из былой жизни столицы. 2-е изд. СПб.: Типография А. С. Суворина, 1889.

Пыляев 1893 — Пыляев М. И. Цыганская старина // Труд. 1893. Т. 19. С. 357–365.

Сириус 1826 — Сириус: Собрание сочинений и переводов в стихах и прозе: Подарок любительницам и любителям рос. словесности на 1827 г. Кн. 2. СПб.: тип. Мед. деп. М-ва вн. дел, 1826.

Borrow 1835 — Borrow H. G. Targum, Or, Metrical Translations from Thirty Languages and Dialects. St. Petersburg: Schule & Beneze, 1835.

Grellmann 1810 — Grellmann H. M. G. Histoire des Bohemiens, ou tableau des moeurs, usages et coutumes de ce people nomade. Paris: Chaumerot, 1810.

Knapp 1899 — Knapp W. I. Life, Writings and Correspondence of George Borrow (1803–1881). Vol. 2. New York: G. P. Putnam's Sons, 1899.

Sermons 1833 — Sermons, or homilies, appointed to be read in churches. London, 1833.

The Death 1889 — The Death of Balder: From the Danish of Johannes Ewald. 1773. Translated by George Borrow. London, 1889.

Библиография

Алексеев 1982 — Алексеев М. П. Пушкин и английские путешественники в России // Русско-английские литературные связи: XVIII век — первая половина XIX в. / Под ред. И. С. Зильберштейна (Литературное наследство. Т. 91). М.: Наука, 1982. С. 574–656.

Кошелев 2001 — Кошелев В. А. Две «Цыганки»: Даль и Боратынский // Вторые международные Измайловские чтения, посвященные 200-летию со дня рождения В. И. Даля, 25–27 окт. 2001 г. Материалы. Оренбург: Изд-во ОГПУ, 2001. С. 45–54.

Лобанова 2024 — Лобанова А. С. «Черная шаль» // Пушкинская энциклопедия: Произведения. Вып. 5: С–Я; A–Z. СПб.: Нестор-История, 2024. С. 391–395.

Лотман, Минц 1996 — Лотман Ю. М., Минц З. Г. «Человек природы» в русской литературе XIX века и «цыганская тема» у Блока // Лотман Ю. М. О поэтах и поэзии. СПб.: Искусство-СПБ, 1996. С. 599–652.

Мурьянов 1998 — Мурьянов М. Ф. Пушкин и цыгане // Московский пушкинист: Ежегод. сб. Т. 5. М.: Наследие, 1998. С. 297–314.

Нефедова и др. 2013 — Нефедова Е. А., Качинская И. Б., Коконова А. Б. «Архангельский областной словарь»: прошлое и настоящее // Вестник Московского университета. Серия 9. Филология: Научный журнал. М., 2013. № 3. С. 39–60.

Проблемы 1996 — Проблемы современного изучения русского и зарубежного историко-литературного процесса: Материалы XXV Зон. науч.-практ. конф. литературоведов Поволжья и Бочкарев. чтений (22–25 мая 1996 г.). Самара, 1996.

Проскурин 1999 — Проскурин О. А. Поэзия Пушкина, или Подвижный палимпсест. М.: Новое литературное обозрение, 1999.

Проскурин 2013 — Проскурин О. А. Русский поэт, немецкий ученый и бессарабские бродяги // Новое литературное обозрение. 2013. № 5 (123). С. 165–183.

Строганов 2003 — Строганов М. В. Судьба «Черной шали». Тверь: Твер. гос. ун-т, 2003.

Томашевский 1990 — Томашевский Б. В. «Черная шаль» // Томашевский Б. В. Пушкин. Т. 2. Юг, Михайловское. М., 1990. С. 144–146.

Щебень 2024 — Щебень В. И. «С главы ее мертвой сняв черную шаль...»: снимают ли гречанки головные уборы во время любовных утех? // Этнография и гендер. Васюки: Тартаковер и сыновья, 2024. С. 15–16.

Armstrong 1950 — Armstrong M. D. George Borrow. London: A. Barker, [1950].

Bayard 2009 — Bayard P. Le Plagiat par anticipation. Paris: Les Éditions de Minuit, 2009.

Chances 1992 — Chances E. Moscow Meets Manhattan: The Russian Soul of Woody Allen's Films // American Studies International. 1992 (April). Vol. 30, № 1. P. 65–77.

Cross 1969 — Cross A. George Borrow and Russia // The Modern Language Review. 1969 (April). Vol. 64, № 2. P. 363–371.

Cross 1993 — Cross A. Anglo-Russica: Aspects of Cultural Relations between Great Britain and Russia in the Eighteenth and Early Nineteenth Centuries. Oxford: Berg, 1993.

Jenkins 1912 — Jenkins H. G. The Life of George Borrow. London: Putnam and Murray, 1912.

Rabinowitz 2019 — Rabinowitz S. J. And Then Came Dance: The Women Who Led Volynsky to Ballet's Magic Kingdom. Oxford: Oxford University Press, 2019.

Wachtel 1998 — Wachtel M. The Development of Russian Verse: Meter and Its Meanings. Cambridge: Cambridge University Press, 1998.

Пушкин: национальный поэт?

С. Б. Евдокимова

То, что Пушкин является русским национальным поэтом, казалось бы, не требует ни доказательств, ни дополнительных дискуссий. Тем не менее, говоря о Пушкине как о национальном поэте, необходимо понять, в каком, собственно, смысле он является национальным. Вопрос о национальных поэтах неразрывно связан не только со статусом поэта в конкретном национальном контексте, но и с постоянно меняющимися представлениями о национальности и национализме. Являются ли Данте, Сервантес, Шекспир, Гёте, Шиллер, Роберт Бернс, Мицкевич, Шевченко, Карел Маха и Ян Неруда национальными бардами в том же смысле, что и Пушкин? Является ли национальный поэт тем, кто воплощает идентичность, чаяния и верования определенной культуры (или неуловимый «дух народа», как выразился бы Гоголь), или тем, кто формирует их, или тем и другим?

Некоторые исследователи утверждают, что национальный поэт создает такую поэзию, которая тесно связана с «национальным делом» или национальной политической идеей (*national cause*) [Neubauer 2004: 11]. Именно поэтому концепция национальных поэтов по-настоящему сформировалась только в эпоху романтизма, эпоху национально-освободительных движений и национального пробуждения. Хотя различные классические авторы, от Гомера до Вергилия и далее, пользовались в своих культурных контекстах особым статусом, собственно *институт* национального поэта, каким мы его знаем с конца XVIII века, отнюдь не является только маркером выдающихся поэтических достижений поэта в рамках определенной литературной традиции, а связан также с «национальным делом». Он возник в связи с пробуждением национального самосознания и появлением национальных государств с автономной литературой. Как отмечает Вергилий Немояну, «институт национального поэта вполне проявляется только к концу XVIII — началу XIX века»; именно тогда «возникает консолидация государства-нации, которое чувствует, что должно себя легитимизировать» посредством ряда приемов, включая самоутверждение «этно-лингвистической группы (нации) за счет собственной и автономной литературы» [Nemoianu 2002: 249]. Национальная поэзия по всей Европе, особенно после 1789 года, ассоциировалась с духом бунта и революции. Участие Байрона в национально-освободительной войне Греции утвердило его на международном уровне как знаменитость, защитника свободы и мученика за национальное дело. Национальная поэзия наряду с политической независимостью часто стремилась к культурному самоутверждению. В этом смысле понятие национального поэта было неразрывно связано с национализмом. В своем исследовании «Национальная поэзия, империи и войны» Дэвид Абербах утверждает, что «до возникновения современного национализма литература — особенно “классическая” — ценилась в основном потому, что она, казалось, преодолевала ограничения национальной идентичности» [Aberbach 2015: 6]. Хотя Данте и Шекспир обрели статус национальных бардов еще до эпохи романтизма, в период романтизма их значение значительно возросло.

Статус Пушкина как национального поэта России довольно своеобразен, поскольку в пушкинской России в некотором смысле еще не было национализма (национализм не следует путать с империализмом и также с народностью), ибо собственно русского национального государства в то время не существовало. Хотя возвышение Пушкина как национального поэта совпало с развитием романтизма и ростом национального самосознания, в России все еще не было вполне развитого национализма и четкого ощущения того, что Бенедикт Андерсон называет воображаемым политическим сообществом (*imagined community*). Ярким примером вопиющего отсутствия национальной «воображаемой географии» является известное стихотворение Тютчева 1848 года «Русская география», которое подчеркивает размытость границ воображаемой России: «Москва, и град Петров, и Константинов град — Вот царства русского заветные столицы... Но где предел ему? и где его границы...» Как отмечает Андресон, когда в 1832 году граф Уваров предложил свою формулу «Самодержавие, Православие, Народность» (Андерсон использует слово «национальность»), концепция национальности все еще была очень нова, и, как он утверждает, «если первые два принципа были старые, то третий был совершенно новым — и несколько преждевременным для эпохи, когда половину "нации" все еще составляли крепостные, а более половины говорили на родном языке, который не был русским» [Андерсон 2001: 109][1]. Собственно, на новизну этого принципа указывает и известная заметка Пушкина «О народности в литературе» (1825–1826), в которой он сетует на неопределенность понятия «народность». Как отмечает Рональд Григор Суни, в России «национальная идентичность или идентификация с империей до 1917 года были довольно слабы», «российская идентичность была связана с наднациональной сферой веры», и

> в то время как в Европе в ходе Французской революции и Наполеоновских войн формировался дискурс нации и получили широкое распространение концепции «народа» и народного суверенитета, в России традиционный монархический миф о чужеродности династий существенно сдерживал развитие национального популизма [Суни 2010: 95–97, 103].

Говоря об использовании термина «национализм» в отношении России, историк Дэвид Роули утверждает, что применение этого

---

[1] Русский национализм возник и стал официальной догмой после того, как внутри империи уже появились другие «национализмы», включая украинский и финский. Как утверждает Андерсон, русский царизм сопротивлялся формуле Уварова вплоть до правления Александра III (1881–1894), когда русификация стала официальной программой империи [Андерсон 2001: 109].

термина к России XIX и XX веков неточно и даже вводит в заблуждение:

> И царские, и советские лидеры стремились к сохранению империи, а не национального государства, и их национальное сознание было скорее имперским, чем национальным <...> То, что русские выражали свое национальное сознание через дискурс империализма, а не через дискурс национализма, имеет далекоидущие последствия как для российской истории, так и для теории национализма [Rowley 2000: 23][2].

Безусловно, эта ситуация оказала влияние и на развитие русской концепции национального поэта.

Хотя в эпоху Пушкина официального национализма в России еще не существовало и, по сути, он возник только после того, как в империи появились другие национализмы (украинский, финский и т. д.), Пушкин был быстро возведен современниками в ранг национального поэта. Однако вопрос о том, произошло ли это в результате бесспорных поэтических заслуг Пушкина в рамках русской литературной традиции или на основании его вклада в дискурс о национальной идентичности, остается открытым.

Как мне представляется, есть два типа национальных поэтов: 1) классические национальные поэты, то есть те, чья известность в той или иной культуре определялась не столько их националистическими устремлениями, сколько вкладом в национальный литературный язык и культурную традицию в целом; 2) романтические национальные поэты, которые являются «национальными» в более узком смысле этого слова, будучи тесно связаны с борьбой за независимость и «национальное дело». Примером классического национального поэта может служить Шекспир. Так, например, директор Шекспировского института при Бирмингемском университете Майкл Добсон утверждает, что

---

2 Роули продолжает: «Наиболее значительным аспектом, по которому Россия отличалась от Европы, был ее универсалистский, религиозный и империалистический дискурс национальной идентичности...» [Rowley 2000: 23].

> ...на самом деле у Шекспира не так много того, что обычно ожидается от национальных поэтов: патриотических воззваний к героям прошлого, зажигательных стихов, пригодных для использования в качестве национальных гимнов, хвалебных гимнов родным пейзажам своего детства, ярких описаний родной культуры, с помощью которых иностранцы могли бы научиться восхищаться их родиной.

Он даже задает весьма провокативный вопрос, на который дает не менее провокативный ответ: «Если Шекспир является национальным поэтом, то какой страны? Никакой или всех»[3]. Случай с Данте сложнее. Данте — пример классического национального поэта, который стремился защищать народный язык (вульгату) в противовес латыни (см. его *De Vulgari eloquentia*), но патриоты Рисорджименто возвели его также в статус национального поэта и в романтическом смысле этого слова. Безусловно, Данте ценили как великого итальянского поэта и до XIX века, но именно во время итальянского Рисорджименто он стал символом итальянской национальной идентичности[4]. Любопытно, что, как отмечает Стефано Йосса, итальянские патриоты Рисорджименто использовали для формирования символа итальянской национальной идентичности образ Данте скорее как патриота, борца за свободу и национального героя, а не как поэта. Он отмечает, что «в процессе формирования нации в Италии Данте интерпретировался в первую очередь как политическая, а не литературная икона» [Jossa 2012: 31–38][5].

---

[3] См. страницу профессора Майкла Добсона на сайте Шекспировского института. URL: https://www.birmingham.ac.uk/research/perspective/shakespeare (дата обращения: 16.12.2024). Подробнее о Шекспире как национальном поэте см. его книгу [Dobson 1992].

[4] Множество исследований посвящено Данте как национальному символу, включая исследования Чарльза Дэвиса [Davis 1984], Андреа Чиккарелли [Ciccarelli 2001] и множество других. См. также сборник статей [Audeh, Havely 2012].

[5] Йосса настаивает, что для итальянцев Данте является символом борца за свободу Италии даже в большей степени, чем литературной и культурной фигурой.

Пушкин очевидно был классическим национальным поэтом, хотя и писал в эпоху романтического национализма. Более того, я считаю, что парадоксальным образом он был национальным в той мере, в какой он стремился преодолеть ограниченность национализма. В связи с тем, что русское национальное сознание было скорее имперским, чем национальным, главной задачей Пушкина было не национальное дело и не защита национальной свободы, а создание литературных произведений, отличающихся универсальностью (вольнолюбивая лирика поэта не противоречит его наднациональной идентичности). При всех своих политических и исторических пристрастиях и несмотря на активное участие в дискуссиях о «народности в литературе» и глубокий интерес к русской истории (хотя и не только русской!), как художник он не имел последовательной националистической программы. Не воспринимали его современники и как политическую фигуру, подобно Байрону, готовому сражаться и умирать за независимость Греции, или подобно Адаму Мицкевичу, ярому националисту Шандору Петофи или борцу за национальную независимость Тарасу Шевченко. Вспомним, что, когда в 1834 году Гоголь в своей статье «Несколько слов о Пушкине» называет его национальным поэтом, он никак не связывает его заслуги с его политическими взглядами или национальной идеологией («При имени Пушкина тотчас осеняет мысль о русском национальном поэте. В самом деле, никто из поэтов наших не выше его и не может более назваться национальным; это право решительно принадлежит ему. В нем, как будто в лексиконе, заключилось всё богатство, сила и гибкость нашего языка» [Гоголь 1937–1952, 8: 50]), а указывает в первую очередь на его заслуги в области литературного языка, то есть выражает представление о национальном поэте в классическом понимании этого слова. Хотя Пушкин время от времени обрушивался на «клеветников» России и выражал чувства, которые можно назвать патриотическими, в его творчестве нет националистического русского мессианизма (даже в «Полтаве» или «Кавказском пленнике» речь идет о России как империи) и концепции «российской нации», основанной на четких критериях национальной идентичности; патриотические воззвания Пушкина не перерастают в националистическую философию истории, подобную той, которая была у Мицкевича («Книга польского народа и польского паломничества»; ср. также его эпическую поэму о судьбе польского народа «Пан Тадеуш» и слова Конрада, героя «Дзядов»: «Ja i ojczyzna to jedno. / Nazywam się Milijon — bo za miliony / Kocham i cierpię katusze» — «Я и родина — одно целое. / Мне имя Миллион — потому что для миллионов / Я люблю и страдаю»)[6]. Пушкин глубоко и профессионально интересовался историей, особенно русской историей и мифологией, но в его историческом видении отсутствовали основные аспекты национализма, такие как мессианская вера в особое предназначение России, то есть в ее национальную исключительность или некую инвариантную сущность[7]. Безусловно, он признавал и даже подчеркивал самобытность русского исторического развития, но для него это скорее был способ объяснить прошлое, а не утвердить уникальное и исключительное будущее России. Историческое видение Пушкина обусловлено его «проевропейским» подходом и в этом смысле является имперским и антинационалистическим по своей сути. Катя Хоკансон справедливо называет Пушкина не национальным, а «имперским поэтом» и отмечает, что, когда поэт писал, например, о южных завоеваниях России, он обращался «к европейской идентичности России» [Hokanson 2008: 149]. В «Клеветникам

[6] Поэзия Мицкевича способствовала укреплению национальной польской идентичности и надежды на независимость от России. Его политический активизм, особенно попытка создания «Польского легиона» для борьбы за освобождение Польши, имели колоссальное влияние на его статус как национального поэта и борца за свободу.

[7] Конечно, можно возразить, что, когда Пушкин в «Клеветникам России» говорит о славянских племенах как единой семье и при этом отмечает особую лидирующую роль русских («Славянские ль ручьи сольются в русском море?»), это можно интерпретировать как претензию на избранничество. Однако Пушкин вовсе не настаивает на особом превосходстве русских или их миссии («Уже давно между собою / Враждуют эти племена; / Не раз клонилась под грозою / То их, то наша сторона»), его больше волнует несокрушимость империи [Пушкин 1977–1979, 3: 209]. Здесь речь идет не о нации, а о Российской империи.

России» он утверждает имперскую, а не национальную идентичность. Как Хокансон убедительно подчеркивает в своей блестящей статье «Политика и поэзия: “антипольские” стихотворения и “Я памятник себе воздвиг нерукотворный”», по сути эти стихи Пушкина были не столько антипольскими, сколько полемическим ответом на антирусские нападки в европейской прессе: «Гнев таких деятелей культуры, как Пушкин, Василий Жуковский и Петр Чаадаев (Жуковский и Чаадаев впоследствии высоко оценили стихи Пушкина 1931 года), был спровоцирован натиском антирусской инвективы» в западной прессе [Hokanson 2012: 286][8]. Смешивание патриотизма и национализма представляется ошибочным.

Более того, в России не было единого мнения о том, что подразумевается под статусом национального поэта[9]. Официальный империализм государства не совпадал с чувством национальной

---

8 Хокансон подчеркивает, что эти стихотворения Пушкина следует рассматривать как направленные «против тех, кто поддерживает Польшу», так как «они направлены на европейских критиков России, особенно французских» [Hokanson 2012: 287]. Хокансон, как и Ганс Рот, полемизирует с утвержденным Вацлавом Ледницким мнением, что эти стихи Пушкина следует рассматривать как «антипольские»: «Именно Вацлав Ледницкий в 1926 году впервые объявил предполагаемую трилогию “антипольской”. Рот оспаривает это обвинение, утверждая, что стихи являются антифранцузскими, а не антипольскими» [Hokasnon 2012: 287]. См. также [Rothe 2006].

9 Возвышение Пушкина как национального поэта, безусловно, совпало с движением романтизма и укреплением национального самосознания, особенно после Наполеоновских войн. Современники довольно быстро возвели его в ранг национального поэта. Тысячи страниц написаны на тему культа Пушкина в России, пушкинских юбилеев, масштабных культурных учреждений, включая музеи, юбилейные ритуалы, посвященные Пушкину фильмы и т. п. Нет нужды перечислять здесь все превосходные работы, посвященные созданию пушкинского мифа в России и динамике его трансформации на протяжении двух столетий. См., например, работы Стефани Сандлер о пушкинском мифе, включая [Sandler 2004b] и [Sandler 2004a]. См. также [Levitt 1989] и многие другие. Однако здесь важно задать вопрос о том, какие аспекты поэтического творчества Пушкина или его личности были признаны в качестве средств создания русского чувства идентичности, позволяющих русским ощущать себя частью одного и того же сообщества, если воспользоваться понятием Бенедикта Андерсона о национальности как воображаемом сообществе.

идентичности, разделяемым образованной элитой. У современников Пушкина не было единого мнения не только о патриотических стихах Пушкина, но и о задачах национального поэта. Как ни странно, Петр Чаадаев утверждал, что именно на основе антипольских стихотворений Пушкина наконец-то его можно назвать национальным поэтом: «Я только что прочел ваши два стихотворения. Друг мой, никогда еще вы не доставляли мне столько удовольствия. Вот вы, наконец, и национальный поэт; наконец вы угадали свое призвание» (18 сентября 1831 года) [Чаадаев 1991, 2: 72–73][10]. Но большинство либеральных друзей-литераторов Пушкина не разделяло его патриотический дух; образованное общество было разделено и расколото. Братья Александр и Николай Тургеневы, П. А. Вяземский и многие другие заняли ярко выраженную либеральную позицию. Напомним очень резкое высказывание Вяземского:

---

[10] Я не согласна с утверждением Ледницкого [Lednicki 1954: 87], что Чаадаев говорит об этих стихотворениях Пушкина с иронией; его одобрение стихотворения Пушкина представляется мне вполне искренним. По крайней мере в то время Чаадаев считал польское восстание «безумным предприятием». См. на эту тему [Маршадье 2019: 110]. Любопытно, что при всем своем, казалось бы, европоцентризме Чаадаев обнаруживает, как точно замечает Дейл Петерсон, «мистическую интуицию в отношении особой судьбы России среди других народов мира». См. [Peterson 1997]. Петерсон называет национализм Чаадаева «европоцентристским национализмом», что является, разумеется, парадоксом. Пушкин, однако, не вполне соглашается с Чаадаевым в отношении эксклюзивной, особой роли России. Он не соглашается с Чаадаевым не только относительно отсталости России и того, что ее прошлое является лишь «чистым листом» бумаги, но и относительно ее избранничества и исключительности. Он стремится к универсализму, а не национальной исключительности. Даже говоря о роли Петра Первого в русской истории, он подчеркивает его универсальность: «Quant à notre nullité historique, décidément je ne puis être de votre avis. <...> Et Pierre le Grand qui est à lui seul une histoire universelle!» («Что же касается нашей исторической ничтожности, то я решительно не могу с вами согласиться. <...> А Петр Великий, который один есть целая всемирная история!») [Пушкин 1977–1979, 10: 465, 689]. Иными словами, концепция русской национальной истории для Пушкина основывалась на концепции универсальности. Русский национальный дух проявляет себя в большей степени не в том, чем он отличается от остальной Европы, а в том, в какой степени он является ее частью.

> Пушкин в стихах своих «Клеветникам России» кажет им шиш из кармана. Он знает, что они не прочтут стихов его, следовательно, и отвечать не будут на вопросы, на которые отвечать было бы очень легко, даже самому Пушкину. За что возрождающейся Европе любить нас? [Вяземский 1884: 158][11].

Любопытно, что на основании этих патриотических стихотворений некоторые исследователи обвиняли Пушкина — несправедливо и некорректно — в «великорусском национализме». Так, польский исследователь Я. Савицкая бездоказательно утверждает, что Пушкин написал свои антипольские стихи, «вероятнее всего, по заказу Высочайшего государя». При этом она цитирует слова другого исследователя, Мариана Топоровского, на эту же тему: «В жизни Пушкина, — писал Мариан Топоровский, — роковую роль сыграл царь Николай Павлович <...> он сделал все, чтобы превратить Пушкина в идеолога догм своей эпохи — православия, самодержавия и великорусского национализма» [Савицкая 2002: 217]. Здесь не место вступать в дискуссии по поводу цикла антипольских стихотворений Пушкина, который послужил материалом для многочисленных исследований. Но необходимо отметить совершенно некорректную подмену понятия народности, выдвинутого Уваровым в его докладе императору «О некоторых общих началах, могущих служить руководством при управлении Министерством Народного Просвещения» от 19 ноября 1833 года, понятием «великорусский национализм». Народность не есть великорусский национализм. Более того, стихотворение Пушкина было написано в 1831 году, когда формула Уварова еще даже не была сформулирована, и потому утверждение, что якобы Николай I пытался превратить Пушкина в идеолога этой догмы, является явным анахронизмом.

---

[11] Говоря о «Бородинской годовщине», Вяземский продолжает: «Там те же мысли, или то же безмыслие» [Вяземский 1884: 159]. История создания патриотических стихотворений Пушкина и полемика вокруг них широко известны и исчерпывающе освещены в пушкиноведении. О рецепции «Клеветникам России» см. прекрасную статью Ольги Муравьевой [Муравьева 1994]. См. также [Dixon 2005].

Но вернемся к понятию национального поэта. Критикуя Пушкина, Александр Тургенев (письмо от 20 сентября / 2 октября 1832 года) также делает важное замечание о распространенном представлении, что национальный поэт — это тот, кто пишет патриотические стихи. Он отвергает эту идею как варварство и как анахронизм: «Твоё заключение о Пушкине справедливо: в нём точно есть ещё варварство <...> Он только варвар в отношении к П[ольше]. Как поэт, думая, что без патриотизма, как он его понимает, нельзя быть поэтом, и для поэзии не хочет выходить из своего варварства» [Тургенев 1989: 158][12]. А В. Г. Белинский в знаменитом «Письме Гоголю» (1847) идет еще дальше, прямо противопоставляя понятия национального поэта и патриотизма как две вещи несовместимые и утверждая, что Пушкину «стоило написать только два-три верноподданических стихотворения <...>, чтобы вдруг лишиться народной любви» [Белинский 1953–1958, 10: 217][13]. В итоге можно утверждать, что в целом современники Пушкина и последующие поколения ценили его не как поборника свободы или поэта-патриота 1830-х годов, а за его чисто литературные достижения. Ни вольнолюбивые стихотворения Пушкина 1820-х, ни консервативные патриотические произведения 1830-х не были тем, что сделало его национальным поэтом.

Необходимо также обратить внимание на то, как сам Пушкин представлял себя в качестве национального поэта. Хотя Пушкин полностью осознавал свое центральное положение в русской литературе, он никогда не стремился быть политической фигурой (в отличие от Данте или романтика Мицкевича). В качестве примера остановимся лишь пунктирно на двух текстах — его «хрестоматийных» стихотворениях «Пророк» (1826) и «Я памят-

---

[12] См. комментарий О. Муравьевой: «Иначе говоря, поэт не может не быть патриотом, даже если патриотизм его народа носит варварский (нецивилизованный) характер» [Муравьева 1994: 202].

[13] Однако, как отмечает Хокансон, в число лучших пушкинских стихотворений, которые перечисляет Белинский, он включает и «Клеветникам России», и «Бородинскую годовщину» [Hokanson 2012: 288, 312–313].

ник себе воздвиг нерукотворный» (1836), охватывающих основное десятилетие творчества поэта и иллюстрирующих отношение Пушкина к роли национального поэта не как защитника национальной идеологии, а как поэта, чей голос имеет универсальное значение, а не только национальное. Для наглядности я рассмотрю эти стихотворения в сравнении с аналогичными стихотворениями национального поэта Украины — Тараса Шевченко[14].

В соответствии с романтическим мироощущением, Пушкин рассматривает поэта как пророка и, как известно, использует образы, заимствованные из шестой главы Книги пророка Исайи. Сразу оговорюсь, моей целью не является новое прочтение этого стихотворения. Меня здесь интересует не столько описание призвания поэта или пророка, как это описано у Исайи в видении шестикрылого серафима, или политический контекст (казнь декабристов), о котором много писали, сколько заключительные строки стихотворения, в которых сформулировано повеление Бога:

> Восстань, пророк, и виждь, и внемли,
> Исполнись волею моей.
> И, обходя моря и земли,
> Глаголом жги сердца людей
> [Пушкин 1977–1979, 2: 304].

Вспомним, что библейские пророки в некотором смысле являлись архетипическими национальными поэтами, поскольку, как отмечают исследователи, включая Дэвида Абербаха, они также «реагировали на имперские завоевания и были глубоко политическими». Абербах поясняет: «Три волны пророчества <...> совпали с волнами имперской экспансии Ассирии, Вавилонии и Персии» [Aberbach 2015: 3]. Глава, на которую опирается Пушкин, как и последующие главы, посвящена прежде всего Иудее и Иерусалиму в то время, когда город еще стоял, а южному

[14] В мою задачу здесь не входит освещение темы поэта-пророка у Пушкина. Эта тема очень обширна, и ей посвящено множество научных работ. Я останавливаюсь лишь на незначительном аспекте этой темы в сопоставлении с Шевченко.

царству угрожало вторжение ассирийцев, и передает мессианскую надежду Израиля. Видение происходит в Храме Иерусалима, где концентрировалась религиозная жизнь еврейского народа. Несмотря на опасность, которая стояла перед Иудеей, Исайя был уверен в триумфе еврейского народа и в том, что Божии цели осуществляются через еврейский народ. Мессианская вера особенно остро звучит именно у Исайи. Бог обращается к пророку как к представителю *своего народа*:

> И сказал Он: пойди, и скажи этому народу: слухом услышите, и не уразумеете; и очами смотреть будете, и не увидите. Ибо огрубело сердце народа сего, и ушами с трудом слышат... и не разумеют сердцем, и не обратятся, чтоб Я исцелил их.
>
> Он сказал: доколе не опустеют города, и останутся без жителей, и домы без людей, и доколе земля эта совсем не опустеет. <...> ...останется корень их, так святое семя будет корнем ее (Ис. 6:9–12).

Здесь явно содержится пророчество о миссии народа: «так святое семя будет корнем его».

Что примечательно в выборе слов Пушкиным в его адаптации библейского сюжета, это то, что в его тексте нет ссылок на национальную географию. Место действия — это пустыня (аллюзия на библейскую пустыню, но в ином контексте); пустыня, конечно, понимается метафорически, как духовная пустыня, а не как конкретное физическое место. Поэт как пророк в пушкинском стихотворении не является национальным поэтом, чья миссия — спасти или исправить *свой* народ (или человечество через свой народ)[15].

---

[15] Хотя стихотворение «Пророк» часто интерпретировалось в контексте восстания декабристов (см. [Фридман 1947; Благой 1950: 533–542] и многие другие), я разделяю точку зрения тех, кто не уверен, что оно имеет столь ярко выраженный политический смысл, и полагает, что оно, безусловно, им не ограничивается. См. [Bethea 1998: 186–187]. О развитии образа пророка у Пушкина см. также [Гаспаров 1999: 242–255]. См. также полезный обзор дискуссий на эту тему в книге Харши Рама, который рассматривает профетическую поэзию Пушкина как выражение поэтики «имперского возвышенного» [Ram 2003: 160–176].

Хотя, как отмечал В. Е. Вацуро, «Пророк, проповедующий народу слова истины, — излюбленный образ декабристской поэзии», я не убеждена, что в стихотворении Пушкина существует столь явный политический подтекст [Вацуро 1994: 8][16]. Примечательно, что Пушкин даже не употребляет в стихотворении слова «народ» или «мой народ», а использует более нейтральное слово «люди» («людей»), которое не обозначает коллективную национальную общность. Задача пророка Пушкина — обратить не *свой* народ, а сердца людей в целом. Он делает акцент не на национальном, а на вселенском («моря и земли»). Таким образом, в стихотворении Пушкина утверждается универсализм и общечеловечность, а не мессианский национализм. В этом смысле его понимание миссии поэта ближе к представлению Шелли о поэтах как «непризнанных законодателях мира» («the *unacknowledged legislators of the world*»).

Хотя мотив поэта-пророка — повсеместно распространенный топос романтизма, для того чтобы проиллюстрировать отсутствие в позиции Пушкина специфически националистического подтекста, будет полезно сравнить его стихотворение с изображением поэта-пророка украинским национальным поэтом Тарасом Шевченко. Это сравнение, как мне кажется, выявляет важные нюансы подхода к задачам национального поэта в представлениях Пушкина и Шевченко. Приведем текст стихотворения Шевченко «Пророк» (1848):

Неначе праведних дітей,
Господь, любя отих людей,
Послав на землю їм пророка —
Свою любов благовістить!

---

[16] Вацуро делает следующий вывод: «...его идея, что право глаголом жечь сердца людей достигается только через смертное страдание, — все это прямо связано с общественными настроениями, пробужденными жертвенной гибелью первых русских революционеров» [Вацуро 1994: 16]. Однако идея особого пророческого призвания поэта, его божественной миссии была характерна для поэзии европейского романтизма в целом. См., например, Шелли, для которого роль поэта часто ассоциируется с жертвой и мученичеством Христа.

Святую правду возвістить!
Неначе наш Дніпро широкий,
Слова його лились, текли
І в серце падали глибоко!
Огнем невидимим пекли
Замерзлі душі. Полюбили
Того пророка, скрізь ходили
За ним і сльози, знай, лили
Навчені люди. І лукаві!
Господнюю святую славу
Розтлили... І чужим богам
Пожерли жертву! Омерзились!
І мужа свята... горе вам!
На стогнах каменем побили.
І праведно Господь великий,
Мов на звірей тих лютих, диких,
Кайдани повелів кувать,
Глибокі тюрми покопать.
І, роде лютий і жестокий!
Вомісто кроткого пророка...
Царя вам повелів надать!
[Шевченко 1970–1971, 2: 109].

В своем стихотворении Шевченко явно ссылается на традиции ветхозаветных пророков. Голос поэта — голос пророческий, он обращается к *своему* народу, гневно осуждая его пороки и порицая за то, что он предал своих истинных пророков и стал служить ложным идолам. Как и Ветхий Завет, поэма содержит ярко выраженный националистический и политический смысл. Подобно библейским пророкам, обращающимся к народу Израиля и критикующим его за моральное разложение и предательство своего Бога, лирический голос Шевченко обращается к Украине как конкретному географическому объекту: «Неначе наш Дніпро широкий» — и, косвенно, к украинскому народу, наказанному Божьим гневом за служение иноземным богам («Господнюю святую славу / Розтлили... І чужим богам / Пожерли жертву! Омерзились!»). Шевченко явно связывает украинцев с ветхозаветными евреями, используя библейское выражение «роде лютий і жестокий», часто употребляемое в Ветхом Завете (и Новом) по отношению к евреям. Приведем несколько примеров: «И сказал Господь Моисею: Я вижу народ сей, и вот, народ он — жестоковыйный» (Исх. 32:9); «Ибо Господь сказал Моисею: скажи сынам Израилевым: вы народ жестоковыйный» (Исх. 32:5); «род строптивый и развращенный» (Втор. 32:5); «...потому что вы народ жестоковыйный» (Исх. 33:3); «Ныне не будьте жестоковыйны, как отцы ваши» (2 Пар. 30:8); «род лукавый и прелюбодейный ищет знамения» (Мф. 12:39).

Лексика Шевченко не случайна. Имплицитно Шевченко сравнивает украинцев с евреями, наказанными за свои грехи иностранным пленением и потерей родной земли. Он изображает судьбу своего народа похожей на историю о неправедном правлении Манассии, который развратил Иудею, не пожелавшую слушать голос Божий, и поэтому был наказан Богом ассирийским пленом. В библейском тексте мы читаем: «И говорил Господь к Манассии и к *народу его*; но они не слушали. И привел Господь на них военачальников царя Ассирийского; и заковали они Манассию в кандалы, и оковали его цепями, и отвезли его в Вавилон» (2 Пар. 33:10–11).

Шевченко сравнивает свой заблудший народ с дикими зверями («звірей тих лютих, диких»), наказанными Господом Богом:

І праведно Господь великий,
Мов на звірей тих лютих, диких,
Кайдани повелів кувать,
Глибокі тюрми покопать. <...>
Царя вам повелів надать!

Самое страшное наказание — это, как и в Библии, пленение, то есть в данном случае подчинение русскому царю («Царя вам повелів надать!»). Шевченко явно опирается в своем национальном и политическом послании на Библию и следует здесь традиции декабристской поэзии, использующей библейские аллюзии как средство национального противостояния[17]. Он четко

[17] См., например, стихотворение Кюхельбекера «Пророчество» (1822).

и страстно подчеркивает гражданскую миссию поэта. У Пушкина эти мессианские и националистические мотивы отсутствуют.

Таким образом, мы видим, что, хотя и Пушкин, и Шевченко обращаются к Ветхому Завету, контекст их обращения к образу пророка кардинально различается. В стихотворении Пушкина нет ни намеков на родную землю, ни ярко выраженного политического или националистического подтекста. Речь в нем идет о высшем призвании поэта мира, а не определенной страны. Шевченко же волнуют именно национальные интересы, национальная идея и судьба его народа, поэтому он предстает как национальный поэт в библейском и романтическом смыслах.

Аналогичная стратегия, подчеркивающая универсализм Пушкина, прослеживается и в другом важнейшем тексте, «Я памятник себе воздвиг нерукотворный». По сравнению со своими предшественниками, Горацием и Державиным, утверждающими, что они заслужили лавры поэтического бессмертия благодаря новаторскому использованию и развитию родного литературного языка (латинского или русского соответственно), Пушкин не говорит о развитии русского языка как своей основной заслуге[18]. Скорее он опять подчеркивает свою универсальность, а не русскость. Гораций, как мы помним, гордился тем, что внес важные изменения в римское стихосложение: *Ad Melpomenem* («éx humilí potens / Prínceps Aeoliúm cármen ad Ítalos Déduxiísse modós»), то есть ввел греческое стихосложение в италийскую поэзию и стал первым лирическим поэтом Рима, который использовал в латинской поэзии греческие размеры (что может быть не совсем верно, если вспомнить Катулла).

Разумеется, в стихотворении Пушкина, как и у Горация, также есть термины и выражения, подчеркивающие имперский колорит и указывающие на «общенациональный» масштаб его достижений: («народная тропа»; «слух обо мне пройдет по всей Руси великой»; «и долго буду тем любезен я народу»). Однако что же представляет собой его, так сказать, «воображаемое сообщество»

---

[18] О связи пушкинского стихотворения с Горацием и Державиным писалось очень много. Не буду перечислять здесь многочисленные труды на эту тему. См. особенно [Bethea 1998], а также [Левицкий 2011].

(«imagined community»), если использовать термин Бенедикта Андерсона? Хотя слово «Русь» один раз упоминается, очевидно, что речь идет не только о русском населении Российской империи, и не совсем ясно, что подразумевается под «народом». Бенедикт Андерсон, как мы помним, определял термин «nation» («народ») как «воображенное политическое сообщество, и воображается оно как что-то неизбежно ограниченное, но в то же время суверенное» [Андерсон 2001: 30]. Но насколько «ограниченным» и «суверенным» является здесь пушкинское «воображаемое сообщество»? Очевидно, что Пушкин, следуя традиции другого императорского русского поэта-государственника, Державина, имеет в виду не только русский народ, не только славян и не только другие народы империи («И гордый внук славян, и финн, и ныне дикой / Тунгус, и друг степей калмык» [Пушкин 1977–1979, 3: 340]; в черновой рукописи упоминается еще и «грузинец», «киргизец», «черкес» [Якубович 1937: 6–7]), но потенциально и другие народы мира[19]. Так что же это за «нация»? Она явно не

[19] В своем стихотворении «Лебедь» Державин, следуя Горацию, использует мотив посмертного памятника, увековечивающего его поэтическую славу. Державин позиционирует себя как поэта империи и предвосхищает указание Пушкина на разные языки и народности Российской империи:

> С Курильских островов до Буга,
> От Белых до Каспийских вод
> Народы, света с полукруга,
> Составившие россов род.
>
> Со временем о мне узнают:
> Славяне, гунны, скифы, чудь,
> И все, что бранью днесь пылают,
> Покажут перстом — и рекут:
>
> «Вот тот летит, что, строя лиру,
> Языком сердца говорил
> И, проповедуя мир миру,
> Себя всех счастьем веселил»
> [Державин 1985: 251].

О диалоге Пушкина с Державиным см. прекрасную статью Левицкого. Левицкий пишет: «Пушкин в своем “Памятнике” ориентировался и на другой своеобразный “летящий памятник”, который Державин создал себе в “Лебе-

определяется одним и тем же языком («всяк сущий в ней язык»), этнической принадлежностью, государством или даже географическим положением. Когда он объясняет, почему его будет любить «народ» («и долго буду тем любезен я народу»), он ставит себе в заслугу не свою русскость и даже не вклад в национальный язык (в отличие от Горация и Державина), а нечто более универсальное — «что чувства добрые я лирой пробуждал, / Что в мой жестокий век восславил я Свободу / И милость к падшим призывал». Причем свободу в целом, а не национальную свободу.

Следуя Горацию, Державин предсказывает свою непреходящую славу именно как национального (славянского) поэта: «И слава возрастет моя, не увядая, / Доколь славянов род вселенна будет чтить». Имплицитно он как бы признает ограниченность своей славы славянским миром. Более того, он подчеркивает свои достижения в первую очередь в области русского литературного языка (указывая на «домашний слог», но при этом не забывая отметить именно его русскость):

> Что первый я дерзнул в забавном русском слоге
> О добродетелях Фелицы возгласить,
> В сердечной простоте беседовать о Боге
> И истину царям с улыбкой говорить
> [Державин 1985: 175].

Пушкин не только не подчеркивает, а, скорее, наоборот, смягчает и даже размывает свою русскость и даже вовсе не упоминает русский язык или какой-либо «слог», то есть проблему литературного языка. Его слава, настаивает он, будет длиться не до тех пор, пока мир будет уважать славян (Державин), а до тех пор, пока в мире остается хотя бы один поэт: «И славен буду я, доколь в подлунном мире / Жив будет хоть один пиит». Таким образом, он мыслит себя не просто как поэта империи, но как поэта мира, и ставит себя в один ряд именно с ними, а не с национальными

де" в 1804 году, в котором он уже себя представил летящим во внеземной сфере» [Левицкий 2011: 15]. О пушкинском осмыслении себя как поэта мира см. [Бонди 1978: 465].

поэтами. И хотя многонациональный пафос Пушкина легко можно было бы истолковать как империалистические амбиции, думаю, что это не так, поскольку он обращается к человечеству в целом и надеется, что его стихи смогут оценить все, кто чувствителен к поэзии. В этом смысле стоит отметить, что Пушкин противопоставляет свой «нерукотворный памятник» имперской символике («Вознесся выше он главою непокорной / Александрийского столпа»)[20].

Опять же, будет любопытно сравнить стихотворение Пушкина с шевченковским «Мое завещание» («Заповіт», 1845):

> Як умру, то поховайте
> Мене на могилі,
> Серед степу широкого,
> На Вкраїні милій,
> Щоб лани широкополі,
> І Дніпро, і кручі
> Було видно, було чути,
> Як реве ревучий.
> Як понесе з України
> У синєє море
> Кров ворожу... отойді я І лани, і гори —
> Все покину і полину
> До самого Бога
> Молитися... а до того
> Я не знаю Бога.
> Поховайте та вставайте,
> Кайдани порвіте
> І вражою злою кров'ю
> Волю окропіте.
> І мене в сем'ї великій,
> В сем'ї вольній, новій,
> Не забудьте пом'янути
> Незлим тихим словом
> [Шевченко 1970–1971, 1: 350].

---

20 О значении использования Пушкиным словосочетания «Александрийский столп» см. [Проскурин 1999: 275–300]. См. также [Алексеев 1967; Hokanson 2012: 299–316].

Хотя Шевченко не включает себя в традицию Горациевой оды, его «Завещание» (или даже скорее «завет») своему народу можно рассматривать как вариацию на тему посмертного «памятника» или наследия, оставленного поэтом. Чуть позднее в том же духе мифологема памятника появляется в первой главе «Выбранных мест из переписки с друзьями», то есть в «Завещании» Гоголя, опубликованном в 1847 году, хотя и написанном в 1845-м, как и стихотворение Шевченко. Гоголь явно полемизирует с Горациевой традицией и безусловно противопоставляет свою позицию пушкинскому стихотворению, начинающемуся с эпиграфа *Exegi monumentum*:

> Завещаю не ставить надо мною никакого памятника и не помышлять о таком пустяке, христианина недостойном. Кому же из моих я был действительно дорог, тот воздвигнет мне памятник иначе: воздвигнет он его в самом себе своей неколебимой твердостью в жизненном деле, бодреньем и освеженьем всех вокруг себя [Гоголь 1937–1952, 8: 219–220].

Шевченко, как и Гоголь, кажется гораздо более скромным, чем Гораций, Державин и Пушкин, потому что он не осмысливает свое наследие в терминах «памятника», рукотворного или нерукотворного. Он говорит лишь о желаемой скромной могиле среди широкой украинской степи, вблизи любимого Днепра. Этот акцент на родную землю, национальную географию указывает на более национальную программу по сравнению с Пушкиным. Шевченко видит свое наследие именно как борца за *национальную* свободу, обращаясь к самому Богу в своей мольбе «оросить» национальную свободу «вражьей злой кровью». Более того, иерархия ценностей, которую утверждает Шевченко, имеет даже несколько богоборческий характер, так как он готов отвергнуть самого Бога, если «вражеская кровь» не потечет из Украины в «синее море». Он хочет, чтобы его народ помнил его как члена «новой и свободной семьи», то есть нации, которую он помог создать. Стихотворение, однако, заканчивается не воинственными призывами к гибели врага, а пожеланием Шевченко, чтобы люди помянули его «незлим тихим словом».

Любопытно, что и Пушкин, и Шевченко гордятся тем, что боролись за свободу и пробуждали «добрые чувства» («И долго буду тем любезен я народу, / Что чувства добрые я лирой пробуждал»). Однако свобода понимается двумя поэтами по-разному. Для Шевченко под свободой (волей) подразумевается в первую очередь национальная независимость. Для Пушкина это более широкое понятие: свобода личная, независимость дворянина, свобода общественная, равноправие и законность[21]. Более того, слова Шевченко о добрых чувствах, которые он надеется вызвать в своем народе, резко контрастируют с пушкинскими. «Незлое тихое слово» Шевченко относится не к чувствам, вызванным его поэзией в его читателях, а к нему самому как поборнику национальной свободы. Пушкинские «чувства добрые» носят гораздо более универсальный характер и не связаны с национально-освободительной борьбой. «Чувства добрые» в контексте пушкинского стихотворения универсальны и не ограничены ценностями гражданской поэзии, которая более националистична по своему духу. Если Пушкин хочет, чтобы его муза подчинилась воле Божьей («Веленью Божию, о муза, будь послушна»), то Шевченко требует, чтобы Бог откликнулся на его молитвы, то есть подчинился его воле («а до того / Я не знаю Бога»).

---

[21] В цели настоящей статьи не входит рассмотрение концепции «свобода» в творчестве Пушкина. В литературе, посвященной поэту, этой теме уделялось достаточно внимания. См. особенно [Федотов 1937]. Как отмечает, например, Борис Реизов в своей статье «Понятие свободы у Пушкина», «слово “свобода” означает у Пушкина два понятия: политическое и общественное, с одной стороны, и личное и бытовое — с другой. Эти два понятия резко отличаются одно от другого, но часто смешиваются» [Реизов 1966: 110]. Для Пушкина это очень сложная и изменяющаяся концепция, и было бы неуместно обсуждать эту тему в рамках данной статьи. В данном случае речь идет только об использовании слова «свобода» в стихотворении «Я памятник себе воздвиг нерукотворный», в котором Пушкин, как указывают комментаторы текста, отчасти указывает на свою вольнолюбивую лирику, следующую традиции Радищева. В этом контексте «свобода» имеет общественно-политический смысл. Однако очевидно, что в данном случае, как и вообще в поздней лирике Пушкина (ср. «Из Пиндемонти») свобода не понимается им как национальная независимость или революционное свободомыслие, а имеет более универсальное значение.

Сопоставление сравниваемых выше стихотворений Пушкина и Шевченко — лишь несколько примеров, свидетельствующих о том, что устремления Пушкина носили скорее универсалистский, чем националистический характер. Хотя Пушкин писал в эпоху, когда институт национального поэта приобретал особый националистический и даже мессианский резонанс (его разделяли многие поэты-романтики), он все же был скорее классическим национальным бардом, чем национальным поэтом в романтическом понимании этого слова. Если национальный поэт «должен писать стихи, тесно связанные с делом нации — или считающиеся таковыми», то Пушкин, несмотря на свои патриотические стихи, не вполне вписывается в эту парадигму, оставаясь национальным поэтом скорее в классическом смысле. Он отчетливо осознавал сложность понятия «народности» в литературе и даже сетовал на отсутствие четкого понимания того, что подразумевается под «народностью». В своей заметке «О народности в литературе» он настаивает на том, что «*народность* в писателе есть достоинство, которое вполне может быть оценено одними соотечественниками — для других оно или не существует, или даже может показаться пороком» [Пушкин 1977–1979, 7: 28]. Здесь существенно, что Пушкин понимает «народность» как достоинство, никак не связанное с собственно «национальным делом» или даже с историей нации, и скорее подтверждает вывод Абербаха о классической литературе, которая «ценилась в основном потому, что она, казалось, преодолевала ограничения национальной идентичности». В представлении Пушкина «народность» Шекспира никак не зависит от выбранных им тем или идеологии. Он отмечает: «Климат, образ правления, вера дают каждому народу особенную физиономию, которая более или менее отражается в зеркале поэзии. Есть образ мыслей и чувствований, есть тьма обычаев, поверий и привычек, принадлежащих исключительно какому-нибудь народу» [Пушкин 1977–1979, 7: 28–29]. То есть Пушкин понимает народность скорее как самобытность, а не национализм. Поэтому отождествление у него народности с национализмом представляется неверным. Хотя Пушкин опирался на отечественную историю и внес значительный вклад в развитие русского литературного языка, в целом он стремился быть не столько национальным, сколько универсальным поэтом, что, безусловно, в его представлении не противоречило народности, но при этом не было связано с национализмом. В понимании Пушкиным роли национального поэта сталкиваются две концепции — концепция классического поэта и романтическая концепция национального поэта как политической фигуры. Однако его образцами национальных, или, скорее, народных, поэтов оставались те, кто выходил за рамки своей национальности (Шекспир, Лопе де Вега, Ариосто, Расин), по крайней мере в смысле их обращения к национальной истории или использования литературного языка. В 1835–1836 годах он рисует пародийный автопортрет и изображает себя в лавровом венке, похожим на Данте. Надпись внизу рисунка гласит: Il gran' Padre A. P. Очевидно, Пушкин стремился быть национальным поэтом в той мере, в какой он преодолевал границы национального, то есть являлся национальным в той степени, в какой он был универсальным, как Шекспир и Данте.

Источники

Державин 1985 — Державин Г. Р. Сочинения / Сост., биогр. очерк и комм. И. И. Подольской. М.: Правда, 1985.

Белинский 1953–1958 — Белинский В. Г. Полное собрание сочинений: В 13 т. М.: Изд-во АН СССР, 1953–1958.

Вяземский 1884 — Вяземский П. А. Полное собрание сочинений: В 12 т. Т. 9: 1813–1852. СПб.: Издание графа С. Д. Шереметева, 1884.

Гоголь 1937–1952 — Гоголь Н. В. Полное собрание сочинений: в 14 т. [гл. ред. Н. Л. Мещеряков]. М.: Изд-во АН СССР, 1937–1952.

Пушкин 1977–1979 — Пушкин А. С. Полное собрание сочинений: В 10 т. / [гл. ред. Б. В. Томашевский]. 4-е изд. Л.: Наука, 1977–1979.

Тургенев 1989 — Тургенев А. И. Политическая проза. М.: Советская Россия, 1989.

Чаадаев 1991 — Чаадаев П. Я. Полное собрание сочинений и избранные письма: В 2 т. / Отв. ред. З. А. Каменский. М.: Наука, 1991.

Шевченко 1970–1971 — Шевченко Т. Г. Твори: В 5 т. Київ: Дніпро, 1970–1971.

Библиография

Алексеев 1967 — Алексеев М. П. Стихотворение Пушкина «Я памятник себе воздвиг...». Л.: Наука, 1967.

Андерсон 2001 — Андерсон Б. Воображаемые сообщества: Размышления об истоках и распространении национализма / Пер. с англ. В. Г. Николаева. М.: КАНОН-пресс-Ц; Кучково поле, 2001.

Благой 1950 — Благой Д. Д. Творческий путь Пушкина: 1813–1826. М.: Академия Наук СССР, 1950.

Бонди 1978 — Бонди С. М. О Пушкине: Статьи и исследования. М.: Художественная литература, 1978.

Вацуро 1994 — Вацуро В. Е. Записки комментатора. СПб.: Академический проект, 1994.

Гаспаров 1999 — Гаспаров Б. М. Поэтический язык Пушкина как факт истории русского литературного языка. СПб.: Академический проект, 1999.

Левицкий 2011 — Левицкий А. А. Державин как исповедник Пушкина // Русская литература. 2011. № 1. С. 3–23.

Маршадье 2019 — Маршадье Б. Некоторые размышления о русской литературной прозе и круге Чаадаева/Пушкина/Кюстина/Мицкевича // Философические письма. Русско-европейский диалог. 2019. Т. 2, № 4. С. 104–119.

Муравьева 1994 — Муравьёва О. С. «Вражды бессмысленной позор...». Ода «Клеветникам России» в оценках современников // Новый мир. 1994. № 6. С. 198–204.

Проскурин 1999 — Проскурин О. А. Поэзия Пушкина, или подвижный палимпсест. М.: Новое литературное обозрение, 1999.

Реизов 1966 — Реизов Б. Г. Понятие свободы у Пушкина // Вопросы литературы. 1966. № 12. С. 109–134.

Савицкая 2002 — Савицкая Я. Изображение польских национально-освободительных восстаний в русской поэзии — изменение стереотипов // Россия — Польша. Образы и стереотипы в литературе и культуре / Отв. ред. В. А. Хорев. М.: Индрик, 2002. С. 216–224.

Суни 2010 — Суни Р. Г. Аффективные сообщества: структура государства и нации в Российской империи // Российская империя чувств: подходы к культурной истории эмоций / Под ред. Я. Плампера, Ш. Шахад, М. Эли. М.: НЛО, 2010. С. 78–114.

Федотов 1937 — Федотов Г. П. Певец империи и свободы // Современные записки. Париж, 1937. № 63. С. 178–198.

Фридман 1947 — Фридман Н. В. Образ поэта-пророка в лирике Пушкина // Ученые записки МГУ. Москва, 1947. № 118 (2). С. 88–98.

Якубович 1937 — Якубович Д. П. Черновой автограф трех последних строф «Памятника» // Пушкин: Временник Пушкинской комиссии. М.; Л.: Изд-во АН СССР, 1937. Вып. 3. С. 3–8.

Aberbach 2015 — Aberbach D. National Poetry, Empires and War. New York, London: Routledge, 2015.Audeh, Havely 2012 — Dante in the Long Nineteenth Century: Nationality, Identity, and Appropriation / Ed. by A. Audeh, N. Havely. Oxford University Press, 2012.

Bethea 1998 — Bethea D. Realizing Metaphors: Alexander Pushkin and the Life of the Poet. Madison: University of Wisconsin Press, 1998.

Davis 1984 — Davis C. T. Dante's Italy and Other Essays. Philadelphia: University of Pennsylvania Press, 1984.

Dixon 2005 — Dixon M. Repositioning Pushkin and Poems of the Polish Uprising // Polish Encounters, Russian Identity / Ed. by D. L. Ransel, B. Shallcross. Bloomington: Indiana University Press, 2005. P. 49–73.

Dobson 1992 — Dobson M. The Making of the National Poet: Shakespeare, Adaptation and Authorship, 1660–1769. New York: Oxford University Press, 1992.

Ciccarelli 2001 — Ciccarelli A. Dante and Italian Culture from the Risorgimento to World War I // Dante Studies. Baltimore: The John Hopkins University Press, 2001–2002. Vol. CXIX. 2001. P. 125–154.

Hokanson 2008 — Hokanson K. In Defense of Empire: «The Bronze Horseman» and «To the Slanderers of Russia» // Beyond the Empire: Images of Russia in the Eurasian Cultural Context / Ed. by T. Mochizuki. Hokkaido: Hokkaido University Slavic Research Center, 2008. P. 149–166.

Hokanson 2012 — Hokanson K. Politics and Poetry: The «Anti-Polish» Poems and «I built myself a monument not made by human hands» // Taboo Pushkin: Topics, Texts, Interpretations / Ed. by A. Gillespie. Madison: University of Wisconsin Press, 2012. P. 283–317.

Jossa 2012 — Jossa S. Politics vs. Literature: The Myth of Dante and the Italian National Identity // Dante in the Long Nineteenth Century: Nationality, Identity, and Appropriation / Ed. by A. Audeh, N. Havely. Oxford University Press, 2012. P. 30–50.

Lednicki 1954 — Lednicki W. Russia, Poland and the West: Essays in Literary and Cultural History. London: Hutchinson, 1954.

Levitt 1989 — Levitt M. Russian Literary Politics and the Pushkin Celebration of 1880. Ithaca, NY: Cornell University Press, 1989.

Nemoianu 2002 — Nemoianu V. «National Poets» in the Romantic Age: Emergence and Importance // Romantic Poetry / Ed. by A. Estenhammer. Amsterdam; Philadelphia, PA: John Benjamins Pub. Co., 2002. P. 249–255.

Neubauer 2004 — Neubauer J. Figures of National Poets: Introduction // Junctures and Disjunction in the 19th and 20th Centuries: Types and Stereotypes // History of the Literary Cultures of East-Central Europe / Ed. by M. Cornis-Pope, J. Neubauer. Amsterdam: John Benjamins Pub. Co, 2004. Vol. 4. P. 11–18.

Peterson 1997 — Peterson D. Civilizing the Race: Chaadaev and the Paradox of Eurocentric Nationalism // The Russian Review. October 1997. Vol. 56, № 4. P. 550–563.

Ram 2003 — Ram H. The Imperial Sublime: A Russian Poetics of Empire. Madison: University of Wisconsin Press, 2003.

Rothe 2006 — Rothe H. A. S. Puškins «Klevetnikam Rossii» // Zeitschrift für Slawistik. 2006. Bd. 51.1. S. 3–43.

Rowley 2000 — Rowley D. G. The Imperial versus National Discourse: The Case of Russia // Nations and Nationalism. 2000. Vol. 6, № 1. P. 23–42.

Sandler 2004a — Sandler S. Commemorating Pushkin: Russia's Myth of Poet. Stanford: Stanford University Press, 2004.

Sandler 2004b — Sandler S. «Pushkin» and Identity // National Identity in Russian Culture / Ed. by S. Franklin, E. Widdis. Cambridge: Cambridge University Press, 2004. P. 197–216.

Пушкинский «Современник» и XVIII век

В. Ю. Проскурина

И это «Современник»? Что ж тут *современного?*

В. Г. Белинский. Вторая книжка «Современника»

Вы знаете, что он (Пушкин. — *В. П.)* издает также журнал под названием *Современник.* Современник чего?

П. Я. Чаадаев А. И. Тургеневу 25 мая 1836 года

Исследователи уже не один раз предпринимали попытки осмыслить пушкинский «Современник» как нечто целостное, концептуальное [Гиллельсон 1987; Эткинд 1987; Рейфман 1996; Фрик 2009]. Тем не менее все еще остается немало вопросов, нуждающихся в прояснении и корректировке. Один из таких вопросов — отчего в пушкинском журнале оказалось так много материалов, связанных с XVIII веком? Пушкинский программный текст «Пир Петра Первого» открывал «Современник», его первый том. «Капитанская дочка» составляла основную часть содержания IV тома[1]. Оба текста были связаны с большими историческими проектами Пушкина («История Петра» и «История Пугачева»/«История Пугачевского бунта»). Литературно-публицистические заметки Пушкина, завуалированная и хорошо продуманная публикация знаменитых «Вопросов» Д. И. Фонвизина, попытки издать ново-

[1] О концепции XVIII века в «Капитанской дочке» см. [Проскурина 2020].

найденную «Записку о древней и новой России» Н. М. Карамзина, радищевская и вольтеровская темы «Современника», целый список намеченных для журнала материалов из того же времени[2] — все это подчеркивает важность обращения к тому, что сейчас называют «длинный XVIII век», наследником и завершителем которого Пушкин и являлся. По справедливому замечанию исследователя, «в творческой биографии Пушкина 1830-х гг. XVIII век становится ключевой темой» [Стенник 1995: 283].

Между Петром I и Николаем I

Дело было не только в пушкинском интересе к осьмнадцатому столетию — как в поэтическом плане, так и в связи с его статусом «почти» придворного историка, занятого архивными изысканиями, сочиняющего новую историю императора Петра I или увлеченно собирающего материалы для «Истории Пугачевского бунта». Здесь имело место конструирование утопической модели взаимоотношений с властью — не только самого Пушкина, но и его ближайшего окружения (В. А. Жуковский, П. А. Вяземский, А. И. Тургенев).

В кругу будущих авторов «Современника» проводилась сознательная идеализация «века просвещения, еще усиленная в полемических целях» [Вацуро, Гиллельсон 1968: 94]. Не случайно Пушкин открывает свой «Современник» стихотворением «Пир Петра Первого», отнюдь не являвшимся очередным «вольнолюбивым» текстом, либеральным «уроком» действующим властям. Стихотворение не содержало, как полагали некоторые исследователи, критики власти или какого-либо противопоставления двух царей в пользу первого. Напротив, оно имело очевидный комплиментарный характер, служило завуалированным «посвящением» журнала императору Николаю I. Пушкин не открыл бы только что разрешенный царем журнал «укором» в недостаточности милосердия к декабристам.

---

[2] См. комментарий Ю. Г. Оксмана к разделу «Перечень статей, намечавшихся для отдела “Опыты библиографические” в “Современнике”» [Оксман 1962: 515–516].

Используя — в духе державинских «забавных» од — сниженный стилевой модус, ни разу не упомянув Николая I прямо, Пушкин опирался на сложный интертекст. С одной стороны, сопоставление двух имен «Петр I — Николай I» было задано прежними стихотворными текстами поэта («Стансы», «Друзьям»). С другой стороны, «Пир Петра Первого» отсылал к державинскому «Шествию по Волхову Российской Амфитриты» (1810) с его умело инкорпорированными династическими славословиями [Бицилли 1929: 355; Проскурина 2022].

Здесь содержался умелый комплимент Николаю I, поставившему задачу возродить русский флот, пришедший в некоторый упадок при Александре I: через несколько месяцев царь проведет морской парад с участием ботика Петра I, а стихотворение Семена Стромилова «3 июля 1836 года» («Опершись на грудь пучины...»), напечатанное в третьем томе «Современника», эксплицирует тот неожиданный «урок», который царь вынесет из прочтения пушкинского «Пира».

Не случайно следующим текстом в первом томе «Современника» — сразу после «Пира» — будет статья П. А. Плетнева «Императрица Мария», посвященная вдове императора Павла I, матери Александра I и Николая I. Плетнев преподавал в женских учебных заведениях, возглавляемых императрицей Марией Федоровной, которая представлена в статье как образец идеального просвещенного властителя, создавшего вокруг себя «царство любви» [Современник 1836, 1: 9]. После ее смерти в 1828 году Плетнев сделался учителем литературы цесаревича Александра Николаевича и великих княжон.

Идеализированная картина общественной деятельности императрицы Марии, названной «Министром Благотворительности» [Современник 1836, 1: 7], должна была служить моделью, в которой определенное место занимали просвещенные и вполне лояльные власти литераторы. Весь первый том был сконструирован Пушкиным так, что императорские имена (Петр Первый, Мария Федоровна) «встречались» на страницах журнала с именами «придворных педагогов», авторов первого тома «Современника» (Плетнев, Жуковский, Гоголь) — предполагаемых посредников между властью и кругом друзей Пушкина.

Из публичной сферы убираются негативные замечания по отношению к власти, хотя в переписке пушкинского круга, да и в дневнике Пушкина остается — хотя и завуалированная — насмешка над Николаем I («Кто-то сказал о Гос[ударе]: Il y a beaucoup du Praporchique en lui, et un peu du Pierre le Grand», запись от 21 мая /2 июня 1834 года)[3]. Однако при всей умеренности и даже консерватизме писателей пушкинского круга, все они оказались под подозрением у правящих верхов. Так, непростые отношения сложились даже у Жуковского с Николаем I, смотревшим на поэта-придворного как на «главу партии, защитника всех тех, кто только худ с правительством» [Дубровин 1902: 80].

Сложный утопический и абсолютно не реализовавшийся проект взаимодействия с властью создал противоречивый концепт «Современника».

Фонвизин, Карамзин и литературная аристократия

Миф о просвещенном союзе государя и писателя, культивируемый в пушкинском кругу, во многом был вдохновлен работой Вяземского над книгой о Фонвизине — «Биографические и литературные записки о Денисе Ивановиче Фонвизине». Пушкин, А. И. Тургенев, а также П. А. Плетнев, судя по оставленным пометам, читали рукопись уже в 1832 году. Картина империи у Вяземского, как и оставленные Пушкиным заметки на ее полях, свидетельствовали о сознательной идеализации царствования Екатерины II, покровительствующей писателям (Фонвизин, Державин) и приглашавшей их в свое окружение, в том числе и во власть. Пушкин оставил помету «Прекрасно» против одного из важнейших фрагментов в описании императрицы Екатерины II у Вяземского: «Она (Екатерина II. — *В. П.*) не только уважала ум, но любила, не только не чуждалась его, но снисходила к нему, но, так сказать, баловала и щадила неизбежные его уклонения» [Вацуро, Гиллельсон 1968: 13].

---

[3] «В нем много прапорщика и немного Петра Великого» (*фр.*) [Модзалевский 1923: 18].

Вяземский не просто идеализирует время правления Екатерины II, для него та эпоха являет собой золотой век дворянства, модель прекрасной монархии, согласно теории Монтескье, на которого он ссылается в своей книге. Вяземский описывает приглашение Фонвизина Екатериной во дворец для чтения своего сочинения «в приближенном обществе», где автор наслаждается заслуженными похвалами. Действительно, как описывал Фонвизин в своем «Чистосердечном признании», весной 1769 года он через А. И. Бибикова и Г. Г. Орлова был приглашен ко двору для чтения комедии «Бригадир». Здесь автор «Бригадира» был замечен и оценен Никитой Паниным, взявшим его в секретари по особым делам. Вяземский опускает тот факт, что дальнейшая судьба Фонвизина при Екатерине сложилась отнюдь не счастливо. Тем не менее Вяземский, намеренно опуская все конфликтные ситуации в отношениях писателя и императрицы, фокусируется лишь на первом этапе вхождения драматурга во власть, когда слава и почести сопутствовали первоначальному успеху. Комментируя весь этот фрагмент своей монографии, Вяземский приводит суждение своего главного теоретика-вдохновителя: «Монтескье сказал, что честь — душа монархического правления; можно прибавить: и почести» [Вацуро, Гиллельсон 1968: 26].

Для Монтескье дворянство, с его культом чести, необходимо для монархии — без него монархия не существует:

> Самая естественная из этих посредствующих и подчиненных властей есть власть дворянства. Она некоторым образом содержится в самой сущности монархии, основное правило которой: «Нет монарха, нет и дворянства, нет дворянства, нет и монарха». В монархии, где нет дворянства, монарх становится деспотом [Монтескье 1999: 23].

Концепция монархии французского мыслителя лежала в основе многих политико-публицистических суждений как Вяземского, так и Пушкина: в «Капитанской дочке» проблема дворянской чести и монаршей «милости» раскрывалась во многом в связи с парадигмами Монтескье. Для Пушкина важно было и декларированное философом толерантное отношение монарха к своему дворянину, даже в случае его «инакомыслия». Снисходительное отношение монарха к мнению или поступку дворянина, нарушившего формальность закона ради следования правилам чести, отличает просвещенную монархию от деспотизма. Тезис Монтескье в главе «О милосердии государя» оказывался близок программной идеологии пушкинского круга:

> Милосердие есть отличительное качество монархов. В республике, принцип которой — добродетель, оно менее необходимо. В деспотическом государстве, где царствует страх, оно встречается реже, так как там надо сдерживать высокопоставленных лиц государства примерами строгости. *В монархиях, где управляет честь, часто требующая того, что запрещает закон, милосердие более необходимо.* Опала там равносильна каре; даже формальности судопроизводства являются наказаниями [Монтескье 1999: 88] (Курсив наш. — *В. П.*).

Именно на этом принципе чести как главного механизма и атрибута монархии была построена коллизия «Капитанской дочки». Нарушение Гриневым закона — приезд в стан врагов ради спасения Маши Мироновой, как и отказ назвать причину этого «преступления» — было понято и оправдано императрицей Екатериной, поскольку Гринев действовал в соответствии с правилами дворянской чести.

Сама полемическая журналистская «кличка» — «литературная аристократия» — круга литераторов «Литературной газеты», а затем и всех последующих предприятий пушкинского круга вплоть до «Современника», имела под собой политико-философское обоснование. Для Пушкина, как и для Вяземского, существенно было двоякое определение этого термина. С одной стороны, важна была «аристократия дарований», о которой, в частности, писал Вяземский в статье «О духе партий, о литературной аристократии», напечатанной в «Литературной газете» (1830, № 23). С другой стороны — аристократия как социальнокультурный слой представляла собой важнейший инструмент взаимодействия с властью. В той же статье Вяземский писал:

> Что худого, что, например, творец «Недоросля» носил при имени своем аристократическую частичку фон, имел право быть воспитан в университетском благородном пансионе, что, возмужав, *был он в связи с Чернышевыми, с Паниными, с Булгаковыми*, имел способы объездить несколько раз Европу и был вместе писателем и светским человеком? Что худого, что Карамзин был не только лучшим писателем нашим, но рождением, образованием и навыками всей жизни своей принадлежал всегда вершине лучшего общества, *был собеседником и приятелем государственных мужей и вельмож наших, что из ученого кабинета своего переходил он к царскому столу*, что в беседе его находил удовольствие император Александр... [Вяземский 1878–1896, 2: 160–161] (Курсив наш. — *В. П.*).

Характерен также рассказ Н. А. Муханова, относящийся к 1832 году, о планах Пушкина, собиравшегося издавать газету или журнал: «Цель его (Пушкина. — *В. П.*) журнала, как он ее понимает, доказать правительству, что оно может иметь дело с людьми хорошими, а не с литературными шельмами, как доселе было» [Муханов 1897: 657].

Здесь уже складывалась программная установка «Современника»: оттеснить проект «консервативного демократизма», массовой коммерческой литературы и заменить его «высокой» литературной продукцией, под эгидой своеобразной аристократическо-консервативной и приближенной к власти «олигархии умов». Эта модель соединения поэтического с государственным проговаривалась Вяземским в его статье «Известия о жизни и стихотворениях Ивана Ивановича Дмитриева» (написана в 1821-м, издана с сокращениями в 1823 году), та же модель содержалась и в монографии о Фонвизине, и в статье «Взгляд на литературу нашу в десятилетие после смерти Пушкина» (1847). Не один Вяземский, но и весь так называемый пушкинский круг писателей придерживался схожих мнений. Этот кружковый аристократизм, мечта об «олигархии» умов при дворе, прозвучал и в стихотворении Вяземского 1861 года:

> Не редко нам — кто ж не слыхал? — пеняли,
> Что мы кружком, средь Арзамасских стен,
> Олигархически себя держали
> Как говорят: в республике письмен.
> [Вяземский 1878–1896, 11: 373]

«Просвещенный монарх», каким Пушкин публично пытался представить Николая I, так или иначе должен взаимодействовать не с теми, с кем он взаимодействует: надо «связать» власть с лучшими людьми. Отсюда становится понятной злая сатира Пушкина «На выздоровление Лукулла. Подражание латинскому», напечатанная в преддверии «Современника». Написанная в октябре-ноябре 1835 года и опубликованная «Московским наблюдателем» ода едко высмеивала министра народного просвещения Сергея Семеновича Уварова, заранее устремившегося заполучить наследство родственника жены, богача Д. Н. Шереметева, который находился при смерти. Шереметев выздоровел, и Уваров оказался в довольно глупом положении. По мнению автора дерзкой сатиры, министр народного просвещения являет собой образец гнусного стяжательства, разврата и «подлого» характера[4]. Для Пушкина было чрезвычайно важно, именно в канун выхода журнала, подвергнуть публичному осмеянию человка, лишенного чести, а потому не заслуживающего своего места и влияния.

В пушкинском кругу поддержали выпад против Уварова. Так, А. И. Тургенев писал Вяземскому 9/21 марта 1836 года:

> Спасибо переводчику с *латинского* (жаль, что не с *греческого*!). Биографическая строфа будет служить эпиграфом всей жизни арзамасца-отступника. Другого бы забыли, но Пушкин заклеймил его бессмертным поношением. — Поделом вору и вечная мука! [Богаевская и др. 1952: 120].

---

[4] См. запись Пушкина в дневнике от конца февраля 1835 года: «Уваров, большой подлец. <...> Это большой негодяй и шарлатан. Разврат его известен. <...> Дашков (министр), который прежде был с ним приятель, встретил Жук[овского] под руку с Уваровым, отвел его в сторону, говоря: как тебе не стыдно гулять публично с таким человеком!» [Модзалевский 1923: 26–27].

Культивируемая «фонвизинско-карамзинская модель» была сердцевиной ретроспективной утопии пушкинского журнала. Во втором томе «Современника» Пушкин анонимно помещает свою статью «Российская Академия», в которой он публикует знаменитые «Вопросы» Фонвизина, а также упоминает новонайденное сочинение Карамзина — его «Записку о древней и новой России в ее политическом и гражданском отношениях». Пушкин умело воспользовался тем, что эти два полуопальные сочинения оказались упомянуты в протоколе академического собрания, изданного под названием «Заседание, бывшее в Российской Академии 18 января 1836 г.». Пушкин, избранный в Академию в 1832 году (диплом от 13 января 1833 года), не присутствовал на этом замечательном заседании, но внимательно ознакомился с 48-страничным печатным отчетом и даже оставил пометы на полях [Модзалевский 1937: 248].

В 1783 году Фонвизин, по приглашению Е. Р. Дашковой, начинает сотрудничать в издаваемом ею журнале «Собеседник любителей Российского слова». В числе прочих своих работ он присылает в журнал необычную и политически острую статью «Несколько вопросов, могущих возбудить в умных и честных людях особливое внимание». Фонвизин указывал на отсутствие в России «фундаментальных законов», без которых власть становится шаткой, подверженной переворотам. Эти вопросы имели целью открыть дискуссию о разных аспектах политической и общественной жизни: о разорении дворян, об их паразитарном и непросвещенном образе жизни, об уходе из власти «лучших» людей (здесь Фонвизин намекал и на свою отставку, и на отставку своего недавно умершего патрона Никиты Панина).

Екатерина не побоялась опубликовать эти вопросы — вместе с собственными ответами. Четырнадцатый вопрос — о незаслуженном выдвижении неких «шутов» (намек как на любимца императрицы Льва Александровича Нарышкина, придворного собеседника-остроумца, так и вообще на институт фаворитизма) особенно взволновал Екатерину:

> 14. Отчего в прежние времена шуты, шпыни и балагуры чинов не имели, а ныне имеют, и весьма большие?
> На 14. Предки наши не все грамоте умели. NB. Сей вопрос родился от *свободоязычия*, которого предки наши не имели; буде же бы имели, то начли бы на нынешнего одного десять прежде бывших [Екатерина II 1903: 54].

Пушкин старательно воспроизводит текст академического протокола, без опаски цензурных купюр — и обрывает на этой паре вопросов и ответов свою хитроумную перепечатку почти крамольного текста. Единственным комментарием Пушкина в статье «Российская академия» была одна — комплиментарная по отношению к Екатерине и ее «ответам» — фраза: «Вопросы явились в Собеседнике с весьма остроумными ответами» [Современник 1836, 2: 7]. В черновых вариантах эта фраза имела несколько иной вид и — соответственно — смысл: «Во всех сих вопросах дышит его сатирический ум, а в некоторых он даже дал излишнюю свободу своему языку. Не смотря на то вопросы явились» [Пушкин 1937–1959, 12: 358].

Как видно, в отброшенном варианте содержался даже упрек Фонвизину за «излишнюю свободу» его вопросов, как и похвала Екатерине, не побоявшейся опубликовать вопросы — несмотря на их язвительный характер («Не смотря на то вопросы явились»). Восхваляя императрицу, оперативность Академии при ее правлении, а также поддержку скорого издания первого толкового словаря русского языка — «Словаря Академии Российской» (1789–1794), Пушкин сравнивает ее с французской стороной. Это сравнение также оборачивается комплиментом в адрес Екатерины — Российская Академия издала шесть томов словаря за шесть лет (в действительности за 11 лет, так как работа над словарем началась уже в 1783 году, при активном участии Е. Р. Дашковой). Французская Академия более 60 лет занималась своим словарем, отчасти уже устаревшим к моменту его выхода.

На этом заседании Академии имело место парадоксальное явление — президент Российской Академии А. С. Шишков написал прочувственную речь «Нечто о Карамзине», а присутствующий на заседании П. А. Ширинский-Шихматов ее прочитал. Это неожиданное единение двух противоположных литературных лагерей — «карамзинистов» и «шишковистов» — вызвало умиление Пушкина, полемически заостривщего этот пассаж против «недобросовестной» критики нынешнего времени: «Невозможно было без особенного чувства слышать искренние, простые похвалы, воздаваемые почтенным старцем великому писателю, [бывшему некогда предметом жесткой его критики, если не всегда справедливой, то всегда добросовестной]» [Современник 1836, 2: 12][5].

А. С. Шишков в своей речи упомянул о посещении Карамзиным в 1811 году Твери, где тот читал выдержки из своей «Истории государства Российского» в присутствии Александра I и его сестры великой княгини Екатерины Павловны. Воспользовавшись этим упоминанием, Пушкин дополнил картину взаимодействия Карамзина с представителями царского дома:

> Пребывание Карамзина в Твери ознаменовано еще одним обстоятельством, важным для друзей его славной памяти, неизвестным еще для современников. По вызову государыни великой княгини, женщины с умом необыкновенно возвышенным, Карамзин написал свои мысли о *древней и новой России*, со всею искренностию прекрасной души, со всею смелостию убеждения сильного и глубокого. Государь прочел эти красноречивые страницы... прочел и остался по-прежнему милостив и благосклонен к прямодушному своему подданному. Когда-нибудь потомство оценит и величие государя и благородство патриота... [Современник 1836, 2: 13].

Этот политический трактат, написанный Карамзиным по просьбе великой княгини Екатерины Павловны, не был опубликован ни при жизни Карамзина, ни при жизни Пушкина. В феврале 1836 года пропавшая рукопись была найдена Жуковским в дворцовом архиве. 25 февраля 1836 года Вяземский сообщал И. И. Дмитриеву о неожиданной находке: «...на днях отыскана

---

5 Фраза в скобках была исключена цензурой из печатного текста, см. [Пушкин 1937–1959, 12: 357].

здесь (вероятно, известная вам по слуху и которая почиталась доныне пропадшею) *политическая записка о России*, писанная Никол.<аем> Мих.<айловичем> для Екатерины Павловны» [Вяземский 1868: 644][6]. Пушкин сразу же решил опубликовать работу в «Современнике» и даже написал к ней небольшое предисловие.

Работа Карамзина, при всей умеренности и консерватизме автора «Записки», давала нелицеприятную картину как «древней», так и «новой» России. Александр I не только не оценил сочинение своего придворного историка, но был крайне раздражен — рукопись не была им разрешена к печати. Однако Пушкин и здесь, как и в случае с Екатериной, корректирует события в угоду своей концепции «взаимодействия» писателя и просвещенного правителя, оказывающего снисхождение, милость — даже по отношению к совершившему ошибку подчиненному. Намекая для знающих о ситуции недовольства покойного императора «Запиской» («Государь прочел эти красноречивые страницы... прочел и остался по-прежнему милостив и благосклонен к прямодушному своему подданному»), Пушкин не прямо, но косвенно, эмфатически, преподносит свой программный тезис об истинно просвещенном монархе: Александр был взбешен «Запиской» Карамзина, но не наказал своего историка.

Однако приготовленная для публикации «Записка» Карамзина 28 октября 1836 года была запрещена цензурой, и только после смерти Пушкина, в 5-м томе «Современника» 1837 года, появилась в сильно сокращенном виде. Здесь были полностью опущены страницы с критической оценкой Петра I, кумира Николая Павловича.

Карамзин писал о насильственных переменах, проведенных Петром I с жестокостью и непониманием традиций: «Умолчим о пороках личных; но сия страсть к новым для нас обычаям преступила в нем (Петре I. — *В. П.*) границы благоразумия. Петр не хотел вникнуть в истину, что дух народный составляет нрав-

---

[6] Однако из-за огромного спроса копия Дмитриеву была послана Жуковским лишь в августе 1836 года [Жуковский 1866: 1639].

ственное могущество государств» [Карамзин 1991: 32–33]. Карамзин писал о необразованности и тяжелом характере Петра, о его волюнтаристских приказах и поступках, о гонении на церковь, о шаткости его наследия, которым пытались завладеть после его смерти противоборствующие группировки.

Публикация в «Современнике» не включала и пассажи о дворцовых переворотах — так, Карамзин писал о перевороте 1762 года, приведшем к власти Екатерину: «Новый заговор — и несчастный Петр III в могиле со своими жалкими пороками...» [Карамзин 1991: 41]. Страницы, посвященные Павлу Петровичу, как представляется, не пришлись по душе и Александру I, и позднее Николаю I. История царя, убитого в результате заговора, в который были вовлечены известные лица, сделалась запретной темой как при Александре (история пушкинской оды «Вольность»), так и при Николае Павловиче. Сам теоретизирующий дискурс Карамзина, хотя и восхваляющего самодержавие, но и критикующего темные стороны некоторых правлений, — противоречил установкам утверждавшейся «официальной народности».

Казус Радищева

Для «Современника» была написана, но не опубликована парадоксальная статья «Александр Радищев», вызвавшая самые разные, диаметрально противоположные толкования[7].

В этой не пропущенной цензурой статье Пушкин отказал Радищеву в политическом смысле его обличений екатерининского режима. Пушкин отмечал «полуобразованность», легкомысленное отношение к учебе за границей, куда Радищев был отправлен самой императрицей, а также слабый интеллектуальный потенциал «мыслителя», как и дурной слог и стиль его прозы. Пушкин увидел в Радищеве «представителя полупросвещения», наделенного такими чертами, как «невежественное презрение ко всему прошедшему; слабоумное изумление перед своим веком, слепое пристрастие к новизне; частные поверхностные сведения, наобум

[7] Анализ литературы об этой статье см. в [Вацуро 2009].

приноровленные ко всему» [Пушкин 1937–1959, 12: 36]. В черновике Пушкин сравнил его с Николаем Полевым: «Отымите у него честность, в остатке будет Полевой» [Пушкин 1937–1959, 12: 355]. Не прошел Пушкин и мимо очевидной зависимости Радищева от высоких покровителей (намек на А. Р. Воронцова).

Более того, некоторые пункты пушкинских критических стрел в адрес Радищева удивительным образом совпадают с замечаниями самой императрицы, прочитавшей «Путешествие из Петербурга в Москву». Пушкин в своей статье привел некоторые ее высказывания по известным ему запискам А. В. Храповицкого:

> Она (книга «Путешествие из Петербурга в Москву». — *В. П.*) дошла до государыни. Екатерина сильно была поражена. Несколько дней сряду читала она эти горькие, возмутительные сатиры. *Он мартинист*, говорила она Храповицкому (см. его записки), *он хуже Пугачева*... [Пушкин 1937–1959, 12: 33][8].

Как и Екатерина, Пушкин был уверен в принадлежности Радищева к этому кругу:

> В то время существовали в России люди, известные под именем *мартинистов*. Мы еще застали несколько стариков, принадлежавших этому полуполитическому, полурелигиозному обществу. <...> Нельзя отрицать, чтобы многие из них (мартинистов. — *В. П.*) не принадлежали к числу недовольных; но их недоброжелательство ограничивалось брюзгливым порицанием настоящего, невинными надеждами на будущее и двусмысленными тостами на фран-масонских ужинах. Радищев попал в их общество [Пушкин 1937–1959, 12: 31–32][9].

---

[8] В 1833 году Пушкин получил от П. П. Свиньина «Памятные записки» А. В. Храповицкого. Мотивируя свой запрос, он сообщал Свиньину, что собирается писать обозрение царствования Екатерины II [Пушкин 1937–1959, 15: 48].

[9] Как и Екатерина, Пушкин также пишет о том, что радищевские обличения «незаконно тиснуты в станках тайной типографии» [Пушкин 1937–1959, 12: 36]. Этот формальный «обман», издание книги без официального разрешения управы благочиния, вызвал особое негодование императрицы [Бабкин 1952: 156].

В переписке масонов того времени настойчиво повторяется мысль, что Радищев никогда бы не написал столь «преступной» книги, если бы был настоящим масоном. Тем не менее масонские собрания были приостановлены, а переписка наполнилась славословиями по адресу императрицы — очевидно, в связи с опасностью перлюстрации [Барсков 1915: 8–21]. М. Н. Лонгинов вслед за современниками Радищева всячески отрицал принадлежность Радищева к масонству, полагая, что «Путешествие из Петербурга в Москву» было посвящено известному масону А. М. Кутузову «как другу», а не как «брату» по ложе [Лонгинов 1867: 302].

Пушкин скорее дал типологический портрет радикала-мартиниста, чем опирался на конкретную информацию о масонских связях Радищева. Вопрос о масонском участии Радищева остается неясным. Один из авторитетнейших исследователей, анализируя связи Радищева с кружками масонов, приходит к следующему заключению:

> Что касается Радищева, то, согласно неоднократным свидетельствам современников, он был масоном; по одному из таких современных указаний (кн. Голицына) масонская ложа, в которую он входил, помещалась даже в его доме. Во всяком случае довольно устойчивая религиозность Радищева, в духе деизма, роднит его с масонами. В его фразеологии также порой встречаются отпечатки масонского воздействия. В виду этого вполне вероятно, что Радищев действительно принадлежал к числу масонов, но если так, то он входил в какую-либо строго законспирированную ложу, существование которой осталось неизвестным екатерининскому правительству, как неизвестно оно и нам [Семенников 1936 : 224].

Между тем для самой императрицы, написавшей подробные комментарии к тексту «Путешествия», сомнений в понимании книги почти не было. Сочинение Радищева воспринималось ею как образец политического «заказа» со стороны ее противников, как некогда «Путешествие в Сибирь» аббата Шаппа. Георг фон Гельбиг, с 1787 года секретарь саксонского посольства при дворе

Екатерины, записывал циркулирующие слухи о причастности начальника по таможенной службе А. Р. Воронцова, как и его сестры Е. Р. Дашковой, к «истории» с появлением «Путешествия»:

> Эта история имела влияние и на защитников Радищева, графа Воронцова и княгиню Дашкову. Об их связи с ним (Радищевым. — *В. П.*) было известно всем. Их обвиняли в участии в книге, и они должны были защищаться перед тайной инквизицией. Они не были наказаны, но потеряли свое значение в глазах императрицы и, мало по малу, должны были удалиться и от двора, и от дел [Гельбиг 1900: 492].

Слухи о вовлеченности А. Р. Воронцова повторил и А. С. Пушкин; по всей вероятности, здесь он опирался как на устные беседы в Одессе с М. С. Воронцовым, так и на — возможно — показанные ему там же письма А. Р. Воронцова: «Сохранилась его [Радищева] переписка с одним из тогдашних вельмож [А. Р. Воронцовым], который, может быть, не вовсе был чужд изданию *Путешествия*» [Пушкин 1937–1959, 12: 33].

В своей статье 1836 года Пушкин представил своего рода апологию Екатерины, риторически взвалив на Радищева вину за легкомысленное отношение к возможным решениям по целому ряду важнейших проблем, ибо в те времена

> ...само правительство не только не пренебрегало писателями и их не притесняло, но еще требовало их соучастия, вызывало на деятельность, вслушивалось в их суждения, принимало их советы — чувствовало нужду в содействии людей просвещенных и мыслящих, не пугаясь их смелости и не оскорбляясь их искренностью [Пушкин 1937–1959, 12: 36].

Понятно, что советы покойному Радищеву — как он должен был взаимодействовать с властью — были программой самого «Современника», соотносящейся с указанными фрагментами монографии Вяземского о Фонвизине.

Особенно выразительны черновые варианты к статье, где Пушкин старательно прорабатывает нужную формулировку.

Суть претензий к политическим взглядам Радищева сводится к мысли о том, что во времена Екатерины были другие, благоприятные возможности для представления критических замечаний, что правительство взаимодействовало с писателями, нуждалось в их советах:

> ибо само правительство не только не пренебрегало писателями | *а. Начато*: и в какое время? когда правительство *б.* особливо в то время когда правительство не только не отвергало [благор<азумных>] мнений и советов писателей и их не притесняло | и не преследовало
> требовало их соучастия, вызывало на деятельность *а.* вызывало их *б.* требовало их содействия, вызывало на изъявление мнений *в.* требовало их деятельности, вызывало на умственные труды
> чувствовало нужду в содействии | *а.* чувствуя нужду в содействии *б.* чувствуя еще нужду в соучастии [Пушкин 1937–1959, 12: 355].

Показательно, что Пушкин особенно тщательно работал, судя по количеству вариантов, именно над этим фрагментом о взаимодействии власти и литераторов. Характерно, что Пушкин подчеркнуто фокусируется на всех упущенных Радищевым шансах повлиять на властные институты. Более того, говоря о последних годах жизни Радищева, Пушкин, не имея достаточно достоверных сведений [Немировский 1991: 124], описывает внимание Александра I к опальному вольнодумцу:

> Император Александр, вступив на престол, вспомнил о Радищеве и, извиняя в нем то, что можно было приписать пылкости молодых лет и заблуждениям века, увидал в сочинителе Путешествия отвращение от многих злоупотреблений и некоторые благонамеренные виды. Он определил Радищева в комиссию составления законов и приказал ему изложить свои мысли касательно некоторых гражданских постановлений. Бедный Радищев, увлеченный предметом, некогда близким к его умозрительным занятиям, вспомнил старину и в проекте, представленном начальству, предался своим прежним мечтаниям [Пушкин 1937–1959, 12: 34].

Как и многие пушкинские поздние тексты, статья о Радищеве содержала очевидные — автобиографические — проекции. Однако эти проекции скорее были «воображаемыми» — царь Александр не отнесся к поэту так милостиво, как — якобы — к Радищеву. К концу 1836 года, после чаадаевского дела, а также в связи с бесконечными цензурными препятствиями, не осталось надежд и на императора Николая Павловича. Попытки вписаться в круг просвещенных «друзей» или даже «советчиков» Николая I не имели никакого успеха. «Современник» 1836 года оказался плодом отчаянных, но не сбывшихся мечтаний Пушкина и его круга о вхождении во власть.

Источники

Барсков 1915 — Барсков Я. Л. Переписка московских масонов XVIII-го века, 1780–1792 гг. Пг.: Изд. Отделения русского языка и словесности Императорской Академии Наук, 1915.

Богаевская и др. 1952 — Пушкин в неизданной переписке современников (1815–1837) / Публ. К. Богаевской и др. // Литературное наследство. Т. 58: Пушкин. Лермонтов. Гоголь. М.: Изд. Академии наук СССР, 1952.

Вацуро, Гиллельсон 1968 — Новонайденный автограф Пушкина. Заметки на рукописи книги П. А. Вяземского «Биографические и литературные записки о Денисе Ивановиче Фонвизине» / Ред. и коммент. В. Э. Вацуро и М. И. Гиллельсона. Л.: Наука, 1968.

Вяземский 1868 — Письма к И. И. Дмитриеву. IX. Князя Петра Андреевича Вяземского // Русский архив. Историко-литературный сборник. 1868. № 4–5. М.: Тип. В. Грачева и Ко. Стб. 603–658.

Вяземский 1878–1896 — Вяземский П. А. Полное собрание сочинений: В 12 т. СПб.: Изд. Гр. С. Д. Шереметева, 1878–1896.

Гельбиг 1900 — Гельбиг Г. фон. Русские избранники / Пер. с нем. и примеч. В. А. Бильбасова. Берлин: Изд. Фридриха Готтгейнера, 1900.

Екатерина II 1903 — Сочинения императрицы Екатерины II. На основании подлинных рукописей и с объяснительными примечаниями академика А. Н. Пыпина: В 12 т. Т. 5. СПб.: Императорская Академия наук, 1903.

Карамзин 1991 — Карамзин Н. М. Записка о древней и новой России в ее политическом и гражданском отношениях. М.: Наука, 1991.

Модзалевский 1923 — Дневник Пушкина 1833–1835 / Под ред. Б. Л. Модзалевского. М.-Пг.: Государственное издательство, 1923.

Монтескье 1999 — Монтескье Ш. Л. О духе законов / Сост., пер., коммент. прим. автора А. В. Матешук. М.: Мысль, 1999.

Пушкин 1937–1959 — Пушкин А. С. Полное собрание сочинений: В 16 т. М. — Л.: Академия наук СССР, 1937–1959.

Современник 1836 — Современник. Литературный журнал, издаваемый Александром Пушкиным. Т. 1–4. СПб.: Гуттенбергова типография, 1836.

Библиография

Бабкин 1952 — Бабкин Д. С. Процесс Радищева. М.: Изд. АН СССР, 1952.

Бицилли 1929 — Бицилли П. М. Державин — Пушкин — Тютчев и русская государственность // Сборник статей, посвященных П. Н. Милюкову. 1859–1929. Прага: б.и., 1929. С. 351–374.

Вацуро 2009 — Вацуро В. Э. Александр Радищев // Пушкинская энциклопедия: Произведения. Вып. 1. СПб.: Нестор-История, 2009. С. 15–25.

Гиллельсон 1987 — Гиллельсон М. И. Пушкинский «Современник» // Современник. Литературный журнал, издаваемый Александром Пушкиным. Приложение к факсимильному изданию. М.: Книга, 1987. С. 3–39.

Дубровин 1902 — Дубровин Н. В. Василий Андреевич Жуковский и его отношение к декабристам // Русская старина. 1902. Т. 110, № 4. С. 45–119.

Лонгинов 1867 — Лонгинов М. Новиков и московские мартинисты. М.: Типография Грачева, 1867.

Модзалевский 1937 — Модзалевский Л. Б. Пушкин — член российской Академии (по материалам Архива Академии наук СССР) // Вестник Академии Наук СССР. 1937. № 2–3. С. 245–250.

Муханов 1897 — Из дневника Николая Алексеевича Муханова / Публ. П. Б<артенева> // Русский архив. 1897. № 4. С. 653–657.

Немировский 1991 — Немировский И. В. Статья А. С. Пушкина «Александр Радищев» и общественная борьба 1801–1802 годов // XVIII век. Вып. 17. Л.: Наука, 1991. С. 123–134.

Оксман 1962 — Оксман Ю. Г. Примечания // Пушкин А. С. Собрание сочинений: В 10 т. Т. 6: Критика и публицистика / Под ред. Ю. Г. Оксмана. М.: Гослитиздат, 1962. С. 469–582.

Проскурина 2020 — Проскурина В. Ю. Екатерина II в «Капитанской дочке» А. С. Пушкина и визуально-литературный контекст // Homo scriptor. Сборник статей в честь 70-летия М. Эпштейна / Под ред. М. Липовецкого. М.: Новое литературное обозрение, 2020. С. 140–169.

Проскурина 2022 — Проскурина В. Ю. «Пир Петра Первого»: последний урок царю? // Временник Пушкинской комиссии. Вып. 36. СПб., 2022. С. 147–169.

Рейфман 1996 — Рейфман П. С. Две программы пушкинского «Современника» // Труды по русской и славянской филологии. Литературоведение, II. (Новая серия) / Ред. Л. Киселева. Тарту: Изд. Тартуского университета, 1996. С. 130–155.

Семенников 1936 — Семенников В. П. Литературно-общественный круг Радищева // А. Н. Радищев. Материалы и исследования. М.-Л.: Изд. АН СССР, 1936.

Стенник 1995 — Стенник Ю. В. Пушкин и русская литература XVIII века. СПб.: Наука, 1995.

Фрик 2009 — Фрик Т. Б. «Современник» А. С. Пушкина как единый текст: монография. Томск: Изд-во Томского политехнического университета, 2009.

Эткинд 1987 — Эткинд Е. Незамеченная книга Пушкина // Revue des études slaves. 1987. T. 59, № 1/2. P. 197–212.

«Смерть решит все сомнения» (литературные подтексты письма Жуковского о смерти Пушкина)

И. В. Немировский

Письмо Жуковского, адресованное отцу поэта, С. Л. Пушкину, стало главным доступным современникам источником сведений о дуэли и смерти Пушкина. Оно писалось в первые дни после смерти поэта, с 3 по 15 февраля 1837 года, когда подробности того, как Пушкин уходил из жизни, были еще свежи в памяти тех, кто стоял у его одра. В процессе создания письма Жуковский собрал воспоминания почти всех, кто там находился. Это были самые близкие друзья и врачи[1]. Отосланное из Петербурга в Москву А. Я. Булгакову 15 февраля 1837 года, письмо было предназначено для списывания и публичного прочтения. Последнее — в условиях жестких ограничений на проявление любой общественной реакции на смерть Пушкина — было особенно ценно[2].

---

1 Об истории создания письма см. [Иезуитова 1989; Левкович 1989; Щеголев 1999: 150].

2 «Греч получил строгий выговор от Бенкендорфа за слова, напечатанные в "Северной пчеле": "Россия обязана Пушкину благодарностью за 22-летние заслуги его на поприще словесности" (№ 24). Краевский, редактор "Литературных прибавлений к "Русскому инвалиду", тоже имел неприятности за несколько строк, напечатанных в похвалу поэту. Я получил приказание вымарать совсем несколько таких же строк, назначавшихся для "Библиотеки для чтения". И все это делалось среди всеобщего участия к умершему, среди всеобщего глубокого сожаления. Боялись — но чего?» [Никитенко 1955: 196–197].

П. Е. Щеголев, фактически введший письмо в научный оборот, назвал его «самой достоверной и авторитетной историей последних дней жизни Пушкина» [Щеголев 1999: 146]. При этом в подробном анализе, сделанном историком в его знаменитой книге «Дуэль и смерть Пушкина», он, в противоречии с собственным утверждением, оспаривает достоверность самых важных эпизодов. Более всего его недоверие вызывает стремление Жуковского убедить читателя в том, что «Пушкин умер глубоким христианином, в примирении, любви и просветлении. В момент перехода от жизни к смерти он с необычайной силой выказал чувства своей преданности монарху, напоминающие по настроению чувства сына к отцу» [Щеголев 1999: 147–148]. Эта короткая цитата не вполне передает весь скепсис Щеголева в оценке письма Жуковского как исторического источника. Прежде всего — Щеголев оспорил подлинность ключевой фразы письма, выражавшей верноподданнические чувства Пушкина к императору: «*Скажи государю, что мне жаль умереть; был бы весь его. Скажи, что я ему желаю долгого царствования, что я ему желаю счастия в его сыне, счастия в его России*» [Щеголев 1999: 156][3]. В данном случае, считает Щеголев, речь идет не просто об искажении, а о прямой фальсификации[4]. Столь же последовательно и жестко Щеголев отрицает и другие проявления «христианских чувств» Пушкина, описанные Жуковским. Так, по мнению Щеголева, перед смертью Пушкин причастился только под давлением друзей и царя[5]. Резкой критике подвергается и все то, что в пись-

---

[3] Ср. «Может быть, я увижу государя; что мне сказать ему от тебя». — «Скажи ему,— отвечал он,— что мне жаль умереть; был бы весь его. <...> Скажи государю, что я желаю ему долгого, долгого царствования, что я желаю ему счастия в его сыне, что я желаю ему счастия в его России» [Жуковский 1998: 430–431].

[4] «Эта патриотическая фраза, конечно, не была произнесена Пушкиным, а была сочинена Жуковским; за авторство Жуковского говорит её стиль с закруглениями и повторениями» [Щеголев 1999: 156].

[5] «Несмотря на то, что Спасский, Жуковский и Вяземский стараются представить дело так, что Пушкин согласился исполнить христианский долг по собственному почину, приходится признать, что обращение к священнику было совершено под воздействием устно через Арендта или письменно выраженной воли государя» [Щеголев 1999: 155].

ме Жуковского характеризует отношение Пушкина к жене. Щеголев полагает, что Жуковский приписывает Пушкину гипертрофированную заботу о Наталье Николаевне, в частности желание скрыть от жены смертельный характер своей раны, и что «на самом деле» Пушкин считал, что «она должна всё знать»[6]. Завершая свой критический анализ письма Жуковского, Щеголев приходит к выводу о том, что оно представляет собой не достоверный рассказ о смерти Пушкина, а литературное произведение в жанре жития: «*Описание Жуковского носит чисто житийный характер.* Кончина Пушкина представлена как идеал кончины во всей его житийной закругленности» [Щеголев 1999: 147].

Очень может быть, что именно оценка Щеголевым письма Жуковского как недостоверного и исполненного «чуждого» Пушкину монархического пафоса задержала изучение письма в советское время. Немногие исследования этого произведения были посвящены объяснению причин того, почему Жуковский исказил картину умирания Пушкина. В качестве основной называлось желание Жуковского обеспечить благосостояние семьи Пушкина, поскольку царь взял на себя все заботы о ее финансовом благополучии. Только в последние два десятилетия письмо Жуковского стало объектом пристального внимания пушкинистов[7].

Современные пушкинисты довольно легко опровергали критику Щеголева. Так, Я. Л. Левкович, оспаривая утверждение Щеголева, что вряд ли Пушкин причастился добровольно, снисходительно указывает на то, что в пушкинскую эпоху причащение было обязательно и воля умирающего во внимание не принималась [Левкович 1989: 150], как будто Щеголев, живший на полвека раньше, чем Левкович, знал об этом меньше, чем она. Также было доказано (скорее показано), что Пушкин все-таки сказал свою сакраментальную фразу («*был бы весь его*»), за которую

---

6 «Так, например, приводя в передаче доктора Спасского слова Пушкина о жене (“не скрывайте от неё, в чём дело; она не притворщица, вы её хорошо знаете”), Жуковский опускает ещё одну фразу: “она должна всё знать”» [Щеголев 1999: 151].

7 См., например, [Федотова 2008; Седова 2005; Шабанова 2004; Шабанова 2005].

Жуковскому так досталось от Щеголева [Сайтанов 1986]. Легкость и простота, с которой современные пушкинисты оспаривали Щеголева, определялась тем, что они не относились к письму Жуковского как к литературному произведению. Для них оно оставалось прежде всего источником, и литературная условность, безусловно свойственная письму Жуковского, во внимание не принималась. Можно сказать, что советские пушкинисты оспорили Щеголева во всех его частных выводах, но у них не получилось оспорить главный вывод историка, состоящий в том, что письмо Жуковского представляет собой не просто источник, а литературное произведение в жанре жития мученика[8].

Именно в произведениях этого жанра уход из жизни становится кульминацией жизненного пути, фокусом, в котором сходятся все деяния умирающего, и поэтому смерть должна описываться с подробностями, которые призваны стать подтверждением его высокого статуса. Это описание строится по строгим жанровым канонам[9], и мы постараемся показать, как в письме Жуковского воспроизводится этот канон. Так, ключевым элементом житийного канона является прощение, которое мученик перед смертью дает своим мучителям [Растягаев 2009: 264]. И письмо Жуковского не просто приводит пушкинские слова «Не мстить за меня! Я все простил», но и с житийной определенностью начинает с этих слов нарратив о духовном перерождении Пушкина. Собственно, с этих слов Пушкина письмо Жуковского и приобретает житийный характер, составляя резкий контраст с предыдущим повествованием, где Жуковский, описывая дуэль между Пушкиным и Дантесом, не скрывает того, что доминирующим чувством поэта в тот момент было чувство мести. Рассказ о дуэли включает в себя эпизод, где Пушкин, сам смертельно раненный, зовет Дантеса к барьеру, стреляет в него и, не попав, в досаде бросает пистолет в снег. Именно этот выстрел, по мнению философа Владимира Соловьева, «...окончательно сломил силы

---

8 В соответствии с классификацией типов житийного повествования, предложенной Т. Р. Руди [Руди 2005: 63].

9 См. [Берман 1982: 161–162; Руди 2005; Растягаев 2009: 14–21].

Пушкина и действительно решил его земную участь. *Пушкин убит не пулею Геккерна, а своим собственным выстрелом в Геккерна»* [Соловьев 1913: 54–55]. При этом Соловьев, следуя за Жуковским, признает, что

> ...последний взрыв злой страсти, окончательно подорвавший физическое существование поэта, оставил ему, однако, возможность и время для нравственного перерождения. <...> Что перед смертью в нем действительно совершилось духовное возрождение, это сейчас же было замечено близкими людьми [Соловьев 1913: 55].

И в самом деле, Жуковский не просто описывает момент духовного перерождения Пушкина («И особенно замечательно то, что в эти последние часы жизни он как будто сделался иной; буря, которая за несколько часов волновала его душу яростною страстию, исчезла, не оставив на нем никакого следа; ни слова, ниже воспоминания о поединке» [Жуковский 1998: 428]), но и строит описание ухода Пушкина из жизни таким образом, что все его слова и поступки становятся следствием этого духовного перерождения, чем и определяется житийный характер всего нарратива.

Другой важной чертой агиографического канона, кроме упомянутого выше «прощения», являются слова мученика, сказанные им перед смертью[10]. В письме Жуковского приводится все, что Пушкин сказал перед смертью, при этом смысловой акцент делается на его обращении к императору. Этим словам придается значение духовного завещания поэта. Щеголев, утверждая, что Пушкин не говорил этих своих предсмертных слов и что Жуковский просто приписал их ему, тем не менее подчеркивает, что они звучали как прощание сына с отцом [Щеголев 1999: 147–148]. Тем самым, на мой взгляд, вольно или невольно Щеголев указывает на еще одну черту, сближающую письмо с житием, а именно на апелляцию к благочестивым родителям мученика. В этом отно-

---

[10] См. [Растягаев 2009: 29–30].

шении адресация письма Жуковского отцу Пушкина сама по себе также может быть рассмотрена как отсылка к агиографическому канону. В свою очередь, уже как отец, а не как сын, Пушкин прощается перед смертью с собственными детьми и с женой, что также лишний раз подчеркивает житийный характер письма Жуковского.

Не оставляет сомнений, что Жуковский был знаком с житийной литературой и, как русский православный человек, читал и знал Четьи минеи[11]. Проблемным может оставаться вопрос о том, как житийный характер письма Жуковского соотносится с его собственными произведениями, где описывается безвременная смерть. Эта тема представлена прежде всего его переводами: наиболее известными и значимыми из них являются «Стихи на смерть королевы Луизы» («В ту минуту, когда ты в белой брачной одежде...»; перевод из Ж. П. Рихтера, опубликовано в 1827 году) [Жуковский 1999–, 2: 76–77]. К этому стихотворению хорошо подходят слова Щеголева, сказанные о письме Жуковского: здесь описывается идеальный уход из жизни христианина. Другим важнейшим слагаемым литературного фона письма может считаться стихотворение Жуковского «Сельское кладбище» (перевод из Грея, 1803, 1840), посвященное ближайшему другу Жуковского, Андрею Ивановичу Тургеневу, когда тот был еще жив, и неожиданно для его создателя ставшее стихотворением на смерть Андрея Тургенева, ушедшего из жизни летом 1803 года [Жуковский 1999–, 1: 53–57][12].

Именно в этом своем посмертном смысле перевод из Грея стал важной частью культа памяти Андрея Тургенева, возникшего в кругу его друзей[13]. И в этом качестве «Сельское кладбище» приобрело даже большую известность, чем стихотворение Жуковского, непосредственно посвященное смерти друга, «На смерть А<ндрея Тургенева>» (1803) [Жуковский 1999–, 1: 59]. Жуковский не решился его публиковать, однако поделился им с И. П. Турге-

---

[11] См., например, [Долгушин 2019].

[12] См. [Топоров 2001–2007].

[13] См. [Истрин 1913; Зорин 2013].

невым, отцом Андрея Тургенева, в отдельном письме [Жуковский 1999–, 15: 14–17]. Оба письма, отцу Андрея Тургенева и отцу Пушкина, в творчестве Жуковского составили своего рода диалог на тему о природе смерти и о том, что происходит с душой человека после смерти.

В письме к И. П. Тургеневу об этом говорится так:

> Ах, почтенный человек, как понять, что такое смерть? Мертвые не говорят; а те, которые оплакивают их, видят одни развалины, ничтожество целого. Верю, что я, то есть состав мой, не исчезнет. Стихии разделятся, приобщатся к стихиям; но где тот образ, то явление, которые происходили от союза стихий? Части разрушенного инструмента целы; но где гармония, где прелестные звуки, которые восхищали меня? Но в природе нет ничтожества. Смерть есть изменение. Творение умирает, перестает действовать только тогда, когда сила, которая двигала его органами, перестает производить сие движение. Если мы составлены из стихий, то почему не назвать души стихиею же, несравненно тонкою, первородною, проистекающею от первоначальной стихии, которая оживляет всё творение, от Бога? Грубые стихии отделятся, возвратятся к своим источникам, душа к своему источнику. <...> Но если душа, как духовный атом, отделенный от души всемирной, объемлющей всё своею беспредельностью, должна к ней приобщиться и в нее *кануть*, как в океан капля, то какая утешительная мысль о будущем свидании может оживлять человека, разлученного смертью со своими любезными? [Жуковский 1999–, 15: 15].

Как видно из приведенной цитаты, вопрос о природе смерти Жуковский сводит к вопросу о том, сохраняет ли душа умершего индивидуальные черты или же, как капля в океан, возвращается к своему источнику и растворяется в нем. Рассуждая об этом, Жуковский опирается на теорию Шарля Бонне о том, что в душе человека объединяются материальная и духовная стихии под воздействием «первоначальной стихии», изложенной Бонне в главе «Соединение душ с телами организованными» его книги

«Созерцание природы»[14]. В год написания письма И. П. Тургеневу Жуковский внимательно читает этот труд Шарля Бонне[15]. Ответа на вопрос, что происходит с душой человека, когда духовная и материальная стихии отделяются одна от другой, то есть после смерти, Бонне не дает. Философ признается, что у науки ответа на этот вопрос нет, и Жуковский, так же как Бонне, останавливается здесь в своих рассуждениях. Именно поэтому надежда на встречу с любимым другом «за гробом», выраженная в письмах, представлялась Жуковскому осложненной сомнениями («Смерть решит все сомнения. Вообразите же, что для нашего А<ндрея> И<вановича> всё решилось» [Жуковский 1999–, 15: 16]). С уверенностью о встрече с другом после смерти Жуковский говорит только в поэзии, именно в элегии «На смерть А<ндрея Тургенева>»:

Прости! не вечно жить! Увидимся опять;
Во гробе нам судьбой назначено свиданье!
Надежда сладкая! приятно ожиданье! —
С каким веселием я буду умирать!
[Жуковский 1999–, 1: 59].

В. Э. Вацуро обратил внимание на то, что в кругу «Дружеского общества», к которому относились Жуковский и Андрей Тургенев, лирический субъект перешел в элегию из писем и дневников [Вацуро 1994: 21]. Именно так произошло с элегией Жуковского на смерть Андрея Тургенева, которая впервые появилась в письме Жуковского И. П. Тургеневу. Вопрос о том, сохраняется ли душа человека после смерти, нашел здесь совершенно определенный положительный ответ, но при этом потерял глубину и многозначность. Философский характер рефлексии на смерть сохраняется только в письмах и дневниках, определяя тем самым особый жанр — письмо о смерти. Именно здесь нарратив о смерти теряет условность, сближающую элегию о смерти с эпитафией, и может содержать подробности, невозможные в элегии.

---

[14] Жуковский читал Бонне в переводе Карамзина. См. [Канунова 1990].

[15] См. [Канунова 1990: 21].

Адресуя свой вопрос о природе смерти И. П. Тургеневу, Жуковский понимал, что проблема того, как взаимодействуют душа и тело и что происходит с душой человека после смерти, в масонской среде, к которой относился Тургенев, нашла свое определенное положительное разрешение[16]. Так, отвечая Жуковскому, И. П. Тургенев писал:

> Что есть смерть? Переход от времени в вечность. Мой друг! Или нет Бога, или мы Его не знаем, или все то праведно и истинно, что святая религия и философия истинная, духом Божиим просвещаемая, нас учит. Самый строгий разум, ежели не может открыть тайны, религиею научаемый, то не может же и опровергнуть их и не признавать их, ежели он только не упрям и не совсем слеп. Как мне не предполагать бессмертия, когда и смерти нет? Трудно доказать и иметь понятие о ничтожестве и вечной смерти, но ничего нет легче и вразумительнее как жизнь, движение, сообразное и приличное всякой твари, умной и материальной.
>
> Так, мой друг, все живет, ничто не умирает, а только изменяется и другой вид и образ приемлет. Стоит только знать, что форма ничего не делает. Можно существовать и в другом виде. Так, так, конечно! Как умереть Андрею? как погаснуть его искре? [Архив 1911: 287].

Как видим, для Тургенева-старшего вопрос о том, что происходит с душой человека после смерти, не относится к области «чистого разума» в принципе. В его отношении к смерти естественнонаучная составляющая отсутствует. Он признает бессилие разума и тем самым исключает подход, характерный для Бонне и в описываемое время близкий Жуковскому и стоящему за ним Карамзину. Как Тургенев-старший написал в уже цитировавшемся нами письме: «Капля сольется с океаном, так что и не найдут его. Тварь достигнет достойной цели своей, соединится с Творцом, который весь, яко солнце в маленькой капельке, в нем во-

---

[16] Этой проблеме было посвящено много публикаций в близком новиковскому кругу масонском журнале «Вечерняя заря». См. [Симанков 2011; Кочеткова 1964].

образится» [Архив 1911: 287]. Смерть воспринимается им, истинным масоном, как переход к бессмертию и является главным событием человеческой жизни; поэтому детали того, как уходит из жизни человек, приобретают особую важность. Тургенев целенаправленно собирает детали того, как умирал его сын. Письма посылают ему все, кто находился у одра Андрея Тургенева[17]. Этими деталями Тургенев-старший делится с Жуковским. Письмо последнего не содержит никаких подробностей этого ухода, хотя он, видимо, осознал их необходимость и буквально заставил Блудова, жившего с Тургеневым-младшим в одной квартире, прислать ему детальное описание смерти Андрея Тургенева. Заметно, что Блудов сделал это с большой неохотой и только после того, как Жуковский пригрозил ему разрывом дружеских отношений [Березкина, Дмитриева 2023]. В том, как Андрей Тургенев уходил из жизни, Блудов видел мало героического, поскольку умирал Тургенев-младший от «пятнистого» тифа и за несколько дней до смерти впал в бессознательное состояние, сделавшее невозможным причастие. Прямо об этом Блудов Жуковскому не написал, но, как отметили публикаторы письма Блудова, С. В. Березкина и Н. А. Дмитриева,

> Блудов пишет Жуковскому об умершем друге с сочувствием и печалью, но не касается воспоминаний о последних моментах из его жизни. <...> В целом же, оба этих письма Блудова, при всей их искренности, оставляют впечатление какой-то недоговоренности, как будто он уклонился от воспоминания о смерти Андрея Тургенева [Березкина, Дмитриева 2023: 111].

О том, что Андрей Тургенев не причастился перед смертью, в определенной степени свидетельствует письмо митрополита Платона (Левшина), адресованное Тургеневу-старшему [Березкина, Дмитриева 2023: 111]. Это обстоятельство совершенно не помешало ему сделать вывод, не оставляющий сомнений, что душа его сына обретет бессмертие и избежит тленья:

---

[17] См. [Истрин 1913].

> А мой цвет увял в лучшую пору. Скосила его жестокая смерть. Тело предано общему хранилищу — земле в Невском монастыре. Положен будет камен и будет там покоиться до дня явления и развязки всеобщей, а дух, между тем, переходит район бездны. Ах, мой друг! Как не восстать ему от тления [Архив 1911: 288].

Реальные обстоятельства того, как на самом деле уходил из жизни его сын, во внимание не принимаются, а убеждение в том, что душа Андрея Тургенева после смерти обрела бессмертие, придало описанию смерти житийный характер, поскольку обретение бессмертия душой праведника и избегание тлена — важнейшая часть агиографического канона. Письма о смерти Андрея Тургенева, написанные его друзьями-масонами Петром и Паисием Кайсаровыми, Иваном Лопухиным и Мерзляковым, находятся в большем соответствии с этим каноном, чем письмо архипастыря официальной церкви митрополита Платона.

И. Лопухин, Петр и Паисий Кайсаровы и сам И. Тургенев продолжили традицию меморизации смерти праведника, сложившуюся среди московских масонов. Важным проявлением этой традиции может служить культ смерти духовного лидера московских масонов, профессора Московского университета, философа и писателя И. Г. Шварца (1751–1784). Последний ушел из жизни совсем молодым и, как многие думали, в результате гонений на него со стороны куратора Московского университета Мелиссо [Биографический словарь 1855, 2: 574–599; Серков 2001: 954–958; Лонгинов 1867: 204, 210–212]. Это обстоятельство, наряду с другими драматическими сюжетами, имевшими место в жизни Шварца, утвердило его в ипостаси праведника. Его смерть была признана образцовой в масонском кругу, к которому относились И. П. Тургенев и И. Лопухин. Отношение к смерти Шварца определило многое в дальнейшем восприятии смертей уходящих друзей. Во-первых, важным и достойным самой детальной фиксации стал сам процесс умирания. Детали тщательно собирались и делались достоянием определенного круга лиц. В случае Шварца подробное описание того, как он уходил из жизни, оставили супруги князья Трубецкие[18], в имении которых произошла эта смерть. Так в масонской среде закрепилась традиция того, что свидетели смерти оставляли подробное ее описание, адресованное другим братьям-масонам. Глубоко неслучайно, что подробное письмо о том, как уходил из жизни Андрей Тургенев, оставил И. Лопухин, виднейший член московского масонского кружка, близко знавший Шварца, а Блудов, человек другого круга, описал эти подробности только под давлением Жуковского. Отношение к смерти Шварца имело явные черты агиографии. Чего стоит, например, воспоминание супругов Трубецких, принявших его последний вздох, об исчезнувшем вдруг сразу после смерти Шварца смрадном запахе [Лонгинов 1867: 211]. Отсутствие дурного запаха после смерти праведника — важнейшая черта агиографической литературы [Растягаев 2009: 15–16]. Перед смертью Шварц обращается к стоящим у его одра с прощальным словом: «я был сейчас на суде и оправдан на нем. Теперь могу умереть спокойно» [Лонгинов 1867: 211].

Традиция меморизации смерти праведника была продолжена вскоре после смерти Шварца (1784) А. Н. Радищевым в произведении, прямо названном житием — «Житие Федора Васильевича Ушакова» (1789)[19]. Оно было посвящено А. М. Кутузову, видному члену кружка московских масонов, другу Шварца и соучени-

---

[18] «Княгиня В. А. Трубецкая рассказывала следующие обстоятельства смерти Шварца лицу, передавшему их мне. В день смерти Шварца княгиня с мужем, часто его навещавшие, приехали в Очаково. Им сказали, что больной в забытьи. Они остались в другой комнате; но им показалось, что в доме такой смрадный запах, что они вышли на воздух, но запах преследовал их и там. Наконец им пришли сказать, что больного можно видеть. Они возвратились в дом и не только не почувствовали прежнего смрада, но напротив того услышали приятнейшее благоухание, которое встретило их в в комнате больного. Увидя их, Шварц сказал: "радуйтесь, друзья мои; я был сейчас на суде и оправдан на нем. Теперь могу умереть спокойно". Вскоре Шварц испустил последнее дыхание. Я счел не лишним рассказать это предание, характеризующее тот взгляд, который имели на Шварца его друзья» [Лонгинов 1867: 210–211].

[19] Об отражении в «Житии Федора Васильевича Ушакова» агиографических черт см. [Растягаев 2007: 63–128].

ку по Лейпцигскому университету А. Н. Радищева и Федора Ушакова. Сам Радищев тоже принадлежал к масонскому кругу, но, определяя как «житие» свой рассказ о человеке, который умер от последствий венерической болезни и которого едва ли можно было причислить к святым, он, на первый взгляд, не следовал масонской традиции меморизации праведника, а нарушал, если не пародировал ее. Однако в том-то и дело, что Радищев, не скрывая от читателя подробностей молодости Ушакова, исполненной разнообразных искушений, целью своего повествования делает описание духовного пути, который проходит Федор Ушаков, — от преуспевающего чиновника и бонвивана до настоящего стоика, достойного сравнения с Сократом. Обращаясь к Кутузову, Радищев называет целью своего повествования описание мученической смерти своего героя:

> Воспомяни, о мой друг! *Федора Васильевича* сгараема внутренним огнем, кончину свою слышавшаго из уст нельстиваго своего врача, и к тебе, мой друг, к тебе прибегающаго на скончание своего мучения... Воспомяни сию картину, и скажи, что делалось тогда в душе твоей. Пиющий Сократ отраву пред друзьями своими наилучшее преподал им учение, какого во всем житии своем не возмог.
> Таковыя размышления побудили меня описать житие сотоварища нашего *Федора Васильевича Ушакова* [Радищев 1938–1951, 1: 155–156].

«Житие», написанное в форме письма другу Кутузову, является не только по форме, но и по своей сути письмом о смерти, где все предшествующее смерти подводит нас к мысли, что именно смерть делается кульминацией жизненного пути героя. Духовное преображение героя происходит тогда, когда он узнает о своей близкой и неминуемой смерти. Именно с этого момента повествование обретает черты жития, как это происходит с описанием смерти Пушкина в письме Жуковского. И так же, как в письме Жуковского, житийная часть истории о смерти Федора Ушакова начинается с диалога Ушакова и врача. Ушаков допытывается, сколько ему осталось жить, и, получив ответ, что совсем недолго, сохраняет мужество, благодарит врача и зовет друзей, чтобы проститься с ними перед смертью. Далее следует пространное «последнее слово» героя:

> Удостоверенный в близкой кончине своей *Федор Васильевичь* велел нас всех позвать к себе, да последнюю совершит с нами беседу. «Друзья мои, вещал он нам, стоящим около его постели, час приспел, да разтанемся; простите, но простите на веки». Рыдающих облобызал, и не хотев более о сем грустити, выслал всех вон. <...>
> Спустя несколько времени он призвал меня к себе, и вручил мне все свои бумаги. «Употреби их, говорил он мне, как тебе захочется. Прости теперь в последний раз; помни, что я тебя любил, помни, что нужно в жизни иметь правила, дабы быть блаженным, и что должно быть тверду в мыслях, дабы умирать безтрепетно» [Радищев 1938–1951, 1: 184].

Последнее слово Федора Ушакова было обращено к Радищеву и состояло в завете «быть блаженным», то есть благословенным. Создавая «Житие» и публикуя труды Ушакова, Радищев, как он об этом написал, выполнял этот завет умершего друга («Даждь небо, да мысль присудственна мне будет в преддверии гроба, и да возмогу важное сынам моим оставить наследие, последнее завещание умирающаго вождя моея юности, и живаго да оставлю им в вожди друга любезнейшаго, друга моего сердца, тебя» [Радищев 1938–1951, 1: 185]). Последние страницы «Жития» рассказывают об особой роли Кутузова, который не отходил от одра Федора Ушакова до его последних минут. В эти минуты Ушаков просит Кутузова дать ему яду, чтобы избавиться от страданий. Кутузов ему в этом отказал, и, как считает Радищев, напрасно. С точки зрения писателя, добровольный уход из жизни в такой ситуации не только извинителен, но и желателен, а умирал Ушаков тяжело, от «Антониева огня», то есть перитонита. Перитонит был непосредственной причиной и смерти Пушкина; клинические картины обеих смертей близки, но это, конечно, не главная причина, дающая основание считать, что «Житие Федора Ушакова» является значимым источником письма Жуковского о смерти Пушкина. Эта близость основана на принадлежности к одному синкретическому жанру, который можно определить как «литературное житие», когда сентименталистское письмо-исповедь строится в соответствии с агиографическим каноном. При этом житийность более всего проявляется в повествовании о смерти, когда смерть становится финалом духовного перерождения героя, а исходной точкой является обыденность, исполненная греховности. Для Федора Ушакова такой точкой было любострастие, для Пушкина — дуэль и чувство мести. При этом письмо Жуковского не содержит даже намека на желание Пушкина уйти из жизни добровольно. Между тем существует свидетельство о том, что Пушкин хотел застрелиться, чтобы прекратить свои страдания[20]. Жуковский не мог об этом не знать, но в житийном повествовании его письма места этому эпизоду не нашлось.

«Житие Федора Ушакова» было опубликовано анонимно, но в масонских кругах знали о том, что авторство книги принадлежит Радищеву. Об этом адресат посвящения, А. Кутузов, писал своей сестре, Голенищевой-Кутузовой[21]. От него об авторстве Радищева узнали И. П. Тургенев и, скорее всего, Карамзин[22]. Письмо Жуковского И. П. Тургеневу о смерти Андрея Тургенева было написано в период тесного общения Жуковского с Карамзиным, и в самом письме Жуковский приводит усеченную цитату из Карамзина («Доверенность к Провидению»). Целиком же цитата звучит так: «Доверенность к Провидению — доверенность к той невидимой Руке, которая движет и миры, и атомы; которая бережет и червя, и человека — должна быть основанием нашего

---

[20] «В продолжение ночи страдания Пушкина до того увеличились, что он решил застрелиться. Позвав человека, он велел подать ему один из ящиков письменного стола; человек исполнил его волю, но, вспомнив, что в этом ящике были пистолеты, предупредил Данзаса. Данзас подошел к Пушкину и взял у него пистолеты, которые тот уже спрятал под одеяло; отдавая их Данзасу, Пушкин признался, что хотел застрелиться, потому что страдания его были невыносимы» [Данзас 1998: 407].

[21] См. А. М. Кутузов — Е. И. Голенищевой-Кутузовой. Берлин, 6/17 декабря 1790 г. [Барсков 1915: 65–66].

[22] См. об этом (со ссылкой на Семенникова) [Лотман 2000].

спокойствия» (гл. 80: Женева, Декабря 1, 1789) [Карамзин 1984: 167]. Для темы настоящего исследования важно констатировать, что отношение к смерти как к высшей точке человеческой жизни было характерно для Карамзина не в меньшей степени, чем для Жуковского. Взявшись за перевод труда Шарля Бонне «Созерцание природы», Карамзин искал ответ на вопрос о соотношении духовной и материальной субстанций и, так же как Жуковский не найдя ответа у Бонне [Канунова, Кафанова 1993], выразил свою уверенность в бессмертии человеческой души в поэтизированном эссе «Цветок на гроб моего Агатона» (1793), посвященном памяти безвременно умершего друга Карамзина, Андрея Петрова. Эпиграфом Карамзин поставил цитату из «Юлия Цезаря» Шекспира на малоизвестном большинству читателей английском языке:

> His life was gentle, and the elements
> So mix'd in him, that Nature might stand up,
> And say to all the world; *This was a man!*
> Shakespeare [Карамзин 1803: 1].

И это вместо того, чтобы привести цитату на русском языке, доступную Карамзину из сделанного им самим перевода этой драмы Шекспира: «Жизнь его была толь изящна и свойства духа его были толь благородны, что натура могла бы выступить и сказать всему миру: “Вот был Муж!”» [Шекспир 1787: 136]. Возможное объяснение этому состоит в том, что эпиграф на английском соответствует идее Бонне, что душа человека представляет собой комбинацию элементов. Перевод Бонне был сделан Карамзиным незадолго до того, как было написано эссе, где имя Бонне прямо называется [Канунова, Кафанова 1993]. В самом эссе поднимается вопрос о том, что происходит с душой человека после смерти, и если перевод Карамзина останавливается ровно на этом вопросе, не разрешая его, то в эссе писатель выражает уверенность в бессмертии человеческой души и в грядущей, после порога смерти, встрече с другом. Эссе имеет ярко выраженный житийный характер. Карамзин выражает сожаление, что сам не присутствовал при кончине друга, и благодарит своего друга Д., приславшего ему описание подробностей того, как уходил из жизни Андрей Петров.

Можно сказать, что в цепочке писем о смерти — жанра, сочетающего характерные для сентиментализма черты эпистолярности с элементами житийного канона, — эссе Карамзина «Цветок на гроб моего Агатона» стало очень важным звеном, мимо которого не мог пройти Жуковский. Эссе, написанное в 1793 году, было опубликовано во второй раз в седьмом томе собрания сочинений Карамзина в 1803 году, то есть непосредственно перед тем, как Жуковский написал письмо И. П. Тургеневу. Как показала Канунова, Жуковский читал «Созерцание природы» в 1803 году, и наибольший интерес у него вызвали те части сочинения Бонне, которые были переведены Карамзиным и опубликованы им в журнале «Детское чтение» (1791) [Канунова, Кафанова 1993: 194–195]. Для нашего исследования важно, что вслед за Бонне Карамзин считает проблему соединенности души и тела неразрешимой, и Жуковский в этом отношении рассуждает так же, как Карамзин.

К моменту смерти Андрея Тургенева в памяти современников еще не изгладилась драматическая смерть самого Радищева. В частности, острой была реакция Карамзина: по предположению Ю. М. Лотмана, она нашла отражение в статье «О самоубийстве» («Вестник Европы», сентябрь, 1802), где содержался упрек Радищеву в малодушии, то есть в том, что он добровольно ушел из жизни вследствие не мотивированного реальными обстоятельствами испуга. Имелся в виду упрек, который сделал Радищеву его начальник по Комиссии составления законов, граф Завадовский[23]. У нас нет сведений о том, какова была реакция Жуковского на смерть Радищева, но для понимания того, чем была обусловлена его реакция на смерть Андрея Тургенева, важно учитывать, что смерть Радищева на момент написания письма Жуковского о смерти Андрея Тургенева была не просто свежей «литературной смертью», но также актуализировала имя Радищева как автора

[23] См. об этом [Лотман 2000; Зорин 2016].

«Жития Федора Ушакова», где самоубийство представлялось достойным способом ухода из жизни в определенных обстоятельствах. Можно утверждать, что самоубийство Радищева было темой бесед между Карамзиным и Жуковским в те две недели, что писатели провели вместе в мае 1803 года в подмосковном имении Карамзина Свирлово [Жуковский 1999–, 15: 14, 600]. Возможно, что впечатление от самоубийства Радищева наложилось на впечатление Жуковского от смерти Андрея Тургенева. Как предположил А. Л. Зорин, среди современников были те, кто считал смерть Тургенева самоубийством [Зорин 2016: 483–484]. Однако письма о его смерти, написанные масонами в житийном ключе, не содержат намеков на то, что смерть Андрея Тургенева была самоубийством. Некоторое общее ощущение того, что смерть младшего Тургенева была осложнена каким-то неблагополучием, можно получить только из писем и свидетельств людей, находившихся вне масонского круга, например, из цитировавшегося нами письма Д. Н. Блудова [Березкина, Дмитриева 2023: 111]. Однако если точка зрения Зорина является в настоящее время лишь остроумной гипотезой, то, как я уже писал выше, тому, что Пушкин хотел закончить свою жизнь самоубийством, существуют прямые свидетельства[24]. Жуковский не счел возможным упоминать об этой попытке Пушкина, которая нарушала общую картину стоического умирания поэта, сближающую письмо с житием. Между тем для современников сама немотивированная с их точки зрения дуэль Пушкина воспринималась как самоубийство[25].

Если письмо Жуковского о смерти Андрея Тургенева и не содержит следов знакомства Жуковского с «Житием Федора Ушакова», то они явно просматриваются в написанном много позднее

---

[24] См. [Данзас 1998: 407].

[25] «Хомяков справедливо полагает, что Пушкин был утомлен жизнью и что он воспользовался первым поводом для того, чтобы от нее отделаться, так как анонимный пасквиль не составляет оскорбления, делающего поединок неизбежным» (Муханов В. А. Из дневника, 2 февр. 1837 г. (пер. с фр.). Цит. по: [Саводник 1927: 56–57]).

письме Жуковского о смерти Пушкина. Можно предположить, что Жуковский познакомился с «Житием» не по первому изданию 1789 года, а по пятой части собрания сочинений Радищева, вышедшей в 1811 году. Для этой части собрания «Житие» готовил к публикации друг Жуковского, видный член Дружеского общества, поэт Мерзляков[26]. Он же был редактором и другого произведения, вошедшего в собрание сочинений Радищева, — трактата «О человеке». Тема бессмертия человеческой души, занимавшая Жуковского во время написания его письма И. П. Тургеневу, была здесь центральной. Радищев посвятил ей последнюю часть своего трактата, сердцевину которой составляла полемика с «Созерцанием природы» Ш. Бонне. Не останавливаясь перед констатацией бессилия науки ответить на вопрос о том, что происходит с душой человека после смерти, он дает на этот вопрос определенный положительный ответ — душа после смерти сохраняет свои индивидуальные черты[27]. Стоит отметить, что публикатор трактата, Мерзляков, был активным созидателем культа Андрея Тургенева[28].

Воспоминание о том, как умирал Андрей Тургенев, — важнейшая часть культа его имени, отраженного в переписке и дневниках его друзей, который, конечно, слабея с годами, так и не исчез полностью[29]. Благоговейную память об Андрее Тургеневе всю

---

[26] См. примечания к изданию «Жития Ушакова» в ПСС Радищева [Радищев 1938–1951, 1: 463]. Мерзляков, как член «Дружеского общества» и близкий друг Жуковского и Андрея Тургенева, активно участвовал в созидании культа последнего.

[27] Радищев А. Н. О человеке, о его смертности и бессмертии [Радищев 1938–1951, 2: 39–142].

[28] См. письмо А. Ф. Мерзлякова к Александру Ивановичу Тургеневу. 1803. VII. 23. Москва [Архив 1911: 284–285].

[29] «В 1824 г. Ал. Тургенев рассказывал князю Вяземскому, как, получив весть о смерти брата, он пришел “в отчаяние и злобу на людей, имея тогда мало веры и много чувства”. Как раз он прочел в журнале Карамзина пьесу, “помнится, Прогулка по островам, в которой он одного молодого человека заставляет говорить, что всякое нежное чувство, всякая сильная горесть, которую мы почитаем вечною, не вечна в нашем сердце, что все утихает со временем. Эта психологическая истина возмутила и меня против Карамзи-

свою жизнь сохранял Жуковский[30]. Совершенно очевидно, что, работая над письмом, также адресованным отцу ушедшего друга, Жуковский учитывал свой предыдущий опыт написания письма о смерти преждевременно ушедшего из жизни друга, адресованного его отцу. Сходство ситуаций усиливается еще и за счет того, что в случае с Пушкиным, как это имело место в случае с Андреем Тургеневым, определенных усилий потребовала акцентуализация того, что Пушкин умер по-христиански по своей воле, а не под давлением. Император ставил христианскую смерть Пушкина в заслугу себе самому[31]. В противовес этому мнению, Жуковский описывает уход Пушкина из жизни как духовный подвиг, когда «случайные черты» ушли и перед друзьями и близкими предстал истинный Пушкин:

на. Я видел в нем изверга, который не рожден любить вечно, и вздумал мстить ему после чем бы то ни было... Смерть брата имела еще и другое важное действие на мою душу: в первый раз я постигнул бессмертие души и душою поверил ему. Без этой веры я точно бы не перенес жизни без него. Еще и теперь сердце порывается на Невское кладбище", где Андрей Иванович был похоронен рядом с отцом. В записной тетрадке Ал. Тургенева сохранилось двустишие, как эпитафия брату:

He was a pearl too pure on earth to dwell
And waste his splendour in this mortal shell.

[Он был жемчужиной слишком чистой, чтобы обитать на земле и растрачивать впустую свое великолепие в этой смертной оболочке. — *англ.*]» [Веселовский 2016: 101].

30 «В примечаниях, которыми в 1848 г. Жуковский снабдил свое послание к Ал. И. Тургеневу, он характеризует Андрея, его ясный ум, сердце, исполненное любви к прекрасному, быстрый взор, казалось, читавший в каждом сердце, доброжелательную душу, привлекательную остроту разговора, не оскорблявшую самолюбия, соединенную с нежностью сердечной. Он всех соединял дружбой, был душою всех радостей. "Жизнь его можно назвать прекрасною, неисполнившеюся надеждой: в нем созревало все, что составляет прямое достоинство человека; но все это бесследно погибло для целого света"» [Веселовский 2016: 104].

31 По словам Николая I: «Пушкина мы насилу довели до смерти христианской». Цит. по: [Левкович 1999: 17]. Ср.: «...Мы насилу довели его до смерти христианской». Цит. по: [Левкович 1987: 476].

> Когда все ушли, я сел перед ним и долго один смотрел ему в лицо. Никогда на этом лице я не видал ничего подобного тому, что было на нем в эту первую минуту смерти. Голова его несколько наклонилась; руки, в которых было за несколько минут какое-то судорожное движение, были спокойно протянуты, как будто упавшие для отдыха после тяжелого труда. Но что выражалось на его лице, я сказать словами не умею. Оно было для меня так ново и в то же время так знакомо! Это было не сон и не покой! Это не было выражение ума, столь прежде свойственное этому лицу; это не было также и выражение поэтическое! нет! какая-то глубокая, удивительная мысль на нем развивалась, что-то похожее на видение, на какое-то полное, глубокое, удовольствованное знание. Всматриваясь в него, мне все хотелось у него спросить: «Что видишь, друг?» [Жуковский 1998: 434–435].

Можно сказать, что и в случае с Пушкиным, как это было в случае с Андреем Тургеневым, в письме, адресованном отцу поэта, Жуковский также приходит к мысли, что «Смерть реши<ла> все сомнения» в отношении того, что душа Пушкина не просто сохранилась, но и очистилась, когда тело его перестало жить. Связь двух писем отцам — непосредственная, определенная их житийным характером, но при этом житийный характер письма Жуковского отцу Андрея Тургенева выражен не ярко, тогда как житийность письма Жуковского С. Л. Пушкину выражена значительно более явно. И это потому, что близкие друзья и современники видели в Пушкине человека надломленного, едва ли не потерявшего свой дар или, что еще хуже, не соответствующего своему высокому предназначению[32]. Поэтому так

---

[32] «Жизнь Пушкина была мучительная, — тем более мучительная, что причины страданий были все мелкие и внутренние, для всех тайные. Наши врали-журналисты, ректоры общего мнения в литературе, успели утвердить в толпе своих прихожан мысль, что Пушкин упал; а Пушкин только что созрел, как художник, и все шел в гору, как человек, и поэзия мужала с ним вместе. Но мелочи ежедневной, обыкновенной жизни: они его убили» (В. А. Жуковский — И. И. Дмитриеву, от 12 марта 1837 г. [Жуковский 1866: 1642]).

важны были подробности этой смерти и поэтому так важно было для Жуковского усилить житийные черты своего письма, с тем чтобы показать, что Пушкин перед смертью испытал духовное перерождение. Этот расчет оказался совершенно верным. Смерть Пушкина, воспринятая через призму письма Жуковского в том числе, примирила Пушкина с друзьями и с читающей публикой[33].

Подобно тому как реакция Жуковского на смерть Андрея Тургенева имела как прозаическое воплощение, в письме, так и поэтическое, в элегии «На смерть А<ндрея Тургенева>», двойное отражение в творчестве Жуковского имела и смерть Пушкина. Помимо письма к С. Л. Пушкину Жуковский написал стихотворение <А. С. Пушкину> (1844). Мы постарались показать житийный характер письма Жуковского о смерти Пушкина. Представляется, что визуальным аналогом стихотворения Жуковского могла бы служить икона, изображающая Пушкина по иконописным канонам возвращения в вечность. Отсюда вневременная статичность такого описания:

> Он лежал без движенья, как будто по тяжкой работе
> Руки свои опустив. Голову тихо склоня... <...>
> Нет! но какою-то мыслью, глубокой, высокою мыслью
> Было объято оно: мнилося мне, что ему
> В этот миг предстояло как будто какое виденье,
> Что-то сбывалось над ним; и спросить мне хотелось:
> «Что видишь?»
> [Жуковский 1999–, 2: 304].

---

[33] «Смерть обнаружила в характере Пушкина все, что было в нем доброго и прекрасного. Она надлежащим образом осветила всю его жизнь. Все, что было в ней беспорядочного, бурного, болезненного, особенно в первые годы его молодости, было данью человеческой слабости, обстоятельствам, людям, обществу. Пушкин был не понят при жизни не только равнодушными к нему людьми, но и его друзьями. Признаюсь и прошу в том прощения у его памяти, я не считал его до такой степени способным ко всему. Сколько было в этой исстрадавшейся душе великодушия, силы, глубокого, скрытого самоотвержения!» (Кн. П. А. Вяземский — вел. кн. Михаилу Павловичу, 14 февраля 1837 г. Цит. по: [Щеголев 1999: 247]).

К этому можно добавить только то, что икона с изображением Пушкина действительно существует — не могу не добавить, к сожалению, поскольку изображает жанровую сцену и к вечной жизни отношения не имеет.[34]

Источники

Архив 1911 — Архив братьев Тургеневых. Вып. 2: Письма и дневник Александра Ивановича Тургенева геттингенского периода (1802–1804 гг.) и письма его к А. С. Кайсарову и братьям в Геттинген. 1805–1811 гг. СПб.: Типография Императорской Академии наук, 1911.

Барсков 1915 — Барсков Я. Л. Переписка московских масонов XVIII века. Пг.: Издание Отделения русского языка и словесности Императорской Академии Наук, 1915.

Березкина, Дмитриева 2023 — О смерти Андрея Тургенева по неопубликованным письмам Д. Н. Блудова к В. А. Жуковскому 1803 года / Вступ. статья и коммент. С. В. Березкиной; подгот. текста С. В. Березкиной и Н. Л. Дмитриевой // Русская литература. 2023. № 3. С. 107–117.

Данзас 1998 — Данзас И. К. Последние дни жизни и кончина Александра Сергеевича Пушкина в записи А. Аммосова // А. С. Пушкин в воспоминаниях современников: В 2 т. / Сост., подгот. текста и коммент. В. Э. Вацуро и др. 3-е изд., доп. Т. 2. СПб.: Академический проект, 1998. С. 395–410.

Жуковский 1866 — Письма разных лиц к Ивану Ивановичу Дмитриеву: 1816–1836. 2. В. А. Жуковского // Русский архив. 1866. № 11–12. Стб. 1628–1642.

---

[34] «На одной из икон в храме “Всех скорбящих Радость” можно увидеть... Пушкина. Великий поэт изображен в ряду житийных эпизодов на иконе святителя Филарета (Дроздова), митрополита Московского и Коломенского. Известность получил их поэтический диалог. На стихотворение Пушкина “Дар напрасный, дар случайный, / Жизнь, зачем ты мне дана?” святитель Филарет написал ответ, который начинается строками: “Не напрасно, не случайно / Жизнь от Бога нам дана...” По свидетельству современников, Александр Сергеевич, прочитав это стихотворное послание, был поражен и восхищен. “Твоим огнем душа палима / Отвергла мрак земных сует”, — ответил он митрополиту (стихотворение “В часы забав иль праздной скуки...”)» (URL: http://orthodoxmoscow.ru/gde-uvidet-pushkina-na-ikone/ (дата обращения: 03.12.2024)).

Жуковский 1998 — Жуковский В. А. Письмо к С. Л. Пушкину // А. С. Пушкин в воспоминаниях современников: В 2 т. / Сост., подгот. текста и коммент. В. Э. Вацуро и др. 3-е изд., доп. Т. 2. СПб.: Академический проект, 1998. С. 423–436.

Жуковский 1999– — Жуковский В. А. Полн. собр. соч. и писем: В 20 т. / Под ред. И. А. Айзиковой и др. М.: Издательский дом ЯСК, 1999–.

Карамзин 1803 — Карамзин Н. М. Сочинения Карамзина. Т. 7. М.: В типографии С. Селивановского, 1803.

Карамзин 1984 — Карамзин Н. М. Письма русского путешественника / Изд. подготовили Ю. М. Лотман, Н. А. Марченко, Б. А. Успенский. Л.: Наука, 1984.

Никитенко 1955 — Никитенко А. В. Дневник: В 3 т. Т. 1 (1826–1857). Л.: Государственное издательство художественной литературы, 1955.

Радищев 1938–1951 — Радищев А. Н. Полн. собр. соч.: В 3 т. / Под ред. И. К. Луппола и др. М.; Л.: Изд-во АН СССР, 1938–1951.

Шекспир 1787 — Шекспир У. Юлий Цезарь. Трагедия Виллиама Шекеспира / Пер. и предисл. Н. М. Карамзина. М.: Типография Компании типографической, 1787.

Библиография

Берман 1982 — Берман Б. И. Читатель жития (Агиографический канон русского средневековья и традиции его восприятия) // Художественный язык средневековья / Отв. ред. В. А. Карпушин. М., 1982. С. 159–183.

Биографический словарь 1855 — Биографический словарь профессоров и преподавателей Московского университета: В 2 т. М.: Унив. тип., 1855.

Вацуро 1994 — Вацуро В. Э. Лирика Пушкинской поры: «Элегическая школа». СПб.: Наука, 1994.

Веселовский 2016 — Веселовский А. Н. В. А. Жуковский. Поэзия чувства и «сердечного воображения». М.; СПб.: Центр гуманитарных инициатив, 2016.

Долгушин 2019 — Долгушин Д. В. Религиозные традиции в семействе Буниных и их влияние на В. А. Жуковского (1783–1796) // Вестник Новосибирского государственного университета. Серия: История, филология. 2019. Т. 18, № 2: Филология. С. 126–133.

Зорин 2013 — Зорин А. Л. Смерть в Петербурге в июле 1803 года // НЛО. 2013. № 120 (2). С. 157–192.

Зорин 2016 — Зорин А. Л. Появление героя: Из истории русской эмоциональной культуры конца XVIII — начала XIX века. М.: Новое литературное обозрение, 2016.

Иезуитова 1989 — Иезуитова Р. В. Письмо В. А. Жуковского к С. Л. Пушкину о смерти поэта: (К истории текста) // Пушкин: Исследования и материалы. Т. 13. Л.: Наука. Ленингр. отд-ние, 1989. С. 157–168.

Истрин 1913 — Истрин В. М. Смерть Андрея Ивановича Тургенева // Журнал Министерства народного просвещения. 1913. № 3. С. 1–37.

Канунова 1990 — Канунова Ф. 3. Восприятие «Созерцания природы» Ш. Бонне и формирование художественной гносеологии В. А. Жуковского // Канунова Ф. З. Вопросы мировоззрения и эстетики В. А. Жуковского (по материалам библиотеки поэта). Томск: Издательство Томского университета, 1990. С. 18–33.

Канунова, Кафанова 1993 — Канунова Ф. З., Кафанова О. Б. Карамзин и Жуковский (Восприятие «Созерцания природы» Ш. Бонне) // XVIII век: Сб. 18 / Под ред. Н. Д. Кочетковой. СПб.: Наука, 1993. С. 187–202.

Кочеткова 1964 — Кочеткова Н. Д. Идейно-литературные позиции масонов 80–90-х годов XVIII в. и Н. М. Карамзин // XVIII век. Сб. 6: Русская литература XVIII века: Эпоха классицизма. М.; Л., 1964. С. 176–196.

Левкович 1987 — Левкович Я. Л. Дуэль и смерть Пушкина в конспективных заметках Жуковского // Жуковский и русская культура: сборник научных трудов / Под ред. Д. С. Лихачева и др. Л.: Наука, 1987. С. 455–476.

Левкович 1989 — Левкович Я. Л. В. А. Жуковский и последняя дуэль Пушкина // Пушкин: Исследования и материалы. Т. 13. Л.: Наука. Ленингр. отд-ние, 1989. С. 146–156.

Левкович 1999 — Левкович Я. Л. П. Е. Щёголев и его книга «Дуэль и смерть Пушкина» // Щеголев П. Е. Дуэль и смерть Пушкина. С приложением новых материалов из нидерландских архивов. СПб.: Академический проект, 1999. С. 5–20.

Лонгинов 1867 — Лонгинов М. Н. Новиков и московские мартинисты. М.: Типография Грачкова, 1867.

Лотман 2000 — Лотман Ю. М. Источники сведений Пушкина о Радищеве (1819–1822) // Лотман Ю. М. Собр. соч. 2-е изд., испр. Т. 1. М.: ОГИ, 2000. С. 72–94.

Растягаев 2007 — Растягаев А. В. Трансформация жанров древнерусской книжности в раннем творчестве А. Н. Радищева. М.: Изд-во Литературного ин-та им. А. М. Горького, 2007.

Растягаев 2009 — Растягаев А. В. Житийная топика в прозе писателей XVIII столетия (Кантемир, Тредиаковский, Фонвизин). Самара: Книга, 2009.

Руди 2005 — Руди Т. Р. Топика русских житий (вопросы типологии) // Русская агиография: Исследования. Публикации. Полемика / Отв. ред. С. А. Семячко. СПб.: Дмитрий Буланин, 2005. С. 59–101.

Саводник 1927 — Саводник В. Московские отголоски дуэли и смерти Пушкина // Московский Пушкинист. 1927. Вып. I. С. 47–67.

Сайтанов 1986 — Сайтанов В. А. Прощание с царем // Временник Пушкинской комиссии. Вып. 20. Л.: Наука. Ленингр. отд-ние, 1986. С. 36–47.

Седова 2005 — Седова Г. М. Новый список письма В. А. Жуковского о смерти Пушкина из архива Дениса Давыдова // Временник Пушкинской комиссии. Вып. 30. СПб.: Наука, 2005. С. 5–37.

Серков 2001 — Серков А. И. Русское масонство. 1731–2000. Энциклопедический словарь. М.: РОССПЭН, 2001.

Симанков 2011 — Симанков В. И. Из разысканий о журнале «Вечерняя заря» (1782) // XVIII век. Сб. 26: Старое и новое в русском литературном сознании XVIII века. СПб.: Наука, 2011. С. 169–187.

Соловьев 1913 — Соловьев В. С. Судьба Пушкина // Соловьев В. С. Собр. соч.: В 10 т. / Под ред. С. М. Соловьева, Э. Л. Радлова. Т. 9. СПб.: Книгоиздательское товарищество «Просвещение», 1913. С. 33–60.

Топоров 2001–2007 — Топоров В. Н. Из истории русской литературы. Т. II. Кн. I–III. М.: Языки русской культуры, 2001–2007.

Федотова 2008 — Федотова С. Б. Примечания к письму // Пушкин в прижизненной критике, 1834–1837. СПб.: Государственный Пушкинский театральный центр, 2008. С. 521–523.

Шабанова 2004 — Шабанова Н. Г. Новые обстоятельства кончины А. С. Пушкина: Найден оригинал письма В. А. Жуковского отцу поэта // Русский вестник. 2004. № 12. С. 11–14.

Шабанова 2005 — Шабанова Н. Г. 2) Новые обстоятельства кончины А. С. Пушкина. Дополнение // Русский вестник. 2005. № 3. С. 8–9.

Щеголев 1999 — Щеголев П. Е. Дуэль и смерть Пушкина. С приложением новых материалов из нидерландских архивов. СПб.: Академический проект, 1999.

Биографии авторов

Игорь Владимирович Немировский — директор издательства Academic Studies Press. Он закончил Тартуский университет, где учился у Юрия Лотмана и Бориса Гаспарова, и защитил кандидатскую и докторскую диссертации в Институте русской литературы (Пушкинский Дом), где работал научным сотрудником с 1988 по 2004 год. Автор книг «Лирика Пушкина и проблема публичного поведения поэта» (2003), «Пушкин — либертен и пророк» (2017) и многочисленный научных статей, посвященных Пушкину, Достоевскому, русской интеллектуальной истории. В 1993 году основал «Академический проект», одно из первых независимых научных издательств в постсоветской России, а в 2007 —Academic Studies Press.

Igor Nemirovsky is a director of Academic Studies Press. He received an M.A. from Tartu University, where he studied with Yuri Lotman and Boris Gasparov, and a Ph.D. from the Institute of Russian Literature (Pushkinskii Dom, St. Petersburg), where he worked as a researcher from 1988–2004. Author of *Pushkin's Lyrics and the Problem of the Poet's Public Behavior* (2003), *Pushkin as a Libertine and a Prophet* (2017), and dozens of articles on Pushkin, Dostoevsky, and Russian intellectual history. In 1993, Dr. Nemirovsky founded Akademicheskii Proekt, one of the first independent scholarly publishing houses in post-Soviet Russia. After immigrating to the US, in 2007, he founded Academic Studies Press.

Екатерина Олеговна Ларионова — ведущий научный сотрудник Института русской литературы, кандидат филологических наук. Доцент кафедры истории русской литературы СПбГУ.

Ekaterina Larionova is a Leading Research Fellow at the Institute of Russian Literature, Russian Academy of Sciences. She is an Associate

Professor of the Department of the History of Russian Literature, St. Petersburg State University.

Мелкон Чарчоглян — докторант кафедры славистики Брауновского университета. Его последний проект — перевод пьесы Михаила Булгакова «Иван Васильевич», который выйдет в издательстве Staircase Books (Кембридж, Массачусетс) в конце 2025 года.

Melkon Charchoglyan is a doctoral student at Brown University's Department of Slavic Studies. His latest project is a translation of Mikhail Bulgakov's *Ivan Vasilievich*, which is forthcoming with Staircase Books (Cambridge, MA) in late 2025.

Вера Аркадьевна Мильчина — ведущий научный сотрудник ИВГИ РГГУ и ШАГИ РАНХиГС. Переводчик и комментатор произведений французских писателей первой половины XIX века (Шатобриан, Бальзак, Жермена де Сталь, Дельфина де Жирарден, Кюстин, Нодье и др.) и современных французских историков (Анна Мартен-Фюжье, Доминик Лиштенан, Венсан Робер, Эммануэль Фюрекс и др.).

Vera Milchina is a Leading Research Fellow at the E.M. Meletinsky Institute of Higher Studies in Humanities and the School of Advanced Studies in the Humanities at RANEPA. She is the translator and commentator of works by French writers of the first half of the nineteenth century (Chateaubriand, Balzac, Germaine de Staël, Delphine de Girardin, Custine, Nodier, etc.) and contemporary French historians (Anne Martin-Fugier, Francine-Dominique Liechtenhan, Vincent Robert, Emmanuel Fureix, etc.).

Майкл Вахтель — профессор отделения славистики Принстонского университета. Автор нескольких книг по русской поэзии и поэтике, в том числе *A Commentary to Pushkin's Lyric Poetry, 1826–1836* (University of Wisconsin Press, 2011).

Michael Wachtel is a professor in the Slavic Department at Princeton University. He is the author of several books on Russian poetry and poetics, including *A Commentary to Pushkin's Lyric Poetry, 1826–1836* (University of Wisconsin Press, 2011).

Дарья Хитрова — кандидат филологических наук, профессор кафедры славянских языков и литератур Гарвардского университета. Автор книги «Lyric Complicity: Poetry and Readers in the Golden Age of Russian Literature» («Лирическое соучастие: поэзия Золотого века и ее читатели», 2019) и ряда статей по истории русской поэзии пушкинской эпохи.

Daria Khitrova is Professor of Slavic Languages and Literatures at Harvard University. Author of the book *Lyric Complicity: Poetry and Readers in the Golden Age of Russian Literature* (2019) and several articles on the history of Russian poetry of the Pushkin era.

Дэвид М. Бетеа — заслуженный профессор-исследователь им. Виласа в Университете Висконсин-Мэдисон, бывший стипендиат Уодхемского колледжа и профессор российских исследований в Оксфордском университете. Автор текстов о русской мысли и культурной мифологии. В 2003 году получил награду профессионального научного сообщества (AATSEEL) за выдающийся вклад в науку.

David M. Bethea is the Vilas Research Professor (emeritus) at the University of Wisconsin-Madison and former Fellow of Wadham College and Professor of Russian Studies at Oxford University. He has also written broadly on Russian thought and cultural mythology. In 2003 his professional scholarly community (AATSEEL) awarded him a lifetime achievement award for "Outstanding Contribution to Scholarship."

Екатерина Евгеньевна Дмитриева — член-корреспондент РАН, доктор филологических наук, заведующая Отделом русской классической литературы, главный научный сотрудник, руководитель группы по подготовке академического Полного собрания сочинений и писем Н.В. Гоголя.

Ekaterina Dmitrieva is a Corresponding Member of the Russian Academy of Sciences and Head of the Department of Russian Classical Literature in the Institute of World Literature (IWL RAS). She is the Chief Research Fellow andeader of the editorial group for the academic edition of N.V. Gogol's *Complete Works and Letters*.

Игорь Алексеевич Пильщиков — доктор филологических наук, профессор и заведующий кафедрой славянских, восточноевропейских и евразийских языков и культур Калифорнийского университета в Лос-Анджелесе (UCLA), руководитель исследовательского проекта NETSIM (Университет «Лучиан Блага» в Сибиу). Главный редактор Фундаментальной электронной библиотеки «Русская литература и фольклор» и инфосистемы «СПСЛ (Сравнительная поэтика и сравнительное литературоведение)», соредактор журналов «Studia Metrica et Poetica» (издательство Тартуского университета) и «Pushkin Review» (издательство Slavica).

Igor Pilshchikov, Ph.D., Dr. hab., is Professor and Chair of the Department of Slavic, East European and Eurasian Languages & Cultures at the University of California, Los Angeles (UCLA), and NETSIM Project Leader (Lucian Blaga University in Sibiu). He is founding academic editor of the *Fundamental Digital Library of Russian Literature & Folklore* and *CPCL: Information System on Comparative Poetics and Comparative Literature*, and co-editor of *Studia Metrica et Poetica* (University of Tartu Press) and *Pushkin Review* (Slavica Publishers).

Кэтлин Сколлинз — доцент на кафедре русского языка в Университете Вермонта. В ее книге «Акты Логоса у Пушкина и Гоголя: петербургские тексты и подтексты» (Academic Studies Press, 2017) рассматривается феномен вербальной анимации, или оживления материи словами, в петербургской традиции XIX века. Ее текущие исследования посвящены пересечениям между православной иконографией и литературными текстами, особенно в произведениях Гоголя и Достоевского.

Kathleen Scollins has worked at the University of Vermont since 2010, where she is currently an Associate Professor of Russian in the School of World Languages and Cultures. Her book, *Acts of Logos in Pushkin and Gogol: Petersburg Texts and Subtexts* (Academic Studies Press, 2017), examines the phenomenon of verbal animation, or words bringing matter to life, in the 19th-century Petersburg tradition. Her current research focuses on the intersections between Orthodox iconography and literary texts, particularly in the works of Gogol and Dostoevsky.

Эмили Ванг — доцент кафедры славистики и евразийских исследований в Университете Нотр-Дам. Ее книга *Pushkin, the Decembrists, and Civic Sentimentalism* была опубликована в издательстве Висконсинского университета в 2023 году.

Emily Wang is an Assistant Professor of Slavic and Eurasian Studies at the University of Notre Dame. Her book, *Pushkin, the Decembrists, and Civic Sentimentalism*, was published with the University of Wisconsin Press in 2023.

Олег Анатольевич Проскурин — адъюнкт-профессор университета Эмори. Автор работ о русской литературе и литературном быте XVIII–XIX вв., в том числе книг «Поэзия Пушкина, или Подвижный палимпсест» (1999), «Литературные скандалы пушкинской эпохи» (2000) и обширного комментария к первому тому репринтного издания «Поэмы и повести Александра Пушкина» (2007; при участии Н. Г. Охотина).

Oleg Proskurin is Adjunct Associate Professor of Russian at Emory University. He is the author of numerous works on Russian literature and the literary world of the eighteenth and nineteenth centuries, including two books, *Pushkin's Poetry, or A Mobile Palimpsest* and *Literary Scandals of Pushkin's Time*, and a book-length commentary to Pushkin's *Narrative Poems and Tales* (with Nikita Okhotin).

Борис Михайлович Гаспаров — почетный профессор Колумбийского университета (Нью-Йорк). Автор ряда исследований по истории русской литературы, теоретической лингвистике и русской музыке, в том числе: «Поэтический язык Пушкина как факт истории русского литературного языка», «Поэтика Слова о полке Игореве», «Язык, память, образ: лингвистика языкового существования», *Five Operas and a Symphony: Word and Music in Russian Culture, Beyond Pure Reason: Ferdinand de Saussure and His Early Romantic Antecedents.*

Boris Gasparov is Boris Bakhmeteff Professor Emeritus of Russian and East European Studies. His interests include Slavic linguistics, Russian and European Romanticism, Russian literature and culture of the twentieth century, and music. Author of numerous works on the history of Russian literature, theoretical linguistics, and Russian music, including "Pushkin's Poetic Language as a Fact in the History of the Russian Literary Language," "The Poetics of *The Tale of Igor's Campaign*," "Language, Memory, Image: Linguistics of Linguistic Existence," *Five Operas and a Symphony: Word and Music in Russian Culture*, and *Beyond Pure Reason: Ferdinand de Saussure and His Early Romantic Antecedents.*

Алисса Динега Гиллеспи — автор монографии *A Russian Psyche: The Poetic Mind of Marina Tsvetaeva* (University of Wisconsin Press, 2001 (на русском языке опубликована под названием «Марина Цветаева: По канату поэзии») и «Поэтическое воображение Пушкина» (Academic Studies Press, 2021); автор многочисленных научных статей о Бродском, Мандельштаме, Пастернаке, Пушкине, Толстом, Цветаевой и других; автор готовящейся к изданию биографии Пушкина для серии Critical Lives издательства Reaktion Books; редактор книги *Taboo Pushkin: Topics, Texts, Interpretations* (University of Wisconsin Press, 2012).

Alyssa Dinega Gillespie is the author of the monographs *A Russian Psyche: The Poetic Mind of Marina Tsvetaeva* (University of Wisconsin Press, 2001, published in Russian as *Марина Цветаева: По канату поэзии*, Nestor-Istoriia, 2015) and *Поэтическое воображение Пушкина* (Academic Studies Press, 2021); of numerous scholarly articles on Brodsky, Mandelstam, Pasternak, Pushkin, Tolstoy, Tsvetaeva, and others; and of a forthcoming biography of Pushkin for the *Critical Lives* series of *Reaktion Books*; she is also the editor of *Taboo Pushkin: Topics, Texts, Interpretations* (University of Wisconsin Press, 2012).

Илья Юрьевич Виницкий — профессор, заведующий кафедрой славянских языков и литератур Принстонского университета. Автор книг *Vasily Zhukovsky's Romanticism and the Emotional His-*

tory of Russia; Madness and the Mad in Russian Culture (редактор-составитель); Russian Literature by Andrew Baruch Wachtel (совместно с Эндрю Вахтелем); Ghostly Paradoxes: Modern Spiritualism and Russian Culture in the Age of Realism.

Ilya Vinitsky is Professor and Chair of the Department of Slavic Languages and Literatures, Princeton University. Author of *Vasily Zhukovsky's Romanticism and the Emotional History of Russia; Madness and the Mad in Russian Culture (editor); Russian Literature (with Andrew Baruch Wachtel); Ghostly Paradoxes: Modern Spiritualism and Russian Culture in the Age of Realism.*

Светлана Борисовна Евдокимова — профессор славистики и заведующая кафедрой славистики в Брауновском университете. Она получила докторскую степень по славянским литературам в Йельском университете. Она является автором или редактором нескольких книг о Пушкине, Чехове и Достоевском, в том числе *Pushkin's Historical Imagination, Alexander Pushkin's Little Tragedies: The Poetics of Brevity, Staging Existence: Chekhov's Tetralogy, Dostoevsky's the Gambler: The Allure of the Wheel, Dostoevsky Beyond Dostoevsky: Science, Religion, Philosophy.*

Svetlana Evdokimova is Professor and Chair of the Department of Slavic Studies at Brown University. She is the author or editor of several books on Pushkin, Chekhov, and Dostoevsky, including "Pushkin's Historical Imagination", *Alexander Pushkin's Little Tragedies: The Poetics of Brevity, Staging Existence: Chekhov's Tetralogy, Dostoevsky's* The Gambler*: The Allure of the Wheel, Dostoevsky Beyond Dostoevsky: Science, Religion, Philosophy*.

Вера Юрьевна Проскурина — профессор университета Эмори (США). Автор книг «Течение Гольфстрема: Михаил Гершензон, его жизнь и миф» (1998), «Мифы империи: Литература и власть в эпоху Екатерины II» (на английском языке вышла под названием *Creating the Empress: Politics and Poetry in the Age of Catherine*), «Империя пера Екатерины II. Литература как политика» *(The Imperial Script of Catherine the Great: Governing with the Literary Pen).*

Vera Proskurina professor at Emory University. She is the author of several books and numerous articles on Russian literature and the intellectual history of Russia. Her first book, *Mikhail Gershenzon: his Life and Myth* (1998), was devoted to the Jewish writer and thinker in the first decades of the twentieth century. Her next books related to the culture and political symbolism of the eighteenth century: *Myth of Empire: Politics and Literature in the Time of Catherine II* (2006), *Creating the Empress: Politics and Poetry in the Age of Catherine II* (2011), *Catherine II's Empire of Letters: Literature as Politics* (2017), and *The Imperial Script of Catherine the Great: Governing with the Literary Pen* (2023).

Именной указатель

Содержание

Научное издание

ПУШКИН ПОСЛЕ 1831 ГОДА

Директор издательства *И. В. Немировский*
Ответственный редактор *И. Белецкий*
Заведующий редакцией *А. Наседкин*

Дизайн *И. Граве*
Редактор *Р. Рудницкий*
Корректор *А. Филимонова*
Верстка *Е. Падалки*

Подписано в печать 26.03.2025.
Формат издания 60 × 90 $^{1}/_{16}$. Усл. печ. л. 27,4.
Тираж 200 экз.

Academic Studies Press
1577 Beacon Street, Brookline, MA 02446 USA
https://www.academicstudiespress.com

ООО «Библиороссика».
198207, г. Санкт-Петербург, а/я № 8

Эксклюзивные дистрибьюторы:
ООО «Караван»
ООО «КНИЖНЫЙ КЛУБ 36.6»
http://www.club366.ru
Тел./факс: 8(495)9264544
e-mail: club366@club366.ru

Книги издательства можно купить
в интернет-магазине: www.bibliorossicapress.com
e-mail: sales@bibliorossicapress.ru

Знак информационной продукции согласно
Федеральному закону от 29.12.2010 № 436-ФЗ

www.ingramcontent.com/pod-product-compliance
Lightning Source LLC
Chambersburg PA
CBHW060633310726
48982CB00003B/762

* 9 7 9 8 8 8 7 1 9 9 4 1 2 *